丹道法诀二十讲

胡孚琛　著

华龄出版社
HUALING PRESS

图书在版编目（CIP）数据

丹道法诀二十讲/胡孚琛著 . -- 北京：华龄出版

社，2024.8.（2024.12 重印） -- ISBN 978-7-5169-2842-4

Ⅰ. B958

中国国家版本馆 CIP 数据核字第 202460F9A1号

| 策划编辑 | 南川一滴 | 责任印制 | 李末圻 |
| 责任编辑 | 郑 雍 | 装帧设计 | 华彩瑞视 |

书 名	丹道法诀二十讲	作 者	胡孚琛
出 版	华龄出版社 HUALING PRESS		
发 行			
社 址	北京市东城区安定门外大街甲 57 号	邮 编	100011
发 行	（010）58122255	传 真	（010）84049572
承 印	运河（唐山）印务有限公司		
版 次	2024 年 10 月第 1 版	印 次	2024 年 12 月第 2 次印刷
规 格	710mm×1000mm	开 本	1/16
印 张	29	字 数	400 千字
书 号	ISBN 978-7-5169-2842-4		
定 价	118.00 元		

胡孚琛，全国老子道学文化研究会创会会长，中国社会科学院哲学研究所研究员，中国社会科学院研究生院哲学系教授，博士生导师和外国留学生导师。1964年考入天津市南开大学化学系，师从原西南联大教务长、中国化学会理事长、南开大学校长、著名化学家杨石先教授，1969年毕业后在地方的医疗卫生部门和化工部门工作。1979年考入中山大学攻读硕士学位，导师为广东省人大副主任、中山大学副校长、著名物理学家黄友谋教授。1980年受钱学森院士安排开始调研密宗、禅宗和丹道的佛道两教修持方法。1982年获中山大学硕士学位，1983年至1984年在山东大学任教。1984年考取中国社会科学院博士研究生，师从王明研究员，专攻道教史和中国哲学，1988年初获哲学博士学位，供职于中国社会科学院哲学研究所，1993年开始享受政府特殊津贴待遇。

主要代表作有：主编《中华道教大辞典》(中国社会科学出版社1995年)、《道教通论》(齐鲁书社1991年)。著有《魏晋神仙道教——抱朴子内篇研究》(人民出版社1989年6月)、《道教与丹道》《道藏与佛藏》《道教志》(上海人民出版社1998年)、《道学通论》(2009年修订版)、《丹道法诀十二讲》(三卷本2009年社会科学文献出版社，八卷本2013年)、《丹道与仙术入门》《新道学引论》等，译有[俄]凯德洛夫《科学发现揭秘》(社会科学文献出版社2021年)。编辑先师张义尚《丹道薪传》《中医薪传》《武功薪传》《禅密薪传》。为先师陈国符出版《道教源流考》(新修订版)等。

100732

本市建国门内大街5号 中国社会科学院 哲学研究所
胡孚琛研究员：

今天接到您送来的《中华道教大辞典》，真高兴极了——我间接您前次来信后，一直盼着！真是件大事：2200多页，简体字、繁体字两种版本出版！有胡绳院长题写的书名，中国社会科学出版社出版！而您是此书主编和作者之一！可喜可庆！

但只高兴是不够的。对我来说是将《辞典》置于案头，随时查阅学习。对您来说则是作为中国共产党党员、中国的科学家，要完成我们在以前书信交往中讨论过的任务！

所以让我恭祝您成功！

此致

敬礼！

钱学森
1995.11.14

100732

本市建国门内大街5号中国社会科学院哲学研究所

胡孚琛同志:

6月28日信及《内丹养生功法指要》都收到,十分感谢!

现在和今后不知您是否要同气功界打交道,若然,则务请慎重。中国的气功界是藏龙卧虎的,歪门斜道甚多,要注意,不为坏人利用。

现实是现实,中国的宗教界也不是古书上的,所以附上《宗教》1990年1期,供参阅。

此致

敬礼!

钱学森

1990.7.6

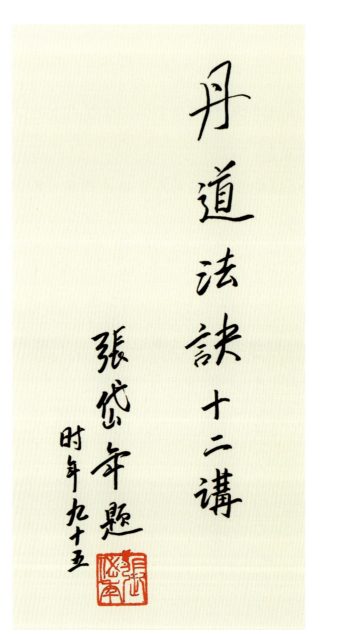

丹道法訣十二講

張代金年題

时年九十五

丹道法诀十二讲

努力发展道学特色
更好为人类健康服务

冯理达

世味何如書味美

春卷難比筆卷香

六五年攝
于天津
南開大學
七九年自
題小照于
廣州中山
大學東區
研究生宿
舍

荊棘叢中度年華
年學業藝得兩
鬢斑 敢攀崎嶇
路來尽有志
再討青春还

八二年九月撰

2003 年在北京大学张岱年老师家中

1990 年为王沐老师出版《内丹养生功法指要》

1982 年拜访崂山太清宫匡常修道长
得金山派丹法之传

1991 年 4 月同德国郑晖大姐去华山
玉泉院拜师曹祥贞道长，调研女子丹法实
修奥秘

　　2004 年访萧志才先生研习胎息术，为之留诗云："老子有道通长生，河湾港汉路难行。多少学人觅舟渡，萧公随缘做艄公。"

　　　　　　　　　　　　2001 年到重庆忠州张义尚老师家中看望师母及师弟

2003 年在上海访问内丹家胡澄阳先生

2003 年在宁波访问西派内丹学家陈毓照先生

访广州名医邓铁涛先生

问诊名医朱良春教授，听朱老讲"恬淡虚无，真气从之；精神内守，病气从来？"

2004 年在西藏日喀则扎什伦布寺拜访十一世班禅

2002 年 11 月在台湾访道留影。左一为高雄道德院住持翁太明道长，右一为内丹家洪硕峰先生，右二为刘焕玲博士。

2007 年 5 月与台湾大学校长李嗣涔教授讨论"挠场"问题

《中华道教大辞典》编辑会议，中为原中国社会科学出版社社长郑文林先生

同加拿大、韩国的留学生在一起。"我们应当通过丹道修炼造就一大批道学人才，把新道学文化传播到全世界。"

2004年清明节携家人回乡祭祖并参观吴桥杂技大世界，有诗云："人杰地灵杂技乡，神艺绝学传四方。起自江湖方见异，吴桥儿女当自强。"

2005年冬在北京宿舍前留影。有诗云："访道求法廿六年，单衣犹可御冬寒。若得我命皆由我，再向火里学栽莲。"

作者演练站桩功夫，站桩口诀："松、松、松，肩要松，颈要松，上要松，下要松，全身内外都放松。"

　　"道学之士要为宇宙立基，为生灵立命，为人类图生存，为世界求和平，为科学开新篇，为社会奔大同。这就是新道学的历史使命"。

　　参访道观。"我们创立新道学的目标就是以老子的价值观念为人类寻找和平共存的新路，我们传播内丹学的目的则是探索人类以新的方式存在的可能性，试图开拓人类进化的新阶段，直至把'人'演化为新的存在形式——仙。"

　　圆明园小憩。坐功口诀:"齿轻叩,津频咽,身要直,体要松,息要微,意要轻。""跟着感觉走,步步奔虚无",这是丹家的根本法诀。

　　作者于 1990 年登五台山菩萨顶，有诗记云："未了胸中愿，朝山到五台。烦恼俱踏尽，灵峰任徘徊。真容随念动，佛光扑面来。文殊知来意，万事遂心怀。"

　　访道康藏，有诗云："千里寻师未出屋，认取贫子衣中珠。自笑多年求丹诀，早存囊中未捡出。"

跋涉山林，以道学觅知音，以丹法度有缘，为学术进步抛砖引玉。

"学术乃天下之公器，不能无路数可寻。吾今取师徒秘传制之长而弃其短，将丹道三家四派之路数公之于众，使内丹学重返学术殿堂，这就是我开拓内丹学这一新学科的本意。"

2023年12月1日中国社会科学院哲学研究所举办"道学文化的古今之变：胡孚琛先生学术思想研讨会"

序

　　中孚子学术渊博，学通古今，为真正得道之贤者，故能"微妙玄通"。自然科学、社会科学、人文科学等皆应为生命科学服务，"以人为本，生命至上"，生命科学至精至微，中医学自古至今为悬壶济世，上医治国，中医治人，下医治病。神医扁鹊自称下医，神医必有良相之才能，必能治国，更能正己度人！中医药学植根于中华辉煌哲学、杰出文化。

　　"无极生太极，太极生二仪，二仪生四象，四象生八卦"，易经阴阳五行八卦学说，为淳朴自然唯物辩证法；0与1，二进制，为电脑程序，故中华古圣贤头脑中已有"无形原始电脑"，在致虚极，守静笃，恬淡虚无中开悟出无比的杰出文化，中华民族曾长期为世界领先的强国。悟修道者，恬淡虚无真气顺，精神内守健康来。

　　《周易》为六经之首，上经天地水火讲天道，下经咸恒既济未济讲人道，合起来，天人合一之道，通天地之道，明生命之理，晓变化之术。其阴阳为核心，"阴阳者，天地之道也，万物之纲纪，变化之父母，生杀之本始，神明之府也"。

　　"天行健，君子以自强不息；地势坤，君子以厚德载物"。清华大学校训出自《易经》，太上老君将《易经》的精髓总结在《道德经》之中，其书成为诸经之首，当今老子成为天下十大伟人之首！

　　"道生一，一生二，二生三，三生万物，万物负阴抱阳"。这就是宇宙从无到有的自然之生成论。

　　"人法地，地法天，天法道，道法自然"，天地清静无为，"夫四时阴阳者，万物之根本也；阴阳四时者，万物之终始也"，天地生育滋养万物，无欲无求，无偏爱，自然万物生长壮老已，自然生克制化，自然生态绿色和谐发展，自然万物日日新、月月新、每年气象更新！谓之无为玄德，天地无为而无不治，无为而无所不为，这就是道法自然的方法论。

《黄帝内经》《黄帝阴符经》老子《道德经》黄老学术一脉相承，《参同契》《悟真篇》等为丹道学与时俱进之名著，皆为丹道学经典。在我的心目中，中孚子为当今学术界至高得道行道的领军能人，主编《中华道教大辞典》，对道学"传承精华，守正创新"，功勋非凡。善建善抱于自然大道，又精思熟虑，倾平生所学创立新道学，践行杰出中华文化为救世文化！

伟大的杰出的科学家钱学森院士，对祖国医药极为关爱，中华养生文化源远流长，博大精深，丰富多彩，讲究性命双修，天人合一。人为小宇宙，"道法自然"，天地清静无为，"为无为而无不治""无为而无所不为"！人体形神、脏腑、经络，顺其自然生理生克制化，自然协调和谐自稳，阴平而阳秘。一九八二年，钱院士亲选微妙玄通的中孚子，开展丹道和密宗修炼方法的调研，胡教授历经千辛万苦，万苦千辛，身为逆流舟，心比铁石坚。为了中华民族崛起振兴，牢记嘱托的神圣使命，中孚子深知欲有大作为者，不可不精研道学，不可不精修丹道，丹道修炼不易，盖以"丹诀难求""隐语难解""名师难遇""正法难得"，调研丹道和密宗廿六年之久，又花费了八年时间著成《丹道法诀十二讲》，余曾精心拜读馈赠此书，此书是一本揭示人体和心灵奥秘，传法得道的宝书；是一本提高人生智慧，开发生命潜能的宝书；继承发扬太上老君《道德经》之书，此书是医者必读之书，中孚子对生命科学奉献巨大，中孚子为名符其实的上医！上工治国治病，"为之于未有，治之于未乱"！

中孚子精心修整《丹道法诀十二讲》，且增补继承发扬创立的新道学，著成《丹道法诀二十讲》，更成为清除人生疑惑，为读者排忧解难的宝书；是一本挽救人类劫难，走向大同社会的宝书，推动中华杰出文化为救世文化！以此学习心悟为序。

薛伯寿

2024 年 8 月 12 日

序

一、引言

胡孚琛教授的《丹道法诀》出书之前刻，函嘱为撰序言，因缘得详读其最终定稿，深觉受益匪浅。胡教授曾受极好的学术训练，兼具哲学、宗教学、科学（化学、物理等）不同知识领域的擅长，复经多年亲身修炼，其论究"内丹学"的资格、条件，旁人是难以企及的。他在南开大学攻化学，毕业后又在卫生、医疗部门工作六年。继学物理，考入广东中山大学研究生院，从事自然科学史和信息理论的专攻，获硕士学位，分配到济南山东大学任教。1984 年，考取北京中国社会科学院博士研究生，从王明教授专攻中国哲学和道教史。1988 年，获哲学博士学位，并入中国社会科学院哲学所工作，现为该所研究员、教授和博士生导师。他在科学（化学、物理、医药等）、哲学、宗教学不同领域的学历经验，奠定了其治学厚实的知识基础，开拓较宽阔的视野与精确的思辨能力，皆有密切相关性在。

明师的启发提掖，在学习的过程中，必不可缺。《丹道法诀》书中，透露出陈国符、王明、黄友谋、杨石先、钱学森诸位老师，曾给予胡教授指引帮助，对他后来的为学、行事等多方面，产生了重大的影响。杨石先教授介绍他师从陈国符教授研习《道藏》，在陈师指导下写成一篇《中国科学史上的〈周易参同契〉》学术论文，发表在山东大学《文史哲》1983 年第 6 期上。王明教授看到这篇论文，写信邀他报考其博士生。钱学森教授建议他，由自然科学改行研究内丹学，并在全国展开丹道和密宗持修法的调查研究。在这些明师启示善诱下，从而改变了胡教授的一生命运。无忧子、知非子、匡常修、王沐等出色的丹道前辈，给予胡教授相当重大的启发和引导。陈健民（密宗）上师和圆顿子陈撄宁的文章、著述，也对他习研丹道大有帮助。

《丹道法诀》这部巨著，耗费他 26 年时间调查研究丹道和密宗，用八年时日写成，这是他学术生涯中，大半辈子心血、智慧的聚凝精纯结晶所在。我预料此书，将与他明年会完成的另壹部《新道学引论》，并为传世名著。《丹道法诀》书中，也具体呈现出胡教授创"新道学"学说体系轮廓与架构内容。

二、胡教授的"内丹学"建设与开创新道学的宗旨

道教丹经，习用口诀，诀难以书传，得靠名师传授。不明法诀，丹经亦难读懂。自古修炼丹道者，必不惮苦劳诣师访求，能得缘遇与否，尚在未定。纵然外缘具足，仍要有坚定毅力与精深学识，方能成就。胡教授 2007 年八月一日给我的信中，提到《丹道法诀》的成书与未来工作计划，信里说："我现在仅有两本书、几件事，就要'金盆洗手'封笔归隐了。其一是《丹道法诀十二讲》花二十六年时间调研丹道和密宗，用八年时日写成，六十三万余字。其二是《新道学引论》创立一个集古今中外思想精华的新道学体系，约二十六万字，明年完成。这两本书外，还有三件事，一是组织'中国老子道学文化研究会'，二是重新修订《中华道教大辞典》，三是整理先师陈国符先生《道藏源流考》再增订版（2007 年春节前完成）。……此书（笔者注，《丹道法诀》）附录十七万四千余字，是各种丹法的具体修持方法。……我从 1980 年见到第一个丹师算起，至 2005 年完成密宗调研，共花了26 年时间，其中深入康藏，走访四川、重庆、浙江的山村，费尽千辛万苦，方完全弄清丹道秘传诀法的底细。这一项非物质文化遗产，是后人无法重复的工作，因之十月份要隆重推出……"。"内丹学"学科建设与"新道学"思想体系的创立，是胡教授学术生涯中两件最重大事业和贡献。这两件重大事业，又是互为表里，是一体的。

读过胡教授近几年来所披露的《道教内丹学的究竟境界》《二十一

世纪的新道学文化战略——中国道家文化的综合创新》《宗教、科学、文化思考录》《道学文化的新科学观》《新道学文化的八大支柱》等一系列相关性文章，藉悉他的救世济众用心良苦。宋代大儒张载云："为天地立心，为生民立道，为去圣继绝学，为万世开太平。"（《张子语录》卷中，上海涵芬楼景印常熟瞿氏铁琴铜剑楼藏宋刊本）是何等伟大的胸臆襟怀！南宋文天祥深受影响，其应策试之文有"为天地立心，为生民立命，为往圣继绝学，为万世开太平"之句（见《文文山集》）。文公为民族救亡图存，不惜牺牲己命，而浩然正气长存终古。胡教授剖析丹道之秘和创立新道学的研究，"出于一种对全人类发展前景的忧患意识"。他少年时代的诗词及成年以后的所有著作，都浸渍在这种浓重的忧患意识之中，因之他"倾尽半生精力揭示丹道之秘以度世度人，决非诱人当'自了汉'，追求个人成仙成佛之梦。丹道修炼者，不应走宗教徒那种自我解脱遁入梦幻天国的道路，而应该努力在地球上建立道德社会的现实天国，这也符合大乘佛教自度度人的思想。丹道学是科学，科学就应当用来为人类谋福祉"。他说："我们应当牢记爱因斯坦的话：'个人的生命，只有当它用来使一切有生命的东西都生活得更高尚、更优美时才有意义。'"（原注，引《爱因斯坦文集》第三卷）而进一步呼吁"我们必须把整个地球当作自己的祖国，一是要做一个地球人，树立起世界公民意识；二是要做一个现代人，为实现全人类的社会理想而奋斗。我们应当通过丹道修炼，造就一大批道学人才，把新道学文化传播到全世界"。（上引皆出《丹道法诀》之〈大同世界的道德社会〉末尾文字）

胡教授创"新道学"，以为它是一种解释世界的学说，也是一种改造世界的学说，认定道学文化是唯一可以拯救人类于罪恶、恐怖、自相残杀、生态灭绝等灾难的文化战略。内丹学是一种最优的修道技术，也是一种体道的行为模式，还是一种造就道学人材的培训程序。道学是强者的哲学，内丹学的理论和步骤精密，构成了一套人体之生命和心灵修炼的系统工程。丹道是造就人才之道。世间大英雄、大丈夫，抱有冲天之志而欲大有作为者，不可不深研道学，不可不精修丹道，仅有得道之人，才能动则叱咤风云，静则退藏于密。"道学之士要为宇宙立基，为生灵立命，为人类图生存，为世界求和平，为科学开新篇，为社会奔大同。这就是新道学的历史使命"。将丹道性命学纳入其所倡新道学文化体系为八大支柱之一，其余有"人行道哲学""政治管理学""文艺审美学""宗教伦理学""自然生态学""方技术数学"，见所撰《新道学文化的八大支柱》一文。作者这种器识宏远，胸臆开阔，洋溢着强烈责任感、使命感的文字，读他论著开卷随处习见。读《丹道法诀》书之广大读者群众，当宜先体察作者之立意用心所在，益能慕其志、敬其人、爱其书、法其行了。

三、读《丹道法诀》随感札记

近代提倡修内丹养生学术、德行臻高品者，前有圆顿子陈撄宁先生（1880.12—1969.5）。他以炼养所事为"仙学"，独立于儒、释、道之外，另张一帜。洎乎晚岁，又主仙（学）、道（教）为一。睽其初意，以仙学发端，早于道教成立之先，亦不为三教之附属品，欲将仙学为一科学研究之独立学科。所谓"仙学"，以内、外丹术为主，余外尚包括导引、守静、服饵、吐纳、胎息、辟谷、行蹻等功法。陈氏少年患痨病，乃习中医，并以仙学养生法自救，方能保命，其后终生钻研摄生方法。陈氏夫人吴彝珠女士，为执业医师，罹乳癌之疾，病中习炼养术自疗，竟延寿六、七年（自患疾至殁，历十年）。陈氏一生笔耕不辍，文稿甚多，以日本侵华战争及中国大陆十年大动乱，散佚居多。陈氏寓居台湾的弟子将他在《扬善》半月刊（1933年7月创刊，1937年8月停刊，共出99期，上海翼化堂善书局发行）、《仙道月报》（1939年1月创刊，1941年8月停刊，共出32期，上海翼化堂善书局发行）所发表文章辑录为《中华仙学》壹书（1977年台北真善美出版社出版）。其后，中国道协研究室据此书，编刊《道教与养生》成书（1989年7月，北京华文出版社出版）。陈氏文稿多为信札，流传私人，搜聚不易。他在世时，亦为道教界人士所敬重。曾参预筹备道协工作，并任副会长兼秘书长。继首届会长岳崇岱之后，出任第二届会长。岳、陈二人皆因不同时期的政治运动，成为受害者，皆未能善终（岳受诬为"右派",返沈阳,未几,死。陈受"文革"波及,病作,于1969年5月25日逝世于北京市人民医院)。

陈撄宁是近代内丹学学养与修持实践均能兼顾的高人。外国道教研究者曾撰文质疑他既非道教信徒与道士,也不是道教学者,而是介于两者之间的"唯生论"仙道长生的追求者(参看美籍曾任教于德国法兰克福歌德大学及四川大学的道教学者韩涛 Thomas Hahn 所撰《Chen yingning: A Twentieh Century Taoist Master》"陈撄宁——一位二十世纪道教大师",中译文,参见本人主编之《道教学探索》第五号,319-328页。台南市成功大学历史系道教研究室编印,1991年12月31日出版),虽无丝毫不敬陈氏本人的用心,但对中国文化蒙昧无识,概亦可知。至于论陈至北京出任道协职务,有某种政治企图与野心,则全属揣测臆断。胡教授肯定陈撄宁多方面的成就与贡献,虽有见解上后来胜出之处,但他对陈撄宁极为推崇,《丹道法诀》书中及胡所主编《中华道教大辞典》里,彰著其实,不夺前人之美,殊堪嘉佩。

胡教授改陈撄宁"仙学"之名为"丹道学",其在多篇文章中,将"内丹术"之称改称"内丹学",不失陈氏推导斯学作为一门独立学科之本意,回复长期历史上旧名,使人不觉陌生感。"仙学"之名,较易产生误解,亦难为现代知识分子乍见初闻所能接纳。

内丹之分派,传统以传言创始人或初起地名、方位,或传承为名。若文始派、少阳派、钟吕派,远祧文始先生(周时关令尹喜)、王玄甫(道经称少阳帝君)、钟离权、吕岩(钟、吕唐末五代人),其人其事史难详征,口传、野史多不足信。其余分类分派法,于彼此学理、主张、实行方法之区别,亦难立辨分明。陈撄宁初以丹道修持法,将各门派统分为"清静派"和"阴阳派"。至中孚子(胡教授之号)进以三家(自身阴阳、同类阴阳、虚空阴阳)、四派(清静丹法、彼家丹法、龙虎丹法、虚无丹法)为之分别。炼养自身阴阳者,俗称清静派丹法;修炼同类阴阳者,称阴阳派丹法;修炼虚空阴阳者,称虚无派丹法。又修炼同类阴阳丹法中,又分两途。其中有借彼家为鼎男女双修之同类阴阳丹法,为双修法门,称作彼家丹法;有以乾坤为鼎器、灵父圣母、生龙活虎、三家相见之同类阴阳丹法,为栽接法门,称作龙虎丹法。其将内丹功法，以科学方法进行分类，并以电化学反应（电池、空中雷电、水力火力发电、核能发电之不同）、行旅广州至北京（靠走路，或自生双翼凌空飞至，或借人所搭桥铺路架车摇船而往，或建立飞行设施乘飞机抵达）诸多譬喻诠释三家四派丹法之殊途同归，难易、条件各自有别。学者可据自己的条件，择一门深入，胡教授就自身经验言清静丹法和虚无丹法较少流弊。（见《三家四派》第一讲）作者之善为人师，由此可证。

丹经多隐晦语，且所立名词亦繁，学者坠入文字障中，每为所误。《丹道法诀》书中，以科学观念或今人所熟悉事物为喻，为诠释论说，简明易懂。如从西方心理医学精神分析给内丹修炼下定义，说它的"心灵修炼工程，也是一项凝炼常意识，净化潜意识，开发元意识的系统工程，同时也是一套发现自我，开发自我的修炼程序"。又从佛教语说丹道修炼的目的是将"色身"转化为"法身"；复谓"法身"即是丹家理想的"炁化身"和"光蕴身"，均为善作诠解之例。往日读圆顿子解丹经所言"玄关一窍"云："玄关一窍者，既不在印堂眉间，亦不在心之下肾之上，更非脐下一寸三分。执著肉体在内搜求，不过脑髓、筋骨、血脉、五脏、六腑、秽浊渣滓之物，固属非是；离开肉体在外摸索，又等于捕风捉影，水月镜花，结果毫无效验。总之：著相著空，皆非道器。学者苟能于'内外相感'、'天人合发'处求之，则庶几矣。此乃实语，非喻言也。"（〈翼化堂书局八十周年纪念辞〉一文注，《道教与养生》，279 页）仍难明晓。自中孚子揭开"两重天地"的秘密，丹道修炼的多种问题，得以解悟，他在《丹道法诀》（〈两重天地〉）说："其实所谓'玄关一窍'，无非就是指'两重天地'之间的通道，丹家要出入有无，由色界进入无色界，则这个进入无色界的'大门'，就是'玄关'，二者之间的隧道，即称'一窍'。"这是最清楚不过的说明。

丹道修炼之不易，盖以"丹诀难求""隐语难解""名师难遇""正法难得"，修炼者又必具刻苦坚定之志与丰富的学识和思考领悟能力。胡教授以其多年调研丹道和修证心得，备言内丹修炼全部阶程之究竟（方法、要领、感知、禁忌、学理、境界等情况），且揭露向来丹家秘传之诸种法诀，以为未来修炼者和科学研究者凭借依据。文化资产为人类之公器，从此绝学永续，不独无失传之虞，且将发扬光大。《丹道法诀》的梓印面世，是内丹学史上的重要里程碑。未来许多相关学科如西方医学（脑科医学、精神医学、生化医学、行为医学、运动医学、神经医学）、中医及宗教学、哲学的专家组成协同研究的团队，所缔造的成果，必定会对人类作出极大的贡献，这是可以预期的。（如对"神秘的宗教体验"中若干课题，近六十多年来西方，尤其是美国及欧洲学者组成了相关领域学术研究团队，共同研究，称之曰"科际整合"，获得不少的重大发现与成就，对国内的丹道学研究，更可资为借鉴。）

《丹道法诀》和《新道学引论》出版之后，胡教授不准备再呕心沥血地写他个人学术专著了。在本书终篇作者说，他想实现青年时代的梦想，"一面研习医学，凭自己的智慧攻克那些给青年一代带来厄运的绝症顽疾，为那些人改变命运"。他又说，"我花了 26 年时间四处求师访道，得到不少健身秘术和治病药方，盼望能邀集一批资金建立起道学文化的产业机构，集国内外有关专家和道学文化的奇人异士，将这些珍贵的文化资源开发出来为人类造福。道学文化中的丹道、养生、医药、术数、武术、健身术等都是可供开发的文化资源，建立一个集教学、科研、修炼、养生、制药、食疗、健体、休闲为一体的文化产业是可行的。我在多年的学道和悟道中，越来越相信年轻人的疾病都是可治愈的，在道学面前世界上将会只剩下一种疾病，那就是衰老。"作者的这个梦想的实现，是要有一批志同道合的人，结合一起，共同努力，组成机构，计划推行。仅靠一人是不能成事的，我虔愿本书的读者大众，能对此呼吁，产生巨大的响应，化作一致的行动！作为胡教授多年知友和研究同工的我，更是乐见其壮哉志业的功成。

丁　煌

2007 年 10 月 26 日夜谨序于台湾省台南市自寓书斋

（原为《丹道法诀十二讲》之序）

目 录

引　言

　　摆在读者面前的这本书，是对道教内丹学和藏传佛教密宗修持法诀的揭秘和破译，是一份保存中华道学文明精华的非物质文化遗产。作者倾毕生学力，以现代科学和中西哲学、精神分析学、中西医学的视角破译内丹学和禅宗、密宗修炼的奥秘，并将有关人体的理论及其社会人生问题作了深入剖析。内丹学被学术界号称"千古绝学"，综合进了道、释、儒、医、武、天文、历算等古代学术和养生方技的精要，是中华民族优秀传统文化再次燃烧大放光明的火种，是数千年来古代丹家、高僧、高道进行人体和心灵修持实践的经验总结，也是人类探索自己生命和心灵奥秘的文化瑰宝。丹道法诀是破解内丹之秘的钥匙，由此内丹学不但可学，而且可修，"鸳鸯绣取从君看，又把金针度于人！"

　　人要修道，要与道合一，进而要求自己所处的自然环境和社会环境与道合一，必然要涉及到诸多社会人生的问题。因之，这是一本从"大文化"的视角纵论社会人生的书，不仅剖析了哲学、宗教学、科学、伦理学、美学、医学乃至政治、经济、文化、社会学中诸多处于前沿的难题，还触及到当代中国人们普遍关心的大量热点问题。诸如中西文化的特征、人类社会的前景、21世纪科学革命的走向、中华民族崛起的文化战略等都给出睿智的解答。对人是什么，我从何而来，我向何而去，我因何而生，人生的价值是什么，都作了深入地探讨。特别是对人的生、老、病、死、过激行为、性活动、睡眠与梦等人类生命活动，研究颇深。人应怎样修炼，怎样生活，爱情的真谛是什么，怎样抗病健身，怎样建功立业，怎样全身而退，死亡的本质是什么，死后有没有续存，笔者皆从最前沿的科学与哲学的高度思前人所未思，发前人所未发。因之，这是一本消除人生疑惑，为读者排忧解难的书；是一本提高人生智慧，开发生命潜能的书；是一本改变社会观念，重启人生航程的书；是一本揭示人体和心灵奥秘，传法得道的书；是一本挽救人类劫难，奔向大同社会的书。读一本书可以洞悉佛道修炼的秘密法诀，可以明白中华民族传统文化的底蕴，可以形成新的宇宙观和人生观，可以对世界大势和国家前途了然于胸，可以获得人生必备的中外学术知识和人生智慧。

现在内丹学的研究正在引起西方一些著名学者的注意。早在1920年德国学者卫礼贤（Richard Wilhelm）就在北京得到一本恰巧是较为通俗的丹经《太乙金华宗旨》，并立刻觉察到它的科学价值，于1926年将其译成德文。1928年，卫礼贤将自己的译稿交给著名瑞士心理学家荣格（C.G.Jung），荣格为此书写了长篇评述，于1929年出版。1930年卫礼贤教授逝世，荣格又将他在慕尼黑纪念仪式上发表的关于卫礼贤生命研究的讲话收入德文新版和1931年的英文版。此书译印后很快成为畅销书，德文再版5次，1961年贝恩斯（Cary F.Baynes）又与卫礼贤之子卫德明再次修订了英文版，后来日本学者汤浅泰雄和定方昭夫据英文版译为日文，在世界上引起轰动。荣格在对《太乙金华宗旨》的评述中认为中国古老的内丹学和西方现代分析心理学、心身医学是相通的，他从分析心理学中"看到了一个接近东方智慧的崭新的意想不到的途径"，使我确信这篇评述说明荣格是最早以现代分析心理学剖析内丹之秘的人。《太乙金华宗旨》德文第5版上载有歌德的诗："西方与东方，不会再天各一方"，英文修订版按语中提出"认识心灵始终是人类的最终目标"，而内丹学的研究正是指向这一目标的。英国学者李约瑟博士自号"十宿道人"，对道教方术中的科学内容进行了认真发掘，《中国科学技术史》第5卷第5分册专门讨论内丹学，他称之为"生理炼丹术"，并说："内丹成为世界早期生物化学史上的一个里程碑，是值得我们庆贺的一件事。"（何丙郁：《我与李约瑟》）这说明道教内丹学已开始传往西方，它的真实面目正逐步被西方学者所认识。荣格的分析心理学中某些概念如"集体无意识""原型""自我"等在西方似乎有某种超前性，他对《太乙金华宗旨》的评述连《荣格》传记的作者、英国心理学家安东尼·斯托尔（Anthony Storr）也没真正读懂，但荣格这些思想我们从内丹学的角度看却洞若观火。现代科学对大至 10^{10} 光年的宇宙，小至 10^{-10} 厘米的基本粒子，都有了较明确的认识，而对于人的大脑，对于人的精神活动，对于生命和意识的本质却知之甚少。我相信，内丹学的西传必将引起一些医学家、心理学家、脑科学家的注意，从而调动东西方学者的智慧共同攻开人体生命科学的堡垒，为全人类造福。内丹学的研究是打开人体生命科学的钥匙，内丹之秘的揭示必将给人体生命科学特别是认知科学、现代心身医学、生理心理学、脑科学带来突破性的进展。内丹学不仅是"心的哲学"（Philosophy of mind），而且是"心的科学"（Science of mind），是新科学革命的突破口。现在我们应努力揭开笼罩在内丹学上的宗教神秘面纱，用现代科学和哲学进行内丹学的研究，使之成为全人类的共同财富。

我之于丹道之修持，结缘甚早。那是 1958 年我在河北省泊头市读中学的时候，买了一册刘贵珍所著《气功疗法实践》，读来爱不释手，始知世间有修炼之事。然而真正访得丹道传人，却是 1980 年秋季了。1982 年钱学森教授建议我在海内外开展丹道和密宗修持方法的调研。余自 1980 年 10 月得丹家法诀之传，接受钱学森院士的嘱托，跋涉江湖，遍迹山林，亲赴康藏，出入禅密，历时 26 年，耗资 13 万元，终于在 2006 年完成丹道和禅密修持法诀的调研任务。自 2000 年动笔，断断续续写了 8 年，至 2008 年 8 月 25 日下午才将调研成果《丹道法诀十二讲》书稿交到钱学森院士手上。屈指算来，这一学术工程整整耗去了我一生 30 年光阴，至此我不禁长舒了一口气。

我一生有三本学术著作最费功力。其一是花费两年时间按先师陈国符先生的要求通读《道藏》，在国内外学者的共同努力下，由我于 1995 年主编成一部《中华道教大辞典》。其二是遵照钱学森老师的嘱托调研丹道和密宗达 26 年之久，花费了 8 年时日著成《丹道法诀十二讲》。其三是以十年之功精思熟虑，倾平生所学创立新道学。

嘻！真人未生，道在天地；真人已往，道在丹经。欲读丹经，须明法诀，学者望契仙缘，此为问道正途，可剪荆棘而入门径，拨迷雾而现真相，幸勿轻易视之也。

第一讲　三家四派

内丹学和外丹学都源自先秦诸子百家中的神仙家，然而战国以来神仙家融入道家，由方仙道而黄老道，至汉末则流入道教。魏伯阳著《参同契》传三元丹法之秘，葛洪精于地元灵丹，又独望成就天元神丹，至唐末吕洞宾才大力倡导人元大丹之学。地元灵丹和天元神丹属于外丹学，内丹学实为人元大丹之学。今后我们论及三元丹法，仅称丹道学，以免和社会上神仙信仰及各类宗教、世俗迷信混为一谈。外丹学为身外的物质化学，内丹学为身内的人体化学，今后凡讲人体内部精气神的炼丹修持法门均称之为内丹学。

陆西星《玄肤论》云："丹有三元，皆可了命。三元者，天元、地元、人元之谓也。天元谓之神丹。神丹者，上水下火，炼于神室之中，无质生质，九转数足，而成白雪，三年加炼，化为神符，得而饵之，飘然轻举，乃药化功灵圣神之奇事也。其道则轩辕之《龙虎》、旌阳之《石函》，言之备矣。地元谓之灵丹。灵丹者，点化金石而成至宝，其丹乃银、铅、砂、汞有形之物，但可济世而不可以轻身，九转数足，用其约之至灵妙者铸为神室，而以上接乎天元，乃修道之舟航、学人之资斧也。""人元谓之大丹。大丹者，创鼎于外，炼药于内，取坎填离，盗机逆用之谓也。古者高仙上圣，莫不由之。故了命之学，其切近而精实者，莫要于人元"。地元灵丹和人元大丹之理同，皆须洞晓阴阳、深达造化，一为体外之物质化学，一为体内之神气化学。我在《道学通论·外丹黄白术》一章中，已详细揭示了地元灵丹之秘密，并指出天元神丹乃是一种心灵转化物质的实验，天元、地元虽称外丹，但亦和人元之内丹相通。古来仙家相传有"内丹成，外丹就"的话，换言之则为"内丹不成，外丹难就"。地元灵丹除去"黄白术"的药金、药银可作修丹之资斧而外，炼出的丹药多有剧毒，如非修成内丹的特异体质之人，据称须借以杀三尸虫脱胎换骨之外，普通人服之必然丧命，又何言长生久视哉！至于天元神丹，乃是佛教所谓"心能转物"之大神通，若非以人元大丹开发出人体之生命潜能和心灵潜能，岂能采天地日月之灵气凝为神丹乎！据说由地元上接天元，须先以地元炉火之金华筑为神室，此步功夫要七七四十九日凝神不动以采金华，至于进一步采宇宙虚空中之阴阳精华聚于神室而无中生有炼成白雪神符，更须人元大丹成就之仙人才可为之了。据我所知，此术在世间仍有传授，直至清代朝廷中亦未绝炉火之事。地元炉火除作变换贱金属为贵金属的冶金化学实验外，即用以铸造神室，上接天元，继而以天元功夫采日月之精华，用天然水火锻于神室之中，九转数足，化为白雪，复加三年烹炼，转为神符，即为天元神丹。人元大丹功成，方可图天元之事。天元神丹是一种凝聚态的道，服之立即可以与道合真，连衣服、用具也同人体一起气化，化形为仙。相传黄帝鼎湖跨龙白日升天，许旌阳服之拔宅飞升，刘安服之鸡犬升仙，我辈无法究其实，仅视为丹道学中古仙留下的佚闻而已。自古天下英雄豪杰，老来看破世事，大半归于佛道之门。其中有以人生烦恼多者，则多归佛；有以人生灾病多者，则多入道。道家声称"我命在我不在天"，要盗夺天地，逆转造化，要将个人命运掌握在自己手中，与天争衡。丹道学就是道家创造出来的与天争衡的宇宙观和人体生命科学。我辈人元大丹未成，不敢妄希天元，因之真正要研究的，还是内丹学。

内丹学在历史上有文始派和少阳派之传，少阳派传至钟离权、吕洞宾而大开法门，又分南宗、北宗、中派、东派、西派和三丰派、伍柳派、千峰派、金山派等多种分支。吕祖《指玄篇》云："玄篇种种说阴阳，阴阳本是大丹王"，其实无论何种门派的丹法，都离不开阴阳两般作用。就自身独修的清净功夫而论，也有胎息法门、止观法门、存思法门、守一法门、炼气法门、虚无法门、采日月精华法门、辟谷法门、僵尸法门、符咒法门、导引法门、空静法门等。男女双修功夫则有栽接法门、采补法门、合炁法门、感应法门、乐空不二法门、调琴铸剑法门、开关展窍法门、梅子红铅法门等。要之，无论是心、肾，汞、铅，神、炁，男、女，龙、虎，日、月，乌、兔，皆是阴阳的交和作用，三元丹法各家各派皆离不开"阴阳"二字，人元大丹都是炼养阴阳的法门。

据我所知，丹道法诀，应以老子《道德经》《庄子》《列子》《黄帝内经》《黄帝阴符经》《周易》、谭子《化书》《周易参同契》《悟真篇》所传为正宗，各家门派皆不应违反以上经典的原则。人元大丹从修炼实践上讲，可分为炼养自身阴阳、同类阴阳、虚空阴阳三种途径。修炼自身阴阳者，俗称清净派丹法；修炼同类阴阳者，俗称阴阳派丹法；修炼虚空阴阳者，俗称虚无派丹法。在修炼同类阴阳的丹法中，又分两途。其中有借彼家为鼎男女双修的同类阴阳丹法，为双修法门，称作彼家丹法。还有以乾坤为鼎器、灵父圣母、生龙活虎、三家相见的同类阴阳丹法，为栽接法门，称作龙虎丹法。这样，人元大丹分为自身阴阳、同类阴阳、虚空阴阳三家之传，又有清净丹法、彼家丹法、龙虎丹法、虚无丹法四派之分。分类是科学研究的开端，我们的目标是对丹道进行科学研究，不得不先以科学的方法将内丹功法进行分类。内丹学认为，自古及今之所有神仙，必假修炼而成道，而丹道修炼之所有法诀，皆是阴阳之把握和运用。"提挈天地，把握阴阳"为丹道修炼之本。阴阳不交，天地或几乎息矣，人类或几乎息矣，何来丹道？三家四派丹法之区别，在于阴阳之不同把握和运用，因之这种分类法比粗略地将丹法分为清静派和阴阳派，更切进自然造化的本质，也更具有科学性。三元丹法，本自相通，地元可上接天元，外丹亦赖内丹，前已论之。三家四派人元大丹，亦相互承接。自身阴阳可上接虚空阴阳，同类阴阳亦须清净筑基，虚无丹法也盗取龙虎二弦之气，各自手段不同，原理则相通。以上所谓丹道的三家四派真传，局外人得其一鳞半爪者已不多见，那些得其一隅便自认正宗的人，只不过是瞎子摸象而已。丹道至简至易，而又大圆大全，决非一偏之学。

我在《道学通论》一书中已力斥轻传五千四八采大药之非，此不重复。然就一般男女双修之采药功夫，亦非易事。盖因阴阳交媾，乃男女之大欲，顺行易而逆行难，情欲生而念头动，急水滩头挽不住船，只能"气海翻波死如箭"了。好在男女双修功夫本有多门，有习定者，有运气者，有守阴蹻者，有用药物者，有导引锦身之术，有按摩抽缩之法，有添油接命之功，有炼精铸剑之诀，对于激发青春活力，滋润色身，总有效验。由此看来，二人双修的彼家丹法，终不如由《参同契》《悟真篇》《金丹真传》一脉承传的龙虎丹法（三家法）。丹道法诀师徒秘传的旧规曾给内丹学的研究带来何等不便，也更说明了现代学者应将丹道从江湖秘传的文化引入学术研究的殿堂，使之成为可学、可修、可传的学术瑰宝。丹道的师徒秘传制，使其法诀保留至今，应有其历史贡献。然此种承传方法使丹道法诀在道教中绝响，由学术殿堂流入江湖文化，是其弊端。学术乃天下之公器，不能无路数可寻。吾今取师徒秘传制之长而弃其短，将丹道三家四派之路数公之于众，使内丹学重返学术殿堂，这就是我开拓内丹学这一新学科的本意。至今丹道法诀中最为秘密的，应是同类阴阳的丹法。其中彼家丹法，除丹经以外，在道家房中术及佛教密宗恒河大手印、无上瑜伽等书中，皆有教授，其上乘者须甚深定力，乃火里栽莲，转毒成智，针尖上翻跟头，如蛇入竹，不出即伏，不升天堂即入地狱，非等闲之辈所可问津者。独"三家相见"之龙虎丹法，乃中华道家文明独有之夺天地造化的瑰宝，乃吕洞宾、张三丰一脉真传。吕祖所谓"吾道虽于房中得之，而非御女闺丹之术"。张三丰亦云："此药虽从房中得，金丹大液事不同"。"无根树，花正双，龙虎登坛战一场"。"烟花寨，酒肉林，不断腥荤不犯淫"。丹道法诀中凡于房中得药，又不犯淫的，非乾鼎、坤鼎并用，三家相见的龙虎丹法莫属。《悟真篇》云"先将乾坤为鼎器"，证明同类阴阳丹法不能仅将坤为鼎器，《性命圭旨》中也明示了龙虎交媾鼎器图，其中戊己为丹家本人，龙虎为乾坤鼎器。先师知非子曾云："若能经高人指示，了解《金丹真传》的内容，许你是人元金丹功夫的真知者"。张三丰真人《服食大丹说》云："这福德胜三辈天子，智慧胜七辈状元，到这般时候，方可炼服食金丹"。盖龙虎丹法蕴藏着人元大丹的核心机密，自古难遇难闻，难得全诀，故至今绝少人传。傅金铨著《试金石》，将是否识乾鼎、坤鼎作为鉴别丹师懂不懂人元同类阴阳丹法，是否为真师的试金石。他在《试金石》中说："万卷丹经，都说要三人。今之羽流及在俗习玄居士，总不见谈及三人，便是与丹经相左。请问：必得三人何用？若是真师，必当知得。"

龙虎丹法，乃以人体化学补足破漏之躯，二八两弦之气并用，以匹配阴阳而成一斤之数。仅用虎不用龙，仅是一弦，仅是二家，皆非三家相见。丹经屡言如得此法诀，"自己一毫也不须作用""坐享其成""虽愚昧小人得而行之，立超圣地""虽百二十岁，只要有一口气在，犹可还丹"，显然决非彼家丹法所能胜任。由此可知，凡否定龙虎丹法者，皆未得《参同契》《悟真篇》之真传。

经研读《道藏》，发现自伏羲、黄帝、老子、庄子、魏伯阳、葛洪、许逊、吕洞宾、张伯端、王重阳、张三丰一脉相传的丹道，乃中华民族传统文化的瑰宝，如今已成千古绝学。丹道这门学术，必须一要有师传，二要肯读书，不得师传看不懂丹经，不读丹经也难理解师传，二者缺一不可。先师反复说"人元大丹乃'穷理尽性以至于命'之学"，须苦读丹经，以印证法诀，并通过真修实证由"解悟"而至"证悟"，才能真正深入丹道之门。

据先师所传，修炼自身阴阳的清净丹法，全真道北宗多传之，以丘祖的龙门派丹法为正宗。世间所传《伍柳仙宗》《大成捷要》《大丹直指》《性命法诀明指》等丹经，皆为修炼自身阴阳的法门。清净丹法通于禅宗，以静坐炼性入手，以求神气凝结河车运转，在社会上流传甚广。修炼同类阴阳的丹法，俗称阴阳派，全真道南宗多传之，以《参同契》《悟真篇》为丹经之祖。《参同契》云："欲作服食仙，宜以同类者"；"类同者相从，事乖不成宝"；"同类易施功兮，非种难为巧"，可知《参同契》一脉相传为修炼同类阴阳的丹法。其中男女双修的彼家丹法，又分上中下三乘，门派歧出，但大多源于古代方仙道的房中术，为同类阴阳双修的采补法门。彼家丹法上乘者双修双成，下乘者妙在用鼎，有《锦身机要》《金丹节要》《采真机要》《玄微心印》《三峰丹诀》《修真不死方》等书露其消息，其中以陆西星的东派最为上乘。另有三家相见的龙虎丹法，为同类阴阳的栽接法门。此术虽用乾坤二鼎，仅是三候二关，九琴九剑，药材法器，火候符章，条件难备。知非子老师以孙教鸾、孙汝忠父子的《金丹真传》为龙虎丹法真传。据丹家秘传，《金丹真传》中记载的"安师父"名叫安思道。孙教鸾与龚廷贤同为内丹家安思道的弟子，龚廷贤道号云林子，在明万历年间有"医林状元"之称，著有《寿世保元》《种杏仙方》《万病回春》等书，其中亦透漏龙虎丹法要诀。《寿世保元·神仙接命秘诀》云："一阴一阳，道之体也。二弦之气，道之用也。二家之炁，交感于神室之中而成丹也。万卷丹经俱言三家相会，尽矣，三五合一之妙。概世学仙者，皆不知下手之处。神室、黄道、中央戊己之门，比喻中五，即我也。真龙、真虎、真铅、真汞、金木水火此四象，皆喻阴阳玄牝二物也。炼己筑基、得药、温养、沐浴、脱胎、神化，尽在此二物运用，与己一毫不相干，即与天地运行日月无二也。《悟真》云：'先把乾坤为鼎器，次将乌兔药来烹。临驱二物归黄道，争得金丹不解生。'此一诗言尽三家矣。千言万语俱讲三姓会合，虽语句不同，其理则一而已矣。"以上为凿穿后壁之言，乾鼎、坤鼎、丹士为三家相见，殆无疑义。《悟真篇四注》一直被南宗诸派视为枕中秘宝。其中陈致虚注云："鼎器者何也？灵父圣母也，乾男坤女也"，显然为三家龙虎丹法之说。《性命圭旨》之"龙虎交媾图"已将三家图像明示，读者一望可知。

修炼虚空阴阳的丹法，俗称虚无派，乃人体和宇宙、心灵和虚空体道合真的感应法门。虚是虚其心，无是无其身。丹家达到人我两忘，无食、无息、无念、无身的"吾丧我"之境界，便可发出五彩神光，玄关洞开，交通阴阳界，与虚无空灵的道一体化。《参同契》之"以无制有，器用者空"，即为虚无丹法要诀。闵小艮之《天仙心传》《三尼医世》《阴符经玄解》《女宗双修宝筏》等著作，载于《古书隐楼藏书》，还有刘一明《道书十二种》、佛教之《心经》、道教之《玉皇心印妙经》，皆含虚无丹法要诀。李泥丸偈云："可知世有无遮会，种子原来遍大千。假个坛场作鼎炉，卢能去后失真传。"又云："孤修非至道，同类自相须。身外有身者，形忘堪事诸。"此生龙活虎，遍满虚空，虽隔山隔湖，亦可采药，行色法相融、虚实相即之功。此术应识得天罡消息；能深耕置种，假幻勾玄；敢赴无遮佛会，放光以引之，摄心以俟之，能采天宝，悟透玄机，彻底掀翻丹家境界，才有个入手处。

《参同契》云："阳燧以取火，非日不生光。方诸非星月，安能得水浆？二气玄且远，感化尚相通。何况近存身，切在于心胸。阴阳配日月，水火为效征"。内丹家发现了宇宙间的阴阳感应原理，用之于人体修炼，才创立出夺天地日月造化的人元大丹。

我在广州中山大学读书期间，无忧子老师曾将三家四派丹法作过比喻。如果将炼丹工程比作电化学反应，则清净丹法好比干电池里的电，靠开发自身阴阳起修。虚无丹法恰似天空中的雷电，要在虚空阴阳中做活计。彼家丹法和龙虎丹法犹如发电厂里的电，靠同类阴阳发出电力。彼家丹法类似火力、水力发电站，借外力发电。龙虎丹法则如核电站，释放出了人体乃至细胞的生命能量，故称以人体化学发电。再如从广州到北京，清净丹法如同走路，只要方向不错，走一步则近一步，许以时日，终有一天要到北京。然而中途遇险，或生病、死亡、年老无力，半途而废亦所在多有，因之学如牛毛，成如麟角。虚无丹法是靠师传法诀穿越时空隧道，使自身生出双翼凌空飞到北京，此术对个人心灵素质要求较高，不但要有甚深的定力，而且须明师打破盘中之谜，并非人人有此机遇。彼家丹法是靠别人搭桥铺路、驾车摇船，须借用工具，有求于人且多危险，特别是技术严格非等闲之辈所能掌握。龙虎丹法就如同从广州乘飞机到北京，自己一毫不用力而坐享其成，然而建立飞行设施非有权有势且为亿万富翁不可。丹经屡言法财互施，张伯端《悟真篇后序》亦明言择"巨势强力"、"慷慨特达能仁明道之士"授之，皆因龙虎丹法法财难备之故。我今将三家四派丹法全盘尽行揭出，是从学术研究的角度讲，要求融会贯通。仅从实修的角度，可根据自己的条件一门深入，以自身成道而无求于人的清净丹法和虚无丹法较少流弊。余自得诀至今研习丹道近三十年，所得不过"虚无""阴阳"四字而已。今将此四字撰成三首诗诀，以就正于同好。

其一

一灵寂照息中参，澄湛窈冥可通玄。

上下冲和生五彩，证得虚无便是仙。

其二

丹道好妙在阴阳，认取乌兔厮配当。

炼成捉雾拿云手，得风乘船见羲皇。

其三

惩忿窒欲万籁寂，穷想山根心息依。

治命桥前醉仙窟，含光忘形配坎离。

　　"五彩"为五彩神光，"好"为三家法，"妙"为二家法，"得风"为火候，"乘船"是工具。内药是精，外药是炁；内药养性，外药立命。神炁凝结，打成一团，则成胎息。"内丹成"者，积精累气，金光闪烁，明心见性，先成玉液还丹；"外丹就"者，以神剑成形而采药，攒簇五行，驱龙嫁虎，捉雾拿云，而得金液还丹。其中"上下冲和"一句，最为要紧。"冲和"为一种玄关开启景象，王栖云有"五等冲和"之说，张三丰《返还证验说》中亦有论。白玉蟾《玄关诀》云："神气交媾之初，氤氤氲氲，浑浑沦沦，是为一关，所谓'四大、五行不着处'是也。神气交媾之际，昏昏默默，杳杳冥冥是又一关，所谓'无声无臭，无内无外'是也。及至静极生动而用乃出焉，混混续续，兀兀腾腾，真气从规中起，是又一关，所谓'念头起处为玄牝'是也。念头起处，醉而复苏，有一个灵觉当下觉悟，是又一关，所谓'时至神知'是也。此时以灵觉为用，如线抽傀儡，机动气流，微微通过尾闾，是又一关，所谓'斡转魁罡运斗柄'，正此时也。沐浴卯门又一关；飞上泥丸又一关；归根复命，沐浴酉门又一关；大休歇、大清净，空空忘忘，还于至静又一关，玄关之体用如此。"要之，丹道各步骤皆有其"冲和"之景，《金丹四百字·序》云"毛窍如浴之方起，骨脉如睡之正酣，精神如夫妇之欢会，魂魄如子母之留恋"，《入药镜》之"先天炁，后天气，得之者，常似醉"，都是"上下冲和"之义。此三首诗，三家四派丹诀概括无余。丹道是真修实证的学术，法诀代替不了修证，但读者由此参悟，总还可以少走些弯路。

第二讲　理事兼备

内丹学之修持功法，讲理、事、法兼备；理为见地，事为修证，法为丹诀。有理有事，则法在其中，今分而论之。

第一节　穷理尽性以至于命

我以前讲过，丹道之修炼，要有见地、修证、行愿三条，三条相比，行愿最重要。内丹学之系统工程，又称有理、事、法三项。其中理即弄清丹道的理论体系，法即师传法诀，事即修证程序。穷理和修证，皆为悟道而设。悟有解悟与证语之别，解悟为义理上的圆通，证悟为事相上的体证。法诀为证悟之入手法门，乃古仙修证之具体经验。法诀为术，穷理和修证为由术入道之途径。理与法相辅相成，互相印证，以增加丹士的见地。增加见地，实际上即是追求解悟的"穷理"功夫，其中不外学、问、思三法。学，首先要苦读丹经，一是向书本学习，二是向导师学习，三是向朋友学习。孔子曰："学而不思则罔，思而不学则殆"。仅能遍阅丹经，不能思考领悟，终是所得不多。修习丹道，首先要有悟性，只有领悟了道理才是真正属于自己的。善学者必须善问，才叫会作学问。问就要能够起疑情，不断提出问题，解决问题，才能"穷理"愈深，学术研究也能不断深入。

先讲读书，在丹道学中，丹经之祖，首推《参同契》。《参同契》将大易、黄老、炉火三事同参，遍及三元丹法，而偏重人元大丹，《悟真篇》重在破解《参同契》的人元大丹之旨。《许真君石函记》《铜符铁券》重在天元，《抱朴子内篇》遍及诸术，尤重外丹。道教中一般都将《参同契》《悟真篇》作为隐有丹法秘诀的宝典，特别是修习同类阴阳丹法者尤以此二书为重。然而少有人知，老子《道德经》和《黄帝阴符经》，更为人元大丹的秘典。老子《道德经》和庄子《南华经》一偏于阴阳双修，一偏于清净孤修，分别为内丹学南北二宗丹家所喜爱，《阴符经》更直揭丹家盗夺天地，逆转造化之理。《悟真篇》绝句云："《阴符》宝字逾三百，《道德》灵文满五千。今古上仙无限数，尽从此处达真诠"。由此可知内丹学南宗创始人张伯端是如何重视《道德经》和《阴符经》的。《庄子》中有宇泰定的虚无丹法，《列子》中甚至有剑仙派的记载，都值得认真研究。在内丹家的传授中，不仅《道德经》《南华经》《列子》《阴符经》被视为丹经，连《黄帝内经》、谭子《化书》和《周易》（包括《易经》和《易传》）这三部书也被看作丹家的宝典，是指导内丹修炼的著作。丹家修炼讲理、事、法，理上以《周易》《道德经》《黄帝内经》《化书》等为主，是统一的；事和法上各派传授颇有分别，入室修炼各有各的法诀。《黄帝内经·素问》首卷《上古天真论》《四气调神大论》《生气通天论》《金匮真言论》及《阴阳应象大论》等，诚为修道炼丹之通börse。《参同契》云："若夫至圣，不过伏羲，始画八卦，效法天地。文王帝之宗，循而演爻辞。夫子庶圣雄，十翼以辅之。三君天所挺，迭兴更御时"。显然以为丹道之理，首以大易为根基。《参同契》讲"大易情性，各如其度；黄老用究，较而可御；炉火之事，真有所据。三道由一，俱出径路"，更是以大易奠定内丹学的理论体系，以黄帝和老子的著作为修炼法诀。《周易》《老子》《庄子》号称"三玄"，既为中国传统文化之精华，也是丹道文化的要籍。在道教中，《周易》一书多为占验派所宗，丹鼎派对《周易》的探讨尚不深入，这是今后丹道学需加强研究的课题。《易经》和《说卦传》《系辞传》等，本为穷理尽性以至于命之学，乃老子亲授孔子的"性与天道"，可惜被俗儒误读，不明丹道其理解晓。据我所知，三家四派丹法，皆可在易象中找到根据。自身阴阳丹法，取象于"既济"卦，其心肾相交，上水下火，君子以思患而豫防之，正是清净丹法要诀。虚空阴阳丹法，取象于"泰"卦，其内阳外阴，天地交而万物通，上下交而其志同，小往大来，为虚无丹法之象。同类阴阳丹法，取象于"咸"卦，以二气感应为要诀。"咸"卦以男下女，以虚受人，取女吉，为彼家丹法之象。"咸"卦之上卦"兑"为少女，下卦"艮"为少男，中间互卦"乾"为老阳，圣人感人心而天下和平，又为龙虎丹法之象。"咸"卦中含彼家与龙虎二派丹法之象，是"既济""泰""咸"三卦总合三家四派丹法之象矣。另有"艮"卦、"革"卦、"鼎"卦、"复"卦，亦含丹道要诀。实际上《周易》中隐藏着破解中国丹道性命之学的密码，清代内丹家刘一明也曾意识到这一点，故著有《周易阐真》一书。《道德经》第 33 章全文为："知人者智，自知者明。胜人者有力，自胜者强。知足者富。强行者有志。不失其所者久。死而不亡者寿"。这一章丹家世代秘传为同类阴阳人元大丹法诀，然学术界亦懵然不晓，也须揭破其中真谛。

另外，内丹学之实修，不仅要遍阅丹经，还要旁涉佛典。《坛经》《心经》《楞严经》《楞伽经》《金刚经》《圆觉经》及大小止观法门，乃至瑜伽密宗典籍，皆应阅读参究。张伯端作《悟真篇》后多讲禅密，王重阳亦力倡三教一家，足见真正的丹道大师，必不排佛。欲修丹道，不参佛典，难得性功究竟。

再讲思考，沉思从来就是哲学家的特质，新道学的研究和内丹学的修持都必须具备哲学沉思的品格。我们要创新道学，必须取古今中外之文明精华而一之，不当有门户之见。吾观袁焕仙之《维摩精舍丛书·灵岩语屑》中有以佛法解清净丹法之"五气朝元、神凝气府、三花聚顶、炼神还虚"诸功夫云："金木水火土，五行安立，在身则心肝脾肺肾也。五气者，五行之气，即心肝脾肺肾之气也。当人手绾念珠，口持佛号，到一念不生时，脊梁自竖。脊梁既竖，心不外驰，则此心肝脾肺肾者，各得其位，互不相损。既不互损，其气自舒，执其舒气以示人，曰朝元。元者，始也，又心也。心本无心，因此一始而心乃心。若然，心即朝，朝即心，心与朝不二，然又不一，而朝元之义，悉尽于斯矣。当人届此，身得胜乐，全体如满溢状，而脐下小腹丹田处较甚，曰神凝气府。头顶似有风状，内触妙乐，曰三花聚顶。三花者，精气神也。顶以当人身相言，曰头顶，就当人心相说，曰法身。盖谓一心不异，胜行自起，则顶踵一如，诠名曰聚顶也，又至也，谓聚此而至矣。炼精化气者，一心不异，自然法我两忘，法我既亡，阴阳自配。天地配而生万物，夫妇配而生男女，自身阴阳配而生精，自然之运，法尔如是也。①所谓炼者，讵有他哉，直是故耳。充此精而沛全身，令得妙乐，令抗外邪，令运奔伸屈，时然而当者，气也。既有精生，即有气行，亦自然之运，法尔如是，所谓炼者，讵有他哉，亦直是故耳。然精与气皆有形有质，可意可度，而行此精与气者，觅之无物，着之无形，意且不得度，形又讵能居？谓果无也，然则运行此精此气者何物邪？谓果有邪，视之不可见，扪之不可得，听之不可闻，意之不可及，统如上说，无以名之，假名曰神。神也者，别乎用而言也。既有此精此气，即有主持此精此气之神。神，用也，亦犹有物必有用，无用不成物也。所谓炼者，亦直是故耳，讵有他哉。炼神还虚者，谓此精此气此神，本无一物，一时缘会假现，缘灭即亡，实无实法，何有还处，若有还处，宁曰虚邪？当人念持佛号，到无念而念，念而无念时，忽然认识自己，了彻本心，方知由来成佛，身住净土，亦已久也，曰东曰西，不亦远乎！届此，然后自捡，精也是它，气也是它，神也是它。所谓三花聚顶，五气朝元，风云雷雨，山河大地，人我是非，一切一切，已举未举，无不是它，而又丝毫迹相不留，半点朕兆不寓，然又不住在是它不是它里，即孟子所谓大丈夫也。然后才可以说大话，说小话，常说话，常不说话，如理而说，如实而说，非理而说，如妄而说。不然，且慢开口，何以故，阎王老子在汝背后，不许乱统。"袁焕仙先生以佛法比附清净丹法之语尽录于此，足见仙佛本有相通处，不必互相是非。内丹学不仅涉及脑科学、生理心理学的现代科学前沿，是破解人类生命和心灵奥秘的最有科学价值的研究课题；而且是现代心身观或曰心智哲学（Philosophy of mind 或译为心灵哲学）的前沿。内丹学同时又是中国哲学最重要的文化背景，不懂丹道，就没法真正弄懂道教，也不会真正理解道家哲学，无法与古人心灵交通，也不可能体悟到整个中国哲学乃至东方文化的真谛，达不到哲学研究的高水平。更使我始料未及的是，丹道法诀不仅是属于道教

① 此句要特别注意，袁焕仙所教之佛法修炼功夫实亦为炼养"自身阴阳"。

的，而且也是佛教禅宗、密宗、瑜伽术乃至印度教性力派、伊斯兰教苏菲派等教派修炼传法的依据。这一点也不难理解，因为人体是统一的，人体生命和心灵的规律也是统一的，丹道法诀抓住了人体生命和心灵的基本规律，凡进行人体生命和心灵修炼的门派概莫能脱开丹道法诀，只不过入手法门不同、目标高低不同、理解深浅不同，才出现了五花八门的结果。丹道显然涉及科学、哲学与宗教学领域，欲契入丹道，除深入道学外，还必须具备现代自然科学、哲学、佛学、中西医学、现代精神分析等心理学五个学术领域的知识，非等闲之辈所可问津。

后讲起疑情，丹经和佛道典籍中许多记载和论断，甚至千百年来视为定论的东西，都不可盲从，要善于怀疑旧东西，发现新东西。例如由前引《灵岩语屑》袁焕仙先生所传佛法修证功夫，自承即自身阴阳丹法。如今世上所传伍柳派之清净丹法，皆自诩为人元大丹唯一正宗法门，斥身外同类阴阳丹法为邪径。然而这不仅与《悟真篇》《无根树》之旨不合，且积年累月运转河车，虽见到不少光影，但衰老病死，依然如故，这岂不令人生疑？而暗中流传的男女双修之术，又抽缩提吸，做作百般，追求九次性高潮（九至）之乐，终于精耗神疲，不见实效，岂非自欺欺人？少数未得龙虎丹法全诀者，仅据其筑基一节功法，如获至宝，只知上关口鼻吹嘘，不知中关下关法诀，岂不闻紫阳翁《悟真篇》有云："玄牝之门世罕知，休将口鼻妄施为。饶君吐纳经千载，争得金乌搦兔儿？"丹道之研究，立足于科学，可以怀疑，可以比较，可以试验。密宗之修持，立足于宗教，不准怀疑尝试，一入其门，终生不能退转，以培养忠实宗教信徒为目标。佛教之四禅八定，类似于北派自身阴阳之清净丹法，较重性功；而密宗、瑜伽修气脉、明点乃至双身法，则重命功，与同类阴阳丹法相似。年轻人好奇心重，拜师灌顶而入佛密，想探究其效果，以和丹道作比较，孰不知密宗修炼最忌退转，三心二意，结果佛道两误，一事无成。无上瑜伽、密宗对入道者年龄、身体素质要求较高，并非人人可修，且欲得大成就，绕不开双身法的限制。其中宁玛派大圆满功法，虽说不须双身法，能肉身虹化。然虹化现象是一种肉体自燃现象还是成佛的证验，也须做科学研究来剖析其秘密，才能被学术界认可。其他如颇瓦法，年轻人修持者甚众，其开顶灌顶，诸多功夫，是否对炼养人体精气神，延长寿命确有益处，或者仅利于灵魂出壳，都须搞个清楚明白。据我所知，颇瓦法非时不能用，非机不能用，否则罪同杀佛。先师知非子垂危之际以颇瓦法辞世，是应时、应机也。丹道学需要重新认识和研究的问题还多，兹不一一列举。

魏伯阳将《周易》、黄老之道、炉火之事三家相参作《参同契》，号称"万古丹经王"，创立丹道学。他在《参同契》中明言继承了伏羲、文王、孔子三圣之学。《易·说卦》讲"穷理尽性以至于命"，这句话实际上是中国性命之学的纲要，是人体生命系统工程的基本步骤，是内丹学的修炼法诀。张三丰真人《大道论》云："儒也者，行道济时者也。佛也者，悟道觉世者也。仙也者，藏道度人者也。""夫道者，无非穷理尽性以至于命而已矣。"中国传统文化的儒、释、道三教，其核心皆是"穷理尽性以至于命"之学，不过层次深浅有所不同而已。儒家罕言性命，其重点只在"穷理"，故只能以儒家伦理规范其行为，以"内圣"的道德修养而求治国平天下的"外王"之道。佛教禅宗以"明心见性"为究竟，比儒家深入一步，达到了"穷理尽性"的境界。道家内丹学在"见性"之后，还有大事做，将性功修炼称作"玉液还丹"，命功继之完成才叫"金液还丹"，由此完成"穷理尽性以至于命"的丹道程序。以上所论，实是一般而言，因为三教中皆别有真传，从"穷理"中切入性命之学，如忠孝净明道以"忠孝"之儒家伦理切入丹道，亦可达真人境界。李涵虚《道窍谈》云："性命双修，此本成仙、作佛、为圣之大旨。或谓佛修性，仙修命，儒治世，分别门户，盖不深究其宗旨也。愚按佛重性，而其中实有教外别传，非不有命也，特秘言耳。其重性功者，盖欲人从性立命，能使性量恢宏，照十方而无边无际也"。自其同者言之，三教一家；自其异者言之，毕竟各有偏重，然都离不开"穷理尽性以至于命"的大纲。要之，内丹学就是性命之学，在学问上分为性学与命学，在修炼上分为性功和命功，以修炼人元大丹为基本功法。

何谓性命？张松谷《丹经指南》云："灵光一点，浩气常存，本来面目，性也。玄关一窍，先天至精，真一之气，命也。性即神也，命即气也。神凝则气固，气聚则神灵。性无命不立，命无性不存。真人云：'神是性兮气是命，神不外驰气自定。本来二物互相亲，失却将何为把柄？'"丹家讲"参透性命二字，胜读丹经千卷"，我为此遍阅丹经，私以为三阳道人张松谷这几句话，实是说到点子上，其中"凝神"之法，则是由性功转入命功的关键。丹家以"玉液还丹"了性之后，须以"金液还丹"了命，以完成"穷理尽性以至于命"的工程。在这项工程中，命功受条件限制做起来不容易，往往先从性功入手成就玉液还丹，故曹文逸《灵源大道歌》云："形神虽曰两难全，了命未能先了性"。性功纯熟，于静定之中，生出真炁，真炁如原始星云般旋转，中心一穴，称作炁穴。丹家讲"昔日遇师真口诀，只是凝神入炁穴"，如此神入炁中，神炁相抱，如入穴中，即是炁穴，也是玄窍。张三丰《道言浅近说》云："穷理尽性以至于命，即是道家层次，一步赶步功夫。何谓穷理？读真函，访真诀，观造化，参河洛。趁清闲以保气，守精神以筑基。一面穷理，一面尽性，乃有不坏之形躯，以图不死之妙药。性者内也，命者外也，以内接外，合而为一，则大道成矣。'以至于'三字，明明有将性立命、后天返先天口诀在内。特无诚心人，再求诀中诀以了之也"。

第二节　形、气、神三层次功法要点

内丹学的基本理论和步骤，繁杂精密，构成了一套人体之生命和心灵修炼的系统工程，要想深入堂奥，首先阅读丹经、访道问学的"穷理"功夫大约就需五六年。入手修炼者或许十多年摸不着门径，身体和心灵上没有修道的感觉和体验，多有空耗光阴心灰意冷者，故朱熹犹有"金丹岁晚无消息"之叹。

人体有形、气、神三个层次，丹道入门功夫是对形、气、神三个层次的修炼，称作筑基。丹道之修炼方法在中国已流行数千年，特别是唐末五代以后逐渐达到炉火纯青的水平，丹经中记载了历代内丹家对人体精气神运行规律的真知灼见，因之揭示内丹之秘，是打开人体生命科学之门的钥匙。丹道的筑基功，首先要在修炼形体这个层次上开始。入门的要诀是"端直其体，空洞其心，真一其意"，能如此入手，即使修炼不到丹功层次，也会收到祛病延年的效果。盖因"端直其体"则邪不能干，"空洞其心"则气机必调，"真一其意"则正心诚意而神得凝炼，如此身心意三家皆得修炼，必有效果产生。在炼形这个层次上，内丹学功法的要诀在于站桩和"开合"二字，凡有站桩和开合动作的套路，和丹道相合，必然产生健身固形的功效。当然，丹道之"开合"为意到气到之"开合"，意念和动作以轻以柔，不用蛮力不求速度，和西方体育思想不同。

在炼气这个层次上，内丹学的要诀是"调息"。调息这功夫人人皆知，无非要求呼吸深、细、长、匀，逐步达到胎息的境界。内丹家马丹阳为其师王重阳守墓十年，其妻孙不二于1175年夏由山东来长安，和马丹阳相遇，马丹阳以《炼丹砂》词相授，劝其共修丹道。其词云："奉报富春姑，休要随予，而今非妇亦非夫，各自修完真面目，脱免三途。炼气莫教粗，上下宽舒，绵绵似有却如无，个里灵童调行动，得赴仙都"。丹家之秘诀不轻易传人，然孙不二为马丹阳之妻，相别十年，千里寻夫，情重自会言真，所授调息的丹诀决不会假。由此可知，调息确为丹家炼气之要诀。有志修丹道者，要将呼吸降到肚脐（下丹田），只在"绵绵似有却如无"之调息上用功夫就是了。头部两目间的祖窍穴、鼻孔外方寸之地的虚无窍、胸部两乳间的膻中穴、肛前阴后的会阴穴（阴蹻）和肚脐部位的丹田穴，皆是炼丹的秘窍，人的双眼就是阳火的火种，将双目之光内视这些丹窍就可起火炼丹，从而分别产生热、力、光的效应。人之初生时以肚脐和母体相联，下丹田位置恰在脐内，这个穴窍危险较小，初学者可在肚脐起火。这里有一个身心相互光合作用的定律，即人的意识和肉体相互作用，用目光内照丹田（肚脐），在适当火候下会发生放热反应，久之形成以肚脐为中心的原始星云般的旋转之物，沉甸甸的像"铅"，称作"炁"，便是真气。《黄庭经》云："仙人道士非有神，积精累气以成真"。如此"凝神入气穴"，不断"积精累气"，后天变先天，气功变丹功，便走上内丹学的正途了。

在炼神的层次上，丹家的要诀是"止念"。吕祖云："大道教人先止念，念头不止亦徒然"，足见止念为炼神的入手功夫。止念先要"端直其体"，袁焕仙所谓"脊梁自竖""五脏得位"实为丹法要诀，即先调整身体的姿势。宋披云真人《迎仙客》词云："柳荫边，松影下，竖起脊梁诸缘罢。锁心猿，擒意马，明月清风只说长生话"。指明先要在姿势上"竖起脊梁"，拴住心猿意马以止念。止念要身直体正，松、静、自然，特别要放松咽喉声带肌肉，以抑制语言信号的神经冲动，因为人是靠语言来思维的。丹家要使心不动，先要形不动，因之秘传一个"塑"字诀，使身体如泥塑木雕，像电影演员演死尸的功夫，又名僵尸功，乃丹道"未学生，先学死"之要诀，自能神气俱炼。止念要以虚、寂、恒、诚为法诀，先使精神进入恍惚杳冥状态，不昏沉不杂乱，渐入念中无念之境。入定止念以意守鼻孔外方寸之地的虚无窍为优，口鼻之间为人中穴，外接天地之气，是色身和法身的交界，在此处神气相互光合作用，在适当火候下会产生"汞"，即先天元神，这也是一条神气光合作用的定律。内丹学是"凝炼常意识，净化潜意识，开发元意识"的心灵修炼工程，揭示了丹道的要旨。得铅得汞，以铅伏汞，为丹道由定生动，由动返定的关键步骤，唯靠"心息相依"为法门。摒除识神，元神显露，丹家谓之心死神活。

丹道修持最要害的步骤是"入定"，入定以见"五彩神光"为效验。先师尝云"光通阴阳界"，盖云光是色界和无色界的交接线，是色与空的通道。凡色界之物和人的肉体，皆受光速限制，而虚无空灵的先天法界和法身，则不受光速之限制。人在入定中达到虚无空灵的境界，性光闪烁，心光朗耀，玄关一窍必开，即可进入丹道之坦途。吾有诀云："空中透银霜，青白赤黑黄。欲识青凉境，先得五彩光。"丹家密诀云"上下冲和生五彩，证得虚无便是仙"，亦是此意。丹家入虚空大定，要寂而常照，照而常寂，至诚不息，由诚生明，心存中和，明心见性。修持中出现光感，不仅佛道二教为然，其他宗教亦有之。《圣经·若望一书》云"天主是光"，"人应在光中往来"，而耶稣圣徒保禄，亦称"光明之子"。《古兰经·奴雷》云："安拉是天地的光。他的光的情形如柱，柱上有灯，灯在玻璃中。那玻璃像似发光之星，燃自吉庆的橄榄树，不东不西，它的油虽不与光接触，而发出光来。光上之光。安拉引导意欲的人，以达至他的光。"密宗米拉日巴大师之修"光明定"，亦同此理。入定之功，一要"知几"，二要"知常"。"几者，动之微"，要见微知著，掌握好丹道火候，临事而动，灵明有觉。"复命曰常，知常曰明"，知常可转识成智，以光明定得无量光之天人合一大境界。黄檗山断际禅师云："此性灵觉，无始以来，即与虚空同寿。"《永嘉证道歌》云："心是根，法是尘，两种犹如镜上痕。痕垢尽除光始现，心法双忘性即真。"此言得之。

另外再须说明，调神之功亦可用于丹道之筑基。调神，又名调心，即是以人之正念调整人的常意识和潜意识，以自我调节为主，他人调节为辅。其实这是自我心理平衡疗法和心理治疗技术，和西方的心理分析相结合，可以用于丹道之筑基，并有治疗心身疾病的医疗效果。病本由心造，必能由心除。人之心理和情绪积久成结，气血郁滞，必成疾病。不良刺激造成心灵创伤，心灵创伤通过气血会转化为肉体疾患。人心若动，必有定向，气血随之，如影随形。向阴向阳，向祸向福，必有残留信息而记录之，留下心结和情结的心灵印痕，反映为体征。其恶性心结和不良刺激造成的体征即为疾病，此所谓病由心造。故丹家善用调心之法，对治各种人体疾患，其应如响。心平则气和，气和则血脉通，身康宁矣。修道者筑基先炼性，惩忿窒欲，不忧不怒，对世事坦然面对，淡然处之，心无疾则身无病。每种疾病都对应着由不良刺激遗留下来的某种心结，故调心消除不良刺激的印痕即可调病，解开心结，身病自除，此所谓病由心除，丹道筑基亦可由调心完成。三丰真人《道言浅近说》云："故觅真心者，不生妄念即是真心。真心之性格，最宽大，最光明；真心之所居，最安然，最自在。以真心理事，千条一贯；以真心寻道，万殊一本。"其《道情歌》又云："未炼还丹先炼性，未修大药且修心。心修自然丹信至，性清自然药材生。"调心能治病，修心可筑基，炼性则得玉液还丹矣。

内丹学的基本思想，是将人体的三大生命要素精、气、神作为炼丹的原料（药物），这些药物可以按后天、先天等不同层次分为阴性物质和阳性物质，再以人体的某些生命敏感部位（如丹田等）作为生理反应器皿（鼎炉），从调谐呼吸和意念入手在鼎炉中炼养阴阳，由此激发出热、力、光等生理和心理效应。通过"回风混合，百日功灵"，在以下丹田为中心的小腹部位产生可以觉察到的热量，称为"起火"，这种"天然真火"是药物在鼎炉中产生了放热的生理反应，反应物在中丹田和上丹田烧炼时还有力和光的效应，称作光合反应，同时使人体的生理和心理建立起新的信息编码程序。起火炼丹后，肚脐反应温度最高，有"腹热如汤煎"的效验，称作"真火种"。如果修了多年没感觉，没效验，就是丹功没上路。丹家只有首先调息，注意息行意行、心息相依，耐心在下丹田做积精累气的功夫，才能找准感觉，然后跟着感觉走，步步奔虚无，一步有一步的效验。如此回光返照下丹田，持续保持"炉中赫赫长红"，便由气功进入丹功的先天修炼境界了。先天的精、气、神生成，才转化出真正的药物，才会产生自动转河车运药的内丹周天功夫。

《道德经》中有一句话："心使气曰强"。不仅王弼通行注本有"心使气曰强"这句话，河上公注本、傅奕注本、马王堆帛书本、郭店竹简本都有这句话，可见为老子的原意。《道德经》还有一句话："反者道之动，弱者道之用"，这句话在《周易参同契》中进一步明确表述为"反者道之验，弱者德之柄"。这句话的意思说明，道家的丹功用弱不用强，是炼柔气的功法。用意念导引后天气感通督脉、任脉转周天，就是"心使气曰强"，是和"弱者道之用"的原则相违背的。后升前降逆行由督脉、任脉运药就是"反"，"反者道之动"就是说只有在光合作用下产生了先天真气（写作"炁"）才会自己发动起来逆转周天。《参同契》中"反者道之验，弱者德之柄"这句话就更明白，是说"反"（逆通任督）应该是修道（积精累气）的效验，而不能"心使气"，用意念强行导引，那是用强，丹功用弱不用强，"弱"才是得道（德）的关键把柄。《黄庭经》讲"积精累气以成真"，也是这个道理。陆西星《三藏真诠》记载有仙师降乩，与陆西星等对谈，云修道之法，只一个"反"字，便可概括无余。"令愚昧小人，只将日用道理，一切反来。如阳施阴受，阳上阴下之类，一切反之。性宗则如六根六尘，一切反之。人为的我不为，人欲的我不欲，如是反来，自然合道。

此字彻上彻下，可以立教"。世人皆用强，而道家独用弱，也是"反"字之义。足见"反者道之动，弱者道之用"是意义深远的。丹家修炼之火候，奥妙全在轻柔、自然。当然佛教密宗宝瓶气及丹家"十六锭金"，也有刚气的运用，但都不是急着逆转任督。如果有人想从气功改学丹功，为了弥补后升前降空转周天造成的损害，最好先修习"补亏法"（亦称"添油术"），即反过来先前升后降顺转河车。

李玉阶先生曾在华山修道多年，到台湾后创天帝教，享期颐高龄，他编写的《天帝教法华上乘正宗静坐基础教材》中说："运气导引很危险，我在公开讲演的场合也一再强调，我基本不是反对，除非在大自然、深山里，一切与尘世隔绝没有往来，身心通通放得下来，运气导引也未尝不可。不过，今天我们住在城市的人，要修道、要运气，十个有九个会出毛病的，有时生理发生变化，有时心理发生变化……用意识导引流弊也很大。"此论与鄙见相和，想是经验之谈。

至于炼神之术，为谨慎起见，笔者仅强调必须真师临炉指导，不可盲修瞎练。因为识神最灵，心可造物，宗教中的天堂地狱、神怪妖邪，都是心造的。一些超心理学现象，也无非是人们罕见的心灵效应出现引发骇世惊俗的争议，不过是反映人类至今对自己的心灵还缺少认识罢了！丹经中对心灵现象中出现奇异境界的事，早有记述，今录一段，供学道者三思。《二懒心话》中有内丹家闵小艮真人批云："此等境界，不愁不得，惟愁神著。何以故？一经念动，则此等境界变现不休，且必愈出愈奇，一经着相，便入魔道，小则成魔，大则立死，修道人着此而死者比比也。非惟本人不知，即其眷属道侣亦且认为某果得道而去也，其误人也不小矣。是故天仙家概不以此为效验，且咸以此为魔扰。若坐而现此之境，又不可用意辟之。一用意辟，则又化成斗境，有变现不测之相扰相降，必成狂疾而死，或意为魔摄去而死。或竟入魔壳中，几然占胜，从此神通法力不炼而大，本人迷昧，以为得道之明验焉。孰知正为魔诱入壳，命终而去，适成修罗眷属而已。又或因斗不胜，全神离壳而出，其壳反为魔踞，外人不得而知也，以为斯人道成，试其神通法力，与古神仙无二，其魔踞，试行其魔道，从者如云。究其谈论，以淫以瞋，以贪以诈，为无妨于真道，从之者咸入魔境，成魔眷属。如今昔白莲邪教之教首类，因修道迷误，魔踞其壳，而成斯等邪教也，此不可不知也。故凡修道者，总以见而不见，闻而不闻，为降魔大秘诀，所谓'凭他风浪起，我自不开船'，此示以不之动念之大要诀也"。内丹学之修炼，凡守上丹田、祖窍、松果体、脑下垂体、乃至目光注脑行洗髓功者（脑为髓海），虽见效甚速，然易出偏差，须切记自家主人公，行对心灵激现之神魔不识不应，不为识神所转之丹诀。不仅识神所现之种种异象被丹家视为魔境，就连开发心灵潜能"出阴神"得神通，也被视为鬼仙之道，为丹家所不取。丹家一旦性光显露，开发出元意识，达明心见性之地，则邪魔自消。以上所论形、气、意三层次修炼方法，皆浅显平常，所谓"百姓日用而不知"之法诀，然实为丹家立脚之处。内丹学为中国儒、释、道、医等传统文化之精华，故其修炼的基础是佛、道二教的经典，修道者必须熟读丹经及佛、道二教典籍，不能违背其中揭示的人体生命和心灵规律。

第三讲　净化身心

　　人类的历史，不仅是自然和社会不断进化和发展的历史，也是人的生命本身不断进化和发展的历史，更是人的心灵不断解放和圆满的历史。人被看作由大自然主宰的自然人，被看作由社会主宰的社会人，或被神化，或被物化，看作经济人、政治人，都是以非人的抽象方式理解人。中国的丹道性命学，恰是通过性与命的修炼，逐步认识自我，开发自我，完善自我，变化为真人的系统工程。真人是生命高度开放，心灵彻底自由，达到道的境界的纯真无假的人。人元大丹是中国古代圣人智慧的结晶，是道家文化中孕育出的明珠，是中国历代杰出知识分子殚精竭虑不断丰富和完善而成的人体生命和心灵修炼程序。按丹家自古相传的说法，修习丹道之机遇有"四难"，即"人身难得，中土难生，正法难遇，真师难逢"。据道经讲，天下亿万生灵，仅是人有理智，修道较易，故说人身难得。内丹学是中国的国粹，丹经皆是用隐语写成的，没有师传根本看不懂，国外学者更是没法翻译丹经，因此至今西方学者虽闻丹道之名，但正宗的内丹学还没有传到国外去。《真仙直指语录》中丘处机云："人身难得，中土难生，假使得生，正法难遇。既为人而生中国，又逢正法，尚千万人中无一二皈依向慕者，况蛮夷外国道化不行者乎！"因之西方学者研习丹道，既使到中国留学学习汉语，仍有文字翻译的困难，故除上述"四难"外，另加"丹经难译"一难。当今世界欧美等国家的学者懂中文的不多，懂中文而到过中国研习中国传统文化的则更少，其中爱好道学修习丹道的外国学者就极为难得了。《道德经》云："圣人不积，既以为人己愈有，既以与人己愈多"。丹道之传，既要破除"法执"和"我执"，树立兼济天下的世界公民意识，同时又要保护其学术的纯洁性，避免鱼目混珠。

我在《道学通论》中将人的意识划分为三个层次，即常意识（日常认知、思维活动，丹家谓之识神）、潜意识（深层心理和欲望）和元意识（先天遗传的本能意识，丹家谓之元神，佛称阿赖耶识所藏"无漏种子"，或称第九识"阿摩罗（Amla）识"，即"无垢识"，实相真如心体）。元神即人身真正的"自我"，丹经中称作"主人公"。内丹学的修炼，是一项凝炼常意识，净化潜意识，开发元意识的系统工程，也是一套发现自我，开发自我的心灵修炼程序。人类精神的这三个心理层次是相互联系、相互依存的，也是此长彼消的。识神是后天之神，元神是先天之神，先天和后天也相辅相成，依道学的"阴中有阳，阳中有阴"，"阴极生阳，阳极生阴"的太极原理而运动。某些丹师未明丹道之究竟，不知识神和元神、色与空、先天和后天的辩证关系，将二者割裂开来，机械理解丹道"心死神活"之旨，以为修道的目的仅是摒除常意识（识神），舍弃色身，脱离后天。他们以为只要识神泯灭，色身舍弃，便是元神显露，法身修成，就会成为无所不能的神仙。他们不知修炼色身，以为色身真如野僧所说是随时可弃的"臭皮囊"；不知牢固阴精，以为精神出现恍惚状态，便通了神明，结果走火入魔，自取丧亡。什么是元神？《天仙金丹心法》云："然神曰元神，非思虑聪明之谓。藏诸真宰，秉于先天；喜不能伤，怒不能损。故一神两化，化于元神。神曰元，故能化；迨能化，自成神。是故炼而为心神，现而为阳神，飞而为天神"。"所谓先天之神，可以飞形入石者也。众人不知，当以思虑为后天之神，而思虑至有得时，便是先天；以灵聪为后天之神，而灵聪至前知时，便是先天。所以戒用思虑灵聪者，非虑损后天之神，特恐有得与前知，足以损先天而不觉也。渐损渐减，始止散失而无归，后必消亡其殆尽。故精气将绝，先见其神之昏倦"。这就是说，元神虽为人类心灵的最底层最核心的先天意识，但其心理能量仍可被激发，其功能可通过常意识显现出来，人的真知、前知和直觉，都是元意识的激发效应。《道德经》云："前识者，道之华而愚之始"。这就是说，前识功能的出现是道的花朵，是人性进入纯朴状态的开始。老子不否定前识，从根本上说，道家就是一种前识的哲学。老子崇尚愚；愚非愚昧，而是纯朴，故说"我愚人之心也哉"。老子不但重视先天的领悟，也重视后天的求知；不但讲"为道日损"，也讲"为学日益"。自古魏伯阳、吕洞宾、张伯端、王重阳、张三丰等内丹学家，皆学富五车，智慧超人，其于三教经书无所不窥。内丹学是中华文明之千古绝学，是"穷理尽性以至于命"之学，是学术前沿领域的生命科学和心灵哲学，没有出色的学养是难以入门的。人的后天知识和先天智慧是相得益彰，彼此关联、互为依赖的。人的心灵潜能也和后天的聪明才智有关，文化层次越高，心灵潜能激发的智慧越大。一个具有丰富后天专业知识的科学家可以靠先天灵感完成重大科学发现，但一个毫无知识的文盲、愚夫无论如何修炼也弄不懂高深的数学和自然科学。《天仙金丹心法》云："智虑未全捐，刻见欲存无守有；聪明岂终秘，时之思培后补先。非实非枯，旋启旋闭。鱼不跃而其机是跃，鸢不飞而其性为飞。方谓之凝神，方谓之得凝神之道。然必由静至动，由空入色"。凝神之道须静中有动，空中有色，活泼泼，惺惺然，念中无念，一灵独照，方是真境界，此所谓凝炼常意识，净化潜意识，开发元意识。

下面再论常意识和潜意识之关系。潜意识是人的深层心理，是西方心理学家弗洛伊德的精神分析和荣格分析心理学早已进行过开创性研究的领域。潜意识是介于常意识和元意识之间的非理性意识层次，埋藏着人们平常难以觉察的自胎儿、幼年、童年时期的记忆和各种人生欲望、性欲、邪恶兽性、求生本能和死亡本能、残害他人的欲望和仇恨、所有心灵创伤及情感冲动。日常生活中的重大刺激和创伤都会在潜意识中留下印痕，甚至某些不符合社会规范的邪恶念头和禽兽般的欲望，包括名、利、色、权的诸般贪欲以及人生紧张状态的焦虑，也会透过表层的常意识，被压抑到潜意识的深层心理层次里。孟子说过："人之所以异于禽兽者几希。庶民去之，君子存之。"（《孟子·离娄》）人从动物的人进化为社会的人，必然保留有禽兽的动物性，即动物在长期生存斗争中形成的求生本能、繁殖本能及贪婪残忍乃至杀害同类近亲的野蛮本性，但既进化为人，其大脑皮质有了理性思维，受社会伦理规范的约束，形成了常意识的心理层次，具有正常人的个人意志和人格。这样，一些文化层次和道德水准较高的人，则注意保存和提升完美的人性，而一些品质恶劣的愚昧之徒，则往往冲破常意识的堤防，如贪残的禽兽一般违法乱纪，丧失人性。据弗洛伊德和荣格的心理学理论，人的潜意识中埋藏着人在受压抑和挫折时形成的情结（Complex），乃至与生俱来的心理原型（Archetype），它们属于个人无意识和集体无意识的深层心灵结构。在正常情况下，常意识的理性思维和社会道德规范犹如心灵的堤防，又是代表现实的人类社会规范审视潜意识层次的监察官，及时将那些不合规范的邪恶念头压抑下去，防止其引发危害人类社会的行为。然而人在社会生活中，并非完全脱离潜意识单靠表层的常意识形成自我的个人意志，而是经常受到潜意识中各种情结的干扰，潜意识中心理又分不同层次（包括个人无意识的情结和集体无意识的原型等心灵层次），隐藏着巨大的生命能量和精神内驱力（即弗洛伊德所谓 Libido），潜意识以自己的心理规则影响着表层常意识的活动。必须说明，人类的常意识是以语言来进行推理判断的，而语言本身就具有社会伦理功能，语言的形成是由动物进化到人的一次革命性的转变。任何人的潜意识中心灵能量被激发，埋藏的无意识情结或原型要释放，都必须经过表层常意识的筛选和"合理化"的伪妆。也就是说，无论何种潜意识要透出常意识表层的控制，无论多么邪恶的念头要用人类通行的社会语言表达，要越过人类理性智慧的审察和社会伦理规范的堤坊，都要寻找一种"合理合法"的形式化妆自己，以"合理化"的伪装骗过理性道德的监察官，这就是所谓"合理化"的程序。表层常意识中人类理智和社会伦理规范的力量是巨大的，它不但可以将一些人过分强烈的性心理能量、仇恨、贪欲等压抑下去，使之不致危害社会，而且还可将这些人生欲望通过另一种渠道升华，例如人的强烈性欲也可以升华为艺术创造才能。当然，人的理智和道德规范的提升需要教育，一个有深厚学养和高尚道德品质的人更能升华自己的潜意识，为人类文明和社会进步做出巨大贡献。《金赛性学报告》否定弗洛伊德的艺术、创造才能为性能量升华的学说，为本书所不取。盖因在人类进化史上，女性为氏族原始公社之主体，男性为附属地位。如此男性生胡须，体魄强健，声音洪亮，姿态英武，特别是战斗胜利凯旋，必获得女性之青睐。艺术天才显然也是男性炫耀自己以争取女性获得生存竞争优势之手段。由此看来，艺术天才来源于性能量之升华，应是有根据的，人类两性对性能量升华的追求和动物界雌雄两性为求偶的性表现无异。歌德一生的艺术天才受爱情激发即可看作性能量升华之例证。现代西方心理学家已经初步揭示了人类常意识和潜意识的关系，并通过对梦，占卜和神话、笔误、口误等无心过错，精神病人的幻觉等心理现象的研究，摸索到了许多潜意识的规律，这里不再赘述。内丹学家注意的，是潜意识和元意识之间的关系。只有净化潜意识，才能有效地开发元意识。然而，元意识一旦开发出来，人就会明心见性，就会圆成大智慧，就会将思想和伦理都上升到道的境界，潜意识中的心魔便被制住。慧光普照，邪魔全消，丹道修炼到元神常住，见到自家主人公，就会从心所欲不逾矩，得大解脱，得大自在，得大逍遥。人的常意识是后天意识，元意识是先天意识，潜意识处于先天与后天之间，本身又分不同层次，但基本上也是从胎儿、童年时期逐步埋藏下来的人生欲望、心灵创伤凝成的情结和原型，属于后天形成的心灵印痕。丹道是一种由后天返先天的心灵修炼程序，它可以自我消除掉潜意识中不同时期心灵创伤被压抑留下的印痕，净化人类后天的心灵，将人的兽性完善为人性，并使之升华到真人的境界。丹家称净化的潜意识为阴神，得"意生身"，阴神极灵，有前知、遥视等特异功能；然丹家的目的是进一步开发出元意识，且将其凝炼为阳神。阳神出壳得身外身（法身），即所谓"光蕴身"，才是大丹成就的仙人。

特别是埋藏在潜意识最深处的原始认知模式，积存了人类进化史上的生命冲动和巨大的心灵潜能，荣格分析心理学称之为"宇宙原型"或"上帝原型"，一旦被激发，个人会感觉自己获得不可思议的超自然力和无穷的智慧。其实我国儒、道、释三教圣人对此早有认识，并以"穷理尽性以至于命"的修养功夫将其导入正途，由此得大成就。陆九渊有云："只手攀南斗，翻身倚北辰，举头天外望，无我这般人"，就是这种"宇宙原型"激发的气象，故他又说："宇宙内事，乃己分内事；己分内事，乃宇宙内事"。儒家学者于此得大志向，如张载讲"为天地立心，为生民立命，为往圣继绝学，为万世开太平"。佛教学者于此得大行愿，成大庄严像。佛法则如《坛经》云："众生无边誓愿渡，烦恼无尽誓愿断，法门无量誓愿学，佛道无上誓愿成。"佛学以"缘起性空"之说，破除我执、法执诸妄，决不会陷入魔道。丹道家则于此得五神通，并更进一步弃而不用，转识成智，由后天开发先天，认取自家主人公，修炼阳神。《天仙正理直论》云："五通者（天眼通、天耳通、神境通、宿命通、他心通），阴神之神通也"。《仙佛合宗》亦云："惟神境一通，乃识神用事。若不能保扶心君，即为识神所转，却自喜其能修能证，而欢喜魔已入于心矣。曰喜言人间之祸福，喜言未来之事机，祸不旋踵而至矣。惟是慧而不用，则能转识成智，始得证胎圆之果也"。由此可知，所谓"宇宙原型"的原始表象，仍属后天心灵，是潜意识的最深层次，丹家谓之"阴神"的层次，丹道中仅将其视为进一步开发元意识的必经程序而已。佛经和丹经中克制心魔的方法和经验极其丰富，因之正宗的坐禅、修道者一般不会误入歧途。我为此揭破人类心灵三层次的秘密，实是出于一片救世的婆心，使人们了解修道功夫中心灵活动的真相，以便丹道的修炼者绕开误区，自觉地奔向坦途。

佛、道二教的修炼，都是净化身心的人体系统工程，都将积德行善放在修道学佛的首位，都将严格遵守佛道戒律放在首位。《法句经·述佛品》云："诸恶莫作，众善奉行，自净其心，是诸佛教。"佛陀教人"善自观心，善自知心"，自宰其心，自伏其心，净化心灵的三毒、八缠、九结、二十一心秽等，"如人锻铁，去滓成器，器即精好。学道之人，去心垢染，心即清净矣。"（《四十二章经》）道家之万卷丹经，皆不离"炼心"二字，《唱道真言》讲得最为详尽。《仙佛合宗》云："万象空空，一念不起，六根大定，一尘不染，此即本来之性体完全也。如是还虚，则过去心不可得，现在心不可得，未来心不可得，顿证最上一乘，又何必修炼已之渐法也哉！"丹家有《九层炼心》之术，足以降伏心魔。我们说过，常意识对潜意识层次来说犹如监察机构或抑制邪恶念头的堤防。显然，人的学养越高，道德品质越好，这个堤防越牢。反之，那些文化水平低下，道德观念薄弱的痴迷者，是极易冲破心灵的堤防，违法乱纪，人格变态的。佛陀立"戒、定、慧"三学，以戒学为第一；王常月传龙门律宗，于顺治十三年（1656）在白云观开坛授戒，其戒法分"初真""中极""天仙"三等，号"三坛大戒"，授徒千余人，享世寿 159 岁。盖佛道之修持，传法必先授戒，以戒律作为修持者的心灵堤防。丹道得诀有得诀之戒，不可闭道不传；传法有传法之戒，不可妄传匪人；行道有行道之戒，必立千二百善；修道有修道之戒，必先净化身心。内丹学本是在古代高层知识分子中间发展起来的性命学说，没有六年"穷理"功夫难以入门。丹道授徒，必择福慧双全之人，为载道之器，又须有钱、有闲、有缘，法财侣地俱备，故其收徒门槛甚高，远非一种社会普及的功法。

科学和哲学是人类理性智慧的结晶。科学探索自然界的客观规律，哲学是对宇宙观、人生观、方法论的理性思维，二者都是表层常意识的智慧。理性思维只能认识有限之物，只能研究后天的世界和人。宗教则是对人生的终极关切，是人类精神回归的家园，它是以人们非理性的信仰为支点的，而信仰情怀属于人的潜意识层次，即先天灵感和后天智慧相互感应的中间心理层次。人类对无限之物，对无限的宇宙本体，如道、佛、上帝、真主等的信仰是真正的宗教，是正信，而对有限之物的信仰则是迷信。科学的定律、学说，哲学的学派、主义，政治学的制度、领袖，宗教学中具体的教主、法师、教派等，都是有限之物，都只能作为理性思维和学术研究的对象，而不能作为非理性信仰的对象，否则就是迷信。信仰无限本体的宗教会给人类社会带来慈善、宽容、祥和的情怀，而对有限之物的迷信则会使人类社会躁动不安、相互仇杀、残暴专制乃至陷入极端主义的恐怖之中。正宗的佛教、道教、伊斯兰教、基督教都是信仰无限本体的宗教。

我们说过，佛教本质上是"自净其心"的宗教，而道教的本质也是"净化身心"。佛教将"正语、正业、正命、正念、正定、正见、正思维、正精进"谓之"八正道"，其中将戒、定、慧之三无漏学包举无余，比丹经道书还简明扼要。我历来主张丹家必通佛典，净化身心功夫要汲取佛法。在道教方面，《马丹阳真人直言》云："道家留丹经子书，千经万论，可一言以蔽之，曰清净"。"自古神仙，不敢跳过澄湛二字"。"但能澄心遣欲，便是神仙"。《王重阳立教十五论》云："心忘虑念即超欲界，心忘诸境即超色界，不着空见即超无色界"。丹道学是集科学、哲学、宗教为一体的学问，它有道有术，寓道于术，而气功大多属于丹道筑基阶段的安乐法门，乃养生健体之术，大多简便易行，立见实效，这和丹道净化身心的系统工程是相差甚远的。

全真家丹道各门派最关键的步骤，就是严守戒律，净化身心。净化身心之要求不但见诸《王重阳立教十五论》《全真清规》等道门戒律，亦见之于全真道历代祖师语录，可谓之全真家风。丹家对身体之净化，多采用辟谷、苦行等方法。然心净身自净，心的净化更为重要。据《真仙直指语录》所载，马丹阳真人云："大道以无心为体，忘言为用，柔弱为本，清净为基"。"清净者，清谓清其心源，静谓净其气海"。丘长春真人云："常令一心澄湛，十二时中，时时觉悟，性上不昧，心定气和，乃真内日用。修仁蕴德，苦己利他，乃真外日用"。郝太古真人云："夫吾道以开通为基，以见性为体，以养命为用，以谦和为德，以卑退为行，以守分为功，久久积成，天光内发，真气冲融，形神俱妙，与道合真"。全真道各门派祖师不仅如此布道，而且身体力行。据《金莲正宗记》所载，王重阳祖师本为咸阳右族，自甘河桥上遇师得丹道法诀后，弃家入道，至刘蒋村筑庵而居，号"活死人墓"，苦修六年而丹成，遂一路行乞去山东传道，其所作《化丹阳》书云："凡人修道，先须依此一十二个字：断酒、色、财、气、攀缘、爱念、忧愁、思虑"。全真道内丹修持所必须严明的戒律，以此为要。戒律关乎丹道修持成功与否，岂可小觑也哉！实际上，全真道北宗之丹法要诀，恰恰在"活死人"三个字上。马丹阳真人出家前本为宁海首富，其家产号称"马半州"，然师事王重阳后多经考验和磨炼，屡烧誓状，志如铁石，乞食为生，为师守墓三年，衣不服绢，手不拈钱，夜则露宿，冬不盖被，苦修而丹成。其诗云："莫讶三冬不盖被，曾留一点在丹田"。谭处端真人乞食时，被人击折两齿，和血咽入腹中，而不动心，此所谓"一拳消尽平生业"。玉阳真人王处一按王重阳祖师法诀修炼，白日在登州、宁海之间打尘劳行道积德，夜则归于文登县铁查山云光洞口，"偏翘一足，独立者九年，东临大海，未尝昏睡，人呼为铁脚先生"。如此面对大海单足站桩九年而炼睡魔，正是清净丹法之磨炼功夫，有志丹道者最应在此处着眼。丘处机真人炼性最苦，在磻溪乞食七年，一蓑一笠，寒暑不变，苦修大丹，夜不沾席，而战睡魔，人称"蓑衣先生"。他教导弟子说："为道者，先舍家而后舍身，病即教他病，死即教他死"，如此舍家舍身而修道，将个人生死置之度外，我死你埋，你死我埋，"至死一着，抱道而亡，任从天断"。长春真人丘处机曾为修道发心立志，要十年功夫修炼得心如寒灰，一双麻鞋，系了又解，解了又系，每夜走至十七八遭，不教昏了性子。直至炼得不动心，性光常明，全身似水晶塔子一般。全真道北七真皆为载道之器，入道后苦修事迹载入史册。今人以为这些史实皆是宗教活动，孰不知这些史实恰恰是清净丹法最要害的修炼步骤，是丹道实践中最宝贵的法诀。

匡常修道长早年在崂山白云洞出家，也曾行乞炼性。据他说金山派丹法，先要学会忍辱，等性情修得平和了，再聚光止念，收效甚快。王沐老师早年曾受龙门律师戒，发誓要炼得"心如止水"。谁知十年动乱期间，饱受刺激，心情又波动起来。他记载当时炼功状况诗云："年来久已废吟哦，沉默无言感慨多，自笑多年学行气，风来水面还生波！"其实，人生的磨难也是对性情的修炼，古人云："江山易改，秉性难移"，丹道就是要转化人的性格，改移人的秉性，控制人的情绪。人在经过千难万险的历炼之后，突然觉得心地湛然，性情平和，心胸开阔了，能不动心了，便是丹道修炼真正上了台阶。吾在此揭破的应是最重要的法诀，可惜"道之出口，淡乎其无味"，世人视为老生常谈。真心修习丹道者，望留意焉！

附录：人的意识及其分类

胡孚琛

表层的"常意识"，丹家谓之"识神"，即是人的理性思维层次。理性思维以"语言"为单元，属于以概念、推理、判断、学习、记忆等逻辑结构组成的抽象性思维，以第六"意"识为主。常意识进化较晚，动物有本能而没有意识，意识活动只有人类才有，属于弗洛伊德"自我"和"超我"的范畴。

"超我"是一种伦理道德境界，是对"自我"的升华，同时又是以牢固的社会伦理道德观念对"自我"的约束。梦只有进入人的理性思维层次，才能被认识、理解，但在进入常意识的过程中必须经过"自我"（合逻辑的）和"超我"（合伦理观念的）的审查。

深层的"潜意识"，是通过眼、耳、鼻、舌、身等感官刺激产生的"表象"为单元形成的感性思维。情感和表象显然是比语言更原始、更真实的交流媒介，感性思维来自弗洛伊德的"本我"，以表象、直观、情感为特色，潜意识中不仅隐藏了世代遗传的心理基因，还隐含了胎儿期、婴儿期、幼年和童年遗留下的心灵印痕和创伤。人的"本我"的死亡—生命冲动、尝试本能和各种人生欲望、性冲动和性压抑，都积累在潜意识中。

底层的"元意识"，丹家谓之"元神"，是以"意义"为单元的灵性思维层次。灵性思维是一种创发性思维，以直觉和灵感为特色，是人的"真我"的大机大用。人们通过梦的开发和修炼工程。

首先，我们必须肯定地说，梦是潜意识的活动，梦的世界也就是潜意识的世界。发现在表层的常意识（理性思维）下面还隐藏着潜意识，是弗洛伊德和他的学生荣格等人的天才贡献，下面我按他们的观点将潜意识再分为三个层次。一是弗洛伊德命名的"前意识"，是最接近理性思维的层次，相当于眼、耳、鼻、舌、身这"前五识"的感性思维。前意识的梦活动是"日有所思，夜有所梦"，基本上是白天的焦虑、欲望、过激冲动、性冲动的释放和愿望的达成，是浅层心灵能量的调剂。二是荣格发现的深层潜意识，属于弗洛伊德"本我"的层次。深层潜意识中隐藏着人自胎儿期、婴儿期、少儿期就遗存下来的灵印痕和一生中的心理创伤，本我的尝试本能和心理张力，及早年被压抑的过激冲动和性冲动。深层潜意识的梦大多象化、剧化、画面化、可理解化的变现来梦决不会骗人，任何离奇的支离片断的梦境都有自己真实的离意。三是荣格发现的"集体潜意识"，处于潜意识的最底层。这是一个民族乃至人类在漫长的进化史上遗存下的文化基因，是隐藏在人的"本我"心灵最深处的"原始意象"或心理原型。"集体潜意识"激发的梦境含有人类进化史上的遗传信息和"前世记忆"的"象"反映，特别是心理原型的激发会出现不同的原始意象乃至梦生身的飞翔、离体、失重、预知等心灵潜能。

其次，梦是通向潜意识的捷径，是潜意识这一深层记忆库向人的表层常意识诉说的声音，是人的"本我"以不同服装表演的彩排。人存在潜意识，则必然有梦，区别仅在于有的梦能记住，有的梦回忆不起来。梦不仅是人在童年期受到压抑的潜意识中的欲望经过伪装的实现，并且是来自人类进化史上受到压抑的潜意识欲望经过伪装的实现，同时还是"本我"被压抑的尝试本能、过激冲动、性冲动的个别欲望在潜意识中的实现。个别欲望是以本我的尝试本能为能量核心，通过表象和情感表达的有某种特定目的的愿望。

再次，弗洛伊德和荣格早就试图把梦境的真实寓意破译出来，他们发现潜意识里的梦为通过前意识和常意识中自我和超我的审查，都采取了某种伪装的造型手段，释梦的工作就是破译这些变形。这些变形略分四种：其一是象征化，即个别欲望中的复现表象和情感经过转移及凝聚，发生了类比性的变化，得到某种可类比的装饰通过检查进入记忆。其二是戏剧化，即个别欲望中的复现表象和情感经过转移及凝聚，获得某种戏剧性的梦境，从而通过前意识纳入记忆。其三是画面化，即个别欲望的复现表象和情感经过转移及凝聚，形成视觉的画面，被常意识所接受。其四为可理解化，即潜意识的派生物经过变形通过前意识进入常意识后，变化成为某种可理解的系列，这实际上是经过了两次转化和变形。

常意识（即人的识神）；

前意识（即弗洛伊德所谓最接近意识的层次，"日有所思，夜有所梦"）；

潜意识（即弗洛伊德形成梦境的层次）；

集体潜意识（荣格所谓民族的历史记忆）；

元意识（丹道元神的层次）。

胡孚琛

识于中国社会科学院

二○二三年六月五日

第四讲　丹道入门

内丹学从来不是一种社会普及的养生功法，而是一种在知识界世代相传的寓道于术的学问。历代著名的内丹家多是有较高学养的知识分子，他们勘破世情，发现仕途的路走不通，于是转修仙道，为生命科学的研究作出贡献，丰富了内丹学的理论和实践。汉末著《参同契》的魏伯阳本高门子弟，不肯出仕而入道。隋唐而后科举制度兴起，一批有真才实学的知识分子受到压抑愤而入道更是屡见不鲜。吕洞宾因科举失意而学仙，张伯端亦曾习举子业。王重阳参加过武举考试；陆西星竟至九试不第而着道装，将自己的聪明才智贡献给丹道。这批才华横溢的学者终生从事内丹学的实践和研究，使内丹学无论从理论和实践上都有很高的文化层次，具有浓厚的学术特征。因之内丹修持入门，必须从求师和读书开始。

第一节　读书和求师

内丹学入手修炼，讲究要有法、财、侣、地四个条件，其中得内丹法诀为首要之务。如何才能学得丹诀，无非是读书和求师两途。丹家常说："得诀归来好看书。"又说："饶君聪慧过颜闵，不遇真师莫强猜。"可知求师比读书还重要。丹家讲命功靠师传，性功靠自悟，因内丹法诀，特别是同类阴阳派丹法，关键之处出人意料，须师徒口口秘传，从不在书上讲明。同类阴阳丹法的秘诀集中在火候上，故有"圣人传药不传火，自古火候少人知"之说。学者一旦明白了丹诀，再看丹经就觉得头头是道，句句都落在实处。如没明师指点，全凭自己猜测，照书而炼，越聪明的人，越易走入旁门。再说明师大都研读丹经多年，又有一定修持经验，携有古丹家世代相传的手抄秘本，见过前辈高人，在内丹学修炼和研究上，是过来人，可以指点学生走出迷津，引入丹道正途。因之，学者欲入仙道之门，拜师求诀乃必不可少的步骤。

内丹学的研究，拜师是最难的一步。师有真师、假师、刁师之分，学者须善于寻找真师，识别假师，对付刁师。真师是明师而不一定是名师，大致须有曾亲受高人指点，门派师传清楚，藏有丹家秘本，有修炼实践经验，多年研读丹经等条件，但关键是掌握内丹法诀，包括那些抱道而终未及修炼的人也是真师。在当前商品经济大潮冲击下，真师难逢，所遇多为假师、刁师，其用心在于欺世盗名，骗财谋利而已。寻到丹师后，尽管明知其可能掌握丹诀，也不要轻易拜师盟誓，以防遇到刁师，对你要挟刁难，勒索奴役，终无所获。然而如万幸遇到真师，则必须推诚相见，虚心求教，经受住考验，不要错过机缘。黄元吉讲仙道关乎天命，非无根、无德、无福、无缘之人，所能受得。求师贵在一个"诚"字。另外仙道中古有法财互施，两蒙其利的说法，有财力的人，不妨以财换法，助师成道而得真诀。事实上，所谓真诀，大多是从很力摸索中来。

真师难遇，不若退而读书，在道书中寻求丹诀也是一条途径。丹家云："未有神仙不读书。"其实真师的关键作用，恰恰在于教你怎样读书，读哪些书，如何在丹经上认出法诀。我们讲内丹法诀从不明写在书上，但并非在书上一字不漏，它们仅是"散在丹经人未识"，不过是多用诗词隐语，不经真师点破，难以辨认而已。丹经中最秘的法诀是同类阴阳丹诀，然而古仙担心此道失传，故意将其法诀隐入《参同契》和《悟真篇》中，以留待有缘者索解。同类阴阳法门中龙虎丹法和彼家丹法最秘密的口诀有八个字，就在《参同契》中，《悟真篇》是注解《参同契》的。无论学炼同类阴阳派还是自身清净派的丹士，必须认真钻研《参同契》和《悟真篇》，凡是和此二书抵触的丹书都是错的，这是历代丹家称此二书为丹经之祖的原因。

习同类阴阳丹法者，对《入药镜》《敲爻歌》《金丹大要》《无根树词》要深刻领会，此外《济世全书》《修身正印》《玄微心印》《三峰丹诀》《金丹节要》《采真机要》《锦身机要》《修真不死方》皆应必读。陆西星对《参同契》的《测疏》《口义》及其他书，也须细看。

习自身清净功法者，应首先阅读《大成捷要》《性命法诀明指》《伍柳仙宗》等书，以掌握正宗的入门知识。其他有王重阳《五篇灵文注》，张紫阳《金丹四百字》《青华秘文》，丘处机《青天歌》《大道歌》《小周天火候口诀歌》，陈虚白《玄机口诀》，陈楠《罗浮吟》，李道纯《中和集》，俞琰《周易参同契发挥》，朱元育《参同契阐幽》《悟真篇阐幽》等，皆可参看。

女子丹法道书不多，尽量全读。其中《灵源大道歌》《孙不二元君功夫次第》《女修正途》《女宗双修宝筏》《坤元经》《女工正法》，可以细看。

此外尚有《性命圭旨》一书，丹法正宗，内隐丹诀。黄元吉《乐育堂语录》《道德经注解》《道门语要》，亦可摘寻出大批丹诀，如同师传口授。李涵虚之《三车秘旨》《道窍谈》，闵小艮《古书隐楼藏书》中之《天仙心传》《女宗双修宝筏》《梅华问答篇》等，亦属上乘之作。

以上是入门的必读书，其丹法正宗，不致将修道者引入迷途。如作深入研究，则历代著名丹家及各丹派创始人的著作，也应尽读。然而各类丹书及手抄本多如山积，虽可参考，但不可尽信。尽信书不如无书，有些丹书凭想象造出许多景象和节外生枝的法诀，实则盲师引瞎徒或专门写给权势者看的，应注意鉴别。对丹书中一些故意神乎其神，或画蛇添足、指鹿为马的文章，不能鉴别也会上当。因之，有志于修道者不要迷信丹经，也不要迷信那些挂着某门派第几代传人、某名师"嫡传弟子"招牌的丹师，要以科学的态度对内丹资料进行实事求是的研究。

另外，丹经中的大量隐语和名辞，我们编撰的《中华道教大辞典》中的"内丹学"分科都作了破译，这就基本解除了学道者阅读丹经的困难。辞书"内丹学"分科中隐有千金难求的法诀，有志于道者万勿轻视。凡读者在本书中发现不易理解的名词术语，可自己查阅这部《中华道教大辞典》，本书不再设专章解释内丹术语。

第二节　内丹的功效

修习内丹功法究竟会获得什么效果，这也是我们研习内丹学必须考虑的问题。据我考察，内丹功法，至少可以产生六点功效。

其一是它可以改造修道者的人生观，促使修道者在行为上与道相合，从而建立起新的行为模式。道学不仅有一套人生观，而且有系统的社会伦理观。修习内丹的人，建立起对道的信仰，遵奉道学，必然在行为上发生一系列变化。修道者接受了道学自然超俗、守中执要、适性逍遥、慈忍和平、无为而治的行为模式和思维方式，有中和之气象，便是"载道之器"，可以授于内丹法诀，使之在修炼中体验到道的境界，其行为自会更加与道合真。如遇到那些天性淡泊不俗、福慧双全的人，便是"上根利器"，宜予入道修丹。反之，那些心胸狭窄，自私多欲、险诈恶毒的人，皆与丹道无缘，如授予丹诀必贻害社会，此所谓"传之非人，必受天谴"！一个人在信修丹道前后往往判若两人，修丹有成后更会现出仙风道骨，这都说明内丹学有重新铸造人格的功效。

其二是丹道能变化人的气质，控制人自身的情绪。内丹的重要关窍，都是人体内分泌腺集中的地方，内丹功法首先激发这些器官（如生殖器官、性腺、前列腺、肾上腺、胰岛腺、甲状腺、肝、胆、胃、胸腺、松果体、脑垂体等）的内分泌和神经，促进人体微循环，使全身建立起一套高度和谐有序的新程序。修道者使自己的内分泌系统、神经系统、微循环系统都发生新的变化，从而在人体深层建立起一套稳定的、"一得永得"的自调谐程序，这套程序和宇宙的自然节律相一致，能在高层次上参与自然界能量、物质、信息的大循环。丹家通过这套程序对自己的心身进行控制，使之与道相合，从而达到自主调整情绪、保持良好心境和变化个人气质的目的。例如丹功修炼在"活子时"到来的时候，某些关窍部位会分泌出一种类吗啡样的激素，使人产生周身酥绵如醉、忘我销魂的快感，进而使人在心理上和生理上发生实质性的变化。这样，修习内丹的人改变某些不合道的规范的脾气和习惯，形成一种豁达、开朗、中和的气质，能应付日常生活中的不良刺激，保持乐观情绪和良好心境。

其三是修习丹道可以清洗自己隐藏下来的心灵创伤，重新发现和认识"自我"，从而使自己的心灵获得解脱，达到开悟的境界。丹道承认人都有生前胎儿期的记忆，而人生的重大创伤、痛苦、不良刺激等都会在人的深层记忆中留下印痕。人的潜意识中好像有一盘录像带，它将这些人生的悲伤、痛苦、意外刺激透过常意识的层次转录到潜意识的录像带上，而潜意识中的这些印痕又会强有力地影响人的常意识，使人在心理和行为上发生错乱。内丹学是一种凝炼常意识、净化潜意识、开发元意识的心理程序。丹家将元神称作"主人公"，是人真正的"自我"，因之内丹学又是一项重新发现"自我"、认识"自我"的心理系统工程。丹道在开发出人真正的"自我"后，就会将潜意识中录有心灵创伤的录像带清洗干净，消除隐藏在潜意识中的不良印痕，从而真正使人的心灵获得解脱。这样，内丹家在高度入定中透过潜意识的魔障，解除了各种心魔（如色魔、富魔等）的武装，从而大彻大悟，达到道的境界。这样丹家就修炼到禅宗开悟的层次，使自己成为开悟的人，得道的人。这样使人的心灵在理性和非理性层面都得到正常的充分发挥，避免了一切心理障碍和精神错乱，真正感受到道家适性逍遥的滋味。

其四是丹道可开发出人体生命潜能，激发人脑的深层智慧。人体中本来隐藏着在漫长的生物进化中遗传下的亿万年的记忆，包括生物进化史上的生命潜能。人脑的旧皮质区，包括网状结构和丘脑等部位中保存有人在 36 亿年（特别是近 2.7 亿年）生物进化中遗留的尚未开发的信息库，其中无疑存有巨大的生命潜能和心灵潜能。丹功通过净化人的潜意识，将潜意识凝炼为阴神，就会突破时空障碍，产生预知等前识功能。丹家修炼到将元意识开发出来并凝炼为阳神，就会打开人体遗存的信息库，释放出生命潜能，获得超越时空界限的神通。丹经中普遍有"六通之验""心能转物"的记载，人体生命潜能包括心灵潜能的开发目前尚属正待着手研究的问题，但一些习丹功者深层智慧得到激发，出现预知、遥视、心灵感应的功能当属事实。

其五是可以改善人体素质，祛病健身，激发人体青春活力。修习同类阴阳丹法的人，激发起本身的性能量和生命力，往往产生驻颜留春之效，在一定程度上返老还童，使人体机能返还到十二年前（以性功能为指标）的状态。同类阴阳丹法筑基功中之兜肾囊、黄河逆流功、鹿功、鹤功、"十六锭金"功、回春功等，皆为壮腰健肾之要术，有明显之抗衰老作用。清净功夫往往把一些危及生命的不治之症压制住，延长几十年寿命，到老年内气不足时再发病。内丹功法将人体先天的精、炁、神称作药物，一旦丹功炼出内药，这些自身产生的内药会调节人体的生理机制，治愈百病。丹家认为外界的中草药、抗菌素等都有副作用，自身的内药才是金丹大药。内丹学是最高的心身医学，它无疑会消除一切心身性疾病，真气在体内运行后有通血活络化瘀之效，使人体精气畅通，心理和谐，保障人体心身健康。

其六是内丹功法可以使人延年益寿进而超越人体生命的界限。历史上一些著名高道，远如彭祖、老聃、容成公、安期生等，近如孙思邈、叶法善、吕洞宾、陈抟、刘操、石泰、张三丰等，皆修炼有成而获高寿，名垂史册。仅就清代有年代可考的龙门派丹家而论：王常月（1520—1680）、沈常敬（1523—1653）、王永宁（1597—1721）、范太青（1606—1748）、白马李（1615—1818）、高东篱（1621—1768）。内丹学可以延长人体寿命的效用是毋庸置疑的！其中吕洞宾、张三丰屡有灵异，应属真正修成丹功达到仙人境界者。也有的丹家不求灵异，但可以老年不烦子女照料，身体健康；至后事安排定，人生心愿已了，便无疾而终，丹家称之为"自了汉"，这是最实际的功效。丹家还有自己预定死期，乘愿再来；乃至投胎夺舍，无疾尸解之说法，非局外人所能知。内丹最后一着"虚空粉碎"撒手功夫，聚则成形，散则为炁，在逻辑上超脱了生死。丹功的这一境界，和密宗大圆满功法的虹化现象有异曲同工之妙，而虹化现象在禅密中是人所共知的事实。超越人体生命界限是人体生命科学正待研究的课题，内丹学提供了一条探索人体生命奥秘的实验途径，这当是内丹学的真正价值所在。至于长生不死、肉身成仙、拔宅飞升之说，目前尚无证据。我的研究可以承认"阳神""阴神"在一定程度上脱离肉体而存在，但它们不是道教理想中的永恒神仙，作为一种自然现象终究要"消失"到茫茫的宇宙中，复归为先天一炁。世界上凡是产生出来的东西最终总会死亡，归于物质、能量、信息的永恒大循环之中，长生不死的人是难以存在的。今之少年想长生，古之少年安在哉？我们进行内丹学的研究要以科学立基而不靠神学诱惑，不能企望我们无法实现的东西。

第三节　修持丹功的年龄和条件

修持内丹功法要具备有缘、有学、有钱、有闲等条件，丹经上讲法、财、侣、地四要件。"法"已讲过，其次是财，修道没有一笔钱财，则无法保证集会、旅行、衣食、医疗、图书、器物等用度。丹经上有鼓励丹士到名都大邑依附有财有势者以法换财共同修炼的话，这是讲修同类阴阳丹法者需特殊环境并求势要者保护。所谓"要贪天上宝，须用世间财"，因财力不足抱道终身者多，因而求外护为丹家之大事。今天丹功修炼传往世界发达国家，要组织修道团体并建立学道、传道、修道的文化产业基地，更需有较大的财力物力。再次是侣，丹功修炼需要护法和道侣同修同证，不适宜一个人孤独进行。在现代社会里更应该结成团体，共同创造修炼的条件。最后是地，即修炼的居室和环境。首先在大环境上要避开谤道者的干扰，选择道学文化气氛浓厚的地方。老子讲"居善地"，就是选择修道的大环境。丹室宜背山面水，向阳避风，多植松柏，泉水叮咚，清洁优雅，生活方便。室内光线不明不暗，空气新鲜，无尘无菌，陈设简单。所居之地随丹功的进度有所不同，这是要以人体修炼的内环境和自然界的外环境相适应，以便发生天人感应的作用。初关仙术，应选择山明水秀，土厚树茂，生气聚集的地方。丹家要借天地之生气，培补人体元气，以行炼精化炁之功。中关仙术，须择洞天福地，超尘绝俗，松青竹翠，彩云霞光的灵气凝结之地。丹家要借天地之灵气，扶助胎息，以行炼炁化神之功。上关仙术，要择高山峻岭，悬崖绝壁，人迹罕至，狼蛇潜踪的煞气偏胜之地。丹家九年面壁，阳神出壳，须借天地之杀气战退邪魔。

张伯端《悟真篇》云："人生虽有百年期，寿夭穷通莫预知。昨日街头犹走马，今朝棺内已眠尸。妻财抛下非君有，罪业将行难自期。

大药不求争得遇？遇之不炼是愚痴。"其《石桥歌》又云："莫因循，自贪鄙，火急寻师觅玄指。在生若不学修真，未必来生甚胎里。"张伯端《悟真篇序》以为"人身难得，光景易迁"，如不及早省悟，修习丹道，老死将至，"虽悔何及"？道门修命之法，"有易遇而难成者"，如导引、吐纳等健身术，只可辟病，"一旦不行，则前功渐弃。此乃迁延岁月，事必难成"。"夫金液还丹者，则难遇而易成"。内丹功成，则一得永得，名列仙班，因之要急寻师求诀，"下手速修犹太迟"！这就是说，丹家提倡修道越早越好，最好是男子16岁前，女子14岁前，元精未泄、月经未潮便习丹功，为上根利器，可一步到大周天，直接修持炼炁化神的中关仙术。丹书上说人世间有数世修炼，生有仙根，能自觉修炼丹功的孩子，这种宗教性的话难以确证。但依我的看法，内丹学是一种知识阶层的学问，小孩子无这种学养，很难自觉研习丹功。这种事不妨试一试，看谁能把自己的孩子培养成谢自然、韩湘子那样的仙姑、仙童。丹家需要至少三年五载的"活死人"功夫，并非等闲之辈可以做到。因之，我认为闻道越早越好，但真正入手修炼，以48~60岁这段时间比较合适。

丹经沿袭《黄帝内经》的观点，男子论八，二八一十六岁精通，八八六十四岁纯阴之体；女子论七，二七一十四岁天癸至，七七四十九岁至更年期，天癸绝。我将人的一生以12年为阶段划分为不同时期，以论丹道之理。自出生至12岁，为童年，乃发育时期，相当十二辟卦之复卦至夬卦之间，是元阳渐增将满之期。6岁之前人之童心应如一片混沌，6岁之后虽知识渐开，亦当天真纯朴，其知识增长仅以培养记忆力为主。自12~24岁，为少年，乃学习时期。其中女子14岁月经初潮，男子16岁阳精将动，相当乾卦（女为坤卦），应尽早闻知丹道，以保元精。人至24岁，知识渐长，人近成熟，相当姤卦，关窍既开，天真已凿，应拜师求诀，先锁阳关行筑基功，方可体健少病。自24~36岁，为青年，乃探索时期，应选定人生目标，在学问和事业上抓住机遇，敢想敢闯，不怕挫折，不达目标决不休止。其中32岁为遁卦，人生欲望亦达高潮，心情躁动不安。36岁是生命力和智慧的顶峰时期。生命的价值在于创造，人生的道路重在拼搏，30~40岁正是创造力最强的时候，切莫错过。自 36~48 岁，为壮年，乃奋斗时期。此间应为社会建立功业，完成自己人生的责任和义务。40 岁为否卦，元阳耗尽一半，身体渐觉疲乏。48 岁为观卦，生乎四阴，肝肾亏损，必须修道以自救。自 48~60 岁，为衰年，乃收获时期。这是由壮年至老年的转换阶段，人生事业达到高峰，但人体精力走下坡路，常感到心有余而力不足，身体转衰，疾病呈象，进入更年期，经历着心理和生理的巨大波动。56 岁为剥卦，生乎五阴，元阳将尽，再不修道将错过机会。人生至此，应急作退步之想，终养好父母，安置好子女，筹集财物，结交道友，入手行功。60~72 岁，为老年，乃定局时期。60 岁恰值一甲子，人在生理和心理上会出现一种返还现象，童年时期的脾气和人格又会重现，如此前丹功修炼有成，正好利用这一生理特征得返老还童之效。这也说明我们确定 48~60 岁为丹功入室时期是有科学根据的。另外，64 岁以后十年，为人一生中之死亡率高峰期，过了这个"定局时期"的老年阶段，人体的生理，心理状况会重新稳定下来，内分泌恢复正常。因之在这之前先修丹功以抗衰老，为安全度过死亡高潮期，确有实际意义。64 岁为坤卦，元阳耗尽，性功能衰退，而后修道无望了。然各人体质不同，难一概而论，如精炁未竭，八十老翁尚可返还。72~84 岁为晚年，乃交班时期，须安置好后事，专心修道，以尽天年。人自 48 岁之后渐进衰老，但切不可将"衰老"二字放在心上，应"不觉老之将至"为好。我之确定 48~60 岁为修道时期，除从内丹学本身的规律着眼外，尚考虑到社会功利的因素。人生来到世间，如不能为自己的同类作点贡献，不为民族和国家建立功业，虽活千年，又有何益？试想我中华民族一大批精英，都以毕生精力闭门求仙，则经济繁荣、政治革新、科技进步靠何人推进？当然那些专门研究内丹学的科学家，或自幼出家的道士等宗教职业者，又当别论。另外，人不到 48 岁，社会经历或学养不够，名利心未淡化，不能勘破世情，也很难下决心从事内丹修炼的大型人体系统工程。

内丹修炼工程旷日持久，修道者一是要有见地，即弄清内丹学的理论体系；二是要有修证，即懂得内丹法诀并着手修炼取得丹功体验；三是要有行愿，即立诚心、恒心并发大誓愿。见地、修证、行愿三者，行愿最重要。人不到一定年龄，俗缘未了，也是难以发大誓愿专心修道的。内丹家要完成人类自我改造的旷古大业，必须树立献身科学，求证大道的真诚信念。

第四节 入室行功述要

内丹学与其他哲学流派不同，唯在真修实证，光说不炼，终难深入堂奥。有志修丹之士，法财侣地具备，即应入室行功。入室之后，第一步是将万缘放下，先在心理上筑起一道屏障，将纷纷扰扰的外部红尘世界隔绝开来。道学之术，对物欲横流的社会既要行得实，也要看得空；对天下大事既要担得起，也要放得下；对荣辱利害之境，敢用一个"忘"字；对七情六欲之念，能持一个"静"字。丹道行功的法门，以"虚寂恒诚"为纲，欲行功修炼，必得有诚心，有恒心，有信心，有决心，有忍辱负重心，有勇猛精进心，一步一步地走下去。

丹道法诀秘传，真师难逢，但只要抱一个诚心去修炼，精诚所至，金石为开，入手之后就无秘密，这就是所谓"诚则明"的道理。《参同契》内含丹法秘诀，故有"万古丹经王"之称。其中云："惟斯之妙术兮，审谛不诳语。传于亿代后兮，昭然而可考。焕若星经汉兮，昺如水宗海。思之务令熟兮，反复视上下。千周灿彬彬兮，万遍将可睹。神明或告人兮，心灵忽自悟。探端索其绪兮，必得其门户。天道无适莫兮，常传于贤者。"俞琰《周易参同契发挥》注云："读书百遍，其义自见。百遍且然，况千遍万遍哉！是故诵之万遍，妙理自明，纵未得师授口诀，久之亦当自悟，其悟多在夜深或静坐得之。盖精思熟味，反复玩诵，蓄积者多，忽然爆开，便自然通，此之谓神明或告人兮，心灵忽自悟也。《管子》曰：思之思之，又重思之，思之不通，鬼神将通之。非鬼神之力也，精诚之极也。"有志者以精诚之心千遍万遍苦读丹经，必能悟到丹法秘诀，自己摸着门户深入进去。《道学通论·丹道篇》中，除同类阴阳法诀不便明传外，入门之路皆已铺平，有志于此道者苟能细心研读，可省去十年摸索之功。张伯端《浮黎鼻祖经序》亦云："天不爱道，地不爱宝，吾岂敢自私。仆体太上之心，欲使人人成道，个个归真，以此未发之秘，条陈无遗。使世之留心性命专心修道者，有缘遇师，得此书印证，方肯诚心下手而为之。虽未面传，亦吾徒也。"

学道者要寻求明师而不要崇拜名师，因为盛名之下其实难副；如遇到刁师的要挟刁难，你就下决心发誓超过他！当你走过求师、访道、读书、炼功的艰难曲折道路后，吃够了苦头，仍对修道有一念之诚，这时你在高度入静中会发现，真正的明师是你自己，是你自己的灵感、潜意识，这种精诚的潜意识就是真意，它会将你引入正确的方向。因之丹道之门前有秘密，入门后便无秘密；修证前有秘密，修证后一步一景，一步一验，秘密便逐步迎刃而解。道学的仙真，不是天生的，都是人变的，金丹大道，就是凡人进入仙界的阶梯。内丹学虽难，难不倒诚心人，"天下无难事，只要肯登攀"！

其次讲炼功的姿势。内丹入手，宜先学动功，后学静功；以静功为主，以动功为辅。动功之法，古称导引，可参照马王堆汉墓帛画《导引图》练习，或以太极拳、大成拳起手亦无不可。因为初学丹功，真气未通，便一味枯坐，阴气太重，易生偏颇，年轻人更是不宜。社会上流传的气功，择其优者，亦可作入门筑基功用之，但应注意心息相依，动作宜慢不宜快，宜柔不宜刚。另有仙家十六字诀云："一吸便提，气气归脐，一提便咽，水火相见"，丹家称"十六锭金"，万莫轻忽，要习之久熟以备用。

静功之姿势，有行、站、坐、卧四种，但以静坐为主。《性命圭旨·亨集》有立禅图、行禅图、坐禅图、卧禅图等，解说甚详，可以参看。先说行功法。这种闲庭漫步之功在于以身动求心定。王重阳诗云："两脚任从行处去，一灵常与气相随。有时四大醺醺醉，借问青天我是谁？"这首诗极得行功要领。行功正是要在如痴似醉的轻缓步态中，举足如趟泥水，务要心息合一，体会天人感应、无人无我的混沌境界。但初学时，意念稍注于足底涌泉穴，行到极佳处，即忘其行；达到行功如站功，动功如静功，由动求静而达真静，才是行功法要诀。

次说站功法，《性命圭旨·立禅图》又曰："随时随处，逍遥于庄子无何有之乡；不识不知，游戏于如来大寂灭之海。若天朗气清之时，当用立禅纳气法而接命。其法曰："脚跟着地鼻辽天，两手相悬在穴边，一气引从天上降，吞时汩汩到丹田。"另外，大成拳创始人王芗斋所传站桩功，我曾从其弟子于永年先生修习，发现这是最适合作内丹筑基功之用的站功。于永年先生有《站桩养生法》一书，地震出版社1989年出版。其法要诀有"大动不如小动，小动不如不动，不动之动乃是生生不已之动"，站桩要求"内空洞，外清虚"，"注意顶心如线系"，两手轻松抬起，"臂半圆，腋半虚"，最后达到离形去知，虚灵独存，提挈天地，把握阴阳的境界。此术融入丹功，初炼时可用意微注海底阴蹻穴，加之以提肛缩肾之动作，功夫加深，一任自然，只求松、静、不动即可。须要指出，丹家之静功，乃是据静极必生动的太极原理，心静极则精炁必动，动则必循经脉周天运转。西方体育思想仅讲"生命在于运动"，发展为竞技体育，违背自然而超常发挥体能，反而有伤身体难得长寿。中国丹家之静极求动，才是精气神的运动，为发动丹功程序做准备。

再说坐功法，丹家入室静坐是最基本的功夫，比行功、立功、卧功要常用，特别是筑基功完成后则以打坐入定为主要修持法门。丹功之坐姿以方便坐为常用，有单盘腿、双盘腿，不舒服则垂腿而坐亦无不可。按法诀说须在坐时要求身正脊直，从头顶沿脊柱如一串铜钱垂下，然而初学者感不舒服，可放宽要求，直到功夫深了姿势自然趋于正确，歪身弓背反会不舒服。至于止念、调息等开始亦不严格，但有一条严格要求身形不动，先在外形上死死坐着不动即可。坐功有加以守窍者，一般守下丹田，但也可据师传守眼前虚无窟子、上田、中田等，不拘一格。我所要讲的是佛教的跏趺坐，全真道将其引入丹功，至于金庸小说里也将"五心朝天"当作丹功要诀，这是不必要的。《参同契》中仅有"缓体处空房，委志归虚无，无念以为常。证验自推移，心专不纵横。寝寐神相抱，觉悟候存亡"之说，魏晋以前古仙更无跏趺坐之传。佛法博大精深，佛陀立跏趺坐自有原因，我只能说跏趺坐只利于学佛，但不利于学仙。《性命圭旨·坐禅图》亦讲"坐不必跏趺，当如常坐"，并有诗云："坐久忘所知，忽觉月在地。冷冷天风来，蓦然到肝肺。俯视一泓水，澄湛无物蔽，中有纤鳞游，默默自相契。"

人果能心念不起，自性不动；内不出，外不入，便是真坐。

后讲卧功法，《性命圭旨·卧禅图》及陈抟所传睡功，皆主张侧卧，读者可以参照修习。我以为卧功修丹，以仰卧为好。因为以卧功入静招摄先天一炁，进行人体和宇宙的能量交换，还是仰卧最易得气。仰卧一般守黄庭中宫，或在肚脐心息合一，存想丹田如鼻相似以行吐纳，或配合观想采气法、采日月星精华法，皆可进入天人合一之境。内丹家要进行人体和宇宙的大循环，不能仅在腔子里摸索，因之以形、气、神的还虚为目标。何况仰卧的姿势，符合内丹学"未学生，先学死"的原理，直至息停脉住，如枯木僵尸，生机内藏，这才是真正仙家境界。丹家入室行功必结道侣，忌独身长时间静坐，唯卧式炼功，可以独自静修。学者可以自己参悟，寻找适合个人的卧功法门。

接着讲清净丹法之饮食规定，当以素食为主，不吃生葱、辣蒜、韭菜、芫荽等异味刺激性调味品。然而要注意营养，牛奶、禽蛋类制品不在限制之列，同时宜多食豆类制品、芝麻油、青菜等，以增加体内蛋白质、脂肪、维生素的供给。其他水果、干果如苹果、鲜桃、红枣、核桃、荔枝、干桂圆、葡萄干、花生、板栗等，皆可多吃。鸡蛋形如混沌初生之丹，豆芽菜充满生机，核桃仁形如人脑，龙眼肉益阴生阳，红枣补中益气，皆为丹家喜欢的食品。但对蘑菇等菌类、竹笋、腐乳、糟鱼、酱肉之类，则应少食为佳。饮食调配分三类，一为正餐之饭菜；二是根据本身虚实寒热而特设的营养补品，包括加入人参、鹿茸等大补之物的药膳；三是干鲜果品。丹家饮食要根据功夫进程而加减，初入门修炼，筑基入手后食量大增，可一日七餐，即每日除三餐饭菜外，再加补品两餐，果品两餐。筑基至任督脉通，渐入丹功正途，可减至每日五餐，即正餐二，补品二，果品一。一年后又变为四餐，即正餐一，补品二，果品一。而后随着内丹功夫大进，饮食减至每日三餐，继之为二餐，直到功夫炼到每日一餐，再由饭菜、补品而变为仅食果品，断绝人间烟火，乃至数日不食，渐至仙家境界。

至于男女房事性交泄精，为清净丹法之大忌。修道者既选作清净功夫，则应随着饮食之减少由减少房事到交而不泄直至绝对禁断。至于梦遗等泄精之病和性欲旺盛失控等病，皆须根治，否则决难变化成仙人的体质，这也是不容含糊牵就的事。

丹家为促生真气，还有两种炼形之诀，一为辟谷二三日至五六日，不饮不食，不接人事，以逼生真气；二为采日光法。功夫到后，又出现解形之验，解形分内解外解。《玄门秘诀》云："内解者，是从大便泻出肠胃中之污秽。外解者，是生疮痍等症，攻出皮肤之疾。随人平日所受何等病耳。盖缘真气充足，邪气不能相容，自然发出来也。"

最后讲一下静功的时间规定。凡集体炼功，可以静坐为主，半个小时之内，不见效验，真正的效验一般发生在半小时之后。因之内丹筑基功入手，起码要一小时，即丹经中讲半个时辰。第一年每天从半小时渐增至一小时，随后逐日增加，一步紧似一步，第二年则增至二小时（即一个时辰）。如此逐年增加，由二小时至四小时，再至六小时，再至八小时，其静坐时间以此为限，应动静调节，但须日日炼功，不能间断。丹家直炼到每日八小时连续静坐，如此气满不思食，神旺不思睡，精气神由后天转为先天，相互打成一片，炼作一团，自然达到结丹的仙人境界。人们可以发现，随着丹功的进程，静坐时间越来越长，饮食则越来越少，最后食睡全无，息停脉住，才是真正的"活死人"功夫。

上所论入室行功诸事甚明，有志修道者须知道家最重功夫，功夫全靠实证，如不立大誓愿，不下真功夫，一曝十寒，随意间断，在官场、商场、情场上脱不开身子，仍属尘缘未断，是难以进入仙道之门的。然而仙道之门，亦有多途可进，"条条大路通罗马"，并非仅有一派丹法可行。佛陀十大比丘弟子，成佛途径各异，阿那律失明，修成天眼第一；观世音耳聋，以天耳通证菩萨果；《楞严经》十种仙，成仙途径亦各不同。佛法如此，道法也不例外，否则内丹学岂能有这么多门派？因之我认为，真师真诀，无法教会那些没下死功夫的庸人。真师真诀只是一种机缘，能否得遇这个机缘，依那条路修成正果，创立什么门派，全在于学道者自己的悟解和狠力摸索。学道者摸索的途径不同，悟解丹经或真师点化的焦点不同，便是形成诸多丹法门派的原因。

第五讲　内丹原理

内丹学的研究在世纪之交正在引起国内外道教学者的兴趣。纵观国内外道教文化的学术研究，可以大致划分为三个层面。

第一个层面是将道教资料从史学和文献学的角度展开研究，需有考据、训诂等作学问的真功夫，国内外老一辈学者就是由此入手研究道教的，这种开拓性的研究现在还在深入。

第二个层面是从哲学、宗教学、文化人类学、医学、化学、民俗学、伦理学、文学艺术等角度对道教进行既分析又综合的研究，这需要海内外多门学科的专家分工协作。这项研究最先由法国、英国、日本等海外学者开展起来，近年中国一些有现代多学科文化素养的中青年学者也出版了相当有水平的学术著作。

道教文化还有比一般学术领域难度更大的第三个层面，也是处在道教核心部位的硬壳，其中包括斋醮、法术，奇门遁甲等占验术数，外丹黄白术与内丹学。斋醮需要实际的宗教体验，这在国内已有少数学者开始研究。法术来源于中国先民原始宗教的巫术，国外一些研究巫术的文化人类学著作可以借鉴。占验术数的研究需付出超常精力和具备天文律历知识，况且将其搬进学术殿堂也需要顶住卫道者无知诽谤的勇气。前辈学者赵元任教授已深知术数学研究的难度，他断言占验术数"说有易，说无难"，是一种可研而不可究的学问。外丹黄白术的研究需要化学实验，但它又不能专靠化学史家去研究，必须同内丹学的研究结合起来才能揭开奥秘，因之不能对古代丹道家将其纳入天地人三元丹法的理论掉以轻心。内丹学的研究需寻访师传口授的内丹法诀及对丹经的修炼体悟能力。内丹之秘的揭开，将使人们获得一种新的眼光重新审视道家和道教的古代经书，使中国道学成为新时代的智慧明灯。

第一章　钟吕丹法的基本特征

钟离权和吕洞宾皆唐末五代时人，他们的丹功与其说传自汉代的东华紫府少阳帝君王玄甫，不如说是承袭了东汉魏伯阳的《周易参同契》。钟吕所传少阳派丹法是内丹仙道的主干，其中门派众多，但已公开流传的功法不外同类阴阳和自身清净两途。就自身清净的功夫而论，有胎息法门、止观法门、存思法门、守一法门、炼气法门、虚无法门、采日月精华法门、辟谷法门、导引法门等，都是秦汉方仙道中行之有效的老法子。同类阴阳功夫中有栽接法门、采补法门、合炁法门、感应法门、空乐不二法门、调琴铸剑法门、开关展窍法门等，也可在古代房中术中觅到渊源。钟吕所传的内丹学，乃是以唐代以前古仙行之有效的修炼方术为根基，发掘《道德经》《周易参同契》等书中的内丹法诀，博采佛法禅密之长，形成了道学夺天地造化的金丹大道。钟吕丹法虽千门万派，但有些共同的特征。学者欲修炼内丹功法，首先掌握了这些特征，才可入门。

其一是钟吕丹法各门派，皆以性命双修为特征。无论是北宗王重阳的丹法主张先性后命，三分命理，七分性学；还是南宗张伯端的丹法主张先命后性，以命功筑基，以性功成道，都不离性命双修之旨。吕祖传法和佛教禅宗所传法印的根本区别，就是强调性命双修，形神俱妙。丹家相传"单修性兮不修命，此是修行第一病"；"只修祖性不修丹，万劫阴灵难入圣"，就是这个特征。《悟真篇》云："饶君了悟真如性，未免抛身却入身。何似更能修大药，顿超无漏作真人"；"释氏教人修极乐，只缘极乐是金方。大都色相惟兹实，馀二非真漫度量。"张伯端前者七言绝句讲明钟吕真传法诀和慧能以后之惟重性功的禅宗不同，后一首七绝干脆说佛教之上乘功夫，也秘传道家命功。六祖慧能所说"日后明道者多，行道者少；修道者多，成道者少"，实是明言释家显宗单传性功之弊，而释氏"修极乐"的衣钵之秘，仅在密宗及无上瑜伽中秘传。释氏的"极乐"亦在色相之中，"西方"也就是"金方"，这是同类阴阳丹家不言自明的隐语。紫阳真人精通禅学，实开后世白玉蟾、柳华阳辈佛道双融之先河。宋明理学兴起之后，僧人附和儒家的封建卫道士大骂内丹学是邪术，骂内丹家是"守尸鬼"，称人身为"臭皮囊"，追求灵魂脱离肉身而解脱，岂知"一失人身万劫难"的道理呢！

说穿了，钟吕内丹学派的形神观，还是将人身看作是由形、气、意三个层次组成的统一体，即人的躯体结构、生命结构、心理结构三者的整合系统。[①] 精为形体之精华，气为生命能量，神为人的意识。内丹学是一项修炼精、气、神使之凝合为一，由后天转为先天，进而同道一体化的生命系统工程。如果形神分离，精气神分离，那就是死亡，是同内丹家关于"形神俱妙""与道合真"的目标背道而驰的。后世丹经比附佛书，宣扬宗教神秘主义，鼓吹形神二元论，以死亡为解脱，皆非钟吕丹法真传。

其二是钟吕丹法皆以"炼心"为纲要，以"心息相依"为法门。《青华秘文》明言以心为君，以神为主，"盖心者君之位也，以无为临之，则其所以动者，元神之性耳；以有为临之，则其所以动者，欲念之性耳。""元神者，乃先天以来一点灵光也。欲神者，气质之性也；元神者，先天之性也；形而后有气质之性，善返之，则天地之性存焉。"这说明南派丹法亦重炼心习静，遑论北派！关于"炼心"一着，《唱道真言》中讲得最透彻。我将内丹学称为打开生命科学之门，进而解开人类心灵奥秘的钥匙。道教内丹学和佛教唯识学从本质上讲都是探索人类心灵之谜的学问，在修持上达摩老祖"全凭心念用功夫"的话也正是要害之处。然而内丹学入手法门的要诀在"心息相依"四字上，不是以心止念，也不是什么"心理暗示"。丹家入静，乃目不乱视，心不留事，"神返于心，乃静之本"。这要丹家体会《阴符经》"机在目"的要诀，以一个"忘"字扫除杂念。然而内丹家不像佛教修持

---

① 胡孚琛：《道教医学和内丹学的人体观探索》，载《世界宗教研究》1993年第4期。

那样费多年功夫作控制自我意念的游戏，因为以心止念，以意识审查意识，以心神控制心神，实际上乃是事倍功半的自扰之术。在内丹家看来，以自我意识来测度自我意识而求入静，有如量子力学中的测不准原理，虽费尽心机而少成效。内丹学的身体观将人体看作是形、气、意的三重结构，气是形和神的中介，因之从炼气入手，等于炼了形也炼了神。丹家入手法门讲究以假修真，从后天转入先天。后天的气就是呼吸，后天的识神就是意念，以意念调整呼吸，将注意力集中到呼吸上，以"心息相依"为要诀，逐渐由后天呼吸转变为先天元神显现时的胎息，便是内丹的入手法门。

"心息相依"四字说来容易，真正做到甚难。如果要求学者将注意力全集中到呼吸上，心无一丝杂念地记住自己的每一次呼吸，多数人连三分钟都难以坚持。因之丹家又以数息法、听息法等权法导人入静，从而排除掉人的常意识（识神）而使元意识（元神）呈现。元神乃是人的本性，当虚极静笃时，元神显露，即是禅宗的"明心见性"，可以开发出心灵潜能。丹家性住之后以不动之"宗祖"真常应物，为最关键一着，但此后尚有大事做，如同见米再做饭。"心息相依"四字真正做到了，以一线神光护住一缕真炁，不到半个小时即可见到"玄关一窍"，炼精化炁的内丹仙术便可拾级而登。

顺便指出，内丹学既是集中了道、释、儒三教精华的民族文化瑰宝，它决不会真正排斥禅宗。皆因自唐代释神会以南宗顿悟成佛之旨压倒北宗渐修成佛之法后，禅林中皆舍难趋易，没有坐禅入定便说已开悟见性，于是"狂禅""口头禅"、野狐禅遍行于天下，凡夫惑业深重无明未断也讲"人人皆有佛性"可立地成佛，学风败坏尚不自知。内丹学之文始派虽言顿超直人，也有筑基功夫。钟吕丹派（少阳派）则必须通过筑基、炼精化炁、炼炁化神、炼神还虚，乃至炼虚合道几个阶段，不能躐等而进。如果以禅宗的话说，内丹学是先要从神秀"时时勤拂拭，勿使惹尘埃"的渐修工夫入手，以次第分明的内丹修炼程序达到慧能"本来无一物，何处惹尘埃"的境界。需要说明，现代国内外那些气功"大师"们传授得自创或师承的五花八门的气功，大多是炼后天精气神的"安乐法门"，包括某些自称达到"小周天""大周天"的气功，也仅处于内丹学的筑基阶段。至于那些标新立异的各类功法，都脱不出古已有之的三千六百旁门的范围，故丹家有云：任他百千差别法，"总与金丹事不同"。同时还要说明，以"气功"命名修炼人体精气神的健身术，并无大错。"气功"名称的来源，学术界早有考据，"气功"二字不仅早见于唐代道书，宋代《云笈七签》中称为"气术""气法"（如"诸家气法"），清代武术著作中更定名为"气功"了。甚至在《绿野仙踪》等明清小说中，内丹家亦自称"炼气士"。今人刘贵珍出版《气功疗法实践》，但"气功"之名非他首创。气功疗法皆从人体形、气、神三重结构的中间层次入手，以"气"为中介健身养性。"气"不仅是中国哲学和中国医学的基本范畴，又是人体中的生命能量，还直接意指呼吸。气功疗法的人体生命能量可以做功，炼功又从调整呼吸入手，"气功"是目前为国内外群众最能接受的"定名"。

其三是钟吕内丹各门派皆传"取坎填离"之术，以调动人体性能量为丹法秘诀，以取得人的生命体验作为丹功成败的关键。《悟真篇》云："万卷仙经语总同，金丹只此是根宗。依他坤位生成体，种向乾家交感宫。莫怪天机俱漏泄，都缘学者自迷蒙。若人了得诗中意，立见三清太上翁。"这首诗实际上就是讲取坎填离（或曰抽铅添汞）之术的。在道教医学中，坎为肾，肾是"先天之本"；离为心，心藏神，而脑为元神之府。内丹家虽继承了中医学"心之官则思"的说法，但在实际人体修持工程中早已体验到大脑对人意识活动的关键作用。还精补脑的真义，就是从调整人的精囊、前列腺、胸腺、脑下垂体、松果体、胰腺、肾等内分泌系统的功能来改善整个人体的生命机能和精神状态。钟吕丹法有一套调动人体性能量的秘诀，将人的性体验看作是人类最根本的生命体验。同类阴阳派丹法源于道教中的房中养生术，但比房中术高出一个层次。至于同类阴阳派丹法秘诀，与房中术性质根本不同，全世界稍知内情的人寥寥可数，至今未在学术刊物上披露，道教研究领域的人尚且多为捕风捉影，外行的学者岂可妄加评论？

内丹学不仅特别注意研究人的性体验，而且还认真研究了人的垂死体验。丹家认为性体验激发出人类"生"的激情，濒临死亡的体验则使人类获得"死"的感受。丹经中讲"若要人不死，须是死过人"，只有经历过濒死体验的人才能真正认识再生的规律，而性体验的激情又将人再生的生命超越到道的境界。内丹家以参悟生死的修炼功夫改造人体素质，开发心灵潜能，将生命激发到超常的新状态，其中的科学道理留待跨世纪的新一代科学家去认识吧！

其四是钟吕丹法皆以招摄先天一炁促进人体和宇宙的大循环为实效，以与道合真作为丹功修成的标志。先天一炁在内丹学中又称太乙真气、道炁、元始祖炁、元始含真气、元始先天一炁等，名目不一。内丹学的理论认为只要按丹家秘传的法诀将这种残留在宇宙中的先天一炁招摄到体内，即通过元意识的激发在量子层次上和自然界基本节律共振发生相互作用，才能使自己的身心与混沌的宇宙融为一体，同宇宙的自然本性契合，返回先天的自然状态，进入同道一体化的境界。内丹家在"致虚极，守静笃"的条件下采用师徒秘传的同类阴阳交感的技术，实际上是一种将人体节律同宇宙内在节律调谐的技术，促进宇宙和人体的大循环，达到归一成真、还虚合道的目标。以上解释是我于1992年在比利时安特卫普医学中心和根特大学讲学时作出的，当时由于西方学者对内丹学中带有宗教神秘色彩的传统术语较难理解，不得不以西方科学家熟知的语言释俗。我对他们譬喻说：天界的"上帝"有一个电台，向外发射宇宙电波。人体比如一个收音机，要接收"上帝电台"的宇宙电波就必须调谐，使人体的频率和宇宙的根本节律相一致，才能听到"上帝"的声音，这就是人体招摄先天一炁的调谐原理。人体的生命节律和宇宙运动的根本节律相一致时，就达到了生命与道合真的境界。这种内丹功法的直接效果，就是将个体的生命纳入宇宙的自然循环节律之中，解除人体神经系统、气血循环系统、内分泌系统等等的淤滞，使之达到自控制、自调节、自修复、自组织的最佳生存状态。其实人的许多疾病，都是先由心、脑及全身供血不足、体内气机不畅或说能量流动受阻之类原因造成的。内丹功法以其独特的方法促进气血流通，化淤解滞，必然会有增进健康，延长寿命的效果。西方医学的弊端就是缺乏整体观、滥用药物，现代心身医学的发展和自然疗法的推广正在纠正这些弊端。内丹学将人体先天的精、气、神称作"药物"，将内丹称作"大药"，药就在自己身中，解除疾病包括解除或缓解现代西医望而束手的大病全靠自己身中的"药物"。大药炼成，百病全消，这就是内丹家数千年来苦心修炼的信念。老子云："人法地，地法天，天法道，道法自然。"钟吕派内丹功法的最大特征，就是在人身中模拟道家宇宙反演的规律，将老子的道家哲学变成自己的生命体验，使人体的小宇宙和自然界的大宇宙进行天人感应，以"道法自然"的原则修炼成道。

第二章　内丹基本理论揭秘

历代内丹家多为文化层次较高的知识分子，他们在内丹修炼中创造了丰富的理论。在此，我们概要地阐释内丹学的理论，并予以必要的发展和深化。

第一节　先后天人体三宝说

内丹学将精、气、神称作人体的"三宝"，又分为先天和后天。所谓先天，是指从自然界和人类社会的初始状态看，那些无形的，自然本能状态的，功能性的，超越时空界限的东西。所谓后天，是指从物质世界和世俗社会的现实状态看，那些有形的，人为的，实体性的，同熵增的物质规律相一致的东西。

精、气、神是人体生命要素的三个层次，不仅有先后天之分，还可互相转化。后天的精，是指人性交时射出的精液，广义上还包括人体内分泌的多种激素。先天的精，是在无为状态下自然而然本能地产生的，又称元精、真精，主要指人在不受淫心刺激下自发的性功能，广义上还包括内分泌系统、生殖系统、循环系统等激发生命活力的自然功能，是一种性能量。后天的气指呼吸之气；先天的气为元气、真气，写作"炁"（由炼精化炁而来，是精、气凝炼为一的代号），指人体生命运动的机能，体现为高度有序的能量流和躯体活力，即生命力。

后天的神为思虑之神，称识神；先天的神称元神（由炼炁化神而来，是炁神凝炼的结果），呈一种极清醒的无思维状态。精、气、神又是修炼内丹的药物。

丹道学中的先天、后天学说给现代人工智能的研究确定了一个界限，即后天的意识皆可以用人工智能模拟的，而先天的意识是人工智能无法模拟的。后天的世界是"明在系"，人类的理性可以认识；先天的世界是"暗在系"，脱离人们熟知的因果律和时空限制，无法被后天的理性所认识，仅能用先天灵性来察知。

第二节　顺则生人逆则成仙的内丹学原理

按照道学的宇宙创生演化及人体生成说，宇宙和人体生命的生成皆源于道。道自虚无状态中化生出元始先天一炁（亦称太乙真气），又从一炁中产生阴阳二性。由于阴阳二性的交会、激荡，产生物质、能量、信息三大元素，再由三元演化成万物纷纭的世界。这就是老子《道德经》"道生一，一生二，二生三，三生万物"的宇宙演化图式。

人的生成也和宇宙的创生图式相感应，宇宙中的元始先天太乙真气，在父母阴阳两性交合时被招摄进母腹之中，形成胎元，将性命寓于其中。直至十月期满，胎儿长成，出离母腹，"哇"的一声，先天祖气断开，后天气生。以后每32个月，生元气64铢，由复卦、临卦、泰卦、大壮卦、夬卦至16岁乾卦，得384铢元气，为纯阳之体。其中父母初交，于恍惚之中，合成一炁，生长出形体未具，神炁未判，处于混沌状态的胎元，为人道的"第一变"。由心肾成形，神炁始分，到十月胎圆，婴儿降生，为人道的"第二变"。由初生儿至16岁少年，阳精成熟将泄，情欲始萌，为人道的"第三变"。而后识神用事，情欲伤身，每96个月，则生一阴，由24岁姤卦，经32岁遁卦、否卦（40岁）、观卦（48岁）、剥卦（56岁）至64岁坤卦，元气耗尽。

内丹学修炼功夫是一种人体返还工程，即由坤卦返回乾卦的返老还童之术。内丹学的基本原理是认为宇宙演化和人体生命都可以从逆的方向上进行反演的思考。顺则生人生物，逆则修炼成仙。内丹家以"三关修炼"阻止人体熵效应，通过"炼精化炁"的初关仙术将精化尽只剩下炁和神，为"三归二"的过程；然后"炼炁化神"的中关仙术为"二归一"的过程；最后"炼神还虚"的上关仙术返还于虚无之道。这样人体沿着逆的方向由"第三变"返到"第二变"，再从"第二变"返到"第一变"，直到虚无之道，内丹就修成了。

第三节　虚无之道和先天一炁说

内丹学要追求一种长生不死、永恒不灭的状态，而根据自然科学定律凡是产生的东西最终都要灭亡，仅有虚无是不生不灭的。这样，返还虚无之道就成了内丹学追求的目标。《唱道真言》云："夫道之要，不过一虚，虚含万象。世界有毁，惟虚不毁。道经曰形神俱妙，与道合真。道无他，虚而已矣。形神俱妙者，形神俱虚也。"内丹学认为在宇宙未创生之前，是一片虚无。当宇宙创生之时，虚无之道化生出元始先天一炁（太乙真气），这种先天一炁被认为是宇宙万物运动的一片生机，也是生命运动的源泉。因之，自身阴阳、同类阴阳、虚空阴阳丹法都以招摄先天一炁为目标。

我们推测，先天一炁大概是宇宙大爆炸之前的初始信息，是时间和空间还没展开的宇宙模本，是自然界最根本的内在节律。初始的宇宙中隐藏着秩序，存在着产生普适的宇宙节律的信息源。内丹家通过一种将人体节律和宇宙节律调谐的技术，使人体精、气、神等元素充分激发，在量子层次上和自然界的本源相互作用，将这种残留在宇宙中的初始信息招摄到体内。内丹家将人体和大自然的内在节律相调谐，使自己的身心与混沌的宇宙融汇为一体，返回先天的初始状态，才能同宇宙的自然本性契合，进入道的境界。

第四节　意识的三层次说

根据我们对内丹学的研究，发现人的意识的器官不仅是大脑皮质，还包括丘脑、网状结构，甚至还有心脏等，中国古医学认为心主神明，肝出谋虑，胆主决断，肾出伎巧等是有根据的。这就是说，思维和情感活动在躯体层次上是以人脑及内脏器官等相互制约的复杂生理系统为基础的。人体的内分泌激素，后天和先天的精、气、神也是一个系统，是可以相互影响，互相转化的。人体生命运动的精、气、神恰好和物理化学运动中的热、力、光三种效应相互对应，它们都是生命运动的存在形式，其中最要害的是神。

　　人的心理也是有结构的，是一种过程的秩序。意识是生命运动的最高形式，它可以凝聚为一种有着超微结构的高度有序的客体。人的心理系统中的意识活动和无意识活动都是人类在进化过程中大自然赋予的重要心理功能，其中无意识活动决非无足轻重的自然现象，而是一种深层意识，是人类改造自然和社会的重要潜能。意识活动的生理机制主要在大脑额叶，无意识活动的生理机制在大脑的网状结构和丘脑。随着人类进化，人的大脑皮质日益发达，网状结构的范围相对减小，但网状结构中的核体却日益复杂和分化，人的深层意识也愈加显示其重要的调节作用。我们可以断定人的意识共分为三个相互联系的层次，即常意识（日常的认知、思维活动）、潜意识（隐藏在心理深层的欲望）和元意识（遗传的本能意识）。常意识是心理表层的理性思维活动，内丹学家称之为"识神"，它包括人们的感知、判断、推理等一系列心理程序。内丹功夫中识神的活动分为正念和邪念（即不利入静的杂念和游思、妄念等），内丹家要排除邪念，凝聚正念（意守丹田，归根复命之念），集中人的意念力透入深层意识之中，增强常意识的可控度，使之以意念力的形式得到凝炼和升华。潜意识是一种非理性的意识层次，包括人们平常不易觉察的胎儿、幼年、童年的记忆（特别是心理未成熟时期的刺激）和隐藏的各种人生欲望、性欲、心理创伤等印痕。日常生活中的重大刺激往往会透过表层常意识在潜意识中留下痕迹。这些潜意识的印痕反过来又在背后强有力地影响着人们表层的心理程序，人们可以从梦境、幻觉、精神病等心理状态中破译出潜意识的原型，内丹功夫中出现的不良心境、恶劣情绪、各种魔境、幻觉等都是潜意识作怪。

内丹功法要净化潜意识，自我清洗自胎儿期以来键入的各种印痕，并通过一定方式（如熟读丹经、牢记师传、背诵口诀、默念咒语、反复训练等）将炼丹的程序编码输入潜意识之中。这种潜意识中的炼丹程序编码就是"真意"，它被称作勾引精、气、神等生命要素相互化合作用的"黄婆"。潜意识可以在内丹修炼中逐步人格化，凝炼为"阴神"。阴神是人格化了的潜意识，可以如梦中之身般的脱体而出，具有遥感、透视、预知等超常的心灵潜能。人类心理的最深层次是"元意识"，在内丹学中称作"元神"。内丹修炼到元意识显现时，呈一种极端清醒却毫无思维的心理状态，可以呈现为直觉和灵感，这说明元意识比潜意识更深一个层次，相当于佛教阿赖耶识所藏"无漏种子"（第九识"无垢识"），为实相真如性体，丹家亦称为宇宙和人体发生之初的"一点灵明"，是一种遗传的本能意识。元意识是人类在漫长的生物进化中遗传在头脑中的尚未开发的信息库，它包藏着生物进化史上曾经有过的智慧和能力，是人身真正的"自我"，因之丹家称为"主人公"。当迫使识神退位（排除常意识）元神呈现时，便是找到了真正的"自我"，因之内丹学又是一套开发自我，认识自我的过程。元意识在人体工程中通过开发和凝炼，可以逐步人格化为"阳神"。几乎所有的炼丹家都以其亲身经历表明阳神是元神的凝聚体，有成熟的人格，是有形有相的自我，可以脱体存在，具有突破时空障碍的巨大神通。丹家将人的躯体称作"色身"，将阳神称作"法身"，也叫身外之身，出阳神是内丹人体工程的重大目标，也是内丹学研究中最棘手的一项课题。

实际上，内丹学是一项凝炼常意识、净化潜意识、开发元意识的系统工程。它只有在自然科学能够充分地解释人的大脑神经的奥秘时，才可能在实证的层面上获得突破性进展。

第五节　取坎填离术

内丹学认为后天的坎（☵）、离（☲）二卦是由先天的乾（☰）、坤（☷）二卦中间的阴、阳两爻互换位置造成的。《渔庄录》云："先天八卦，乾南坤北。因男女交媾之后，乾体破而为离，坤体实而为坎。故后天八卦，谓离南坎北，盖以离代乾，坎代坤也。"内丹学要从后天返回先天，变离为乾，变坎为坤，因之丹功修炼要求将坎（☵）卦中的阳爻再抽回来，填入离（☲）卦中阴爻的位置上，使之回复到先天乾（☰）卦的纯阳之体，丹家称之为"取坎填离"。离、坎二卦在双修丹法中是男女的代号，意思是以男子离器中的真阴（又称真汞、砂中汞、龙从火里出）摄取女子坎户中的真阳（又称真铅、水中金、虎向水中生），从而阴阳交媾成丹。《悟真篇》云："南北宗源翻卦象"，"牵将白虎归家养"，"西山白虎正猖狂，东海青龙不可挡。两手捉来令死斗，化作一块紫金霜"，都是隐喻这种功法。清修丹法又以离、坎二卦为心、肾的代号，或以离喻元神，坎喻元炁、真精。这样，取坎填离术在小周天中指心液下降、肾炁上升，又称还精补脑；在大周天中指消阴炼阳、炁定神纯，又称抽铅添汞。《悟真篇》讲"取将坎位中心实，点化离宫腹内阴。从此变成乾健体，变化飞跃总由心"，将取坎填离术看作内丹学的基本功夫。

丹家称"取坎填离""抽铅添汞""还精补脑""心肾相交""水府求玄"等，用现代的语言说，实际上就是从自我调节人的性激素及内分泌入手，通过增强人的性功能来恢复大脑的青春活力。再确切点说，就是从调整人的内分泌入手改善整个神经系统的状况，协调人体性腺和丘脑的负反馈机制，由生理的和谐推进心理和谐及人体生命潜能的开发。道教医学本来就有补肾可以健脑的思想，内丹学则更突出了肾（中医的肾包括整个内分泌系统、生殖系统的功能，称作"先天之本"）和脑（包括神经系统及心理层次）的联系。内丹学初关仙术以精为基础，气为动力，神为主宰。人在高度入静的状态中，性腺、肾上腺、胰腺、胸腺、甲状腺、松果体、脑下垂体七大腺体的内分泌相互激发，从而使全身在生理上和心理上都达到一个和谐有序的新水平，这就是取坎填离的效果。

《参同契》云："三五与一，天地至精。可以口诀，难以书传。"《悟真篇》云："三五一都三个字，古今明者实然稀。"《方壶外史·悟真篇小序》云："三五与一，天地至精；龙从火出，虎向水生；二物欢会，俱归中宫;三家相见,怀胎结婴。"这些话被称为丹家之秘。实际上,水金和木汞通过真意(土)化合成丹,即以元神和元炁相凝炼,也是取坎填离的意思。心肝脾肺肾五气朝元,精炁神三华聚顶,都不外是摄取先天一炁与元神凝炼成丹而已。

第六节　黑、赤、黄三道关窍说

丹家认定人身真气运行的经脉主要有三条:一称赤道,即任脉;一称黑道,即督脉;一称黄道,为中脉。《泄天机》载闵小艮曰:"丹家理气,原有三道,曰赤,曰黑,曰黄。赤乃任脉,道在前,心气所由之路。心色赤,故曰赤道,而赤性炎上,法必制之使降,则心凉而肾暖。黑乃督脉,道在后,肾气所由之路。肾色黑,故曰黑道,而黑性润下,法必制之使升,则髓运而神安。原斯二道,精气所由出,人物类以生存者,法故标曰'人道',丹家、医家详述如此。黄乃黄中,道介赤黑中缝,位在脊前心后,而德统二气,为阖辟中主。境则极虚而寂,故所经驻,只容先天,凡夫仙胎之结之圆皆在斯境,虽有三田之别,实则一贯,法故标曰仙道。"赤、黑二道丹家称为人道,兼容先、后天之精气运行,黑道有尾闾、夹脊、玉枕三关,过三关才入泥丸宫;赤道有上田、中田、下田三窍,此外尚有天门(眉心)、重楼(气管)、绛宫、黄庭、生门(脐门)等要穴。黄道只容先天真精、元炁通过,称仙道,自虚危穴(一名阴蹻)透入,过中黄,直达顶骨(天灵盖、囟门)。阴蹻穴乃黄道之天关,关乎人之生死,故又称生死窍、复命关;真气归黄,必须纯为先天,否则清浊混杂,易生"闯黄"、"闹黄"之症。囟门盖骨乃人身生气所凝结,上应镇星(位于中天,乃五星之中,高出日月星辰之上),丹家称为"人镇",其光华称"意珠",可卫护婴儿(未成熟之阳神)。

从现代科学的观点看,精、气、神这些炼丹的药物皆是人体生命要素。赤道、黑道相互衔接,形成一个任督二脉的周天循环路径,相当于高能物理学里的基本粒子回旋加速器。丹家小周天功夫在任督二脉循环炼药,与基本粒子在回旋加速器中运动的原理类似,赤黑二道进行的是炼精化炁之功。药物归黄之后，在黄道直上直下运动，又和激光管的作用原理类似。顶骨如同激光管的阳极，阴蹻穴则为阴极，药物在阴阳二级之间振荡，将先天精、炁炼化为神。黄道比赤、黑二道对药物的纯度要求高，不允许进入后天浊质，故丹家有"欲修仙道，先尽人道"；"人道不修，仙道远矣"之说。

第七节　玄关一窍说

玄关一窍为丹家之秘，又有玄窍、玄牝、玄牝之门、虚无窟子、偃月炉、西南乡、戊己门、谷神、天地根等异名。丹家因师传不同，对玄关一窍理解不一，有无定位和有定位两种说法。然而揆诸丹经，我们可确定玄关一窍的特征：这一窍，不在身内，不在身外；亦在身内，亦在身外；无形物可觅，无方所可指。丹书谓"此窍不着于幻身，亦不离乎幻身。不着于幻身者，非一切有形之物；不离乎幻身，非可于身外求也。""着在身上即不是，离了此身向外寻求亦不是。泥于身则着于形，泥于外则着于物。"这一窍，全自虚无中来，自虚无中生，自混沌中求，自虚寂中得。丹家谓"先天一炁，自虚无中来"，欲识玄关，须穷取生身受炁之初，寻找乾坤阖辟之祖，阴阳互抱之根。这一窍，功到机现，时至神知；机发则露，机息则隐，只可以无心得，不可以有心求。《唱道真言》云："玄关者，万象咸寂，一念不成，忽而有感，感无不通，忽而有觉，觉无不照，此际是玄关也。"李道纯以一个"中"字为玄关，须丹家心领神会。

玄关一窍无体有用，丹家身心静定，方寸湛然，虚极静笃，于真机妙应处，将动未动，未发忽发时，自然见得玄关。此窍一开，百窍俱开，全身八万四千毛孔，三百六十骨节，一齐爆开，百脉流畅，神炁冲动，先天药物随之化生，内丹仙术便可自然运行。

第八节　内丹学三要件

药物、鼎炉、火候为内丹学三大要件。《规中指南》说："身中之药者，神、炁、精也。"丹家先炼后天精、气、神促生先天药物。精气初生时称"外药"，外药先生而后采。活子时到来初生元精又称"小药""真种子"，采入炉中生为"内药"，故内药采而后生，为先天精炁。经小周天炼化为"大药"，"大药"又称丹母。炼丹时意念为"火"，呼吸为"风"，火候指炼丹时意念及呼吸运用的程度。急运称武火，缓运称文火，停住吹嘘称沐浴。火候之妙在于真意的运用，用意紧则火燥，用意缓则水寒。丹家用十二消息卦表示十二时火候，有进阳火、退阴符之分，以卦爻铢两计算呼吸次数。内丹火候所用时辰是人身这个小天地里的时辰，实是药物在体内运行的部位、景象的代号。小周天功法小药生时有性冲动，阳物无念而举为"活子时"，大周天功法大药生时有六根震动之景为"正子时"。双修派丹法采药时机为火候不传之秘，以鼎器之应星应潮定时辰。清修派丹法以神为火，以炁为药，神炁相抱，一任天然，则药物、火候俱在其中。鼎炉为丹家炼药的地方，药物起止之处为炉，升上之处为鼎。清修派丹法有大鼎炉与小鼎炉之分。炼精化炁用大鼎炉，鼎在泥丸宫，炉在下丹田；炼炁化神用小鼎炉，鼎在黄庭中宫，炉在下田炁穴。双修派丹法以女子为鼎器，又有所谓后天鼎、先天鼎、金鼎、玉鼎、水鼎之分。要之，双修丹法以少女为鼎器，以天癸为药物，以庚甲为火候；下乘丹法以身心为鼎炉，精气为药物，心肾为水火，年月日时行火候；中乘丹法以乾坤为鼎器，坎离为水火，乌兔为药物，一年寒暑为火候；上乘丹法以天地为鼎炉，日月为水火，性情为龙虎，以心炼念为火候。还有最上一乘至真妙道，以太虚为鼎，太极为炉，清静为丹基，无为为丹母，性命为铅汞，定慧为水火，洗心涤虑为沐浴，中为玄关，见性为凝结，性命打成一片为丹成，打破虚空为了当。要之，药物之本质实为"先天一炁"，鼎炉实即"玄关一窍"，火候实质是"元神之妙用"。以先天一炁、玄关一窍、元神之妙用三者入手，则药物、鼎炉、火候之内丹学三要件俱得矣。

实际上，内丹功法是丹道家数千年来同死亡作斗争积累下的知识。内丹学的思想，或是从老树嫁接获得新生而创立出添油接命之术；或是从恒温动物（如熊）冬眠而创立出息停脉住的活死人功法；

其他如龟息、蛇蜕皮、婴儿握固，无不成为仙道模拟的对象。《无根树词》云："无根树，花正微，树老将枯接嫩枝。梅寄柳，桑接梨，人老原来有药医。自古神仙栽接法。传与修真作样儿。"这就明言同类阴阳丹法是模拟老树栽接嫩枝的功夫。清修丹法以模拟动物冬眠为主，这也是明显的事实。古人对一些长寿动物龟、鹿、鹤等及常青植物松、柏的观察，都曾给追求长生的内丹家以启迪。内丹学的功法要诀，也始终未离开古仙合炁、行炁、采阴、辟谷、存思、胎息、入定的基本功夫。

第六讲　补亏正法

　　"补亏正法"又名"添油术"，乃丹家秘传的正宗功夫，修之有利无害，丹道入门可以从此起手。三阳道人张松谷曾于民国初年将此术笔之于书，原文较长，今撮其要点而述之。师传补亏正法行功法诀云："盘膝坐，聚心窝；凝天目，透泥丸，转玉枕，注夹脊。觉热跳，串两腰，时日足，入阴跷。阴跷动，通脐轮；法自然，成内息。拙火起，阳必举，待自软，慎勿泄。累累行，积精气，勤添油，可补亏"。

　　盖人生四十以后，精气耗损过半，欲修人元大丹，必从补亏正法入手。另有杂练各种气功多年无效，或受盲师欺骗，以意念引气通任督转周天者，无药空转必耗精气，欲改学丹道，也得靠补亏正法重新积精累气。其法先入室静坐，呼出浊气，聚集清光灵气，摄入绛宫（两乳人字骨下心窝处），令澄湛融和。然后意引至天目穴（双目中心上二分），凝定片刻，勿起杂念。复以意引过泥丸，倒转玉枕（脑后骨）而注入夹脊。夹脊为脊柱二十四节之中间，胎儿期本通，人出生后劳碌世间不肯回顾此窍，遂生百病。此窍再通，百病不留。气至夹脊，日日行持一二时，自觉炽热如火，行至十二日上下，串入两腰，觉其辘辘跳动不止，随以意送入阴跷。阴跷掣掣跳动，浑身通泰，心迷神醉，如坐春风，且莫动心起念，唯随其自然。阴跷一动，百脉皆动，将元神安居其中，凝定跳止。遂觉气根上升脐轮，复由脐轮降下阴跷，在此三寸一分半之间升升降降，则达到内呼吸境界。内呼吸既成，惟法自然一诀，万不可以意念作用其间引送上下，否则必出偏差，致小腹气肫，须全功推翻重来。若是日行数百息，旬日而小腹觉热，拙火起，阴茎必举，此时当清心入静，不动淫念，使其举过自软。如此每日行持，举而不采，一次兴阳，则一次添油，日积月累，"积精累气以成真"，则可补亏损矣。慎勿阳生后念起手淫泄欲，损精耗气自寻死路。

行文至此，不妨再多说几句，以便丹道爱好者举一反三。丹道修炼，本自炼精化气始，有情来下种，无精不成丹，男女性功能及其生命能量为丹家起修的关键。丹家秘传有提肛、抽腹、兜肾囊、阴蹻调息、黄河水逆流、闭锁阳关、敲竹唤龟、鼓琴引凤、还精补脑等等法诀，其上乘者直通仙道，下乘者对治疗男子阳痿、女子性冷淡、增进青春活力，总有某些效果。其中抖动下体，摇晃玉门或阴茎之"回春功"，还有"一擦一兜，左右换手，九九之数，真阳不走"之擦肚脐、兜肾囊功法，为丹家所必习。丹家凝神天目穴聚其灵光，并与鼻息光气合一，并调谐肾间动气，聚热、力、光于阴蹻，如此心息相依，渐凝渐聚，直贯肾囊、龟头，闭息片刻，以兴其阳。如此上下贯通，一呼一吸，一紧一松，一提一咽，后将阳气收入脐下丹田，精气自然大增。肛前阴后的阴蹻穴为人体性能量的生发之源，阴蹻又名"气机门"，意注"气机门"凝神运息为生阳之要诀。肛门与尾间之间的长强穴为还精补脑的传送之门，"长强"二字顾名思义即知有增强性功能的作用。丹家有采微阳之法，即是在外肾勃起时立刻行功采取，转入虚空大定。人能心息相依，渐入虚空大定，元精自然感而遂生，一阳来复之际，凝神入炁穴，也是添油接命之术。

丹家之添油接命，多用气法，气即命也。紫阳真人张伯端力辟旁门，惟对闭息一法，"若能忘机绝念，亦可入定出神"，但以为其阴宅难固，仍有迁徙之苦。另有进气补血之法，名为抽添接命之术，能避灾延年，保身健体。张三丰《玄机直讲》云："一刻之中，亦有炼精化气、炼气化神、炼神还虚之功夫在内，不独十月然也。"大致丹家之命功，皆自调息入手，端在火候，只要火候合于法度，"后天呼吸起微风，引起真人造化功"，以后天调息接真人呼吸之处，自然能添油接命。刘一明《修真辨难·天罡消息》云："天罡者乃北斗第七星，一名破军，一名摇光，一名标星，系北极之权臣，执生杀之衡，握造化之柄，运五行，推四时，生万物，为列宿之领袖，运气之枢纽。""大修行人，求他家不死方者，正以求取罡星所指之生气耳。取气之法，总不离乎罡星。罡星坐我家，则生气在他家；罡星坐他家，则生气在我家，必是移罡星坐于他家，方能有造。移罡之法亦无难处，只要将他脚跟一扭，即便翻身回顾，归家认祖。这个天机不着于声色，不落于空寂，不是自己有，不是身外求，现现成成，明明朗朗。世人遇而不识，每每当面错过，所谓'破军前一位，誓愿不传人'者此也。"其《破疑诗七言绝句五十首·斗柄三十》云："因观斗柄运周天，始悟生机在那边。扭转脚跟翻过面，当时火里现金莲。"据《史记·天官书》："北斗七星，所谓'旋、玑、玉衡以齐七政'。杓携龙角，衡殷南斗，魁枕参首。"《春秋运斗枢》云："斗，第一天枢，第二旋，第三玑，第四权，第五衡，第六开阳，第七摇光。第一至第四为魁，第五至第七为标，合而为斗。"又《青囊经》之小游年变卦，九曜之次序为贪狼、巨门、禄存、文曲、廉贞、武曲、破军、左辅、右弼，以八卦论则左辅、右弼同宫，以七政论则取贪、巨、禄、文、廉、武、破，以合北斗七星。丹家以人体类比天象，天有罡气，人体亦有罡星所指之生气，生气即阳生之气。丹道三家四派运斗柄取生气之法各有秘诀口传，可参阅《太乙金华宗旨》《尹真人阖辟仙经》、李涵虚《三车秘旨》悟之。李涵虚《三车秘旨》云："运气功夫，所以开关展窍，得药结丹也。其中次序，从虚空中涵养真息为始。收心调息，闭目存神；静之又静，清而又清；一切放下，全体皆忘；混混沌沌，杳杳冥冥。功夫到此，如天之有冬，万物芸芸，各返其根；如日之有夜，刻漏沉沉，各息其心，此无知、无识时也。谁晓得无知、无识之际，才有一阳来复，恰如冬之生春，夜之向曙，蓦地一惊，无烟似有烟，无气似有气，由下丹田薰至心阙，使人如梦初醒。初醒之候，名曰'活子时'。急起第一件河车，采此运行，迟则无形之气变为有形。此气也，名壬铅，又名阳火，故曰'子时进阳火'。何谓'进阳火'？学人把初醒之心，陡地拨转，移过下鹊桥，即'天罡前一位，誓愿不传人'之真诀也。移至尾闾，守而不乱，霎时间真气温温，从尾闾骨尖两孔中，透过腰脊，升至玉枕，钻入泥丸。古仙云'夹脊双关透顶门，修行路径此为尊'，即指此也。"盖取生气之法，必以自身活子时，以应天地或彼家活子时，以元神为主持，以玄窍为收摄，穷想山根以开性户，回光返照肾间命门前炁穴（治命桥），心息相依寂然大定，以逆转造化。庄子的踵息术与"纯气之守"，李涵虚之"钻杳冥"，《太乙金华宗旨》之"回光法"，《阖辟仙经》之"添油接命""聚火开关"，皆采生气之法。有以灵剑为斗柄者，有以双目神光为斗柄者，有以真意、神息为斗柄者，皆不离性户、命门两窍，及百会（天灵盖）、会阴（阴蹻、下鹊桥）两穴，阴蹻前之尾闾，可导生气运河车，必使阳炁上下震荡，热达足底涌泉穴。《太乙金华宗旨》云初学者"须假鼻尖以为准，始得光聚天目。天目为三光之都会，而山根为人身之性户。上达泥丸，中达黄中，下通脐后者，故须凝聚光于此处，由此下注，乃不易之功法。"《阖辟仙经》则云："开天门以采先天，闭地户以守胎息。""神守夹脊双关一窍"，"以玄引玄，以一引一"，自然感通。《三车秘旨》云："调度阴蹻之息，与吾心之息相会于炁穴中也。神在炁中，默注元海，不交而自交，不接而自接，所谓隔体神交也。守其性，不散乱；存其神，不昏沉，故能杳冥恍惚。心止于脐下，曰凝神；气归于脐下，曰调息；神息相依，守其清净自然，曰勿忘；顺其清净自然，曰勿助。勿忘勿助，以默以柔，息活泼而心自在，即用'钻字诀'，以虚空为藏心之所，以昏默为息神之乡，三番两次，澄之又澄，忽然心息两忘，神气融合，不觉恍然而阳生矣。"

丹师每云《西游记》中唐僧取经，"不经女儿国，不入无底洞，就到不了西天"，故学者们不明双修法诀，难以彻悟丹道。古人云："得诀归来好看书"，并非说道书中无丹诀，而是说得诀的人一看即摸清丹家著书的规律，从书上发现更多的丹诀。丹家添油接命的原理，这就如世俗治家之道，既要开源，也要节流。添油接命为开源，拧紧灯芯保精少泄为节流。富厚之家重在保守，然光保守而不赚钱，年老油尽，终而必贫。贫穷之家，要能赚钱，钱多变富，也可行道盗之事。道者盗也，《阴符经》已明言之。彼家丹法既是道，也是盗，既能生人，也能杀人，关键看自己能否盗取身外之宝还是将钱被外方盗去。平常人身上带钱外出，钱被盗走，但家中或有存款，不至一贫如洗。修丹道的人犹如把全部家产集中一处，换成现金而入赌场，一旦输光则倾倒桶底，一贫如洗。这就是平常夫妇房中泄精，未足为奇，而丹家特重交而不泄的原因。

刘一明《破疑诗·有为》云："有为岂是弄皮囊，做作千般总受伤。怎晓心传真妙诀，鬼神莫测扭阴阳"。另有愚谷老人《延寿第一绅言》云："《北梦琐言》载唐相国夏侯孜得彭祖之术，悦一娟，娟不能奉承，以致尾闾之泄致卒。予外祖闾邱公为大理评事时，得此术，两脸如桃，年过七十，竟为此术所害，与夏侯孜无异，丹家以为桶底脱盖。中年而精力健，能吸缩闭固，晚年精力衰，不能吸缩闭固，是以一夕而倾倒殆尽。《夷坚志》载吴道人害县吏之妻，而卒为县吏所害。道人一死固不足偿数十妇女之命，然县吏亦善此术。盖尝害他人之妻者，其妻几为他人所害，赖有羊羔汤以补之，而不死亦幸矣"。盖丹家在炼精阶段而行此术不当，倾倒桶底将本钱输光，谓之精海翻波，虽百般补救，仅可侥幸不死。如功夫较深到炼气阶段，一旦失手，则"气海翻波死如箭"了。《天边月道情》有云："天边月，月影孤。修行人，大丈夫，大丈夫才入修行路。张三丰曾拜吕祖，有龙女献上宝珠，宝珠出自嫦娥户"。丹法授徒要求福慧双全，然而有的学徒慧力不足但信念坚定，亦有在修炼中开发出智慧而成道者。

吾于1980年冬得先师无忧子所传，云"玄关"有形、气、神三个层次，故谓"玄之又玄"；交结术亦有形、气、神三个层次，故谓"妙之又妙"，男女栽接乃玄妙之事，在这三个层次上都有法诀秘传。然而无论是形玄关、气玄关、神玄关，或男女双修之形交、气交、神交，其功法一旦开启大乐轮，必有从头达足、如沐春风、美入骨髓之觉受，其玄妙之处功到自知，并非神秘难求之事。由于"补亏正法"为栽接法之基础，故对初入门径者来讲，先行"补亏正法"最为稳妥。吾今将补亏正法公诸于世，愿丹道爱好者依此修持，不要贪心妄想，自可收到和彼家丹法筑基功同样的效果，无灾无病步入丹道之门。

第七讲　辟谷胎息

　　《云笈七签》卷六十载《中山玉柜服气经》云：“夫求仙道，绝粒为宗；绝粒之门，服气为本；服气之理，斋戒为先”。丹家传有《内经图》，这张图实际上是把人体看作一架卷扬机，内中布满很多机关消息，丹家谓之关窍，一旦发动起来，它会自动运转，从吃饭、喝水、穿衣、走路、呼吸、说话等后天动作转化为不吃、不喝、不冷、不热、不病、不老、不呼吸、不思维却仍然生气勃勃的先天运转机制，这就是我说过的无食、无息、无念、无身的四无境界。平常人身体靠后天机制运转，人体有呼吸、消化、循环、内分泌、生殖、运动、泌尿、神经等多种系统维持生命，饿了要吃，口鼻呼吸不能停，如果不吃、不喝、不呼吸，就是死亡。呼吸系统和消化系统是人体向外部摄取能量的两大通道，是人体后天生理运行机制的关键，一天也不能停止。“一口气在千般用，一旦无常万事休”，呼吸停止是鉴别死亡的指标。丹道并非将人体八大系统全部停止，例如血液循环和内分泌系统就不能停，丹道是通过修炼转化这八大系统的功能，由后天生理运行机制转化为先天生理运行机制，即转化为按自然界和人休本身的规律不受干扰的自动化运行机制。为达此目的，最有效的方法，是选择吃饭和呼吸两项作突破口，将这两项转化为先天运行机制，修炼辟谷和胎息。人不吃饭饿两天尚不致死，但一般人大约饿七至九日便会死亡，人不呼吸则连十分钟也受不了，故辟谷和胎息相比，修炼辟谷较少危险，故丹家确定以“绝粒为宗”，绝粒就是辟谷。丹道修炼要从根本上改变人的体质，最有效的办法是先修炼辟谷，故《中山玉柜服气经》中的有关绝粒、服气、斋戒的那段话，乃古代仙家的经验之谈，是丹道的重要法诀。

第一节　辟谷简论

　　关于辟谷和胎息，葛洪《抱朴子内篇》早有记述，《云笈七签》中也载有多种操作方法。按《中山玉柜服气经》所说，要修丹道，首先从辟谷入手，然而人若断绝食物，靠什么生存？要靠服气，靠呼吸和思想（存想日、月、星光等）启动光合作用，直接通过空气吸收大自然中的营养和能量，以维持生命。至于怎么进入辟谷状态，则以"斋戒为先"，即靠调整心灵信息启动辟谷程序。古斋戒法，要求独置一室，焚香沐浴，入室坐卧皆可，素食静处，咽气纳津，攻下身中浊气秽物，存思心火焚烧全身，直至感觉室内光明如昼。现代人辟谷前亦要采纳古人斋戒遗意，关键是用两星期时间清理思想，作好辟谷的一切心理准备，增强辟谷祛病健身、修道炼丹成功的意念。从而确定从某日开始，辟谷多少天，辟谷期间对水、水果的要求及定能达到目标的心理暗示，到时如期开始。其中存思丹田起火，阳焰腾空，焚身去秽一节功法，乃丹家秘传法诀，亦有祛病净身之效。此类心理暗示法诀师传不一，要自己体会。

　　辟谷时间有短期、中期、长期之不同，也要在斋戒期间预先作好心理准备。短期者有三五天到两星期不等；中期者半月至百日；百日以上为长期辟谷。辟谷期间有完全禁水、禁食者；有不禁水但禁食者；有可以每天吃少量水果者；长期辟谷者还有以枣子、核桃等干果调节者。采用何种辟谷方式，要根据自己的生理感觉而定，进入辟谷状态后要随其自然，决不要有心理负担或施加强迫性观念。一般说来，初学辟谷，先采用短期，并每天进食三个水果为好，等找到感觉，取得经验，再循序深入。当辟谷状态坚持到十天左右时，体重逐天下降开始停止，有一段适应期，一般反应比较大，血压较低，切忌奔跑或剧烈运动，争取使体质稳定下来。一般来说，辟谷期间并不影响正常的工作和学习，甚至仍能参加农业生产劳动。但必须保持心情平和，不惊不躁，走路有轻飘飘的感觉，要稳步前进，小心路人和车辆，不要在热闹、混乱场所停留。辟谷至四十天，血压会恢复至稳定点，一切如常，精力旺盛，危险性就减小了。《圣经·新约》第4章记载耶稣四十天四十夜禁食的事迹，应非虚传，人们可从自己的辟谷体验中证明此事。必须指出，辟谷状态是人类本身具有的一种生理潜能，任何人都可以被开发出来。丹道修炼中人们会发现人体生命还有许多潜能可以开发，例如不饥不渴、不冷不热、息停脉住、突增神力等，常人以为不可思议，其实毫不奇怪。内丹学是一门科学，辟谷状态更是可以用科学手段检验的事实，学者们可大胆进行实验研究。辟谷期间有存思、心理暗示等功法，要严肃认真执行，心理学也是科学，也有自己规律。如辟谷期间存思太阳中能量进入身体，开启玄关接受宇宙能量等，均有实效。特别是遵守斋戒期间心理暗示的预定辟谷时间，如提前进食，会发生腹胀，大便不通等症状，直到预定时间才会解除。心灵诱导可启动辟谷，这也是千真万确的。为减少意外，辟谷功法要在有经验的老师指导下进行，且要进行医学监测，将辟谷期间的生理指标和炼功感受记录下来，特别是要记录每天的血压、脉搏、大小便和体重，发现意外立即停止辟谷。据我所知，辟谷是丹道中最安全有效的入手法门，坚持不住可立即进食，就像吃饭也可撑死、噎死一样，辟谷也有类似危险，这种易出危险的人丹家谓之业力深重，决非福慧双全的载道之器，压根儿就不必修习丹道。

丹道须师传口授，不能照书自修，辟谷在丹道中虽不可轻视，但技术水平较低，故易实行。为谨慎起见，将辟谷期间进食水果等禁忌写出，以备教授辟谷的丹师参考。一忌饮酒。空腹饮酒刺激黏膜，易引起胃溃疡、胃炎。二忌吸烟。吸烟引起胃酸增加，引发饥饿感，易引起烟醉、头晕、乏力、头痛。三忌饮茶。饮茶易刺激神经，引起茶醉，导致心慌、脉快和四肢无力。四忌吃糖。吃糖会使血糖升高，导致动脉粥样硬化，影响肾功能和血液循环。且易引发饥饿感，使辟谷失败。五忌喝牛奶、豆浆。在没摄入淀粉时，牛奶等皆难吸收，且不合辟谷本旨。六忌吃柿子。空腹时易和胃酸结合成难以溶解的硬块，引起胃溃疡、胃炎。七忌吃香蕉。香蕉中含镁多，易引起血液中镁钙比例失调，对心血管产生抑制作用。八忌吃蕃茄。番茄易与胃酸发生化学反应合成难溶解的硬块，引起胃溃疡、胃炎。九忌吃橘子。橘子汁含大量糖分和有机酸，空腹会刺激胃黏膜。十忌吃山楂。空腹吃山楂不仅耗气，而且会引发饥饿感，出现胃痛。十一忌吃白薯。白薯中含单宁和胶质，会刺激胃分泌过多胃酸，且和辟谷本旨不合。十二忌吃生葱、姜、大蒜，耗人气息，易引发急性胃炎。十三忌食荸荠（马蹄）等寒性水生植物之根茎，造成肠黏膜脱落，耗气泻泄。其他中医认为破气的药物、食品、蔬菜如萝卜等，亦不可食。辟谷期间可食瓜果以黄瓜为优，其他如西瓜、苹果、梨、桃、葡萄、猕猴桃、火龙果等，皆可供选择。有时亦可服用少许绿色蔬菜，如煮熟了加油盐的韭菜、茄子、莴苣、芹菜等。长期辟谷者可服些红枣、核桃、板栗、百合、黄精等干果和药材，忌服豆豉汤等物。辟谷结束时首次宜进食淀粉性流质食品，由少渐增，切莫暴食暴饮。辟谷期间体重可下降5~15公斤之多，恢复饮食后有些反弹，但要自觉将体重控制在合理限度之内。辟谷期间某些不健全细胞（包括肿瘤细胞）和多余脂肪被转化为热量消耗掉，身体生理潜能得到开发，某些疾病不药而愈，这显然对人体健康是有利的，在丹道中辟谷是对身体的净化。现代城市富裕阶层之人口多病，大约为环境污染、生活紧张乃至吃喝无度所致，因贪吃致病又因病服用化学药品，结果化学药品本身又是致病因素，如此形成恶性循环，辟谷无疑是救民良方。丹道中不少技术有开发价值，诸如这种修炼不饥不渴乃至不寒不热的功夫，人人能学，不仅有科学价值，也有实用价值。我不惜将此术从丹道中公开揭出，显然也考虑到辟谷之术恰似庄子所谓不龟手之药方，实有富国强兵的战略意义。

古人辟谷，多以服气或服食药物相配合，或咽气一段时日自然进入辟谷状态。此术先入室正卧，静心止念，先吐一口气，至出息尽时，闭息收腹咽下。息不出而咽气入肠反易致病，必先排浊气而出，牵动体内元气上升，再咽下谓之咽元气。当浊气吐尽时，立即闭口咽之，以意送之，以手摩之，直入下丹田。和气干咽谓之"云行"，和津而咽谓之"雨施"。此法乃丹家秘传，五十日而谷气尽，百日而病气除，其间忽尔灵光现，则入丹道正途。另有服食药物如黄精、山萸肉、大枣、玉竹、松子等，仅可作辟谷之调节，因这些果药本身亦是食品。辟谷期间服食之法，以服食云母粉为佳。云母以白色透明晶体、可层层剥离、有金属光泽者最优，主要成分为硅酸钾铝，味甘，性平，无毒，入肺、脾、肝、膀胱经，可安五脏、除邪气、益子精，能去死肌、镇惊悸、疗痈痢，有补肾填髓、轻身健体之功。云母须经特殊方法炮制成粉方可服食，为丹家服食之妙药。

第二节　胎息概说

《胎息经》云："胎从伏气中结，气从有胎中息。气入身来为之生，神去离形为之死。知神气可以长生，固守虚无，以养神气。神行即气行，神住即气住。若欲长生，神气相注。心不动念，无来无去。不出不入，自然常住。勤而行之，是真道路"。《胎息铭》云："三十六咽，一咽为先。吐唯细细，纳唯绵绵。坐卧亦尔，行立坦然。戒于喧杂，忌以腥膻。假名胎息，实曰内丹。非惟治病，决定延年。久久行之，名列上仙"。

《胎息经》共17句83字，乃唐代丹家所传。后14句56字，补入咽气之术，出世稍晚，称《胎息铭》。"胎"字是讲定神于胎中，不动不摇，如婴儿之处母腹。"息"字是讲伏气为息，绵绵密密，幽幽微微，粗气灭绝，如胞胎中之婴儿，不以鼻口呼吸。胎息之功夫，全在能否伏气，将呼吸之风相、喘相、气相之粗气灭绝，往来无迹，方为息调气定。如此气定神慧，心息相依，神气不二，至虚空大定，则成玉液还丹。胎息是修炼玉液还丹的基本功法，凝神是得汞的一步性功，是产生定力的关键步骤。"胎"是圣胎，圣胎为元神（汞）所结；"息"是真息，真息即命蒂，命蒂乃元气（铅）所结，至呼吸不出不入（所谓"内不出，外不入"）之时自得。道在天地间，领悟由一息。式一子云："凡息者，呼吸也，人所易知；而凡息中之真息，惟修真者能知之；至真息中之无息，无息中之不息，非真人莫辨。虚极静笃之时，凡息除而真息见；杳杳冥冥之中，真息现而无息立；绵绵密密之顷，无息安而不息转。知转息，即知转识；知转识，即知转几，知几其神乎！"盖此即以后天呼吸，寻真人先天之息，先天呼吸一动，玄关不远矣。"后天呼吸起微风，引起真人呼吸功"即此得铅的一步命功。人之生命，全靠神气支撑，神气入身则生，离形则死。如此神气不离而相守，神气相忘则入虚，入虚而道体自圆明无碍。神气以虚无为根基，能虚其心则神自清，能无其身则气自静，能清能净，固守虚无，则神气得养。张三丰《道言浅近说》云："心止于脐下曰凝神，气归于脐下曰调息。神息相依，守其清净自然曰勿忘，顺其清净自然曰勿助。勿忘勿助，以默以柔，息活泼而心自在；即用钻字诀，以虚空为藏心之所，以昏默为息神之乡，三番两次，澄之又澄，忽然神息相忘，神炁融合，不觉恍然阳生而人如醉矣"。曹文逸真人《灵源大道歌》云："元和内运即成真，呼吸外施终未了"，外呼吸不停难入修真之路，足见胎息为丹道必经之途。《黄帝内经》云："恬淡虚无，真气从之。精神内守，病安从来？"胎息之启动，应从脐下入手。

《养生肤语》亦云："人始死，耳目口鼻手足形体具足，而父母兄弟妻子莫之爱者，谓其神之去也。然则人之所爱，在神不在形矣。而今人所养，顾在形不在神，何耶？今人作文神去，作事神去，好声神去，好色神去，凡动静运用纷纭，神无不去，人莫之惜，顾神绝，乃独悲之深焉，是何见之晚也！"天地间花草树木，鸟兽鱼虫，凡能生长发育者，莫不有气；凡能飞游行动者，莫不含灵，足见神气即是生命。人之死而为僵尸，神气离形，则如土石泥沙无异。丹道之修炼，即是以神气相抱，而守其形。思虑营营则神耗，呼叫奔波则气散，贪色纵欲则形疲，神气形相离则非病即死。胎息之要害，在于神气相注，神凝气定而常住于形体之中，使神气形相融为一，进而体道通玄。神气混合而入于定则生"汞"，形气内运引发不息之元气而得"铅"，以铅伏汞性命双修便成玉液还丹。《胎息经》仅从神气入手而不言形，非不要形，实乃道家"外其身而身修，忘其形而形存""忘形以养气"之法诀。胎息成则丹田有药，所得内丹为玉液还丹，比金液还丹尚差一步。盖末法时代，金液还丹条件难备，不得已由尽性而至命，先成此玉液还丹。曹文逸《灵源大道歌》云："形神虽曰两难全，了命未能先了性"，即是此意。玉液修炼无求于人，全从自身阴阳炼起，可公开传播，较少流弊。道学乃"反俗"之学，倡导逆向思维，其观点往往与世俗流行的观点相反。丹道亦是逆向修炼之术，其效验多为常人认为不可能的反常之事。例如常人每日必食，我独可以不食（辟谷法）；常人呼吸不能停止，我独可以不息（胎息法）；常人每天都需睡眠，我独可以不睡（炼睡魔）；常人冬则寒夏则热，我独可以不寒不热；常人每日思虑营营，我独可以无念；常人贪财贪色贪权好名，我独可以无欲；常人一生灾祸疾病不断，我独可以无灾无病。吾人能兴反俗之学，行反俗之事，修炼反俗之功，得反俗之验，则可以称奇男子、大丈夫。大丈夫居世间，须是成大事业，作大学问，有非常之举动者。《丹阳真人语录》云："刘高尚居环堵四十年，别无他事，但虚其心，实其腹，去其华，忘其名，弃其利，清其神，全其气，丹自结，仙自成。乃有赞之曰：塞其兑，闭其门。昔诵此语，今见斯人。可谓简且当矣"。先师知非子云："考仙道下手，即以腹有暖气为验，渐至通体充和，口中可以干汞，吹气可以炙肉，全身一片纯阳。夫身体之质，皆阴物耳，阳盛则阴衰，阳纯则阴绝，即有干汞炙肉之阳在，乌有血肉之阴不化乎？又考释氏之言曰：人身之来源，唯是寿、暖与识。寿者，禀之于父母之施予。人寿之长短，皆以所禀之厚薄而有异。暖即动物之生命，暖盛则旺，暖绝则亡。识即灵识，谓去后来先做主公者。故修炼之要，不外培其寿，增其暖，则形体自健，神识有依。依此为基，暖增不已，则形质渐妙，寿命永固，身化虹霓，无有变灭，识绝污染，返于圆明，此与道之九还七返，岂非二而一耶？"李涵虚真人将此段胎息功夫谓之曰"钻杳冥"，甚得丹法要旨，且又形象生动。他说："是时也，心如太虚，有息相依则不虚。心如太空，有息相随则不空。不虚不空之间，静之又静，清而又清，一切放下，全体皆忘，心神默默，气息绵绵，皆入于杳冥之中，此之谓钻杳冥。杳冥之中，一神独觉，此乃真息也"。此句话活脱脱的，将丹家之秘合盘托出。钱学森老师晚年对此"钻杳冥"之法，靠自悟心领神会，他称之为"土法气功"，乃于似睡非睡之时，恍恍惚惚，杳杳冥冥，独得定静之乐。若在微茫之中，一灵独觉，心光发现，则元神露，天心现矣。先师知非子又云："还有必须知道的，玉蟾仙翁曰：'昔日遇师真口诀，只教凝神入气穴'。气穴，一般都指为脐下之下丹田。实际上所谓气穴，我得真师指授，乃是在静定之中，真神与真气相依相抱而合一。换句话说，即是以气为穴而神凝之，所谓'神入气中，如在深穴之内'者是也。善乎闵一得真人之言曰：'圆虚圆寂，圆清圆和。何内何外？何有何无？生生化化，一付如如。返还妙用，如斯如斯。成身内身，是名真吾'。此种高级层次功夫的行持，是不拘行住坐卧，只要能祛除一切杂念妄想，不思过去未来，惟用现前一念，将全身放松，与整个宇宙太空法界融为一体，则气自养。如是熏习日久，自见'灵光独耀，迥脱尘根'矣"。元神加真气，合一相凝，即胎息也。无心即是天心，即是道心，人能"万缘放下"，将人心契入虚无境界，则天仙有路可通。"人心若与天心合，颠倒阴阳只片刻"，诚哉斯言！

　　丹家所传胎息术有多种，以《胎息经》所传为其纲要。《钟吕传道集》中载吕洞宾说："炼形止于住世，炼气方可升仙。世人不达玄机，无药而先行胎息，强留在腹，或积冷气而成病，或发虚阳而作疾。修行本望长生，似此执迷，尚不免于疾病，殊不知胎仙就而真气生，真气生而自然胎息。胎息以炼气，炼气以成神"。胎息术比辟谷术更难掌握，要求修炼出铅、汞之药物后自然进入胎息状态，无药而急着先行胎息，如无经验，易出偏差，不可不知。

　　此外尚有闭息法，先仰卧而静心，待出息尽，即可闭息。其法宜缓，从容心静。此法可存想人体八万四千毛孔皆通虚空，以周身毫窍毛孔呼吸渐至胎息，胎息生则口鼻之息自闭。五百息能闭之而内景观，闭之千息可易肉换骨炼髓。胎息功法之要诀，关键之处在于激起腹部之橐籥，抑止胸腔之呼吸，缓缓进入胎息，需由真师帮助调整姿势。陈致虚注《悟真篇》云："闭息一法，与二乘坐禅颇同。勤而行之，可以入定出神。奈何精神属阴，宅舍难固，不免常用迁徙之法，既未得金汞返还之道，又岂能固阳换骨，白日升天哉！"其实抑息、闭息、胎息，皆为入门筑基之功，行之一年，即可见效矣。另外还有全身彻底放松，先行逆呼吸，待松静自然之时，突然以"哼"字声震动胸腹，激起橐籥，闭息鼓动而渐入胎息者。丹家传有"哼、哈、嗨"三声口诀，"哼"字诀声震上焦，"哈"字诀声震中焦，"嗨"字诀声震下焦。声音在丹道中运用颇妙，用以调谐人体生理和宇宙节律同步，故丹家秘传许多咒语以助炼功，无非是通过声音启动玄关以达天人合一之境。然此类功法多由师传面授，本文不作深究。本文既然已将咽息法传出，索性再泄一秘密，即仙家相传之"十六锭金"，其诀云："一吸便提，气气归脐，一提便咽，水火相见"。此功有吸气，提肛缩肾，意注脐下，咽气几个动作，然单修双修皆可用，辟谷胎息俱有效，采药炼气运河车，因目的不同火候有异，变化万千，丹家视为鸿宝，故字字为金。世人知此诀者多，然明白其中奥秘者却百无一见，吾今揭出，此亦丹家真传。人体本是一架蕴藏着巨大潜能的自动机，丹家以"法诀"将其启动开来，就会自动运转，不再靠人力操纵，其潜能之发挥亦属自然。其中具体功法，不可盲修瞎炼，必须有经验的丹师临炉指导。笔者原则上不指导具体功法，仅作学术研究，然此处所泄露之丹法，皆千金难求，别有深意，读者宜慎思而明辨之。

第八讲　行功语要

丹道入手行功，凡体质虚损、房劳过度、心肾阴虚者，应首先从补亏正法入手。另外，对人到中年的知识分子，或潜心学术，或经商从政，终日绞尽脑汁，思谋策划，耗气损神，亦有一套功法相传。笔者借传这套功法，将丹道的行功要点，随文讲解，以便读者能举一反三，得到实修的行功法诀。

第一节　丹道行功的姿势

丹道修炼一般以动势、站势、坐势、卧势较常用，现需说明的是，宫观寺庙中的佛道修炼者，大多教人以坐势炼功。殊不知坐势炼功，禁忌尤多，特别是打坐数个时辰，血液流通滞塞，易在腿部血管中产生凝聚淤滞的细小血块，这些淤血成块后一旦沿血管流动而没融解，在脑部和心脏发生堵塞，会引发瘫痪或心脏病猝死。这种心脏细胞不可逆性突然坏死的病例由于事先毫无朕兆，会被宗教家称为尸解或坐化，误作成仙成佛的效验。其实西方医学界已在长时间乘飞机的旅客中发现这种病症，仅是他们不知道打坐修炼中早有这种病例而已。这些乘客在飞机上长途旅行达十多个小时，吃睡都在椅子上，下飞机后突发心脏病猝死，经检查为淤血堵塞心脏血管所致。我们教人修炼，应对学生的生命负责，不能不先把危险讲清楚。坐势和卧势炼功，必须端直其体，将姿势摆正，使五脏得位，血液流通，要做到："齿轻叩，津频咽，身要直，体要松，息要微，意要轻"，关键是一个"松"字诀。怎样将身体真正放松，这就要采用佛教净土宗的修持法诀，"彻底将自己交出去"，交给本尊，交给师父，自己赤条条无牵挂，身体也就真正放松了。净土宗认为只有到那个无牵无挂的境界，念一声"南无阿弥陀佛"，才能发生天人感应而得到佛果，否则念多少声佛也没用。因之人们要想真正得到这个"松"字诀，还得先学一个"舍"字诀。人若真正放下自己，把自己彻底交出去，一般人做不到，特别是知识分子更不容易做到，总是牵挂自己，要自己给身体作主，舍不下这个"我"字。丹家成道都要登上"舍身崖"，纵身一跳，舍身忘形，将"我思故我在"的这个色身、识神大胆舍掉，虚空大定，寂然无我，则道自来归。丹家讲要"身非我有"，讲"吾丧我"，讲"堕肢体，黜聪明"，"外其身而身存"，必须下狠心放下自身，后天的身心俱舍，扔掉这个"我"字，才能真正使身体放松。站势和坐势炼功要注意放松双肩，卧势炼功要特别放松颈椎，只要身体真正放松了，炼功才会出现效验。有了效验，身体的自动机才会被启动起来，无论采取动势、站势、坐势或卧势，什么姿势也没关系了。"跟着感觉走，步步奔虚无"，这是丹家的根本法诀。丹家之要，必知动静互根，内外兼修之理；如鹿炼精，如龟炼气，如鹤炼神，如虎聚阳，如蛇聚阴。血脉未和，莫贪静坐；关窍未通，不行既济。不可不分清浊，逼气过关；不明升降，即行采药；逼成幻境，诡言通神。欲成大道，不妨医药、饮食、体育并用，古代丹家不离武术和医药，首先牢固色身。金丹大道千门万派，都只能从色身上修起。病从心起，弱自精衰，邪由气入，修养精气神，色身自然强健。舍色身而得法身，出有入无，有无相通，则大道必成。

身体静则属阴，动则属阳，坐势和卧势阴气较重，易生筋骨血脉滞重瘫痪之弊，仅有站势在动静之间，得阴阳之中道，故丹道入手以站势为优。人类从动物进化到能直立行走，这是一场身体的革命，可知站立是人类入道之门。因之我推荐丹道之筑基入手功夫，以王芗斋所传意拳站桩最切实用。依我所见，丹道的动势和站势筑基功夫，除了王芗斋的意拳（又名大成拳）的养生站桩功外，还有达摩易筋经功夫、太极拳和金家功夫，皆适宜丹道修炼。

意拳与金家功夫，皆传自山西姬姓，由道士金一望窥得其中奥秘，避地入蜀，遂有金家功夫之传。金一望道士原为福荫寺少林武术高手，得姬家拳法后，拳随姓走，称名金家拳，经李少侯、麻贵廷、万玉成、周之德而传至先师知非子。金家功夫乃天下之武林绝技，精要处必心传口授，唯先师之哲嗣得其真传。丹道筑基，不必精通金家拳，仅取其开合劲修习即可。此功法要点，一合一开，共两个基本姿势，一气呵成，合劲要快，开劲要慢。合劲时口发一声"嗨"，徐徐吸气入丹田；开劲时呼一声"噎"，徐徐吐气。合劲时前足迈步足尖外摆，后足紧跟一步，足踵先着地足尖内扣，松肩坠肘，颈前伸后缩，蹲身弓背似猿猴（猴盗桃），手腕上提头上仰，目视额顶势虚柔，凝神定心不用蛮力，至气吸满方换开劲。开劲时再赶一大步，由虚变实成弓步，尾闾内收气沉下腹，屈膝挺身两手下落至两胯侧。头微微上顶继而迅速低头下颌贴胸，此姿势称"鹅顶头"，双目下视于腹，至气吐尽方换合劲。此二式反复行之至五个开合，谓之开合功。

意拳源于"心意拳"，俗称"心意把"，由山西姬隆丰传戴龙邦，将"心意拳"改称"形意拳"，传其技于河北深县李洛能。郭云深先生得李洛能之形意拳法，以半步崩拳打遍天下，将其技尽传于本县王芗斋。王芗斋学成后又游学全国，集众家武学于一身，创立意拳，后人亦称为大成拳。意拳扫去其他拳术一切套路，以无招胜有招，专在神、形、意、力上整体运用，相机而动，应感而发，虚灵守神，功夫已出神入化，与道相合。1949 年以后，王芗斋先生融武学于养生，创立养生站桩功，以适应时代变化。其女王玉芳，其徒秘静克，皆以养生站桩及医疗保健见长。于永年教授早年留学日本习医，1944 年拜在王芗斋先生门下，习练意拳站桩功六十余年，其学生遍及欧亚诸国。我修习意拳站桩乃于永年教授所传，后经他介绍才结识北京意拳研究会诸耆宿，现意拳分技击和养生两途并进，年青一代中已人才辈出。先秦《管子》书中，将各家内功称作"心术"，这个名称突出了心神在炼功中的作用，比现代以气功命名各家功法更为科学。王芗斋称其拳法为"意拳"，显然也是把意拳看成了一种心术，关键在于意念的修炼。《老子》讲"独立不改"，《黄帝内经》讲"独立守神，肌肉若一"，《管子·心术》讲"毋代马走，毋代鸟飞，毋先物动"，皆是意拳站桩功的理论根据。意拳养生桩功夫以《养生桩歌》为基础，即"身体要直，两足分开与肩齐，双膝微微弯曲，臂下坐，头上提"，"内空洞，外清虚，两手要慢慢地轻轻抬起。高不过眉，低不过脐，臂半圆，腋半虚"。王芗斋《大成拳论》云："习时须首先将全身之间架配备安排妥当，内清虚而外脱换，松和自然，头直、目正、身端、项竖、神庄、力均、气静息平，意思远望，发挺腰松，周身关节似有微曲之意，扫除万虑，朗照顶巅，虚灵独存。浑身毛发有长伸直竖之势，周身内外，激荡回旋，觉如云端宝树，上有绳吊系，下有木支撑，其悠扬相依之神情，喻曰空气游泳殊近似也"。

我将其引入丹道筑基功，亦总结出一些要领，这个要领首在一个"松"字，先要放松两肩。其姿势为"似笑非笑，似尿非尿，似坐非坐"，"上松下紧，前松后紧"，紧是相对松而言，上松双肩，两足如踏地三尺；后提肛，前松尿道。前松后紧是对老年人前列腺肥大及肛门松弛诸病的纠正。此术放开任督二脉，只在四肢上找感觉，表面看来与重视通任督二脉的丹道相反，实则放松任督二脉反而使气血精神归于自然，任督得自然运行，更合丹道之理。初站桩有酸、麻、胀、痛之感，即为站桩效验；后酸痛之感消失，以周身得麻、热、胀之感为效验，如此日积月累，离形去知，谓之"站忘"，方入丹道境界。

第二节　建筑心灵堤防

所谓建筑心灵堤防，就是说行功之前要在客观上和主观上建筑一道堤防，以隔绝尘世名利色权的干扰，保持修道的小环境。这个堤防，有外堤防和内堤防之分。外堤防如净身入室，闭门谢客等。司马承祯《坐忘论》将修道分为七阶次，即信敬、断缘、收心、简事、真观、泰定、得道。其中既有外堤防，又有内堤防，还有修持方法，乃丹道中必读的要籍。内丹学是一项重铸人格和心灵的系统工程，一旦人类贪、瞋、痴的野蛮本性被扬弃为善良的真人之性，人类将重新找到灵魂回归的家园。人之生于世间，无不在千事万物中营求，然事物有轻重缓急，要有所为有所不为。鸾凤巢林，不过一枝；龙象饮河，不过满腹，人生之使命有限，谁也无法包打天下，故要度德量力敢于将使命托付给他人，是之谓"简事"。世人无不处于一张社会的关系网中，网上之人各为己谋用尽机心而牵动他人，修道之人仅以道为缘跳出世网，此之谓"断缘"（断俗缘）。《坐忘论》中之"信敬""收心"，则为内堤防。"信者道之根，敬者德之蒂"，敬信为修道之立足点。收心即儒家之"求其放心"，即佛家之"心无所住"，即道家之"归根复命""心不受外名曰虚心，心不逐外名曰安心，心安而虚，则道自来"。

修道者心灵难以入静，大多是在心灵深处的潜意识里埋藏着一股不平之气，认为自己平生多处逆境，才华未得伸展，灾病苦苦相逼，所求皆不如意，无奈于修道中寻求心灵慰藉，然尘缘未断而不甘心。王芗斋先生在《大成拳论》中说："大凡从来独抱绝学，为人类谋福利者，与极忠诚之士和聪明绝顶者，社会从来鲜有谅解"。其实天下事不如意者十常八九，何况在我国历史上，阉割本民族优秀文化和残害本民族社会精英的事屡见不鲜，此乃社会机制使然，亦无足怪。庄子为保存民族根基，故有《人间世》《德充符》《养生主》《应帝王》之著，他告诫人们："天下有道，圣人成焉；天下无道，圣人生焉"。"知其不可奈何而安之若命，德之至也"。中华民族数千年来能蹶而复起，中国文化能绵延常新，皆是以道学文化为根基使然。《老子》云："执大象，天下往，往而不害，安平泰"，中华民族的社会精英，只能靠道学之术才能救世，才能自保，才能自立，才能立功。内丹学是科学而不是宗教，修道的目的仅是认识和掌握自然、社会和人体生命的客观规律而已。丹道修炼，造就一批得道高士，他们视名利如浮云，运政事人掌中，穷则独善其身，达则兼善天下，扶危救溺，力挽狂澜，伸一指可拨正历史航船，岂仅是养生避世而已哉！姜子牙年七十而独钓渭渚，诸葛亮学成后躬耕垄亩，二者皆抱道之士，得其时则驾，不得其时则蓬累而行，又何必怨天尤人哉！道学是强者的哲学，丹道是造就人才之道。世间大英雄、大丈夫，抱有冲天之志而欲大有作为者，不可不深研道学，不可不精修丹道，仅有得道之人，才能动则叱咤风云，静则退藏于密，达到庄子《逍遥游》中圣人、神人、至人的境界。

修道者要筑起心灵的堤防，就要学会惩忿窒欲，懂得警戒自己，劝勉自己。世传《永明智觉禅师警世说》《憨山大师劝世文》皆此类著述。龙眉子云："且人身难得，中土难逢，正法难闻，盛年难再。不于此生省悟，下手速修，直至此生尽后，沦落鬼趣，更欲修行，作么理会？""此身不向今生度，更于何处度此身？"《悟真篇》亦云："大药不求争得遇，遇而不炼是愚痴！"《碧苑坛经》云："生前何处是家乡，死后还归那一方。现在法身宜早悟，莫将空手过韶光。死生生死两相参，大事因缘不等闲，未死之前先象死，生机即在死中探。"此皆警世之言。又有古德云："毋以妄心戕真心，毋以客气伤元气。""随缘消旧业，无复造新殃。""不患念起，惟患觉迟，念起是病，不续是药。""但自无心于万物，那怕万物常围绕。""多静坐以收心，寡酒色以清心，去嗜欲以养心，玩古训以警心，悟至理以明心。""拂意处要遣得过，清苦日要守得过，非理来要受得过，愤怒时要耐得过，嗜欲生要忍得过。"此皆劝世之言。丹道入手，情绪最重要，丹家要学会调整自己的情绪，在良性心态下修道，才能内不出，外不入而进入虚静状态。《千金方》中载有"四少歌"云："口中言少，心中事少，腹中食少，自然睡少，依此四少，神仙必了。"此乃丹家入手真传，万勿轻忽。其实所谓建筑心灵堤防，乃是方便说法，有堤防即着相，直至连堤防也化去，顿入虚无，方是究竟境界。

第三节　虚寂恒诚及"忘"字诀

天仙功夫之虚无丹法，以虚寂恒诚四字为总纲。虚为无念而神灵，寂为气静而得真息，万缘放下则自能进入虚寂境界。虚寂为体，恒诚为用，诚为入道之门，恒为见效之本。法惟一意虚寂，念中无念，持之以恒，事之以诚，自然后天气寂，呼吸气停，先天现象，玄关洞开，生出五彩神光。刘一明《神室八法》将"刚、柔、诚、信、和、静、虚、灵"作为丹道之神室，亦是虚、寂、恒、诚的另一说法。修道者志气能刚，才敢断万缘，勇猛精进，持之以恒。刚而能柔，为达目的忍辱含垢推甘就苦，则是真能恒矣。道贵乎诚，诚则定，诚则明，诚则灵，由诚方能入道境；诚则处处归真，诚则事事守正，不诚则行入虚假流于邪恶。诚则必信，信则立，诚信之人必有师缘，必有法缘，必能成功。和则寂，静则虚，虚则灵，气寂神虚而灵光现，则入道境。女子丹法，更须由诚切入，不诚则难入定境，而定境实即道境。人能以虚寂恒诚入道，则可致虚极，守中笃，胎息成，玄关开，不动心而得虚空大定，身如水晶塔子，便是天仙功夫。

天仙功夫，以止念为经，浑照、浑化为纬，继以浑忘为竟。丘长春真人云："学者急须止念，念止则心定，心定则慧光生。慧既生矣，还须自涵于不睹不闻，无声无臭之中，久之方返于虚无真境。"《如我是闻》亦云："金丹之道，全在静定其心。若不静定，则神志错乱，难调真息。其息不住，身中先天炁隐，三才真炁，无朋不归，行无补益，将何以生药？是以遇事制心，凡有所为，顺德自然；事若未至，不生行念；事若过去，释同冰化；务令此心，常若无事，则心静矣。"《规中指南》又云："念起即觉，觉之即无。修行妙门，惟在此已。此法无多子，教人炼念头，一毫如未尽，何处觅踪由。"又云："夫无念者，非同土石草木块然无情也。盖无念之念，谓之正念现前，回光返照，使神驭气，使气归神，神凝炁结，乃成汞铅。"大道教人先止念，止念者，万缘放下，身自虚寂。盖缘乃意成，意由心生，心定意静而缘自断，故不言"扫除万缘"，只言"万缘放下"，能放下则天心乃现，此诀惟"念中无念"一法。众生但一念回光，即同本有；能知无念，便证法身。

丹道入静，本有许多层次，由浅至深，须学者得诀后自己摸索体证。李涵虚所传《九层炼心法》、禅宗之《六妙法门》、四禅、九次第定、《修真全指》之"十静工歌"等，皆是讲入静次第的要典，应当参看。我之所传，为"松、和、空、灵"四字诀，即松静、和静、空静、灵静四个次第层次。佛教将"眼、耳、鼻、舌、身、意"称作"六根"，其所识者（眼识之色、耳识之声、鼻识之香、舌识之味、身识之触、意识之法）为"六尘"，佛法以为六识害人慧命，故又称"六贼"。然而在丹道学中，六根门头皆能成道，入静次第多由感觉体验入门。《楞严经》中记载观世音菩萨成道，就是从耳根闻声修起，称为耳根圆通得菩提正觉的第一妙法。丹道以听息法入静，即为观音法门。入静先由放松开始，此为"松"字诀。"和"字有祥和、平和、安和、中和、太和之义，是调整情绪和身心状态的要诀。"空"字诀可将万缘放下，心包宇宙，虚壹而静，达到"大清明"的境界。"灵"字诀则神光常明，如水晶塔子，直入庄子"宇泰定"的境界了。由松和空灵，次第可达宇泰定，这也是浑照、浑化功夫。觉照是真心，分别是意识。人能无念，即可见性。一念不起，即是性境。浑照功夫，乃是由意敛两目神光，向脑一注，然后在眉心聚光止念。浑化则是全身如晶瓶承照日下，凝神炁穴，上下通明，由有为法渐入无为法，而以浑忘为竟。

《修真全指》云："不合虚无不得仙，能到虚无可炼丹。""夫炼己之法，即观照本心，而心不为识神之所劳，而身不为物欲之所牵，万缘不挂，一尘不染。常教朗月耀明，每向定中慧照。""外息诸缘，内绝诸妄。含眼光，凝耳韵，调鼻息，缄舌气，四肢不动，一念不起。""常要心念不离此窍，神光一出便收来，造次弗离常在此。不可刹那失照，亦莫率尔相违，先存之以虚其心，次忘之以廓其量。随处随时，无碍自在，至妙至要，先存后忘，此口诀中之口诀也。"《易·艮》卦云："艮其背。不获其身。行其庭。不见其人。"《养真集》云："不获其身者，忘我也。忘我，则生欲之根绝矣，是静而止也。不见其人者，是忘人也。忘人，则可欲之事泯矣，是动而止也"。丹道之心传，要在一个"忘"字诀。

谭紫霄《化书》为丹道要籍，其中传有"五忘仙诀"云："忘形以养气，忘气以养神，忘神以养虚，忘虚以合道，忘忘则功圆"。人能一气氤氲，而至忘形，则炼精化气之功成。人能一灵独存，神不自神，而至忘神，则炼气化神之功就。人能体合太虚，上下通明，直至打破虚空而忘其虚，则炼虚合道之功毕。而后离二边，归中道，能所俱忘，以至忘忘，由法身摄色身而出入有无两界，则达丹道究竟境界谓之道成。

第四节　丹道之火候

丹家自古流传有"圣人传药不传火，自古火候少人知"的话，足见修道是否有成，能否掌握火候是关键。丹道以神为火，以呼吸为风，候即差别的程度，实指丹道修炼中意念和呼吸运用的程度。这有如厨

89

师之于烹饪，水平高低全在能否掌握火候。厨师用来烹饪的工具，好似丹道里的鼎炉；其调料配菜，恰如丹道里采药、调药功夫；其炒菜、蒸煮食品，妙在火候的运用，这和丹道修炼火候运用之理相同。人元大丹的火候本是从道士烧炼外丹的化学实验中借来的经验，内丹修炼之火候也全凭经验。内丹火候中有文武、升降、进退、行藏、塞通、寒热、润燥、采取、烹炼、沐浴、野战、守城、温养、封固、运药、周天、脱胎、神化等，不同体质不同阶段火候之运用也不相同，要靠丹师在真修实证中不断摸索反复体会积累经验。同样是呼吸、存想、止念，但轻重缓急的程度不同，即火候运用不同，效验也大不相同。我说过，人体本是一台自动机，有一个从后天色身通向先天法身的开关，只要碰对了劲，将这个开关窍门打开，就会进入自动运转的先天境界，就能激发出不吃、不喝、不冷、不热、不息、不睡、不病、不老等等生命潜能，就会进入丹道修炼程序。然而怎么"碰对了劲"，怎么开启"玄关一窍"，怎样掌握修炼功夫的轻重缓急，怎么调谐使意念、呼吸不轻不重的这股巧劲，这种"运用之妙，存乎一心"的技艺，就是火候。火候是变化，是次序；是体会，是经验；是艺术，是技巧；是预感，是神妙。我每言仙佛之人体生命和心灵修炼工程本质上按同一规律运行。《指月录》载径山大慧宗杲禅师云："莫管悟不悟，心头休要忙，亦不可放缓，如调弦之法，紧缓得其所，则曲调自成矣。"足见禅宗开悟也要掌握火候。世上不仅丹道修炼如此，其他如政治家之于国家大事，什么事情该做，什么事情虽该做但眼下不能做且不能说，怎么将该做的事情避开各种敌对势力办成办好，什么时候下重手当机立断孤注一掷，什么时候施巧计深藏不露瞒天过海，全在掌握火候。政治家的手腕，商业家的经营技巧，军事家的用兵作战，艺术家的演唱书画，都在善于掌握火候。丹道之学本来经天纬地，懂得了火候之学，无论修道、从政、经商、用兵、治学，皆可随心自如，事半功倍。丹道之火候，实即老子"动善时"的法诀，大致程序不外由无为继之以有为，由有为复返于无为；由静入动，由动返静而已。其要诀在于守中致和，勿使偏胜，切忌执着、强作，不可间断，要知时识候，随机应变，活泼自然。运火之法大致以虚静为体，以清和为用，法于自然，准于无间，是其基本原则。

　　吾得先师所传，将丹道修炼之火候分为"内火候"和"外火候"。内火候为体内精气神之运用，要行"中孚"卦，即不紧不缓，不偏不执，不轻不重，恰到好处，以中和为妙。特别是意念要轻，呼吸要微，似有似无，在有无之间寻找一个"中"字。以功夫的轻重缓急，用武火为野战，文火为守城，生动自然，由熟生巧，由巧通灵，则功到时至而神知，为内火候之要诀。丹功说到底，无非是"定"的功夫，"化"的功夫。"定"在身外虚无之法身，色身亦"化"而为法身。心是火，息是候，心息相依即火候。有息相依为武火，无息入定为文火，定久浑忘为止火，功夫深入，火候变化，都在一个"化"字上着眼。至于外火候，则如体外之站桩、辟谷、闭息、炼睡魔等，则行"小过"卦，即在自己的承受能力之上再稍稍过一点头，才能将人体的生命潜能真正激发出来。例如每次站桩 20 分钟很舒适，可增加到30 分钟或 40 分钟，直至觉得实在忍受不住时，往往突然激发出生命潜能。在逐渐摸清辟谷的规律后，可由短期辟谷改为长期辟谷。闭息法的训练可试探一下"快要憋死了"的感觉。丘处机祖师为炼睡魔每夜行走七八十遭，才昏即出入行动，不教昏了性子。丹道之明心见性，多由炼睡魔而来。《续指月录》载："灵云铁牛持定禅师，太和磻溪王氏子，故宋尚书赞九世孙也。自幼清苦刚介，有尘外志，年三十，谒西峰肯庵剪发，得闻别传之旨。寻依雪岩钦。居槽厂，服头陀行。一日，钦示众曰：'兄弟家！做工夫，若也七昼夜一念无间，无个入处所，取老僧头做虿屎勺去！'师默领，励精奋发。因患痢，药石浆饮皆禁绝，单持正念，目不交睫者七日。至夜半，忽觉山河大地，遍界如雪，堂堂一身，乾坤包不得。有顷，闻击木声，豁然开悟，遍体汗流，其疾亦愈"。雪岩钦大师敢于说如炼性七昼夜不睡而不开悟，就拿老僧的脑壳作虿屎勺去！"开悟"是一种特定的精神状态，由炼睡魔七日而开悟是心理学的规律，据《续指月录》这一修道案例可以说明。《指月录》中还有许多案例，可作内丹学研究的实验材料。至于我自己，不敢炼睡魔，无奈偏向魔中求道，学一个孙悟空，仅将心息相依为法诀，把金箍棒放在耳朵里，去牵牛鼻子，魂入阴阳窍，一梦到华胥。盖丹家之路有多途，能睡也是一条道。我随文讲了这么多话，读者仅须记住外火候可行"小过"卦，稍微过点头还可以，以利调动生理潜能，切不可背道蛮干，行"大过"卦，招灾伤身，欲速则不达。丹家要明白火候也符合"阴阳互根，至极必反"的"太极原理"，要善于运用其技巧，开关展窍，进入丹道修炼程序。

以上所论《行功语要》，大致不分男女，皆可参照修炼。古仙云："大道不分男共女，阴阳五行总一般"。男女之丹道皆要性命双修，性之根，根于心；命之蒂，蒂于息，仅在身外虚空心息相依上做功夫，至于阳生之景，男子阴茎勃举，女子乳头挺硬，也不过生理反应不同，实则男女并无差别。男女之差别，仅在后天入手处。刘一明诗云："只有下手真口诀，彼此运用隔天渊。太阳炼气男子理，太阴炼形女蹄筌"。

第九讲　丹道筑基

　　老子《道德经》云："虚其心，实其腹，弱其志，强其骨。"（3 章）只此四句，便是丹道筑基功的提纲和总诀。紫阳真人张伯端以为"虚心"为性功筑基法，"实腹"为命功筑基法，南宗丹法主张先命后性，故其《悟真篇》云："虚心实腹义俱深，只为虚心要识心。不若炼铅先实腹，且教收取满堂金"。其实丹道筑基功，顾名思义是为修持丹道打基础的功夫，此道三家四派丹法各有不同的要求，但皆以疏通全身经络，达到精满、气足、神旺为重点。同类阴阳丹法讲"牢固阴精是筑基"，因之《补亏正法》一讲也可看作筑基功。就丹道筑基功而论，因是丹道的入手功夫，所以最重要。筑基功因是丹道的起手功夫，所以又最灵活，功法因人而异，即个人的身体素质、生活习惯、兴趣爱好、师门承传，甚至心理状态的不同，可以采用不同的修持方法筑基。例如有习练太极拳者，有习养生桩者，有习多门气功者，有学瑜伽术者，有练健美操者，有习各派武术者，当然可以在此基础上筑基，事半功倍。还有爱跳舞者，爱唱歌者，爱静坐者，爱睡眠者，爱看书者，爱游泳者，爱打球者，爱跑步者，爱走路者，爱演讲者，爱喊叫者，爱爬山者，爱躺卧者，也不妨根据自己的习惯，配合精、气、神的运用，创编成筑基功的套路，以进入丹道之门。当然，这需要有实证经验的丹师临炉指导，或靠自己多读丹经后狠力摸索。

　　据冲虚子伍守阳《天仙正理·筑基直论》所载，"筑者，渐渐积累增益之义；基者，修炼阳神之根本，安神定息之处所也"。阳神是由元神炼成的，而元神的根基是元精和元炁。精炁属阳，神属阴，如无精炁为根基，则只能出阴神而炼不成阳神。元精为情欲勾引则泄为淫精而元精败；元炁因呼吸往来不止日消月耗则元炁散；元神因思虑过度而元神伤。因而葆精炼精则元精满，调息入炁穴则元炁足，炼己止念则元神旺。实际上丹道筑基功就是修炼精气神的工程，是精气神炼合为一的工程。因为丹道修持是非常个体化的工夫，况且每个人的生命深处及潜意识中隐藏的业力也大不相同，丹道是比气功更深层的功夫，其奥妙之处全在火侯，掌握不好出现偏差或走火入魔并不罕见。我是研究丹道的学者，今仅从学术的视角对丹道筑基功稍作归纳。

第一节　无食、无念、无息

我曾讲过丹道修持要达到"无食、无念、无息、无身"的"四无"境界，才得玄关窍开，先天一炁从虚无中来。然而在丹道筑基阶段，就要为这种"四无"境界预作准备，先作一些近似于无食、无念、无息的功法。欲要无食，先行辟谷；欲得无念，先须炼己；欲达无息，先修胎息。必须指出的是，修习辟谷、炼己、胎息之功，和丹道大周天炼炁化神入大定时出现的无食、无念、无息根本不同，读者不要错以为习得辟谷、炼己、胎息之功就达到炼炁化神的境界。下面再对辟谷、炼己、胎息的科学原理作些探讨。

1. 就辟谷而论，一般说来大约经过三个阶段。第一阶段体重下降，走路发飘，身体有不同程度的生理反应，这阶段尿常规检查时发现尿酮体呈阳性。此阶段以每天食少量水果为宜，以免立即停食引起宿便中毒，故吃水果逐渐将宿便排净。第二阶段体重逐步停止下降，体力恢复，尿酮体由强阳性转为弱阳性乃至正常，可减少水果到基本靠饮水维持。第三阶段一般到40天左右，身体突然感到轻爽有力，精力倍增，尿酮体转为阴性。《太平经》讲过辟谷十个月可以发生通灵现象。我推测，辟谷至少有三个作用，一是在体重下降期将体内多余的脂肪、不成熟的细胞变为热量清除掉，等于将人体进行一次大清除。二是体重停止下降后，人每天消耗约两千多卡的热量来自人体对水、空气、阳光的直接摄取，即可视为由后天运转机制向先天机制的转化。三是人体先天运转机制启动后，消化系统得到时间休整，同时带动全身内脏器官的休整，达到了人体大修的目的。实际上，辟谷引起的人体生理化学反应还没完全揭示出来，例如，我原来以为辟谷可以治疗"脂肪肝"，后来发现饥饿状态反而诱发"脂肪肝"，必须喝山楂片、草决明水以预防，看来辟谷是人体科学研究尚未展开的重大课题。

2.何谓炼己？柳华阳《金仙证论·炼己直论》云："己即我心中之念耳"，炼己就是炼去心中的杂念，使元神呈现出来。丹家认为"息无则命根永固，念无则性体常存""思虑未起，鬼神莫知"，因之炼己就是达到"无念"的心理状态。屈原《楚辞·远游》云："毋滑而魂兮，彼将自然；一气孔神兮，于中夜存；虚以待之兮，无为为先。"这就是古代仙人所传的丹道炼己功法。关于佛道修炼"止念"的功法，此处仅对"炼己"功成的信号"阳光一现"再作讨论。在化学上，天空的闪电是由 NO（一氧化氮）为"分子靶"形成的。1998 年美国生物化学家费里德·穆拉德等人因发现 NO 可以在细胞之间、神经元之间传递信息而获得诺贝尔奖金，这使我们更下定了要将内丹学从江湖文化中解救出来的决心。其实人体中的化学递质不仅是 NO，还有 H_2S（硫化氢，放屁时可排出）等，皆对人体生命信息的传递起着重要作用。另外，现代生物化学还发现，人在胚胎期时神经元细胞在发育期间，如果接触到纤维母细胞生长因子（ＦＧＦ）和神经生长因子（ＮＧＦ），就会发育成交感神经系统的神经元（即丹家所谓"火"）。但是，倘若神经元细胞在发育期没有接触到前述两种因子，而是接触到肾上腺皮质激素，那么它就会发育成肾上腺的分泌细胞（主要功能为分泌肾上腺皮质激素，丹家谓之曰"水"）。这就是说，神经元（火）和肾上腺皮质激素（水）是同源的，其发育结果是由"环境因素"决定的。这又给丹家"水火同源""水火既济"找到科学根据，而"炼己"等实际上是调动"环境因素"！内丹学在生化反应、电化学等方面的科学根据还有很多。

3.至于"胎息"，和"闭气"不同，这里特别指出，好道者必须以"诚、敬、恒、真"四字入手，方可读得，方可学得，方可修得。修真之士能穷想山根，进而凝神夹脊双关，而后将夹脊所凝之神藏于炁穴，如此守而不离，真气渐畅于四肢百骸，胎息自成。胎息初成时有橐籥鼓动，皮肤发胀和腹泄的证验，属正常现象，久而自消。腹泄现象出现后宜注意掌握火候，便可渐入佳境。古丹经每言胎儿在母腹中，以脐带和母体血肉相联，气脉相通，母呼亦呼，母吸亦吸，谓之胎息。直至胎儿十月出生，离开母体"团"的一声，脐带剪断，先天胎息结束，后天呼吸开始。这种描述实际上是古代内丹家不明生理学以讹传讹的误解。实际上胎儿寄生在母亲子宫中，是犹如癌瘤一般的异物，他（她）和母体通过胎盘膜隔开，血液并不互相流通，胎儿的血型一般也和母体不同。胎儿在母亲子宫中并不呼吸，其血液中的血红素也并无捕捉氧气的功能。一般说血红素是由两对不同的多肽组成的蛋白质，胎儿体中的血红素由于其中的一对多肽化学结构和婴儿及成人不同，尚不能和氧气结合，也不需要氧气。直至胎儿"团"的一声离开母体，其哭声振动开启肺活量，开始有了后天呼吸，红血球分子链的化学键也发生变化，控制运氧的基因转换并活化，有了运送氧气的功能。这一系列生理和化学变化是逐步发生的，因之幼儿自出生后大多时间处于昏睡状态而后逐步活跃起来。人们知道，化学反应在一定条件下都是可逆的，血红素的不同构型自胎儿至成人也是并存的，因之我们可以设想通过丹道修炼提供生理环境和化学反应条件重新返回胎儿的状态。实际上，胎息法本质上是模拟恒温动物冬眠的状态。

第二节　填髓法和抗寒功

我们说过，《封神演义》一书乃内丹学家陆西星所作，其第89回有一段"纣王敲骨剖孕妇"的故事。其中大意说纣王同妲己在鹿台上凭栏看朝歌积雪，见西门外行人跣足过河。"只见有一老人，跣足渡水，不甚惧冷，而行步且快。又有一少年人，亦跣足渡水，惧冷行缓，有惊怯之状。纣王在高处观之，尽得其态，问于妲己曰：'怪哉！怪哉！有这等异事？你看那老者渡水，反不怕冷，行步且快。这少年的反怕冷，行步甚慢，这不是反其事了？'妲己曰：'陛下不知，老者不甚怕冷，乃是少年父母精血正旺之时，交成胎，所秉甚厚，故精血充满，骨髓皆盈；虽至末年遇寒气，独不甚畏怯也。至若少年怕冷，乃是末年父母气血已衰，偶尔授精成孕，所秉甚薄，精血既亏，髓皆不满，虽是少年，形同老迈，故遇寒冷而先畏怯也。'"纣王为了验证妲己的论断，竟派侍驾官员将老少二民拿上鹿台敲骨验髓。"纣王命：'将斧砍开二民胫骨，取来看验。'左右把老者、少者腿俱砍断，拿上台看，果然老者髓满，少者髓浅。"由内丹学的视角来分析这段故事，填髓强骨之术为丹道筑基功必不可少的修炼步骤。填髓强骨不仅是抗寒功的必要条件，而且也是同类阴阳男女双修丹法铸剑功的前提。吕祖《指玄篇》云："二八佳人体似酥，腰间仗剑斩愚夫。分明不见人头落，暗里教君骨髓枯。"只这"骨髓枯"三字，便可知道强骨补髓对男女双修丹法是性命交关的筑基功。

按"虚其心，实其腹，弱其志，强其骨"的筑基功总诀，欲"强其骨"必先"实其腹"。"实其腹"即"凝神入炁穴"，在腹部凝炼阳性物质引发放热反应，达到"炉内赫赫常红"，生起拙火，随之以"众人之息以喉，真人之息以踵"的法诀将之引向足底，得"芦芽穿膝"和"肘后飞金晶"之验，补髓强骨之功就完成了。"虚其心"为"炼己"，"实其腹"为"胎息"，"弱其志"为"惩忿窒欲"，"强其骨"为"补髓抗寒"，这是一种内外结合的系统修炼功夫。除内功之外，还有种种外功如站桩功、"十六锭金功"、《易筋经》和《洗髓经》功法、瑜伽功、密宗"宝瓶气"和修"拙火"等，皆可达到填髓强骨的目的。这些功法人们不难在社会上学到，故拙著不再加讨论。

《封神演义》里的哪吒三太子，脚蹬"风火轮"，这也是丹道修炼的隐喻。风为炁，火为神，凝神聚炁于足底，使踵息绵绵而发热，以一种特殊的步伐行走如飞，即是踏上"风火轮"。

第三节　藉众术而共成长生

丹道之修炼，要由浅至深，由易至难，先学养生安乐法门，保住身体无病而健康，再靠内丹改换人的体质，以臻仙境，故广知众术，养生却害，为筑基功第一要务。葛洪《抱朴子内篇·微旨》云："盖藉众术之共成长生也。"葛洪《抱朴子内篇·杂应》中已记有魏晋时所传辟谷、不寒、不热、坚齿、明目、聪耳、入瘟疫诸方术，今再据我访道所得，略述少许修持方术以飨读者。

1.老年人的养生保健，略有八条标准：腰腿活，体不肥，眼神旺，齿牙坚，脉平细，气息匀，便路畅，居有常。

闭目养神之时，可观想眼前白光如云彩片片，如波浪闪烁，由光小而至光大，由光动而至光定，久则虚白一片，为"聚光止念"之法。聚光即聚性，性散光即散，性聚光即聚，性圆光即圆。由虚白一片而至圆光现前，则见性矣。

又有"炼液化精"之法，最宜老年人命功修持。盖舌下生水为"活"，口中津液乃肾水所生，心血所化，故昂脖搅舌而津液满口，引颈吞下，汩汩而达丹田，为炼液化精之功。津液能助消化，补元精，少时心定炁动，一阳生矣。

又有"出神采炁法"，卧床矇眬入睡心生恍惚时，将元神化为真意调出身外，升入城市上空，仰观满天星辰，俯视万家灯火，采取应星应潮之先天一炁，入我法身。继而神游地球之三极（北冰洋、南极洲、喜玛拉雅山），采日月星辰之精华积入我炁穴之中。再将元神收入身中和元炁混合烹炼，吞云吐雾，金光护体，存想自己随时间反演返老还童，最后入母胎中行真息而眠。诀曰：遨游三界采先天，日月星辰伴我眠。吞云吐雾返童体，身是蓬莱洞中仙。

另有"真炁薰蒸年寿穴"法，"年寿"属经外奇穴，位于两眼内眦连线中点之下二分的鼻梁上，为小儿推拿时所用穴，主治急惊暴死。现在针灸书上已无此穴，仅有面相学的书上称之为"年上、寿上"，主相面时观其斑点、晦点断人年寿和吉凶祸福。丹家以神凝炁穴入静萌生真炁，引至"年寿"穴以真炁薰蒸之，其穴区域微络有跳动感，可除险症危疾，治愈奇病暗伤，颐养天年。

又有"凝神归空法"，盖丹家至老年习静，皆重视凝神归空，一念不生，以"澄湛"二字为要诀时时习之，务令纯熟。如此一灵真性，澄然无染，湛然圆满，如一缕香烟，升至太空，遨游宇内，拨不开，吹不散，火不能烧，水不能溺，来去无碍，纵横任意，自己做得了主，观万里如在目前，方是真空独露。如此临终之时，不起一毫贪念，不生一点俗念，不思世间牵缠之事，万缘放下，一丝不挂，方可超凡入圣。

2. 中青年人之练功，不得一味静坐，必须辅以动功，以舒筋活络、调和阴阳，且在丹功中灵活运用之。

有"悬空挂臂功"，其诀法如站桩之要领，但双手抓住单杠，使两足悬空，等于用双臂承担全身重量，以手代足，呼吸调整与站桩同，全身松静自然达20分钟，久行有奇效。

有"十六锭金功"，其法诀谓"一吸便提，息息归脐；一提便咽，水火相见"。此种功法至简至妙，字字如金，故丹家谓之"十六锭金"。具体应用之时可据不同目的变化其行功要领，在丹道修炼关键步骤行功时派上用场，皆有奇效。此术作筑基功修炼时，可保持站桩之姿式，两脚趾抓地，关键法诀是吸气时由会阴穴向上提缩，似气由会阴吸入一般挤到肚脐间，前收生殖器，后缩肛门，如忍大小便状。随之将口中津液汩汩咽之，送入肚脐间，将前所吸之气以肚脐为中心下提上压，闭息持气半分钟，必要时可配合双手握拳敲击后腰和前腹的动作，将气震通骨髓。然后全身放松，恢复腹式呼吸。如此反复练习，平常小便时亦提肛、咬紧牙关保持此姿式至小便结束。其法诀有紧张用力者，有轻提轻咽者，有连续做功者，有中间停顿者，皆可随机妙用。

有"添油术"，即前所述"补亏正法"，但将其坐姿改为站姿。其功法亦是正转河车，可由头顶百会穴开始。先以左目，观照左肾，使目与肾之气相通。复以左目，观照头顶百会穴上空，一轮红日，金光闪烁，具有光明、神圣、阳刚、热烈之象征。后金光一道，从头项将督脉照成金色，直达海底会阴穴，又分两路照亮两腿经脉直达足底涌泉穴。少时足心发热，金光复上转至丹田，再上升眉心复归百会。后以右日，观照右肾，使目与肾之气相通。复以右目，观照头顶百会穴上空，一轮明月，银光闪烁，具有圆满、幸福、阴柔、和谐之象征。后银光一道，如五彩甘露，从头项沿督脉直流下来，到达海底会阴穴，复分两路沿双腿经脉再达足底涌泉穴。稍存片刻，足底酥绵麻胀，舒服无比，复由足底升至丹田，再上升眉心聚于百会。此种功法务令演练纯熟，可以左目为真火（神），右目为真水（炁）以行日月交光之功。或左右相互调节阴阳之火候，或左右同时进行，或左右一顺一逆方向相反运行，或行卯酉周天功，或行逆式呼吸法，或行逆转河车之功，运用之妙，纯乎一心。

又有男子所习"蹬扳功"，其法以身体仰卧床上，两腿翘起，两手从后面大腿根部将两腿扳住。然后两脚向上作蹬天状，共蹬九九八十一次。其诀云：将身仰卧心自闲，以膝齐胸用手扳。一扳一蹬连九九，自然药过尾闾关。

又有"回春功"，站立两足分开，其两脚外沿与肩同宽或稍宽些，又开腿裆。两臂垂于两侧，全身自然放松，头正颈直，目光内敛。由会阴穴开始轻缓悠动，逐渐全身上下弹性垂直抖动，身体松弛，腿脚屈伸震颤，约360次。丹道之筑基动功，和世法健体之术不同，皆有秘传。此回春功之秘密，在于抖动震颤其生殖器官，女性玉门微张，开合要有感觉；男性玉茎如钟垂般晃动，丹家谓之"晃钟"，久之皆有回春之效。

另有"炁通带脉法"，由丹田运炁向左转右环行回丹田。带脉起于季胁部，环腰一周，有如束带，为奇经八脉之一。运炁环行带脉，可调节十二经脉的气血，有平衡全身之效。一般运炁九转，或接行卯酉周天功法，有养生奇效。

其他还有鸣天鼓、叩齿、咬牙关、搓腰眼，搓脚心、兜肾囊、旋眼睛，其中以"咬牙关"和"旋眼睛"为丹法之要诀，"旋眼睛"可对着镜子自行练习，其应用在丹道修炼中非同小可。道家之功夫，关键在于会应用，其中之奥妙，须待师传口授方知。

3."揉"和"晒"。

清道光丙午（1846年），有号"天休子"者，著《修昆仑证验》，力倡"揉""晒"二法。天休子云："凡百病症，皆以气血为主，通则无积，不通则积，新则积小，久则积大。不论大小内外病症，果能揉之，使经络气血通畅，则病无不愈者。""今有揉、晒二法，既不借人之力，又不费己之财，矢以诚，行以勤，用以和，守以恒，凡百病症，概可立愈。"具体揉法，天休子曰："兹则一言以蔽之曰，揉夹车以清头上六阳之积。下部六阴之积由足上，继之曰揉海底疏通腿胯。为善后之计终仍总于夹车。易而且简，易知易从者也。"至于晒法，天休子曰："有人传以晒法者，伏天赤身于烈日中晒之，汗如水流，风来凉爽，不觉其热也。惟初晒必脱皮，厚薄皆随其病，甚至起水泡，其愈极快，无过二日者，真化工也。""凡男妇头风、脑漏、牙疼、耳肿、脚气、臁疮、手足腰背筋骨疼痛、风寒、湿热、虚弱、酸软等症，于三伏日巳、午、未时，赤身于烈日中晒之，不论新旧大小病症，概能痊愈除根，即妇女月事，亦可晒，通天地化育神工，难以殚述。第不可遮盖著衣，乃致受热也。""揉以通气血，而症去瘕消；晒以分阴阳，而清升浊降，皮肉筋骨更换一番，庶不负此生矣"。

盖揉法即自我按摩，晒法即日光浴。吾所行揉法，取"颊车""翳风"二穴，可却头部诸疾。晒法须找空气清新之草地或游泳池里，以晒背为主，其功用可壮先天之元阳，滋后天之真阴，但对紫外线之承受，亦须量力而行，适可而止。

第四节　自发声与自发功

在茫茫的宇宙中，只有道是绝对的和永恒的，其他事物包括宇宙本身，都受时间和空间的限制，因之都处在旋生旋灭、方生方死的运动之中。万物由道化生开始其生命运动，而运动也必然会发出声音，于是万物必有其"第一动"，也必有其"第一声"。宇宙"大爆炸"显然是整个宇宙的"第一声"，也是其"第一动"。由宇宙之"第一动"，至今宇宙中仍存在"天体之运行"，成为世间生命运动的根基；由宇宙的"第一声"，至今宇宙中仍存在"星球的和声"，道学谓之"天籁"，又称"大音""元音"。声音来自震动和节律，元音即是宇宙和人体的原初震动和基本节律。人之出生也是一样，妇产医院的医生将刚出生的婴儿倒提起来拍打屁股，于是婴儿挣扎啼哭，这便是人生的"第一动"和"第一声"，因之啼哭在丹道研究中具有特殊的意义。除此之外，宇宙中还有所谓"神灵的声音"，称之为来自灵界的"秘音"，模仿这种声音便可和灵界交通，这就是丹道中的"咒语"。老子《道德经》云："大音希声，大象无形。"（41 章）天体运行之星球的和声为大音，为天籁，由"天籁"为根基又生出"吹万不同""音声众殊"的

"人籁"和"地籁"。宇宙和人的生命无疑有着一种最基本的节律,"天籁"也有着一种最根本的频率和振波。当人的"秘音"上达天籁,调和宇宙中的灵气,必能和宇宙的根本频率相谐调,从而使人体进入"共振态",并使咒语产生天人感应的力量。

道教修炼本有一种"啸法",据称西王母善啸,传广成子、风后、啸父等。《诗经》中有"其啸也歌"(《江有汜》)之类,为宣泄情感的"歌啸"。古人以为"蹙口出声,以舒愤懑之气",盖以不振动声带,以口腔共鸣的发声方式,故亦号为吹啸。除歌啸之外,尚有"气啸",为古代丹家炼气之术。由于啸法多用不振动声带的清辅音,故又称嘘法,后汉至六朝之方士赵炳、徐登、刘根、栾巴等所行嘘水禁咒之术,即啸法之一种。唐永泰中(765—766 年)孙广著《啸旨》一书,为啸法之专门著述。书中云:"夫气激于喉中而浊谓之言,激于舌而清谓之啸。言之浊可以通人事,达性情;啸之清可以感鬼神,致不死。盖出其言善,千里应之;出其啸善,万灵受职,斯古之学道者哉!"至于六朝名士如嵇康、孙登、阮籍、王羲之、庾亮、谢灵运、桓玄等仰天长啸,如高柳蝉鸣,竟成一时代风尚。其啸法所表现者,如胡马长嘶、鸿雁群鸣、猛虎啸谷、龙吟腾云、清飙振木等,皆是一种忘我状态的气啸,其声音多为自然现象之模拟,则其元音、辅音并用矣。这类啸法,如现代气功师之"喊山",庶几承其遗意。实际上,自唐而后啸法渐失传,而道教符咒之术,则继之未绝。

丹道之筑基功,亦辅以咒语作配合练功之用。有些密宗咒语,如"吭""噢姆""嗡呵吽""六字大明咒""哲里、主里、准提、萨波诃""金刚上师咒""大悲咒"等,亦为丹家所采用。其中"嗡呵吽"用之于采日月精华、采日光等功法中,历代相传。还有丹家自己沿用的一批咒语,无梵语发音,如"天灵至荣,愿得长生;五龙君侯,愿得安宁",为入静时诵习。《上清握中诀》云:"大明育精,内炼丹心。光辉合映,神真来寻。"大抵上清派丹法须神明护佑,故修持多用咒语。丹道修持中最常用的,是背诵《心经》《玉皇心印妙经》和《白衣观音大士神咒》。《白衣观音大士神咒》为丹家秘传,和佛教寺庙中所赠善书中文字有所不同。第一句诵三遍,共分六段,合计 160 字,颇有节奏感，朗朗上口。[①] 这些咒语应由丹师在授功时解说其应用方法，咒语本身的文字意义未可深究，只要能使学者在练功时保持一种良性意念就足够了。

丹道修炼出现自发声或自发动，能够用意念适当调控，一般说应该是良性反应，有利于疏畅心灵和气血。现代西方精神分析疗法和催眠术进步很快，丹师可以用之为调理学道者的身心状态，辅助丹道筑基。必须指出，现代精神分析学，包括瑞士西尔维奥·方迪的微精神分析学，所揭示的仍旧是人类心灵的潜意识层次，仍属无始以来的"轮回种子"，脱不开随生带来的"业力"和"习气"，因之做精神分析成功的人并非明心见性，尚达不到佛道的究竟境界。然而，丹道修炼也是一个"净化潜意识"的过程，因之精神分析可作丹道筑基之用。

2006 年 1 月山西科学技术出版社出版了曾广骅教授的《大成拳——科学站桩功》一书，我为之写了"序言"。此书是一本真正以现代科学理论破解站桩功之秘的科学著作。他在修习站桩功时发生了腿部肌肉抖动的自发功现象，并声称"百练不如一站，百站不如一抖"。我对这种由双膝左右颤抖、双腿上下抖动、腰及脊椎带动肩背和头颈一起抖动等自发功也深有体验，一般随意念控制在收功前练习，效果甚佳。

第五节　站桩功再探

我在拙著中多次介绍以站桩用为丹道筑基功的方法，盖站桩之术亦变化多端，各有所长。这里再介绍一种站桩功，除姿势要求两腿与肩同宽，腿稍下蹲，两手掌胸前抱球，含胸拔背；似坐非坐，似笑非笑，似尿非尿等条件之外，尚有存想之意念等要求。此种站桩功之意

---

①　丹家秘传《白衣观音大士神咒》全文如下："南无大慈大悲、救苦救难、广大灵感、白衣观世音菩萨。（三称）南无佛，南无法，南无僧，南无观世音菩萨摩诃萨。观音大士，誓愿宏深，寻声救苦，必生感应。我今念得观世音，灭罪消愆增福寿。朝念观世音，暮念观世音，念念从心起，念佛不离身。天罗神，地罗神，人离难，难离身，一切灾殃化为尘。南无摩诃般若波罗蜜。"

念有"松、紧、重、轻、小、大、冷、热、明、空"十个步骤，现分述如下：

（1）松：站桩功之"松"字诀，首要是放松两肩，只要双肩放松下来，就基本符合要求。站桩时可口念："松、松、松，肩要松，颈要松，上要松，下要松，全身内外都放松"，以意念引导由"松"入"静"。以"松"字诀起，以"静"字诀终，为站桩功贯彻始终的要诀。

（2）紧：先是上松下紧，两足趾抓地，腿部肌肉紧缩；再前松后紧，提肛并紧缩肛部肌肉，放松生殖器和尿道。继之咬牙紧缩面部肌肉，耸肩紧缩颈部和背部肌肉，并全身肌肉作一紧一松的抽搐动作。

（3）重：先是一个"重"字诀，存想全身重如泰山，肌如铁，骨如钢，体验一种肌体"沉"而"涩"的感觉。继之是一个"塑"字诀，全身如木雕泥塑般僵住，屏住呼吸，入僵尸相，且如泰山屹立不动。

（4）轻：存想全身失去重量，可以在山野间飘浮，可以在空气中飞荡，如羽毛，如白云，呼吸舒长而轻，有无拘无束的逍遥之感。《红楼梦》里薛宝钗咏柳絮的《临江仙》云："白玉堂前春解舞，东风卷得均匀。蜂团蝶阵乱纷纷。几曾随逝水，岂必委芳尘。万缕千丝终不改，任它随聚随分。韶华休笑本无根，好风频借力，送我上青云！"（词出刘禹锡）词中意趣，庶可比拟。

（5）小：双手于胸前合什，其他姿势如旧，存想自己幼年如三岁小顽童般站立阶前。如此天地间元炁和日月精华齐聚我身，达到吕祖"一粒粟中藏世界"和佛陀"芥子纳须弥山"的意境，体验出一种童稚的乐趣。

（6）大：两手掌外撑，两肩上耸。存想自身长高变大，为一足踏大地，头顶冲开南天门的巨人。人在丹道修炼中一旦得其"正大光明"浩然之气，就会豪气干云，体悟到人本是宇宙的缩影，决不是那么渺小的！陆象山诗云："只手攀南斗，翻身倚北辰；举头天外望，无我这般人！"庶可达此意境。

（7）冷：存想周围寒风习习，雪花纷飞，自己身体变为雪肌冰骨，站立中体验寒冷、清凉的感觉。如此身入广寒宫，心在清凉界，有一股清凉的液体如冻奶酪般沁入心脾，流遍四肢，有酥绵快乐之感，心中烦闷和忧愁一扫而光。

8.热：存想丹田起火，焚遍全身，炉中赫赫常红，两肾如汤煎，腹中如沸煮，如过火焰山，如入八卦炉。继而从手足指端开始四肢渐有麻、热、胀的感觉，后遍布全身，体验这种麻、热、胀的感觉，便是丹道得气的证验。站桩之麻、热、胀感是改造色身，由后天向先天转化的关键步骤，须专心练习。

9.明：首先激发两眼间性户，使一股光明照彻全身，各个骨节肢体与内脏历历分明，如水晶塔子。如此通身经脉有光感循环，全身透明，进而上通天光，虚空生白，吉祥止止，方是光明境。

10.空：人对世事能看得淡，放得下；对自心能放得松，定得住；以一个"忘"字诀起手，便可以一个"空"字诀收圆。在站桩时，要达到身心两忘的境界，称之谓"站忘"。于站忘之时，得到忘形的"无身"感受，便是空境。"空"的境界，不觉自己有身，则外其身而身存，是站桩的最高境界。

练习站桩功，以"松"字诀和"热"字诀为重点，须时间长些，可长至5分钟到10分钟。一般每次站桩完成十个步骤以20分钟到40分钟为宜。

人的一生，每年都会发生一些令人高兴、自感幸福的事，也会发生一些不称心、自觉痛苦的事。如果把每年高兴的事连成一条线，那就是一生幸福的记忆，反之则连成一生痛苦的记忆。站桩时可从当年逆推至童年时期，沿着幸福记忆的线一年一年返老还童，以良性回忆开拓心境。但由于人往往对痛苦记忆深刻，站桩时用回忆的方法易受恶性意念的干扰，故一般不采用逆向回忆返老还童的功法。丹家采用的方法，是找一个荒僻无人处面对一棵树木（或其他设定的偶像），敞开心扉述说，用自由联想法不加掩饰地说出自己脑海中随时浮起的一切念头和感觉，通过倾述心结解除自己的精神压力，练功之时则可减少魔障。这种方法有点类似现代的精神分析，因之我主张把精神分析法、心理治疗术引入丹道筑基功。

最后再传"胎儿桩"。

其功法是站立入静，冥想自己一年一年地返老还童，退回到未降生前的胎儿期。继之双腿并拢，曲膝半蹲，双足翘起，双手大拇指在内、四指在外握固，双拳并拢曲肘、拇指对准鼻孔、置于鼻前方。抬头则仰观于天，低头则俯察于地，一般采用头微向下倾的姿势。如此模仿胎儿在母腹子宫中的姿势，便是胎儿桩。胎儿桩之呼吸要求深、细、长、匀，渐至微微的自然呼吸。双目似闭非闭，微见光亮。平心静气，进入静心忘我状态。

一般说来，胎儿桩合式，仅需 15 分钟就会激起全身反应。初站时 5 分钟后即出汗、腿酸、身颤，坚持下来，秩序渐进，不良反应消失，身渐舒服。站桩时间亦应根据自己耐力逐渐延长，一般超过 15 分钟以后，会激起自发功，其自发功形式亦多样，包括五禽戏、太极拳等传统工夫亦可被激发出来，出现很多意想不到的功效。胎儿桩对调整全身气血，治疗多种疾病，激发元炁运行，都较其他功法为优。

第六节　丹道入手功

丹道入手的法诀，为"先命后性，借假修真，慢中求快，无中求物"。法诀由修持经验积累而来，其义并非讲"先性后命"就修不成，而是说对一般中等资质的学道者来说，依此而练收效快些，到真正入手后，自会运用自如，就不需要筑基阶段这种种法诀了。"命"是气，"性"是神，"先命后性"就是要"凝神入炁穴"，先作炼炁的功夫。"借假修真"是讲要得先天炁，必从后天呼吸修起。《黄庭外景经》云："仙人道士非有神，积精累气以成真。"要求先在炁穴"积精累气"，即返观内视，息息归根，刻刻观照，如鸡抱卵，如龙养珠，行住坐卧，不离这个。"慢中求快"就是不得揠苗助长，不要急着用意念导引"运周天"。丹道修炼是一种"有无相生"的过程，入手时什么功夫也没有，即为"无"，通过站桩产生"麻、热、胀"的反应，通过意注丹田、息息归根、凝神入炁穴在丹田产生如原始星云般旋转并有沉重感的"铅"，则是由无生有，求得个"物"了。丹家最后入寂灭大定，则又是从有返无的过程。"无中求物"是入手时出现一系列金丹证验，由"有象"而"有物"，由"有物"而"有精"，由"有精"而"有信"，玄关窍开，得先天真一之炁，便入丹道正途了。下面再对丹经中的关键入手法诀，稍作提示。

其一，《参同契》云："耳目口三宝，固塞勿发通，真人潜深渊，浮游守规中。旋曲以视听，开阖皆合同，为己之枢辖，动静不竭穷。离气纳营卫，坎乃不用聪，兑合不以谈，希言顺鸿濛。三者皆关键，缓体处空房，委志归虚无，无念以为常。证验自推移，心专不纵横，寝寐神相抱，觉悟候存亡。颜容浸以润，骨节益坚强，排却众阴邪，然后立正阳。修之不辍修，庶气云雨行，淫淫若春泽，液液象解冰。从头流达足，究竟复上升，往来洞无极，怫怫被谷中。反者道之验，弱者德之柄，耘锄宿污秽，细微得调畅，浊者清之路，昏久则昭明。"此段经文，可谓字字珠玉，是极简极妙的入手功夫，须背诵纯熟，化为自己的修持体验。其中"淫淫若春泽，液液象解冰，从头流达足，究竟复上升"一节，形容了真炁运行像五彩甘露、冰雪清泉一般从头到足上下流通的证验。日本白隐禅师所著《夜船闲话》一书，说日本白隐禅师曾用一鸡蛋大的酥油，放置头顶待其自然溶化，体验其"从头流达足"的感觉，直至脚心温暖，全身通泰。还有的学道者缓体坐于浴盆之中，将多种通经活络、气味芳香的中药煎汤置于器中从头顶徐徐漏下，亦可产生此种体验。

其二，《吕祖百字铭》云："养气忘言守，降心为不为。动静知宗祖，无事更寻谁？真常须应物，应物要不迷。不迷性自住，性住气自回。气回丹自结，壶中配坎离。阴阳生反复，普化一声雷。白云朝顶上，甘露洒须弥。自饮长生酒，逍遥谁得知？潜听无弦曲，明通造化机。都来二十句，端的上天梯。"此《百字铭》又称《上天梯》，乃丹家真传，也是需要背诵纯熟慢慢体验的。学道者领悟了此《百字铭》，就等于掌握了丹道全诀，所有功法皆可依此印证。《百字铭》开头入手之"养气忘言守，降心为不为"一句是命功，即"凝神入炁穴"的功夫；"动静知宗祖，无事更寻谁"是性功，故应属于"先命后性"之丹道功法。《百字铭》入手功夫讲"养气"而不曰"运气、炼气"，讲"降心"而不曰"静心、炼心"，就是要求意念下注丹田，息息归根，在炁穴"积精累气以成真"。此种功法之要诀在于一个"守"字，"守"

即"守城"。何谓"守城"？《金丹大成集·金丹问答》云："抱元守一，而凝神聚炁也。"这就是"养气忘言守，降心为不为"的要义。"动静知宗祖，无事更寻谁"讲得是"性功"入手的"止念"法门，"宗祖"即"灵明性体"，是不假修证、天然常明的"真我"，随它杂念纷纷而"真我"乃"无事道人"。只要"灵明性体"（即"宗祖"、"真常"）不迷，则可"性住""气回"而得"玉液还丹"。尔后经坎离交媾、乾坤交媾，完成采药、炼丹的程序，达到转识成智的逍遥之境。

其三，济阳子所传《金丹妙诀》，仅"收视返听，凝神入炁，调息绵绵，心息相依"十六字，为丹道入手功的根本法诀。"收视返听"是"下手先制两眼"，目光内视先"观其窍"，再"观其妙"；凝耳韵于炁穴之中，念兹在兹，无少间断。此即从《参同契》"耳目口三宝，固塞勿发通"修起，眼不视而凝神，耳不听而葆精，口不言而养气，耳目口之"外三宝"收视返听，精气神之"内三宝"则相恋相凝，久之活子时至而阳生，真炁动矣。"凝神入炁"是回光返照，使元和内运，暖热阳生。"凝神入炁穴"是丹道命功之根本法诀，如此则可神、气合一凝炼为"炁"，玄关窍开，现出无限生机妙用。"调息绵绵"乃冲和大定，息息归根，绵绵不绝，天机运行。诀云："调息须随息，知心不用心，巍巍常不动，顷刻产真金。"真金即真铅，即钟离权所谓"但能息息皆相顾，换尽形骸玉液流"，如此则命功成就。"心息相依"之"心"为元神本性，"息"为元炁真息，神行炁行，神住炁住，如此性命双修，神炁相依相炼合为一块，则金丹结矣。学者依"收视返听，凝神入炁，调息绵绵，心息相依"四句法诀而修，则丹道之门可入，登堂入室可期而待。

以上所论各项丹道筑基功和入手功，学者可以作为自己摸索入门的参考。据我所知，天下异人奇士甚多，高于吾者亦多有其人，学道者须虚心访求真师，辨别真伪，接受指导。学道是一种创造性的活动，修习丹道的"真师"是你自己！"虚寂恒诚"四字是丹道的总诀，有大行愿，真心入道，你自己的"真意"会带领你逐层深入，过关斩将。学道入门之前有秘密，进门之后则无秘密，丹道入手靠法诀，入手之后则可激发自己的灵性参考丹经狠力摸索，这就是丹道的真实内幕。

第十讲　方便法门

第一节　丹道秘传的方便法门

人体的生理和心理好像有一条录像带，经历的创伤都早已录在带上，丹道就是在激发出人体真气后洗去这条录像带上的创伤印痕。因此在炼功中出现创伤重演现象是正常的丹功效验，不是坏事，但如执着此现象，却又会加深这些创伤印痕，也非好事。大道本应依缘而传，吾修"祖师相应法"蒙开许披露丹道中一些秘密法诀，以助道友实修。

一、自然三住法

其一曰身心驰缓住，要求"不加功用"；其二曰无念平等住，要求"无所计执"；其三曰自然任运住，要求"无有立破"。身要宽松舒展，息要弛缓不急，意要随一切境，如浪静大海。其要害之处在于不能产生"对治"的念头，如果以"自然三住法"对治"创伤重演"，将"自然"作为一念，则此法就不"自然"，反而会加深印痕。丹家最忌在意念上人为做作，以意念对治意念，如此必生"斗境"，误入阿修罗之魔境。此种自然境界，佛家喻之为"如象体被刺"，不知不觉，创伤重演现象会自然而然的过去。不懂得此理，则不能算真正明了丹道奥义。

二、调理肝木法

中医每言肾为先天之本，脾为后天之本，故多用补肾健脾之剂以强身，此乃以药物治其外之法。丹家以肾为水，以心为火，故用交通心肾，取坎填离，水火既济之术以改换人体素质，此乃以神气炼其内之法。其实人体之虚弱乃至疾病，多为七情所伤，七情不畅必肝气郁滞，明医施以舒肝理气之剂，疗效既速又佳，比服用滋补之剂还好。《云笈七签》卷八十七载《太清神仙众经要略》云："夫肝者，精神首运之路也。故婴儿之生，坠藉而先啼，肝气激也。"可知肝气为七情之首。肝为风，风者气之动，动则生内息。肺为金，肝为木。肺在上为天，肾在下为地，风动于天地之间，则体内五脏之气无不因之相互交通。丹家之入手功法从调息始，由外息而带动内息，不仅要水火交，还要金木并；不仅行子午周天，还要行卯酉周天，是借肝肺之气，而行五气朝元之功。

此功法入手是自冬至日前，借"寒凝大地发春华"阳生之机，每日晨寅卯时或晚戌亥时，在院内以背部督脉一线在树上撞击。其树木可选杨、柳、槐等结实且有生机的树种，粗细适意且须于树无伤。盖道学以地球为一大生命体，万物都有信息互相交通。人以树木调理肝气时不仅人要感到舒服，而且使树木舒服，这样才不会摄入相互伤害的信息，使人体疾病得到良性治疗。撞击背部脊柱一线要有节奏，以"夹脊"穴为中心拍击，以感觉舒适为度。口中可以"哼、哈、嗨""嗡、阿、吽""六字气"等发声调理五脏之气，全凭感觉掌握火候。时间约用20分钟至40分钟，出现麻热胀感、出汗、出虚恭、火灼感，即是效验。大约三个月，便可得丹道阳生之候，如得要领，可在腹部产生鼓动感，称作橐籥，由此可入丹道正途。继之意注玄膺，使津液满口，徐徐咽下，微微以意引过重楼，渐聚膻中，下达气海。随之从气海分作两路，沿左右大腿至膝、足三里、脚背、大拇指而至涌泉穴，复经脚跟、小腿、大腿，上至尾闾合为一处。此后沿命门、夹脊，再分送双肩、两膀、两臂、手背，由中指过手腕至肩、颈，历腮后上头顶合作一处，复从头顶灌下至明堂、上腭，以舌迎之至玄膺为一周天。如此周而行之，一身壅滞皆除，气血自然通畅。此术不仅可调理人体生理疾患，而且可调理人之心理疾患。只要在行功时心气合一，凝神定息，如无云晴空，则心理亦可得到疏理。风为百病之长，又为生气之源，肝风动而金木并，则可转祸为福，害里生恩。

三、水火交流法

虚空世界是道的世界，是初始信息的场，是宇宙万物生化交流的媒介。现代科学证明，"原子结构的实际稳定性是电子和真空之间相互作用的结果。如果不是它们从真空中吸收的能量与其轨道运动所失去的能量相抵消，那么绕原子核旋转的电子由于恒定地辐射能量，因而就会逐渐与原子核靠近。"[①]换句话说，现实物理世界的稳定性是靠虚空世界支撑的结果。现实物理世界可以和虚空世界交换信息，也可以通过真空场的媒介相互交换能量和信息，这和丹道"两重天地"的理论完全一致。

丹家所传虚空阴阳之虚无丹法，以《参同契》"以无制有，器用者空"为法诀，采取大自然中的光和气以补充人体的能量，就是以"两重天地"的理论为基础的。人体在放松时，细胞中的某些阀阈或大分子链会打开，可以通过丹功使体内细胞在量子层次上和虚空相互作用，甚至可以和自然界的其他生命体通过真空场媒介相互作用，交换物质、能量和信息。

其法以天高气爽、云淡风轻之日，面对十米外（能隔水更好）之大树闭目站桩，两眼肌肉放松，心虚神凝，每次 20 分钟至 40 分钟，反复练习，久之睁开眼睛就可见到大树顶上发生的气。以目到意到之法将树木之气召摄入身，做到收放自如，则功成。

又法于清晨或傍晚对太阳站桩，两眼肌肉放松，睁目招摄太阳的光线。功力不足，不可直视太阳，以免损伤二目，但炼功有素者例外。每次炼功 20 分钟至 40 分钟，专一凝神目不转睛而视之，可以藏密"金刚诵"之"嗡阿吽"发声招摄日光入中脉。

气为水，光为火，以上二术为水火交流法，可合而修之。其法诀为"放光以引之，摄心以俟之"。惟其寂然不动，虚而善受，气机一到，以意包摄之，深藏内炼，以行周天之功，则自有证验。又修习"调理肝木法"和"水火交流法"，因都需 20 分钟至 40 分钟之时间，可以默诵《心经》或《道德经》有关章节（例如第 1 章，第 71 章、第 48 章）来计时，约七遍即可。年老体弱之人，以臀部半坐在凳子边沿

---

① 《ψ 场理论》，载欧文·拉兹洛著《微漪之塘》，北京：社会科学文献出版社 2001 年版，364 页。

上，保持站桩姿式，以"端直其体，空洞其心，真一其意"为要领，默诵《道德经》或《心经》，亦有奇效。盖《心经》之内容乃是色界（色）与无色界（空）交通的宣言，默诵《心经》有如吹响向虚无世界出发的进军号，可在站桩、静坐时收到摄取宇宙灵能的修持效果。

四、遗尸旷野法

其法于无云晴空之日，至旷野草地之上，仰身而卧，手握金刚印（以拇指掐无名指根部，其余手指握固成拳状），全身彻底放松，长吐一口气，心神随气息离开身体，则其身如死尸遗弃于旷野之中。此时万念猝然而止，一点灵明性体停于虚空，心地空明如大海无波，但契于性体中坦然任运而住之，则可以在量子层次上和宇宙万物交通。此术必立舍身求法之志，以立断而明心，以顿超而见性，以大痴之睡眠得明空双运，将色身透入虚无界之中修睡光明，为最快捷殊胜之法门。或择山野高旷之处，身正直不动摇，身不动则脉不动，脉不动则眼不动，眼不动则气不动，气不动则心不动。如此心缘眼，眼观空，以眼根之观空，心地之明空，无云无风之晴空合而为一，成一明空无垠之大境界，无缘无修，澄湛凝定，任运而往，坦然明朗而智慧显现，当下证得灵明性体。此术传自西藏密宗宁玛派（红教）之大圆满心髓，上根利器可以修成。

吾观明清一代丹经，多杂有密宗咒语，是密宗和丹道早有交流，两者功法是相通的。大圆满功法之"明体"，即丹道之"灵明性体"，佛家称作"真如实相"，全真道称作"本真""元初""一点灵明""主人公""本来面目""真性""本元"等，王重阳的丹法和大圆满功法本质上是一致的。全真道之号为"全真"，实际上即证得灵明性体的意思。

五、转毒成智法

丹家和佛密瑜伽士皆将贪、嗔、痴、慢、疑等妄念，称作五毒，欲成仙道，必须化毒成智，从妄念中解脱出来，才能使性体虚灵不昧。盖人皆有七情六欲，人世间不如意事十常七八，人遇不如意事，常常气愤填膺，故"嗔"之一字，毒人最甚。我辈性情中人，虽常以"制忿怒"自戒，然亦有难以扼止之时。况且怒气发泄出去，也总比压抑心头耿耿于怀好些。除发泄一法之外，尚有若干修持之术以解脱五毒，摒除妄念，护持性体常明。

首先要树立修道的"出离心"，彻知世上各派之争斗如一局棋，人间之悲欢离合如一出戏，人生之劳碌奔波如一场梦，个人之善恶、恩怨、荣辱、得失、隐显、取舍等皆是"戏论"（即愚弄人的幻想），人之七情六欲及贪、嗔、痴、慢、嫉等皆无自性。只有灵明性体，是人的"主人公""本来面目"，是"真我"；人体之躯壳为修持性体（所谓"一灵真性号金丹"）的鼎炉；人的各类社会关系对自己的定位统统是虚幻不实的"假我"，人的各种情绪、思想及贪、嗔、痴、慢、嫉等不过是此真我之性海激起的波涛而已。海水虽能扬波，但仍不离大海，性海之波涛显现，现后自会消失。

因为贪、嗔、痴等习气和妄念本质上也是来自灵明性体的本觉智慧的显现，应认知它们并无自性，只要不去分别、执着它们，自会转毒成智，可自行解脱。其法诀为"不随不止"，既不随妄念而分别、执着之，又不故意断治、阻止它，只要在自性本体上放松安住，妄念之流自会越续越少，以"出离心"超越到心气不二之境界，妄念如蛇盘结自能解脱。由此观内外皆空，仅有自性本体赫赫朗然，要任运自然、"善自护持"使其虚灵不昧，便是丹道究竟境界。实际上人之灵明性体，本来无苦乐，无罪业，无过去未来，不假修正，勿令间断，空明赤裸，自然任运，方是丹道究竟义。

其次传一"制忧怒"的方便法门。丹家以忧怒烦恼难平之时，先激起"出离心"转换情绪。随之两腿跨立，双足跟翘起，两手握固攥拳置于胸前，习佛宗之威猛忿怒本尊法或呈金刚怒目欲同敌人决斗状，仰视虚空冷笑　声，大呼"嘿嘿""哈哈"，透出妄念仕于灵明性体，以大慈大悲之菩提心善自护持，立得解脱。另以"椎击三要印"，了知灵明性体非止非观，坦然自在，自生自住，于其所显现之妄念不加断治。"最初令心坦然住，不擒不纵离妄念"，"离境安闲顿住时，陡然斥心呼一呸"。丹家此际陡然惊呼"呸""也马火"，截断意识流，住于性体上，亦获解脱。此法将"前念"之妄念止而灭之，"后念"之妄念止而勿生，乃于前念已灭，后念未生之间，显出赤裸裸之灵明性体，善自护持使其虚灵不昧，便是"全真"之道。丹道之秘密其实就是如此简单，此即我所谓"凝炼常意识，净化潜意识，开发元意识"的心灵修炼程序。

六、真火净身法

最后传丹家"真火净身法"，行之亦可转毒成智，阴极生阳，绝处逢生。丹家凡于心理或生理出现疾患时，可于腹部升起拙火，暖气渐渐上升，继而观想烈焰腾空，由下至上将全身焚烧一遍。师传咒语曰："万念俱灰，一灵独照，阳焰腾空，百病全消。太上老君急急如律令。"此术亦适用于身患危症之病人，盖存想真火净身可促使剥极返复，阴极生阳，企盼绝处逢生，然须诚意痛哭起大悲心而诵之。亦可观想日光由头顶而降，犹如汽油，助其燃烧，焚除一切烦恼、贪嗔习气和病气，渐生安乐。有火气为患者或观想头顶一轮明月，光圆清凉，继而月光化为五彩甘露，沿中脉而降，透入五脏六腑，滋润全身，消除烦恼和病气，得大安乐。随之入于虚灵安乐境中，修乐空不二大定，住于灵明性体，获得解脱。

以上所传方便法门，不仅适用于有多年修持经验的道友，亦可为初入门径者采用作健身延年之术。"证验推移赖火候，日积月累是功夫"，学者只要持之以恒，用心体会，小术也能见大效。

第二节　有关丹道生活化的法诀

天下至高者道，至尊者师，至贵者诀，至要者修。我为学道寻师求诀修道，二十六年步步精进未敢松懈，现在回过头来看，丹道本"甚易知，甚易行"，只是"天下莫能知，莫能行"而已。

韩愈《师说》云："孔子曰，三人行，必有我师。是故弟子不必不如师，师不必贤于弟子。闻道有先后，术业有专攻，如是而已。"在内丹学中，拜师求法只看作各自人生的一种缘分，真师只能导弟子入门，不能保弟子成道，弟子有闻一知十者，有闻十知一者，其最终成就，端在个人的智慧、境界、学识和行愿而已。现世真师不易寻，成道神仙更乏人，然丹道法诀的传承却要广开法门。学者如能在境界上契道，则能与古仙心灵相通，便可边修边悟，则天地间见人见物无非是师，举手投足随处得法。佛陀睹明星而悟道，洞山禅师观自影而见性，灵云禅师见桃花而开悟，武术家有自创猴拳、螳螂拳者，丹家有自称遇千百年前古仙而得诀者，有梦中神授者，可见师传并非一途，得法本有多门。道不远人，人自远之；法在眼前，放下便是。薛道光诗云："妙诀五千称《道德》，真诠三百颂《阴符》。但得心中无一字，不参禅亦是功夫。"学者苟能将那片寻师求法之心，当即放下，将我执、法执一齐舍掉，虚寂恒诚不动一念，则玄机一现法船来迎，当下便登道岸。学者闻我此论，庶几可破除寻师求法的神秘。

为此，我再传一则适宜现代社会人们忙中偷闲的丹道法诀，就是《庄子·大宗师》中几句话："古之真人，其寝不梦，其觉无忧，其食不甘，其息深深。真人之息以踵，众人之息以喉。"这一丹法的特点，是要求睡觉无梦，"其寝无梦"是对神的修炼，"其息深深"是对气的修炼，神炁即是汞铅，当然也符合王重阳《四得颂》的程序。丹道不成，决不会睡眠无梦，只要修炼到"其寝无梦，其觉无忧"，便是真人境界。禅宗仅从性功论，"无梦"也已达《楞严经》中色、受、想、行、识"五阴区宇"之想阴已尽的境界，心明如镜，寤寐一如，非等闲可比。现代社会的人无论怎么忙，总离不开睡眠，因为平常人日则神寓于目，夜则神寓于肾，由此通过睡眠可以招摄天地之阴气，消除疲劳恢复精力。如果人们能依此丹诀将心息相依相恋蛰藏炁穴，即可通过睡眠夺取天地之先天阳气，则丹道便可生活化，成为极平常之事，庶几可望实现普度众生的行愿。

禅宗传有长坐不眠之法，称作不倒单。丘处机和王玉阳皆终宵不寐而行功，称作炼睡魔。盖他们白天修得元神清彻，怕夜间睡眠时失去控制，精自下流，气从上泄，元神无依，弃壳而出，丹功归于失败。我的思路正好与此相反，人在睡眠时消除了白天炼功时的许多做作和干扰，魂入阴阳窍，可得天然真火候。又因人在睡眠时消除了白天炼功将身心放下的困难，进入了真正身体放松，心灵解脱的状态，这与丹道忘其身而身存的法诀相合。再就是睡眠时又恰是丹家亥子之交阴极阳生、一阳来复之时，正好用功。这一功法的最大障碍，在于睡眠时气浊神昏，阴魔来袭，一涉梦境而识神用事，七情六欲比白天更甚。《敌魔诗》云："坐中昏睡怎禁它，鬼面神头见也魔。昏散皆因由气浊，念缘未断属阴多。渐来水面浸堤岸，风定江心绝浪波。性寂情空心不动，坐无昏散睡无魔。"《太乙金华宗旨·回光调息章》云："却昏沉，只在调息。息即口鼻出入之息，虽非真息，而真息之出入，亦于此寄焉。"此为存心听息，内视内听，惺惺听照之法，谓之"日月交光"。丹家多云"上古之人有息无睡"，现代人经过训练，不难恢复上古之人"向晦入宴息"的功法。训练之法，应首先通过心理修炼释放潜意识中的不良情结（梦境即潜意识活动），净化潜意识（真意即净化了的潜意识），在潜意识中输入丹道程序指导炼功。然后在白天心息相依，内照丹田，以"五龙盘体法"等睡功法诀假寐，感受体验，养成习惯。《心经》云："无挂碍故，无有恐怖，远离颠倒梦想"。《楚辞·远游》云："一气孔神兮，于中夜存"。《参同契》云："寝寐神相抱，消息候存亡。"《太乙金华宗旨》云："鸡能抱卵心常听。"丹诗亦云："惺惺一个主人公，寂然不动在灵宫。"依此法诀，睡眠时即收神下藏丹田，缓缓调息在丹田心息相依并产生如心脏跳动般的搏动感，在丹田以真意勾引使神气相抱，凝成一颗明珠，自然"神不外驰气自定"，如此虽然入睡，仍常惺惺，心地湛然，可以渐渐无梦。睡醒时仍觉丹田神气搏动，要不断体验睡功的感觉，在体验中不断纠错而入丹法正途，达到"其寝不梦，其觉无忧，其食不甘，其息深深"的真人境界。这套功法之关键处，是要体验由醒入睡和由睡至醒这两段时间中恍惚杳冥的感觉，久之于此时玄关洞开，进入无天无地无人无我之境，先天一炁自虚无中来，则大丹成就。《性命圭旨》载尹真人偈云："大道有阴阳，阴阳随动静，静则入窈冥，动则恍惚应。"我亦有诗记此丹功法诀云："上下冲和调龙虎，绵绵密密功夫就。日月圆时灵光交，倾刻展窍包宇宙。"

睡功既为入道之方便法门，各派丹法皆习之。在入睡之姿势上，多为侧卧，即陈抟真人之"五龙盘体法"。丹家讲"侧龙卧虎仰瘫尸"，又云"睡不欲尸"，是侧卧五脏松活，仰卧五脏摊紧。然睡眠与睡功不同，睡眠宜侧卧，睡功则各家以不同师授而炼可也。吾得无忧子所授僵尸功，即用仰卧，以法"未学生先学死"之意。姿势调好后，把念头集中，寄托在耳根上，用心细听息声，随息吐纳，心息相依，以成龟息。六根之中，耳根最利，听息法为观音法门，最易成道。金山派用眼根观光观潮，亦可入恍惚之境。如能入睡，则须睡前醒后，相互承接，觉受相同，二者打成一片，方为睡功要诀。

《法华经》云："一切治生产业，皆与实相不相违背。"六祖慧能《坛经》亦云："佛法在世间，不离世间觉，离世觅菩提，恰如求兔角。"其实天下事皆境由心造，你要修道，则处处有修道资粮，疾病、灾祸为成道之磨难，正可资以炼性，有俗务就在俗务中修，逢逆境就在逆境中修，吃饭、喝水、乘车、办事、读书、写字，无不可以修道。人之一生，总会遇到千难万险，几多忧愁、悲痛、灾祸、伤病乃至自己和亲人生离死别的生死大限，皆可视为悟道的机遇，皆可作为修道的资粮，丹家要能顺逆一如，苦乐一如，悲喜一如，死生一如，则近道矣。自古伟器成于磨炼之境，莲花生于污泥之中，学者苟能发大行愿，于日常生活中磨炼，在俗离俗，居尘出尘，万缘放下，则丹道必成。丹家每云朝朝暮暮，起心动念，行住坐卧，不离这个，这个就是行愿，这个就是境界，这个就是神气，这个就是铅汞，这个就是脐下之珠，这个就是火候，这个就是道。百姓日用都是道，反身而求则成丹，学者只有将丹道生活化，则无处不是道境，无事不可修炼，丹道由此广开法门，应是不难。

第三节　睡方与睡功

人之一生，半在睡眠中度过，更有道家的隐士，视"黑甜乡"为隐身之处，故不能不得睡中三昧。半山翁诗云："花竹幽窗午梦长，此中与世暂相忘。华山处士如容见，不觅仙方觅睡方"，可见睡也有睡方。

据道家养生学著作，卧处不可以首近火，不可当风，不可露天而睡。睡前必作轻微动作，揉眼、擦面、摩腹、刷牙、嗽口、灌足、梳发、静心，令食物消化，再入寝。不可醉饱入睡，不可烛灯而睡，不可悬足，不可张口，不可覆首，要将一切计虑营谋消释，清心入睡。睡宜暖腹（丹家多穿兜肚护脐）、护肩颈，温足冻脑，食后右侧而卧，食远则左右皆宜。老年人要睡午觉，青年人寝不过午。因老年人气弱，故寝以养之，少壮阳气盛，昼寝反会阳亢而致目昏头重之疾。明代郑瑄《昨非庵日纂》记载："《千金方》云'半醉酒，独自宿，软枕头，暖益足，能息心，自冥目。"清代曹庭栋《老老恒言》云："愚谓寐有操、纵二法。操者，如贯想头顶，默数鼻息，返观丹田之类，使心有所着，乃不纷驰，应可获寐。纵者，任其心游思于杳渺无朕之区，亦可渐入朦胧之境。最忌者，心欲求寐，则寐愈难。盖醒与寐交界关头，断非意想所及。惟忘乎寐，则心之操或纵，皆通睡乡之路。"又说："坐而假寐，醒时弥觉神清气爽，较之就枕而卧，更为受益。然有坐不能寐者，但使缄其口，闭其目，收摄其心神，体息片时，足当昼眠，亦堪遣日。"以上可谓入睡之方。

明代周履靖《赤凤髓》载有《华山十二睡功图》，以入睡为行炁功夫，可以视为内丹功法的一种，相传此法乃华山高道陈抟所授。其睡功总诀云："夫学道修真之士若习睡功玄诀者，于日间及夜静无事之时，或一阳来复之候，端身正坐，叩齿三十六通，逐一唤集身中诸神，然后松宽衣带而侧卧之。诀在闭兑，目半垂帘，赤龙头抵上腭，并膝，收一足，十指如钩，阴阳归窍，是外日月交光也。然后一手掐剑诀掩生门，一手掐剑诀曲肱而枕之，以眼对鼻，鼻对生门，合齿，开天门闭地户，心目内视，坎离会合，是内日月交精也。功法如鹿之运督，鹤之养胎，龟之喘息。夫人之昼夜有一万三千五百息，气行八万四千里，是应天地造化，悉在玄关橐籥。使思虑神归于元神，内药也。内为体，外为用。体则合精于内，用则法光于外，使内外打成一片，方是入道工夫。行到此际，六贼自然消灭，五行自然攒簇，火候自然升降，酿就真液，浇养灵根，故曰：'玄牝通一口，睡之饮春酒，朝暮勤行持，真阳永不走'。凡睡功毕，起时揩摩心地，次揩两眼，则心身舒畅。"《性命圭旨·亨集》载有道教所传"五龙盘体法"，其诀云："东首而寝，侧身而卧，如龙之蟠，如犬之曲，一手曲肱枕头，一手直摩腹脐，一只脚伸，一只脚缩，未睡心，先睡目，致虚极，守静笃，神气自然归根，呼吸自然含育，不调息而息自调，不伏气而气自伏。"此法乃内丹家炼去睡魔，以达到《参同契》"寝寐神相抱，消息候存亡"，

《庄子》"其觉也无忧，其寝也无梦"的境界。其法虽然入睡，仍常惺惺，心地湛然，以睡引元神合道。如此"开心宗之性，示不动之体，悟梦觉之真，入闻思之寂"，其诗云："元神夜夜宿丹田，云满黄庭月满天。两个鸳鸯浮绿水，水心一朵紫金莲。"

侧身而卧之法，不必拘泥。仰身而卧，称作尸睡，儒门有睡不尸卧之戒，然道教"未学生，先学死"，能行胎息僵尸之功，亦是仙人境界。丹家将人之鼻喻为面部之山峰，两眼间鼻柱为"山根"（又称"祖窍""性户""观音堂"等）。两鼻孔中间之鼻柱根部，下接"人中"穴，亦名"山根"，以其恰在鼻下根部呼吸出入之交接处，以意摄此鼻口山根谓之"锁鼻"。意注此鼻根，心息相依，锁住气息之感觉，似将其移到肚脐之中，渐入混沌，真息悠悠而入睡，此即"锁鼻术"。吕祖诗云："高枕终南万虑空，睡仙常卧白云中。梦魂暗入阴阳窍，呼吸潜施造化功。真诀谁知藏混沌，道人先要学痴聋，华山处士留眠法，今与倡明醒众公。"据世传张三丰《蛰龙法跋》，《周易·随·象传》云："君子以向晦入宴息。"不曰"向晦宴息"而曰"入宴息"，其妙处正在"入"字，"入"即睡法。以神入炁穴，坐卧皆有睡功，又何必高石头眠哉！今将世传华山陈抟《蛰龙法》睡功诀录于后，以见道教睡功之真谛：

> 龙归元海，阳潜于阴。人曰蛰龙，我却蛰心。
> 默藏其用，息之深深。白云高卧，世无知音。

第四节　修阴神功法

本讲最后，传一套丹道功法。这套功法《二懒心话》已披露，颇适合社会各界知识分子保命健脑之用，为丹道之正宗功夫。此功夫能修炼"出阴神"，可以激发出诸多心灵潜能，望修士万莫贪着，莫背离成就玉液还丹的目标。盖人之一身皆阴，惟两目为阳，目中精气神俱全，人体其他部位可化妆变形，惟两目无法掩饰。两目回光返照，便是化阴还阳的丹道功夫。

1.洗髓法：冥目，调息，凝神内照。片时息调后即以意凝神于脑，以目光微向头顶一看，觉有微明，如黑夜月色然。随即用意引此光映照泥丸，待得脑中光满而头若水晶然。此法为内照巅顶，初时仅以意为之，并未有光，久之而光现，光现则性纯而命固。密宗亦有此引罡之法，光色有白、黄、红、绿、蓝不同，或呈五彩并现之，其作用亦各异。据知非子老师《心气秘旨诀中诀》所述："白光主消灾除障，通行血脉之壅滞；黄或红光，主增益严肃，补气进阳；绿蓝两光，则主成就不动，益精安神，究竟成就。如初修气脉，或时值夏秋，则以白光为妙；至气脉已通，或时值冬春，则以红、黄二光为宜"。

2.洗心法：光映泥丸存之既久，乃引此光明下降重楼，直达绛宫。在绛宫存之半晌，但觉绛宫纯白，惺惺而照，即为洗心法（绛宫为心府）。

3.净土法：随之以意引白光降至中黄（黄庭中宫），存之既久，觉中黄一片纯白。绛宫为心脏区域，中黄为胃部区域，脾胃属土，故名净土法。

4.靖海法：其光明自觉随气下降，至下丹田，感觉丹田渐渐宽阔，幽深如海。

5.龙从海底现：内照丹田，愈照愈明，愈宽愈广，久而久之，觉有气动于丹田之中。

6.虎从水底翻：我则一念清虚，微以意引目光，从海底兜照后去，觉此光已透尾闾。

7.黄河水逆流：光从阴跷，直透尾闾，由尾闾自下而上，沿督脉上行。

8.还精补脑：气随光动，由丹田降阴跷（会阴）直透尾闾，沿督脉上达头部泥丸宫。

9.圣日圣月照金庭：我于斯时，用首尾照顾法，其法即以我双目之光，存在半天空中，如日如月，下照巅顶，直透三关，照至极深海底（阴跷）。

10.水在长江月在天：此种内照功法，即以头顶悬空一轮明月，下照海底阴跷。又在海底一轮月影，同顶空明月上下相映（如佛密之月轮观）。

我于斯际，万籁俱寂，上冲下透，久之但觉此一缕清光，上透九霄，下破九渊。如此空而忘，忘而空，直至自身亦不觉有，便证得虚无之境。此种功法，与密宗修气脉、明点之法，均为借假修真，成就玉液还丹。另有静坐诵念《玉皇心印妙经》而得玉液还丹者，须学者在诵读此经时自己心领神会。①

---

① 《玉皇心印妙经》全文：上药三品，神与气精。恍恍惚惚，杳杳冥冥。存无守有，顷刻而成。回风混合，百日功灵。默朝上帝，一纪飞升。知者易悟，昧者难行。履践天光，呼吸育菁。出玄入牝，若亡若存。绵绵不绝，固蒂深根。人各有精，精合其神；神合其气，气合体真。不得其真，皆是强名。神能入石，神能飞形；入水不溺，入火不焚。神依形生，精依气盈；不凋不残，松柏青青。三品一理，妙不可言。其聚则有，其散则零。七窍相通，窍窍光明。圣日圣月，照耀金庭。一得永得，自然身轻。太和充溢，骨节含琼。得丹则灵，不得则倾。丹在身中，非白非青。诵持万遍，妙理自明。

第十一讲　清净丹诀

（自身阴阳清净丹法程序）

　　自身阴阳清净派丹法，以《伍柳仙踪》《大成捷要》和《性命法诀明指》所传为正宗。今据其丹经，将自身阴阳清净派丹法程序，以筑基入手功夫（道术）、炼精化炁（初关仙术）、炼炁化神（中关仙术）、炼神还虚（上关仙术）四个阶段，分步破解如下。

第一节　筑基入手功夫（道术）

　　内丹筑基阶段，主要是补足人体生理机能的亏损，同时初步打通任督和三关的径路，直至气通、热通、全身通，为炼丹运药作准备。张伯端《悟真篇》云："咽津纳气是人行，有药方能造化生。鼎内若无真种子，犹将水火煮空铛"，就将筑基道术气通任督和仙术"转河车"①作了区分。内丹道术阶段，先要入室静坐，调身、调心、调息，止念守窍，做到松、静、自然，心息相依。

　　内丹仙术以炼精为初关，从人的性功能炼起，因此筑基阶段亦首先要补精，健全人的性功能。精是丹功的基础，保精固肾，为筑基第一要务，其法以舌顶住上腭天池穴，促生津液，咽津补精。如老年人精枯阳痿不举，则又须用敲竹唤龟（女用鼓琴引凤）之法将真阳唤起，

---

　　① 丹家称督脉沿脊椎上行的线路为银河，运行的动态称河车，转河车即运药转通三关的丹功。

或以添油接命之术促生真阳，真阳萌动，玄关一窍自开，便可行丹功仙术。补精生精，阴跷一脉，甚为重要，其窍即是会阴穴，亦有三岔口、上天梯、河车路、海底、危虚穴、生死穴等异名。阴跷上通天谷，下达涌泉，真阳出生之时，必从此穴经过，乃生药、采药之处，有调节肾功能和内分泌的作用。内丹家认为精是人生命之本，一个人有没有青春活力，其生理指标就在于是否性功能健全，而恢复人的青春，使老者还少，发白还黑，齿落更生，这恰是内丹学追求的目标，无论何派内丹功法，都不例外。

精、气、神是维持人生命的三宝，筑基功夫就是要补足三宝，使人精满、气足、神旺，达到三全。精满现于牙齿，气足现于声音，神旺现于双眼，筑基完成后，牙齿健全，声音洪亮，二目有光，说明人的生命力旺盛，直至寒暑不侵才算阴精牢固，便可修炼内丹。

一、炼己

柳华阳《金仙证论》说："盖己者，即本来之虚灵，动者为意，静者为性，妙用则为神也。"所谓炼己，是指对心性的修炼，要求修炼者入室之时，外绝耳目，内绝思虑，惩忿窒欲，泯去一切杂念，使识神退位，元神重现，恢复真意无朕兆的本来面目。北派清净丹法讲七分性学，三分命理，故把炼性放在首位，作为筑基入手功夫。实际上，炼心是贯彻始终的重要功法。上等根器之人，一步炼己还虚，由虚而灵，由顿法了彻一心，直入无为之化境。多数人则须用渐法，从惩忿窒欲做起，直至无忿可惩，无欲可窒，连惩窒之念俱无，方达到炼己的要求。

炼己的目标是还虚，虚是一种由纯化为静，由静化为杳，致使头脑中呈现的无思维状态。这时，虚灵的元神才活泼泼地寂照不昧。

另需说明的是，丹功炼己，高度入静，会出现一些效验，如可返观内景隧道，见自身五脏六腑及经脉；或出现外景幻觉，俱应以正念正觉扫去。其效验最显著者，为身体出现痛、痒、冷、暖、轻、重、滑、涩等异样痛苦感觉，相当于佛教禅宗进入初禅时的"八触"（注：坐禅八触为动、痒、轻、重、凉、暖、涩、滑。又有掉、猗、冷、热、浮、沉、坚、软之副八触。《摩诃止观》卷九称空、明、定、智、善心、柔软、喜、乐为正八触），此乃体内气血邪正相搏，阳长阴消的反应，炼到身体无痛苦，才算有了功夫。

第二节　炼精化炁（初关仙术）

初关仙术阶段，属于小周天丹功。小周天又名转河车，以泥丸宫为鼎，下丹田为炉，行炼精化炁之丹法。这段丹功以元精为药物，以气为动力，以神为主宰，最后将精和气炼化为炁，便是丹母。元精是无形无质的，和后天自然界的物质不同，属于先天的机能，它的本源是元炁，二者相互转化，动为元精，静为元炁。人之元炁禀受于父母，生后隐藏在炁穴（下丹田）之中，长到 16 岁，两肾间元炁自然萌动，有暖信至阳关，生殖器自动勃起。此时人会觉得有一种如射精般的快感，但实则并未射精，要放松入静专心修炼。人如不知修炼，则神转为情，元精化为有质的淫佚之精，走"熟路"泄出，便是"顺而生人"。内丹家要"逆而成仙"，便留住元精，炼精化炁，行小周天功法还精补脑。

二、调药

药即人体的元炁，它有顺逆变化，顺则化为元精由阳关向外泄露，逆则返还于炁穴。内丹家抓住此变化之机，凝神入炁穴，将元精从外摄归炉内，所以称作"勒阳关"，又叫"调外药"。

调药功法要掌握三点，即调法、调所、调时。调法的要诀是凝神入炁穴，神炁相依，息息归根。调所即在炁动之处，调时即阳物欲动之时。这时要用武火，以后天呼吸接先天炁穴，以正念深入炁动之处，将所生之精摄回丹田本穴，使神炁交媾，纽成一团。随后再用文火温养，忘息忘意，不存而照，方得药产。

人的生殖器无念而举，便是身中"活子时"，这时一阳初动，有光现于眉眼（阳光一现），元炁产生，称为产药。小周天所产之药也称"小药"，又名"真种子"。小药产生时会感到周身融和，四肢绵绵，痒生毫窍，心觉恍惚，如色情浓饿，阳物勃起，精生炁动，任督自开。这时须急行"采、封、炼、止"之法。

三、采药

产药之景出现时，要不惊不惧，待时而采。当药产神知，感觉到形成一团暖炁时，说明元炁已经充盈，不老不嫩，当抓住时机，速起武火，吸则有心，呼则无意，目光射定，用吸不用呼，凝神合炁采药归炉。[①]

起火归炉后，须在炉中以文火温养，息息归根，以伏神炁，叫做封固。

四、炼药

采药归炉之后，当速起火，呼吸并用，由文而武，神聚炁穴，烹炼药物，使精化为炁，以绝漏精之患。武火之后再行文火，使心息相依，丹田常温，火候既足，真炁氤氲不散，便有开关之候。这时丹田发热，热极生动，炁足冲关，急行"吸、舐、撮、闭"四字诀[②]，用真意自生死窍引入尾闾穴，沿督脉过三关直上头顶泥九宫，稍停后（去矿留金）由任脉过绛宫下降回丹田，以运转河车。丹家称为"聚火载金，火逼金行"，子、午进阳火，退阴符；卯酉沐浴；行小周天丹法。凡遇一动之炁，即要采药转河车炼完一周天，如此动而复动，炼而复炼，周而复周。炼至纯熟，一吸而神炁直上乾顶，一呼而神炁降归丹田，每次呼吸循环一周。入定之后，神随炁行，沿任督二脉旋转不停，真炁不再行阳，称作法轮自转。凡运转有药，采、封如法，炼止合度，神真炁清，便是一次符合"玄妙机"标准的周天。如此积之不过百日，完成合于玄妙机的三百周天，则精尽化为炁而不漏，淫根不举，修成"漏尽通"了。

内丹家把修成无漏之躯，淫根缩如童子，真炁足似婴儿，看作是返本成仙的要害步骤。但同时认为僧人持戒禁淫者和年老精竭者都不是真无漏，只有小周大功成，精满化炁而无泄精之路，真炁足而生机

---

① 调药与采药，各派丹家都有口诀秘传，《葫芦歌》云："行着妙，说着丑，惹得愚人笑破口"，同类阴阳丹法易受俗人诽谤，清修派丹法则无骇怪之处。吾于1982年春访道于崂山太清宫，据匡常修道长所传：其法以微意照在丹田，待所生之元精欲返回时，急吸一口气，下达会阴穴，呼气时用意一提将精竭引入丹田，如此数次或十数次，内精归炉，原来勃起的外肾自然消缩，称为采药。还有青岛杜永盛先生所传"凤凰三点头"等，为火候秘诀。

② 吸、舐、撮、闭四字诀为：鼻中吸气以接先天；舌抵上腭以迎甘露；紧撮谷道内中提；塞兑（口）垂帘（闭眼）兼逆听（耳）。

不动，才是无漏之真人。

五、止火

当小周天三百妙周圆满，有龟缩不举之景（马阴藏相），阳关一闭，龟头缩回，于入定之时，两眉间一道白光亮如水银（阳光二现），便是火足药灵之候，火足丹熟，再行火候要伤丹，应及时止火。如果三百妙周完成，仍未出现阳光二现，则再继续加炼（三百妙周之外称为"闰余"），直至三百六十妙周，如阳光仍未现，则止火入定以等待。如三百六十妙周未完而阳光已现，则以阳光为准。止火之景出现标志着炼精化炁阶段的完成，这时已积累三百多次的元炁（外药）在下丹田凝结。止火之后，神入丹田，与所储之药会合，促生内药。

第三节 炼炁化神（中关仙术）

炼精化炁的小周天丹功完成后，便经过"入圜"（释教称坐关或闭关）的过渡阶段，转入炼炁化神的大周天丹法。小周天要求精不漏，大周天要求炁不漏，炁比精更易泄漏，因此大周天自始至终强调防危虑险，以免炁散而功败垂成。大周天时人体的精气全化为炁，只剩下神和炁两个成分，只在中、下二丹田之间运转，不再循河车之路，使神炁合炼而归于神，为二归一的中关仙术。中关实际上是进一步炼药的功夫，使神炁凝结，从有为过渡到无为。

六、采丹

大药称为丹母，有的丹经中泛指为金丹，采丹就是采大药，需七日之功，乃真阳七日来复之意，又名入圜，是大周天之前的过渡阶段。丹家行子午周天数足止火之后，应行卯酉周天以团聚药物而作沐浴，卯酉周天有收敛团聚之功。[1] 此阶段有"大死七日"之景，人的基础代

---

① 注：卯酉周天即左升右降、右升左降行金木交并之功。其法于坤脐阳生时，气穴中火珠一粒，左旋傍脐，升傍绛宫，折左肋，透左肩，上左耳根，由左目转右目，经右耳根后，下右肩，右傍绛宫下脐还丹田，谓之进阳火。如此 36 次，心荡肾热，活午阴生。复右旋左降，退阴符 24 次。此卯酉周天妙在不经三关，及至纯熟，则左右俱升，或前后俱升，无所不通，以收敛药物。

谢率降到最低点，有如恒温动物（如熊）之冬眠。丹经认为"若要人不死，须是死过人"，丹家由此得到濒死体验。

止火后，外呼吸停止，有炁从会阴上腾丹田，内药产生，和外药相迎，凝结内药、外药而成大药。

这时人于静定之中，忽眉间又掣电光，虚室生白，是阳光三现之景，说明体内真阳圆聚，炁根内大药已生。大药产生时还有"六根震动"之景，[①] 说明正子时已到，应凝神入定，专用目光内视，日夜观照中丹田，渐入无为功夫。同时做好各项准备，按秘诀采大药服食过大关。

采大药之前，为做到"六根不漏"上用木夹夹住鼻窍，使鼻根不漏；含两眼之光使眼根不漏；凝两耳之韵使耳根不漏，舌舐上腭使舌根不漏；下用木座抵住谷道使身根不漏；一念不生使意根不漏。先准备下状如馒头的木座，上以棉布覆盖，以抵往谷道，同时将鼻呼吸变为内呼吸，用木夹夹住鼻窍，防止内炁由上下鹊桥（上鹊桥在印堂与鼻口，下鹊桥在尾闾与二阴）外泄的危险。

大药生时，如弹丸、火珠，惊颤旋动于脐间，先后上腾心位，前触阳关，后冲尾闾。由于心位不能存炁，止火后阳关已闭，尾闾遇阻不透，便下奔谷道而去。这时谷道外用木座抵住，内以"吸、舐、撮、闭"四字诀，乘大药自动冲关之机，以"五龙捧圣"之秘[②]，用微意轻轻上引，如同羊拉车过尾闾而至夹脊关。大药在夹脊关通阻不动时不可意引其动，要待其忽又自然而动时以微意轻引，便如鹿拉车般轻快地撞过夹脊关升至玉枕关。大药至玉枕关又遇阻不动，复以五龙捧圣之法待其如牛拉车[③]，自动以大力冲开玉枕关，直贯顶门脑中以意守之，

① 六根震动为丹田火炽，两肾汤煎，眼吐金光，耳后风生，脑后鹫鸣，身涌鼻搐之类。

② 五属土为真意，龙乃元神，圣为大药，用意引大药过关之法为五龙捧圣。其诀或以心、肝、脾、肺、肾之五气化为红、青、黄、白、黑之五龙，以水（黑）龙居左，火（红）龙护右，青龙、白龙、黄龙拥丹上行。

③ 羊车、鹿车、牛车，丹家名之为"三车牵引"，由尾闾至夹脊，如羊驾车，细步慎行；由夹脊至玉枕，如鹿驾车，巨步快奔；由玉枕至泥丸，因玉枕细微难通，须如牛驾车，大力猛冲过去。

补足泥丸、髓海，谓三华聚顶，再引下至印堂。大药在印堂遇阻不通，易从上鹊桥泄漏。这时须用木夹关锁鼻窍，以舌舐上腭，将大药引下，如甘露、雀卵，颗颗降下，过十二重楼（喉下气管），下入中丹田亦通彻于下丹田，须行卯酉周天以团聚大药。中关仙术须移鼎于黄庭，将中丹田和下丹田合成一个虚空大境界，称小鼎炉，采大药服食后入于黄庭之中，使目光常照，合神而炼，在此神炁相包，凝为一体，称为圣胎。

七、养胎

所谓圣胎，亦称婴儿，实际上非有形有质之物，而是对神炁凝结的比喻。在这一阶段，先以神入炁，后以炁包神，以元神为大药之主人，以大药为元神之宅舍，直到十月神归大定，恰如神炁交媾在胞中产育胎儿一般，故有养胎之喻。大周天不转河车，只以二炁氤氲于黄庭、丹田之间；其火候不计爻象，昼夜无间断，用四正沐浴亦不在卯酉换气，以常定（意念若无）常觉（按四正行动）、洗心涤虑、绵密寂照之功及入定之力，促使元神发育成长。十月之中炁由微动到不动进而尽化为神，真意的运用也是由双目观照而至无觉，更不着意于火，以免影响元神的大定。实际上，大周天功夫本身就是入定功夫。

大周天的入定功夫，目的是炼阳神，其丹法称为抽铅添汞。汞为阳，铅为阴，汞为日，铅为月，炁动神散则为阴，炁定神纯则为阳。故炁定一分，阴消一分，阳长一分，至二炁全化，昏沉尽绝，独留一虚灵之阳神，方成纯阳果满之胎。在第一个月二炁仍活动升降；第二个月炁动微微；三个月后仅有余炁在中下丹田微动；第四、五个月炁不再动，阴减阳增；第六、七个月定功已纯，化炁为神；至八、九、十个月之后，寂照已久，性功已满，神已纯全，则须用迁法移胎于上丹田，向上关过渡。其中有日月交光合璧、芦芽穿膝、珠落黄庭诸景，皆当以卯酉周天收之。中关养胎阶段随丹功进程会逐次出现以下证验。

（一）辟谷现象

约在三个月后，神炁已入定，人体元炁充盈，则饥饿感消失，便会出现辟谷现象。本来谷为后天之物，食谷为阴，体内无阴，自不思食。辟谷现象出现早晚因人而异，直接和人的定力相关，辟谷早则说明得定早，以后出定亦早。辟谷是入定的证验，不可强求。

（二）昏睡全无

至六、七个月后，定功已纯，元神为胎之主。这时自然无昏沉之意，也不需睡眠了，但有一分昏沉之意，便有一分阴在，昏睡全无是阳神旺盛的证验。

（三）胎息脉住

养胎至八、九个月时，炁已尽化为神，即出现脉住之候和体呼吸现象，这时人百脉俱和，如有如无，口鼻中已不存在呼吸，说明已返回到如在母亲胞胎时的境界。

（四）六通之验

养胎至十月圆满，成纯阳之体，日月合璧之后，神归大定，定能生慧，遂有六通之验。漏尽通在小周天功法时已达到，重返童真之体；天眼通能见天地间一切事物；天耳通能闻十方之声音；宿命通能晓世事因果；他心通能知别人思想；神境通能推往知来，洞察隐微。实际上，所谓六通大多是通过修炼开发出来的人体潜能。内丹家对这些心灵潜能现象当作炼丹中必然出现的证验，不喜不惧，仍以炼成内丹为人体实验的最终目标。特别是对神境通，他们担心这种对识神的智力开发反而导致元神蒙昧，故特别小心。《仙佛合宗》云："惟神境一通，乃识神用事，若不能保扶心君，即为识神所转……惟是慧而不用，则能转识成智，始得证胎圆之果也。"

十月养胎期间，会突然胸隔闷痛，口吐淤血；如斧劈脑，便下脓秽，此乃如龙脱骨，如蛇蜕皮的真空炼形之景，可使痼疾俱消。继而心、肝、脾、肺、肾中阴气炼尽，又有五气朝元、赤蛇透关之景。入周天入定后还会出现许多幻觉，丹家称为外景或魔，有六欲魔、七情魔、富魔、贵魔、恩爱魔、灾难魔、刀兵魔、圣贤魔、乐魔、色魔，实际上皆是人们在中国的现实社会中经常泛起的欲念。内丹家要求在入定后见魔不认不应，皆以正念扫去。丹家秘传有存思太阳真火焚身之法，可消魔障。当十月阴尽阳纯，神全大定，胎息脉住，自然不再有魔，应进入炼神还虚的上关仙术了。

第四节　炼神还虚（上关仙术）

内丹学中认为道即是虚无。丹经中以○代表虚，宇宙中只有○是不坏长存的，神归虚无，就完成了三归二、二归一、一还○的全过程，称为与道合真了。炼神还虚为丹功的最高阶段，纯入性功，约为九年，前三年乳哺阳神，后六年有出神之景。

八、出胎

炼炁化神之功完成后，只剩下一寂照之神，元神不能久居中、下丹田，须先用迁法将神迁至上丹田（即脑中心之泥丸宫，为阳神的本宫），称为移胎。然后将阳神寂照于上丹田，混融成一虚灵之境，存养阳神，称为乳哺。这是说阳神初时尚未稳定，如婴儿幼小需要乳哺。乳哺的基本丹法是入定，入定即炼神，神愈炼愈纯，称作见性，入定愈久，定力愈大，阳神则愈健全，神通也愈大。丹家称人体为"壶"，坎离交媾直至出神，皆是在壶中的腔子里完成的。在上关仙术中，《黄庭经》中的三部、八景、二十四真之身神皆现出景象，丹家入定收服为护法，可见丹道修炼离不开人体的腔子。阳神乳哺日久，六通已全，性合虚无，这时在死心入定之中，突见眼前有金莲从地涌出，上透九霄，化为雪花纷飞，天花乱坠的景象，囟门自开，为出胎之时。囟门又称天门，其实婴儿时囟门原是开的，此时天门骨亦如婴儿般开缝，金光四射，香气满室，阳神自泥丸宫脱胎而出。如果不及时出胎，神久拘于形中不能解脱而还归虚灵，仍可离定而动，出现危险。例如道士的尸解，和尚的坐化，都是元神出壳失去控制无疾而亡的结果。既使没有尸解坐化，神拘于躯壳中顽而不灵，也只能算"寿同天地一愚夫"。阳神即人的精神的最高精华，是至虚至灵无形无质的。

调神出壳之后，三年乳哺功完成，要继续六年温养之功。此时在人的躯体二、三尺周围，出现一轮金光，即是温养元神（法身）的乳汁。其法先以法身近于光前，以念聚光收于法身之内，然后收法身入躯，依灭尽定而寂灭之。要以太虚为超脱之境，以泥丸为存养之所。为防止阳神出而不归，迷失本性，须旋出即收，多养少出，始则出一步即收，宜近不宜远，宜暂不宜久；继则出多步、多里而收，渐出渐远，渐出渐熟，使阳神逐渐老成。

阳神出壳后，仍会有幻景出现，引诱阳神迷失不返，这是由于原来炼己不纯，有阴神外游造成的。不得已，尚有炼虚一段功夫，以补原来炼心未至之功。这时重以定功炼神，神愈炼愈灵，渐入道境，放阳神出去，便可以达地通天，千变万化，移山超海，神通广大，并能将法身愈分愈多，称为身外有身了。

九、还虚

还虚合道，为内丹学最终的撒手功夫。这时复将阳神收入祖窍之中，炼而复炼，炼神还虚，更于虚无处炼之，阳神百炼百灵，炼得阳神的慧光内神火，贯通躯体百窍，阳焰腾空，透顶透足，将色身（躯体）炼化入法身（阳神）之中，使神光普照。最后炼得通身神火，躯体崩散，粉碎为不有不无、无形无迹的先天祖炁，还归于〇，一如佛家之无余涅槃，方是还虚合道了。这最后一步称为"虚空粉碎"，做到聚则成形，散则为炁，便见仙人本色。内丹家所谓"带肉大觉金仙""万劫不坏之躯""本来面目"，所谓"形神俱妙，与道合真""性命双修""超神入化"，都是化归虚无的意思。

内丹修炼的全过程是以道学的宇宙生成论和内丹学原理为依据的。炼神还虚，就是要炼得神不自神，形神两忘，不见有道法可修，不见有神仙可证，尽归无极，复还空无，达到与天地合一，与宇宙同体，乃至后天和先天合一的境界。内丹学认为，宇宙的自然本源是道，道就是虚无，是宇宙中唯一永存的〇。内丹学追求人与道的契合，其中所谓"长生成仙"的概念，也无非是虚无一个圈子。《唱道真言》云："炼丹，非有事事也。无所事事，方谓之炼丹。人能无所事事，以至于心斋、坐忘，丹亦何必炼？丹至于不必炼，乃善于炼丹者也。"又说："夫无上之道，原无可道，无上之丹，原无所为丹，欲执象而求之，背道远矣。"

第十二讲　女丹传真

中孚子按语：古今英雄历尽劫难，眼见得功名富贵恰似东流水，万缘万事无非水上波，故暮年多入于佛道之门。人生有烦恼多者，则归于佛；有灾病多者，则入于道。更有世间一般奇女子，或姿质出众，或容貌绝代，或才艺双馨，或风流多情，或功业不让须眉，或聪慧得之天纵，然时光荏苒顿换五浊（命浊、烦恼浊、劫浊、众生浊、见浊）之形躯，玉貌花容之少艾转眼成鸡皮鹤发之老媪，天生丽质显露出一具粉红骷髅，于是也幡然悔悟，急上法船驶入佛道之门。

本来佛道二家之修持，各有所长，佛法虽偏重性功，然性功到极处，仍有其命功在，亦能变化人身之体魄。然丹道命功首在祛病健身，如果修行人已经体弱多病，甚至恶疾临身，再一味静心坐禅、行善念佛，来不及明心见性成佛，就只好带业往生了！女子丹法，本身就是一种健身术和美容术。但凡世间女子，割不开情爱，舍不下容貌，乃学佛之大忌，自然还是修持丹道比遁入佛门方便。人生而为女子，欲求驻颜留春、却病延龄，必须修得金丹大药，人生而欲救老残，舍此别无二途。《增演坤宁妙经》云："至于祝发披缁，云堂梵宇，虽有比丘尼之传（尼僧得道者少），谁正不二门之教？优婆夷（女子受五戒者），恐尽属鬼子母；水月殿（庵堂），半已成罗刹国。是诸女流，勿轻祝发；更是大家（大家闺秀），勿易披缁。梵行一亏，沉沦百劫；清规有玷，飘堕无期。""但祝发披缁，非易试耳。至嘱，至嘱。"

世间福慧双全之女子向所未遇，今将女子丹法公开，其意不在收徒传法，仅望世间有缘之女士自择其善果云尔。清代内丹家刘一明真人传有女丹功法，亦以斩赤龙起手，得真一之气，以虚无丹法成道。其丹诗云："吾今作此女丹法，闺阁英雄自钻研。烧香拨火著空事，吃斋念经口头禅。若说死后归佛地，望梅止渴尽虚悬。此身不向今生渡，难免来世恶趣牵。果然回头急修证，女中真人代代传。"

2007 年 10 月 22 日

第一章　女丹概说

丹家将女子视为坎（☵）卦，将男子视为离（☲）卦，坎卦外阴内阳，本有金丹隐藏在身中，故丹道最适合女子修持。古仙以为从内丹学的视角分析，男女因生理、心理上本不相同，故在秉性、形体、功法三个方面有差别。先说秉性上，男属阳则清，女属阴则浊；男性刚则急，女性柔则缓；男念杂易动，女念纯易静；男气动易泄，女气静易敛。男为离卦如日，一年一周天，女为坎卦如月，一月一周天；男之气难伏，女之气易伏。次从形体而论，男喉有节，女喉无节；男乳小而无汁，女乳大而有汁；男阳凸，女阴凹；男有精囊，女有子宫；男命在炁穴中，女命在乳房中；男精色白名白虎，女经色赤名赤龙；男精阳中有阴，女经阴中有阳；男精生炁充足，女经化炁和微。后从功法而论，男先炼本元性功，后炼形质命功；女先炼形质命功，后炼本元性功。男子以精为基，阳从下泄；女子以血为本，阳从上升。男子之命在丹田，丹田为生丹之真土；女子之命在乳房，乳房为母气之木精。男子修成不漏精，谓之"降白虎"；女子修成不漏经，谓之"斩赤龙"。男了炼精化炁逆行到脑；女了炼血化炁直腾心窍。男修为太阳炼气，女修曰太阴炼形。男降白虎，阴茎缩如童子；女斩赤龙，乳房缩如男体。男子修成童体，后天之精不泄，可以结丹延年；女子修成男体，浊阴之血不行，可以男子丹法速成。男出神迟，成道亦迟；女出神速，成道亦速。男可自己飞升，女必仙人待度；男丹必须面壁，女丹不用还虚；男子丹成为"真人"，女子修成号"元君"。

女子太阴炼形之术，其身体重要关窍是两乳中间的膻中穴，在女丹中称作"炁穴",又名乳溪,或径称乳房;子宫所处部位,称作血海,相当男子的下丹田。所谓"形质","形"即乳房,"质"指经血。女丹之关窍,尾闾、夹脊、玉枕、泥丸与男丹同,惟前三关有异。盖女子属坤体,以腹为阳,以背为阴,以两乳为外窍,以乳溪为内穴。炁纳乳溪,神凝金室,性定觉海,意注丹宫,归一惟观。金母观心,老子观窍,佛观鼻端,鼻端即二目之间山根,又名性户,为女丹要穴。女以乳溪为上关,脐后肾间为中关,牝户(又名泉扉)为下关,子宫(又名血海)为大鼎。

男子元精为至阳之炁藏于命门炁穴,女子真血为至阴之精藏于血海牝户。男子以阳生为火,火回就水而行功;女子以阴生为水,水回就火而行功。所谓"阴生",指月经(癸水)来之前的"潮信"(壬水),实是气行在前,血行在后;信至之日,有腰腿疼痛、头目不安、不思饮食等生理反应。男子阳生在子,女子阴生在午;子乃肾经,午乃心经;午是阴之根,子系阳之苗;男子夺外阳以点阴结内丹,女子夺外阴以点阳结外丹。

女命有三,上者阳穴(泥丸),中者黄房(乳溪),下者丹田(子宫、血海);少年从上,衰者从中,成者(斩断赤龙)方从下。女子性阴,其气易伏,而赤龙乃本身阴气所化,阴气动而浊血流。女丹欲斩赤龙,先炼化其气,气化则血返于乳房,由赤变白,周流一身,无欲火炎躁之患;初下手则以阴补阳,继之则回经返乳;初则有经无乳,及至有乳无经则鄞鄂立矣。女子行功要采身中之阴,阴即神与血;以补身中之阳,阳即精与气;须于月信将潮与月信潮尽之候采之,行斩赤龙之功,待功成欲火消而真火出,阴化为阳,气自驯顺,成道比男子省时省力。女修三年,抵男子十年之功。

第二章　女丹修炼的流派

由于女子年龄老少不同,婚媾或生育情况不同,心理和生理条件不同,其修持丹法略分八派。

1. 谢仙姑派：仙姑名谢自然，十馀岁童女即修道，故又名童女派。童女尚未行经，身中元气充盈，可免去筑基功夫及斩赤龙一节，以辟谷休粮入手，行服气、安神、内视、静坐之功，以清净无为丹法得道。此派传《太清中黄真经》功法，再参以《云笈七签》之"诸家气法"。特别指出，历代《神仙传》所记女仙以辟谷休粮入手者居多，是辟谷术最宜女修，非独童女为然。

2. 曹文逸真人派：此派以宋代文逸真人曹道冲之《灵源大道歌》为祖经，以清心寡欲、专气致柔、神不外驰、元和内运为要诀。此派丹法男女皆可运用，属清净功法，可先了性，得玉液还丹。

3. 孙不二元君派：此派为清静散人孙不二所创，故又名清静派，传太阴炼形之法，为女丹正宗功夫。孙不二著有《孙不二元君法语》《坤道功夫次第诗》，教女人从斩赤龙入手，先变化形质，后按男子清静丹法修炼，得事半功倍之效。

4. 南岳魏夫人派：此派传之晋代南岳夫人魏华存，奉《黄庭经》为宗，以存思身神入手，故又名"存思派"。此派以存思身神之姓字、服色凝神，注重泥丸宫之修炼，并在丹田"积精累气以成真"，男女皆可修持。

5. 谌姆派：此派由谌母传许逊、吴猛，以许逊《石函记》、吴猛《铜符铁卷文》为主经，传天元神丹之烧炼与服食，兼以符咒修炼，故亦称"外金丹派"。

6. 中条山老姆派：吕祖《草堂自记》云："吾有二剑，皆传于火龙先生，中条老姆派也。一曰法剑，以术冶成，必得英爽绝俗，正真无私之士，而后传之。否则偏用私行，必遭天罚，即传者亦有过焉。及其扶危济困，扫荡不平，然后以道剑传之，斩断魔根，同归仙岛，此剑仙始末也。残唐之际，干戈草草，天下多奸邪辈，吾传以法剑者盖十余人，使其往来岛国，拔救众生焉。"且有《传剑》二首诗云："东山东畔忽相逢，握手叮咛语似钟。剑术已成君把去，有蛟龙处斩蛟龙。""朝泛苍梧暮却还，洞中日月我为天。匣中宝剑时时吼，不遇同人誓不传。"盖此派又名"剑仙派"，乃吕纯阳祖师亲传，其传法多以师寻弟子而授，先传"法剑"除恶扬善以济世，后传"道剑"阳神内炼以成仙，为虚空阴阳丹道之金气外用，在学理上并无神秘之处。《吕祖全书》载《海上赠剑客》诗五首，其一云："先生先生貌狞恶，拔剑当空云气错。连喝三回急去来，欻然空际人头落。"其二云："剑起星奔万里诛，风雷时逐雨声粗。人头携处非人在，何事高吟过五湖。"其三云："粗眉直竖语如雷，闻说不平便放杯。仗剑当空万里去，一更别我二更回。"其四云："庞眉斗竖恶精神，万里腾空一踊身。背上横担三尺剑，为天示不平人。"其五云："先生先生莫外求，道要人传剑要收。今日相逢江海畔，一杯村酒劝君休。"吕祖描述剑客之诗颇多，晚唐之季贪官污吏多有坐失头颅者，乃中条剑仙所为。此诗前四首述"法剑"之妙用，第五首劝其弃"法剑"而学"道剑"，改内丹外用之术回归丹道内炼之途。

7. 女丹双修派：此派丹法分上、中、下三乘，下乘为房中秘术，有《嫖经》等书所载之驻颜留春之方；中乘有采阳补阴之青娥术；上乘有双修双成、男女俱仙之诀。其中有玄女、素女、采女所传合阴阳之术；有夏姬调合巽艮养阴驻颜之方；有赵飞燕美容轻身内视之法。此派一云传之西王母，称"王母派"，一云乃吕洞宾祖师亲传，称"吕祖派"。《玉房秘诀》云："西王母是养阴得道之人者也""王母无夫，好与童男交。"《列仙传》载赤松子是神农时雨师，乃专管布云施雨的神吏，"常止西王母石室中""炎帝少女追之"，此盖后世将男女性活动称作"云雨"之事的由来。相传西王母居西天瑶池，又称西池金母，丹家托名其少女太真王夫人著《西池集》传其丹法。又吕祖游吴兴，见妓张珍奴，色容华美，性情淡素，传予《步蟾宫》词云："坎离震兑分子午，须认取自家宗祖。地雷震动山头雨，洗濯黄芽出坤土。捉得金精牢闭固，炼庚甲，要生龙虎。待他问汝甚人传，但说道先生姓吕。"《女丹歌》云："潇洒歌唱，浊去香留。日耕三顷地，夜收五内猴。救人兼救己，内外两功收。"吕祖《女丹要言》云："吾有一譬，如月之初三是蛾眉，到五、六日仍圆者也。妇人修炼，如男子一样，难得者是皎洁。须知妇人之欲，过于男子，或到经水已过之后，其心如莲之初放，乘天之雨露，才结其实。妇人若无男子是孤阴矣，孤阴不生，莲花若不受雨露之恩，纵得之沃土，终归无用。天之雨露非为万物发生计，不虚此一举乎？雨露不受于万物，是独阳不长矣。"男女之性能量释放频率，个体差异极大，有的男子和女人每天都有性高潮，另外一些男女则数年甚至数十年无性欲，因之是否选择双修因人而异。双修之工绝非纵欲或性能量之释放，而是激发性能量炼而化之滋润全身，以达驻颜留春之效。吕祖又有诗云："要知金丹真口诀，天人造化本相通。会得其中真妙窍，晦朔弦望仔细穷。一月运周机先动，两日半后即下功。若人识得天机妙，何愁女功不玲珑。再有一段真金诀，须共神仙仔细论。七星宝剑西南挂，双林树下运转轮。盘中宝珠颗颗现，一只白牛透昆仑。百尺竿头忙撒手，骑牛赶月伴老僧。又撞金钟无影寺，六月滴水化成冰。没弦琴音奏三叠，无孔笛吹出八音。木母伴作木马走，金公又随金乌行。二人翻江并倒海，看看要到高峰亭。洒了一点真甘露，忽然七孔放光明。到此一步紧一步，切莫扰乱并因循。待他一点来归壶，二五凝结始圆明。若问此歌何人作，两口（吕）传来度女真。"此诗采自《樵阳经·女工修炼》，识得"初三月出庚"之火候，吕祖所传双修丹法可谓详且明矣。双修虽有驻颜留春之功，但伴侣难求，受条件限制。马丹阳《谕女子修道浅说》云："果遇善男子者，可以并修。若不遇善男子者，只得自立。"孤修无求于人，有利于己，应比双修条件易备，故女子双修派世间少传。

8. 女子虚无派：此派传自李泥丸祖师和沈一炳大师所撰《女宗双修宝筏》，乃虚空阴阳丹法。此派丹法亦以"斩赤龙"起手，须着眼认准"采药"和"炼丹"两个关键步骤。女子虚无丹法以玄关一窍为鼎炉，以先天一炁为药物，以元神妙用为火候。其火候须根据女子生理和心理状况，兼顾后天和先天、色身和法身、动功和静功、形质和本元，必使女子气爽神清、遍体和畅为度。女丹首在调畅气机，禁防痰凝血淤之弊；又须按摩注想，严忌坐脱立亡之患，故火候要轻，以专以柔，塞者通之，寒者温之，燥者润之，于一身中寻其消息，一戒滞塞，二忌神飞。凡孤修静坐，不通阴阳相须采药法门，最易神飞坐化，女丹尤甚。其功法盖以止念为经，以浑照、浑化为纬，以浑忘为竟，其要点在燮理阴阳，配合铅汞，有无交入，虚实相即，隐显相扶，直至色身、法身一如，三田一贯，窍窍光明，身等虚空，则近道矣。行功时先按摩双乳，意注乳溪，止念调心，使心息神清，忘境忘情，咽津行气，待圣日圣月照耀金庭，以同类相须之理行采药之功。至此功举则身无，功停则身有，识得真一，无去无来，无入无出，无动无静，调其心焉，一其气机，这边事尽，那边易通，知白守黑，存无守有，惟在虚空中做活计。李泥丸云："男子以精为本，女子以血为本；精以暖旺，血以凉生，知此则知所以养矣。女功之不废按摩存注者，其义有二。一以通其气机，则经络疏畅；二以炼其津液，不使液滞化痰，而液乃化血。""念不外驰，则神不逐念，血生必旺，真阴亦足，气精自有弥天塞地局境。然或逐念腾飞，便堕二乘，丹书所谓阴神出壳是也，学者不可不戒者也。"沈一炳大师注云："其最烈者，莫如孤修功足之候，感入杳冥，而念或一偏，则格致亦偏，虽求中止，事不及矣。女则神飞，男则精泥，可不慎哉！"

第三章　女丹修持要点和次第

女子丹法派别既明，此处对女丹修持要点和基本步骤，再作补充并简明叙述之。

第一节　持戒净心

丹家每言人之堕入轮回，皆因淫根未拔。按佛教轮回说之解释，人之业识投胎转世时见父母淫媾而受感应，投胎以生，受男之感应遂化为女，反之则化为男；故人对淫欲，习染最深。人身即从淫事而来，故每个人心灵深处都隐藏着淫欲之性，故儒学为张大道德观念讲"万恶淫为首"，而西哲弗洛伊德则将"性本能"作为人的精神活动的核心。丹道和密宗之教人修持，偏偏用性欲牵引入道，而人之性能量实为修炼之本，顺行则以淫事伤精，逆行则采药炼精而双修双成。

女子丹法以清净为本，切戒欲火焚身，如《红楼梦》里的妙玉一般走火入魔。女子之心，原是易动易灭，且多有心胸窄狭者，故初入静时魔障多，如死守一窍，必生厌烦，故而杂念纷起，离道愈远。因而丹道入手，男曰"炼己"，女曰"克己"，"克己"则须拜师时立下大愿，发下重誓，以戒律束缚身心。女子丹法，切记火候要轻，不可强练硬行，不可拘执不化，要自始至终心和气畅，松静自然，其乐融融。女丹初功其内效在于调心舒畅，其外效在于健身美容，密宗修炼亦将女子视为智慧和大乐的象征，故女士入手不可向"苦节不可贞"的路上走。其戒律要在端方正直，慈爱忠厚，不妒不悍，必敬必顺，立愿守盟，坚心行持，尊师重道，多积善功；女子以温良方正、福慧双全者为上等资质。凡人修道，必誓以终身，明师之恩过于天地、重于父母，故马丹阳富甲一郡而甘心服侍王重阳，伍冲虚洒扫力役二十载而切问丹诀，抱朴子谓传法必有盟文使天地鬼神知之，陆西星《三藏真诠》称"天鉴在兹"也。女丹净心，可用"忏悔法"，以慧剑斩断情根，以一个"诚"字思过净业。有心悖理为恶，无心失理为过，过贵乎思，思则检查身心口业而净之，夙兴夜寐，朝乾夕惕，唯道是从，如此清夜思维，晨昏省醒，俾可私欲悉捐，万感俱泯。

女子坤元取象于土，丹家修炼全藉戊土、己土，土性专一，其用贞常，有柔德之正，即须正心诚意也。女子于四威仪中，寂照内观，由静生慧，以定为宗，取老子"地得一以宁"之义，先清心寡欲，割断尘缘，扫去妄念，心心在道，视己若死，直到天君泰定，返乎先天，先天则无男女之分矣。如此不动妄心，惟动觉心；觉心常照，妄心常空；本体如如，真心乃见；操存舍妄，犹是工夫；操舍两忘，心斋独得。此之谓"性不彻者命难存，戒不严者功不笃。"吾有偈云："女身本佛身，恒念观世音；筑基用戒定，割断爱欲根；寂照两忘时，佛性现光轮；智慧圆觉性，心佛俱归空。"如此依佛法"戒、定、慧"三学，以定生慧，终归于虚无之道矣。

第二节 炼形化气

女子属阴，月象也，水性也，花质也，其本命在天癸。月经分癸水、壬水，壬水为信，癸水为潮。少女初生，自有一点初经，含于内牝，如星如珠，乃是先天至宝，丹家称白虎首经中一点先天真元大药。若少女自幼温良，性洁体贞，不听淫词艳曲，情欲未萌，此初经可不变赤珠，不化天癸，不用斩赤龙功法，直达仙境。无如凡间女子无知，童性喜动，现代社会又多物欲，气动心摇，真元不固，此星星天宝，油然融化，其热如火，破扉而出，称作天癸。女子十四岁天癸至，月经初潮，大都在月之初三，以应"三日月出庚"之义，或在十五，以应"月生甲"之理，实即月亮一月一圆，月经一月一来。每经行二十七八日之时，气动血融，壬水先生，月信将至，女子必腰疼身软，头昏欲眠，不思饮食，乃是信至潮未至，壬水生癸水未到之候。此为女工修炼最佳时机，可采癸前壬水。至月经潮到，癸水赤龙，三十时辰而止。诀云"三十时辰两日半，二十八九君须算。落红满地是佳期，金水过时徒霍乱。霍乱之时枉费功，树头树底觅残红"，待月经将尽未尽之时，癸净壬现，先天真一元炁复在真阴动时，又为女工修炼最佳时机，可采癸后壬水。马丹阳《女金丹诗》云："行上为真行下伪，留香去臭分壬癸。后天血化白如膏，直到纯阳消籍鬼。"又云："潮前潮后用神功，一点机关悟一衷。""上"即乳房，分清壬水、癸水，用功时机在"潮前潮后"。《女金丹》云："女子自二七经行，一月一度，运行不息，与月之晦朔同度，不差时节。若差时刻，病作矣。故月月花开，时时经行，其所以行此经者，阳变为阴也。阳既变阴，则不可运，若乱行妄运，杀人不少。须在羝羊未触藩篱之先，信至时用工。"信至时气至血未至，正好用功；至两日半经血已过，以白绫试之其色金黄，再续前功。

女丹亦用《参同契》之"两孔穴法"，相互关照，一为两乳中间之炁穴，一为子宫血海（下丹田）。血液属阴，其质重浊，藏于子宫血海；血中之气机属阳，气质清灵，上升于乳，女丹修炼先辨清浊。《女功炼己还丹图说》云："此段工夫，要分真假清浊。如炼假阴浊气，必成疾病，医药罔效。果然真阴发动，周身如绵，醉汉相似，此时血海中如鱼吸水一般，其乐景有不可以言语形容者，斯为真阴发现之真境也。"女子炼形之工，一在以阴补阳，二在回经返乳。女子有经无乳者，乃腹内无胎，血脉按月来潮；若有乳无经者，乃有婴儿食乳，血脉上升于乳而化甘汁，此所谓"上有漏，下有漏"。女工炼形化气，须先以导引术筑基，以医药调理身体，待至体健神全，丹功入手仍要自己按摩全身，疏通关节，调畅血脉，为斩赤龙作准备，以便回经为乳，炼液化气。首先要以内视法，打通头顶百会穴和足底涌泉穴，"苟或天谷不热，气不上行；涌泉不热，气不下行，必须意目注视，上下其力以引之，认定二穴，不可少有差错。"要点在"以目始意，以意始气，以气凝神，以神炼真，通天达地，无往不灵。"其炼形功法当于子午二时，跨鹤而坐，紧闭泉扉（阴道），叩齿咽津，两手托天耸肩36次，鼻引清气咽下重楼，直至子宫血海，略凝神复运至尾闾，升上夹脊，透入泥丸，复自泥丸沿鹊桥引下重楼，送至两乳之间炁穴。停聚良久，使津化为气。复以两手运两乳，旋转36次，将气运至血海。若行到丹田血海之中，气机温暖，自然有清气一缕，升至两乳。此时不可动念，仍依前式复归血海。此气乃血所化，其下降血海时，血海中必如鱼吸水一般，四肢若醉，体乐难支。此时须拿定主宰，凝守中宫，停聚良久，复自然沿夹脊冲上泥丸，化为玉液，再下重楼还于两乳间炁穴而止。其功法要点是在月信前、经净后之真阴动处，以心息相依、神炁相抱，微微运行。将先天一炁，自子宫血海之中，上升入两乳间炁穴，使之化行周身，以呼吸调节火候，使炁系息住，谓之"炼形"。《坤元经》诗云："眼看乳间（炁穴）心在田（血海），息调来往自绵绵。两天半后真阴动，恰在机中运火煎。"又有按摩乳房之《炼乳诀》云："左日右月一阴阳，鼻息内行名运罡。欲得阴阳归日月，必须真火炼双掌。"以双掌聚真火炼乳，可先轻轻捂住双乳，稍待片刻后仅以双掌在乳前虚空间绕圈作揉乳动作，不必真触及双乳，以免刺激性欲。这种双掌在两乳前转圈虚拟揉乳，以体验内炁运行之感受的功法，其虚实亦因人而异，但火候必须轻灵合度。

此段功法，一在回光寂照，二在呼吸之运用。《女金丹》云："欲寻真人之息，须调后天呼吸之息以寻之。""故息调则气和，息住气不散。"关键是调息要达到"冲和"景象。伍冲虚所谓"夫妻并肩，阴阳合一；昼则同行，不前不后；夜则同住，不逼不离，如斯了悟，方是冲和三昧。"此即心息相依、神气不二之景。其中回光返照，亦以安舒自在为火候，以防气郁。且未得大药，不可久照，恐入魔道，但用十分之一时返照，以潇洒自在为火候，以突见电光石火、慧光发现为景。伍冲虚又云："火候谁云不可传？随机默运入玄玄。达观往者千千圣，呼吸分明了却仙。"足见火候之要，当于真息中求之。如此息从心起，心静息调，神息默运，息息归根，形质外炼，元和内运，金丹之能事毕矣。

第三节　斩龙全功

须选吉日，焚香拜祝，至诚不二，入静室端身正坐，两手交叉捧乳，垂帘塞兑凝神，心守炁穴，意默血海。如此静候血海中真阴之动机，有意使动不是真动，乃是欲念，必得无意自动，方可炼之。如体弱血虚，则于静中凝神入乳间炁穴，两手轻轻揉乳 24 次，将血海之气微微吸起 36 口，升入乳间炁穴，仍以两手捧乳，回光返照，静候血海中真阴动机。如若不动，再行揉乳 24 次，转摩脐腹 36 次，口中咽津 3 次，照前回光，虚极静笃，调息舒畅，万勿意引其动而入欲念伤损神气，火候要合度。此时宜用真意涵运，将口中津液咽下，引入血海，凝聚一刻，由血海穿尾间沿夹脊升至泥丸，再经鹊桥咽下重楼至乳间炁穴乃止。在炁穴停聚良久，以意化津为气，称作转轮法，配以揉乳、摩腹之功，再运至血海而止，每坐都要转。如此每日三坐，功至百日，血海中气机温暖，神机自动，有清气一缕，上冲心舍，升至乳间炁穴。如此行功既久，经血自调，每月依时而至，则预先算定月信将至和经血将尽之期，焚香静坐，待真阴自动，先天一炁发露，如鱼吸水，身体酥绵快乐，似有不可忍之状，速回光聚气于海底，采取生机之药后升前降入炁穴，炼液化气，炼阴返阳，运火用符，烹炼为气，落乎炁穴，散乎周身。如此血海真气常生，每日真阴机动二三次，即运转二三次，三百日功纯，血自化炁，赤龙自斩。此功倘不用火行符，其气仍化为赤血，枉费前功；若用火过当，行符差错，又致血崩之疾；必防危虑险，使气归血海，化血成气，故经血由赤变黄，由黄变白，由白化无，方谓之斩赤龙。

斩龙之工，略分四步。一是心息相依，神炁不二，上至炁穴，下至血海，呼吸悠扬，聚内外之气，打成一片，凝炼不散，由乳运化。鼻引清气和口中津液咽下，在炁穴盘旋，以先武后文之火入乎丹田，运息烹化，觉沿带脉一围腰中生热，静守自然，周身脉络通畅，称玉液炼形之功。二是继之回光照定血海，暖气自生，待热如汤煎，涵伏片刻，自然穿尾间过夹脊入泥丸，稍停片刻，此炁化为美液过鹊桥降下口中，和舌下津液过重楼送入炁穴，运息烹炼，由乳汁经络流通全身，炼液化气与内息合一，妙化自然，称金液炼形之功。三是在信至潮未至前，运息凝神，采血海真一之炁，与自己灵觉合一，升入炁穴，涵默烹蒸，散化周身，称索龙头之功。四是在接近三十时辰癸尽壬生之际，血海真阴自动，回光照定丹田暖气，使聚不散，露出先天真一之机，引之过尾间后升前降落入炁穴，气化舒散周身，称之为擒虎尾之功。如此壮者二年，弱者三年可补破舟，赤龙斩断，乳头缩如男子，方成乾体，丹基始立。《女丹合编》载慈悲古母诗云："回光返照两乳间，修神注在金锁前。（眼观两乳之间炁穴，神注两肾之中。五脏各有精华，而精元独藏肾海，此即人身之枢纽，百脉总会之地，三车搬运之始，男女修真之要害。如此河车自然运至中田，以补破体。）二日半后黄变白，移炉换鼎炼成仙。"

斩龙之功，以女子年龄、体质而定。少女初潮未至，故无须斩龙，一步到炼炁化神之大周天。老年妇女至七七之期，血枯经尽，须按摩乳房再生血元，无中生有，重培生机，待恢复月经再斩之。《女金丹》云："如何养之使复生血元，亦不过收心养性、养气凝神而已。不二元君曰：'本是无为始，何期落后天？一声才出口，三寸已司权。况被尘劳耗，那堪疾病缠。了肥能益母，休道不回旋'。"斩龙之功完成，女子就可以参照男丹修持，和男子丹功无甚差别矣。

第四节　采取生药

女丹以温运和化之斩龙功法，转变为趁机收取之采药功法。其功法首要无知无念，凝神入两乳间炁穴。先以口鼻之外呼吸，催动自身体内之气机。女子斩龙后经血化为玉液，自两乳间随气机运行，流通百脉，滋润全身。此时以外息催动内息，使玉液归根，并以内息凝定，结成还丹。如此以外息催动内息阖辟往来，逆升头顶为进火，进火为采取；顺降腹部为退符，退符即烹炼。吸则降火，呼则升水，上至炁穴，下至丹田（血海），灵觉静中生动，用神抱气，运意随息。《入药镜》云："起巽风，运坤火"，运呼吸之气即起巽风，鼓动橐籥消息，向炉中吹嘘，风生火焰，精化炁生，采此生炁，即是采药。先采心肾之气炼之促生外药，再采丹田之中外药炼之引生内药，终采内药炼结而成大药。外药先生后采，内药先采后生；无外药则内药不生，得外药而内药方就。炼心肾之气，采外药、内药，皆用穿尾闾、过夹脊之后升前降的小周天火候进火、退符，至采大药方用大周天火候炼炁化神。女子静坐至丹田热气初来，急运呼吸用意涵包凝炼，使之穿尾闾上行到泥丸少停片刻，由明堂入炁穴温温然顺落丹田，体若蒸笼，团聚不散。如此日日加工，一吸降火为温；一呼升水为养，用心火肾水以内息绵绵薰蒸，六门紧闭温养生药。一年之间，恍兮惚兮，毛窍若痒，骨节若绵，丹田物动，便是生药之景。女士药生，先天元炁一片热起，异香遍身，神明自觉，缓缓收炼，意抱光定，运息团聚，不使外泄，直至眉上明堂放光，霎时之间见一火珠从明堂射出一丈多高，如闪电一样，此乃基成得药之真境界。此时须将元神稳坐中宫，如龙护珠，如鸡抱卵，直至大静大定，炁足神完，火珠不现，小丹凝结，外药生于丹田血海之内，则采外药引生内药。得真阳逆入炁穴，须防危虑险，一念不生。外药采之本难，只怕当面错过，内药养生甚易，不过静中久候。丹家一觉药生炁到，即趁其生机，采而取之，收而聚之，转河车而炼之，神抱气住，在丹田封固运动真息，心火肾水温养日久，方生内药。女子采得内药，色似桃花，肤若玉脂，一片神清气爽之端庄自在景象，一望而知。

第五节　炼结还丹

　　女子斩龙之后，真元阳炁在丹田血海之中烹炼。此元阳真炁，热如汤煎，神依息住，融聚涵盖，时恍惚杳冥，痒生毛窍，四体如绵，此生内药之景，急备火工在不老不嫩中速采而炼之，遮免遗失。其炼功为真息内运，吸降心中真火以养之，呼升肾中真水以温之，子进阳火，午退阴符，卯酉沐浴，用小周天火候，意随神照，用息运炼，使其坎离交媾。其炼结之功在先，法以呼吸绵绵，内运真息，不过微借口鼻，神火随息，返照烹蒸，文火温温，如鹤胎龟息，久而真炁凝为一团，内结粟米之珠，圆灼光明，盘桓活泼。炼结之功成，再行炼还之功。炼还之时，要死心如灰，性清如天，六门紧闭，调合性情，定息运气以抽铅，行火炼形以添汞，以呼吸轮转，河车搬运，先天大药凝结，后穿尾闾过夹脊经泥丸移炉换鼎，落入乳间炁穴，称作炼还之功。丹还炁穴，坎离交媾完成，再行大周天火候，使其乾坤交媾。此时神依炁和，意涵息住，似有似无，若觉不觉，惟用内息，绵绵若存，呼吸外随鼻口，出入若不在鼻口，又似未离乎鼻口，息运意觉，神明自知。其中百日生大药，移炉换鼎等功法，可参照男丹行之。

第六节　会合胎息

大药入炁穴，神炁凝结，乾坤交媾，进入炼炁化神阶段。此时以意引元神下降，息运元炁上迎，于乳间炁穴之中神炁会归一处，如夫妻结丝罗一般，渐融渐合，终于凝为一体，结为圣胎。如此神即炁而凝，炁即神而住，如怀孕一般而成胎。结胎而后之息，谓之胎息，即胎因息生，息因胎住，胎不得息不成，息不得神无主，神息相依，是真胎息。人身本有二气，一为元炁，一为呼吸（息），二气如"太极图"般配合相包，合为一息，谓之"伏炁"。"胎从伏炁中结"，将后天口鼻之息默运为先天脐轮之息，用大周天火候静养胎中生息，以胎息养仙胎，为十月温养之功。此时行"真空倒机"之法，即以"真人之息以踵"的工夫制伏呼吸，须前对脐轮后对命门，上自丹田炁海沿冲脉下至二足心涌泉穴，真息自然震荡运动，口鼻无息。这样依持身中元炁使息入胎，以胎息养胎神，入悠悠大定的先天状态。人有一分呼吸，便有一分生死，今逆修返还呼吸之息复归未生前之仙胎息所，不

入生死之乡，炁满不思食，自然辟谷，气息似在脐轮又似在虚空，觉有终无，如"活死人"，胎息功成。诗云："未死学死终不死，逢生杀生永不生。不死不生真人妙，涅槃一证大功成。"

第七节　调养出神

马丹阳《女金丹诗》云："生生化化让人为，这点灵明却不亏。自性如如观厥妙，灵丹接就正斯时。"调养大丹出阳神是入定之功，以完成炼炁化神、调神出壳之步骤，使灵明性体变化自如，约需一年时间。先行百日养胎之功，将"胎从伏炁中结"之胎息功，变为"炁从有胎中息"之"胎中生息"功。入定时由胎内运息鼓动，引胎随动，息住胎中，呼则升水以养之，吸则降火以温之；火不觉乎始有终无之起止，息不觉乎外入内出之往来，百日相合如一，神炁大定。继之再行百日"五炁朝元"之功，即以五脏真气随息入胎中凝炼，以全药力，使胎生神。复加百日，化去胎中之息，方能养全胎中之神，元炁浑蒸，炁化为神，阳神大定，直至灭尽胎息，称为"坚固胎神"之功。三百日胎神大定，谓之胎圆神全，到化至无一息之动，称作灭尽定。至此须将胎神由炁穴向上迁移至泥丸宫，自性如如的太和元灵真性朗照脑中。阳神一名婴儿，在脑中盘结数周，自然冲开天门，霞光三耀，电闪雷鸣，泥丸出一缕清气如烟到空际，婴儿端坐其上，开眼重见人世，即为阳神出壳。随之调养出胎婴儿，先是多入少出，继而渐出渐远，其时须道伴护持色身，不可惊动以伤神体。

第八节　待度飞升

阳神出壳，婴儿现形，必经三年乳哺，九年绝阴，方始成熟。其功法须将阳神炼绝五脏阴气，合成纯阳一片。丹家自《抱朴子内篇》即相传人之阳神入宇宙中，易被外太空之罡气破坏，必须炼至纯阳，方能敌三十三天上罡气，来去自如。修炼之法即入真空大定，炼到出在定中，入在定中，婴儿老成，三千功满，八百果圆，自可待度飞升。

飞升之日，沐浴更衣，拜辞道友，焚香入定，见其顶出灵光，悠悠直上，或有香风庆云，鹤唳鸾鸣，仙乐缭绕，渐入高远，则为女修成功，达到仙人境界。

女子丹工，斩赤龙之后，略同男工，其百日采大药，七日过大关大休歇一场，十月养胎，调神出壳，男女丹诀一致，所谓"男女修丹首不同，阴阳炼法理相通。初工清净为根本，筑基先须斩赤龙。"唐朝汾州刺史崔恭之女崔少玄（号月华君）有诗云："绿鬓朱颜曾几时，须臾鹤发乱如丝。开帘瞥见梅花发，一段春光莫放迟。""不求外护不参禅，眼底沧桑任变迁。丹径须知从直上，玄珠只在我胸前。"

近些年女子修道者日益增多，然练功出偏差者也日见其多，其中有静坐出现种种幻觉者，有斩龙功出现闭经、痛经、子宫肌瘤者，有揉乳反患乳腺癌者，此皆身心不调、火候不当所致。行文至此，再将女丹修持注意事项稍作提示。

首先，女丹修炼入手，调理身心疾病为第一要事。女丹入手，先要请中医用药调理气血，使月经正常，经络畅通，心情宽舒，体健无病，再行修炼。

其次，要以易筋经、八段锦、瑜伽功、健美操等动功导引术活动经脉，先在动中求静，化动入静，务使气血畅通，再行按摩静坐。同时，要习辟谷法，以调理经血之疾。辟谷法为女修之捷径，且可治疗白带多、经痛等疾患。

再次，女子血旺则气旺，因之入手不要急着"斩赤龙"。先师王沐先生教授女丹，即发现女子练功时出现阴痒、闭经、痛经乃至患子宫肌瘤等恶疾，从而对丹道产生怀疑。其实冰冻三尺非一日之寒，此不过因操作失当使体内恶疾和宿毒受到激发提前暴露出来而已。如果先从导引、按摩、辟谷入手，则会避免此类偏差。另外，斩龙功法之揉双乳，可采用发热的双掌在两乳前虚拟绕圈的手法，是否接触双乳要因人而异，因功法进度而异，火候一定要轻灵适度。阴道发炎、滴虫病、霉菌病、阴痒、湿疹等，可用蛇床子、枯矾、明矾、硫磺、苦参、黄柏、白鲜皮、石榴皮等煎汤薰洗。

复次，女子静坐练功，凡身有隐疾或患有恶疾者，反倒易产生出神的幻觉，能眼见异物预知后事，便以为自己修炼出了神通。有的女子静坐多年，满口佛法禅理，眼有光感，身觉异象，甚至见到婴儿现形，从而走火入魔者多有，此皆孤阴寡阳未沾雨露之弊。女丹之修炼，会将隐藏在心底连自己也不曾确知的微细心理激发出来，其暴露的欲念与社会伦理道德之差异令人瞠目结舌。丹道是科学，不是社会伦理学，应以人体科学的规律疏导之。纠正的方法宜以铅伏汞，以炁凝神，性命双修，消阴炼阳，阴尽阳自纯，幻觉遂不再起。

《黄帝阴符经》云："食其时，百骸理。动其机，万化安。"女丹修炼必须审时应机，掌握火候，先使自己身体"百骸理"，自然性命双修而"万化安"矣。有志于丹道之女子，一要求明师指导，二要靠自己狠力摸索，以身体为实验室，不断丰富和积累修持经验，"书中得来终觉浅，绝知此事要躬行"！

第十三讲　两重天地

《指月录》载福州古灵神赞禅师，见蜜蜂投窗纸求出，有偈云："空门不肯出，投窗也太痴。百年钻故纸，何日出头时？"我在佛道典籍的故纸堆里已钻研了二三十年，逐渐发现了一些秘密，今将这些体悟向国内外丹道爱好者公布出来，愿后人直接由空门而出，节省一点钻故纸的精力。

第一节　大同世界的道德社会

中华民族的传统文化，归根结蒂，都是关于"道"的文化。"自从盘古开天地，三皇五帝至于今"。伏羲、神农、黄帝，古称三皇，都是中国先民原始公社时期的部落酋长。伏羲代表五千年以前的游牧时代和八卦文字的肇始，神农代表农业社会和中草药的发明，黄帝时则氏族原始公社的文明达于鼎盛。还有更早的有巢氏、燧人氏，则代表先民数十万年的历史阶段居住巢穴的建立和火的应用。少昊（少皞）、颛顼、高辛（帝喾）、唐尧、虞舜，谓之五帝，则是先民原始社会部落战争和历史进化的时代，也即老子所说出道而德再到仁、义、礼的道德沦落时代。我曾经发现一种历史进化论的社会动力学，即逐次从体力、神力、德力、权力、财力、智力，再由德力向道复归。我在王屋山访问过专职保护山野猴群的老人，据他说每群猴子中都有一个猴王，可以领导猴群在限定地盘内活动并拥有几个王妃和享有美食，这种自然生态现象实在像我们中国专制政权延续下来的官吏特权。据说猴王的竞选完全靠体力，而且四年一届如期举行，这又类似于现代美国总统的选举。看来体力社会尚处于动物的蒙昧时代，其中"王"的享受特权及竞选程序是有自然生态根据的。人类社会文化之始，即出现母系氏族公社的原始宗教，氏族酋长的统治亦靠原始宗教的神力，这大概就是有巢氏、燧人氏的原始氏族社会。原始氏族的神力社会是自发产生的，每个氏族成员都必须严格遵守原始宗教的行为规范，违反原始宗教就意味着脱离氏族，而脱离氏族是无法生存的。神力社会有宗教而无哲学，非理性的信仰压倒理性思考，故仅有"文化"出现却没形成独立"文明"体系。而后由几个氏族共同组成胞族，再由胞族发展为部族，逐渐形成有统一语言文字的民族，社会越来越进化发展。中国社会发展到三皇时代，人类从非理性的宗教信仰转入理性的思考，始进入文明社会，"文化"开始成为人类历史发展和社会进步的原动力，道学文化发轫奠基，遂由神力社会进化到德力社会。三皇时代的德力社会是一种原始的氏族公社，而后由五帝时代道德逐步沦落，至夏、商、周三代时期，中国由德力社会转化为权力社会，儒家文化就成了维护权力社会的意识形态。五帝时代中国进入洪水时期，各部族在治水当中父权上升，洪水结束在禹时，乃夏之初年，中国由原始社会逐步进入父权家长制的阶级社会。夏、商、周三代华夏民族开始形成，奴隶制的剥削压迫日见残酷，至周代早熟为封建宗法社会，儒家的宗法礼教逐步占据统治地位。中国的权力社会延续了数千年，清朝灭亡之后又向西方资本主义的财力社会靠拢。当代世界的前锋已由财力社会向智力社会进化，代表人类智慧结晶的现代科学技术早已成为社会历史发展的杠杆。随着上个世纪西方世界后现代主义新启蒙运动兴起，科学主义及工具理性万能的弊端日益暴露，老子的道家文化成为世界各国学者研究的热点，全世界出现了从智力社会再向德力社会回归的契机。德力社会就是以道学文化为主导意识形态的大同社会。

有史以来人类智慧的高峰有三座，即爱因斯坦的相对论、佛陀的唯识论、庄周的齐物论。爱因斯坦的相对论将西方文化的智慧推向顶峰，已经接近了宇宙时空观的真相。佛陀的唯识论初步揭示了人类心灵的奥秘，使人得以在反观自身中大彻大悟。庄周的齐物论将人类智慧提升到道的高度，消弭了认识论上的是非、物我等诸多差别相，达到天人合一、物我一体的体道归真的境界。德即得道，也即得一，道家讲"得于一而万事毕"，据此我们必须树立以下新的道学观。

首先，我们须要认识到自然界在本质上是统一的，宇宙的本原即是道，自然界是由道生化而来的。道是自然界和人类社会产生和发展的总原因，它既是亚里士多德的动力因，又是质料因、形式因和目的因。因之，道是人类所有科学、哲学、宗教、文学艺术、社会伦理等文化要素的起点和终点。

其次，我们还要认识到，无论东西方各色人种，在体质和心灵上也是统一的，因之地球上的人体具有统一的生理和心理规律。这样，人体生命的修炼规律也是统一的，无论是禅宗、密宗、瑜伽等世界各种宗教的修炼程序，其最终揭示的人体生命和心灵奥秘都是一样的。由此我发现，丹道法诀揭示了人体生命和心灵的所有奥秘，世界上多种宗教秘传的修炼程序，包括禅宗、密宗、瑜伽、印度教性力派、伊斯兰教苏菲派和基督教神秘主义派的通灵体验，都包含在丹道修炼的程序之中。

再次，我发现地球上不同民族各自形成的传统文化在本质上也是统一的，由自然环境和社会历史造成的差别仅处于次要地位。我们不要为语言、文字、著作及文化大师民族性格的不同遮住双眼，应该从道学齐物论的高度去透视世界各民族文化中隐含的元文化精神。由此看来，不仅中国的道、儒、释、墨、法诸家三教九流文化本质上是统一的，东西方文化也存在本质上的统一性，这就是我提出创立新道学作为普世文化的立足点。韦伯认为西方现代资本主义发生的动力来自于加尔文教派的文化精神，然而我们从元文化的高度去认识，加尔文教派的精神在本质上同中国墨家的文化底蕴是同一的。墨家文化是中华民族传统文化中最接近西方古希腊文化的学派，它精于物理学、逻辑学并带有浓重的宗教色彩，在战国时期儒墨二家称为显学，只是因为直接和儒家相冲突才没能发展起来。然而墨家之学虽被君权政治压抑但并没断绝，它融合于道家文化之中保存下来。我还发现，人类文明的发展史也存在本质上的同一性，即都曾经过上万年的母系氏族公社的原始社会。母系氏族社会实行原始的民主制度，中国的道家文化

151

就发源于这一历史时期，中国三皇时代德力社会形成的道家文化是全世界唯一保存下来的母系氏族公社文化。在全世界，特别是古希腊罗马时代兴起的西方文明，早已对自己母系氏族的文化失去了记忆，或者说是记忆淡薄了。恩格斯在《家庭、私有制和国家的起源》中说："希腊人，在他们出现在历史舞台上的时候，已经站在文明时代的门槛上了；他们与上述美洲部落之间，横着差不多整整两个很大的发展时期，亦即英雄时代的希腊人超过易洛魁人两个时期。"希腊人的历史记忆正是从他们的"英雄时代"开始的，在这之前的历史已经湮没在神话故事里。然而，在英雄时代的希腊社会制度中，古代传统的氏族组织还是很有活力的，否则将不会出现奴隶社会普遍的城邦民主制，否则现在西方的资产阶级民主共和宪政体制也成了无源之水，无本之木。尽管西方文化走上了类似中国墨家的分析实证的科学传统，然而我们从泰利斯、赫拉克利特、苏格拉底等，特别是阿那克西曼德那里仍然能发现道家文化的要素，并且现代西方流行的人本主义、自由主义、民主主义也并不悖离道学的原则。这说明，新道学文化的创立足以唤醒西方古老氏族文化的历史记忆，从而纠正现代西方文化戡天役物、弱肉强食的弊病。

最后，我们还须指出，地球上人类各民族的社会理想也存在同一性。从中国先哲的大同世界到柏拉图的理想国，都在向往一种没有阶级压迫，人性全面解放的理想社会制度。这种人类终极理想的社会即是大同世界的道德社会，而道德社会的实现必须以新道学文化的传播为先导。今天推动人类进入大同社会的根本动力已不仅是生产力，不仅是经济，而主要是文化的革命，是新道学的创立。当今人类社会生产力发展的水平，如果都用于创造财富并为全人类造福，如果每个人都有高尚的道德观念对同类充满爱，这就足以使全世界所有人种都过上无忧无虑的幸福生活，足以使整个地球都进入自然、和谐、生态平衡的道德境界。然而由于世界各民族在相互残杀的社会达尔文主义潮流驱使下，现代科学被用来制造和储存可以摧毁地球、灭绝人类几十次的核弹和生化武器；各国都花费大量金钱建设军队、警察、监狱和法庭；数量不少的人为了满足个人私欲从事贩毒、抢劫、诈骗、贪污、杀人等危害社会的犯罪恐怖活动。生产力的发展和财富的增加不能满足人们的贪欲，科学主义和工具理性万能的浪潮反而更加扭曲了人类的人性。爱因斯坦说："只要各个国家有计划地继续备战，那么恐惧、互不信任和自私自利的野心就会再次导致战争。""但愿废除当前国际无政府状态不必由一次自作自受的世界性灾难来实现，这种灾难的规模是我们无法想象的。时间是太短促了，我们要行动，就必须立即行动起来。"（《爱因斯坦文集》第三卷）

丹道学是科学，科学就应当用来为人类谋福祉。我们应当牢记爱因斯坦的话："个人的生命只有当它用来使一切有生命的东西都生活得更高尚、更优美时才有意义。"（《爱因斯坦文集》第三卷）我们必须把整个地球当作自己的祖国，一是要做一个地球人，树立起世界公民意识；二是要做一个现代人，为实现全人类的社会理想而奋斗。我们应当通过丹道修炼造就一大批道学人才，把新道学文化传播到全世界。

第二节　什么是道

老子《道德经》云："有物混成，先天地生。寂兮寥兮，独立而不改，周行而不殆，可以为天地母。吾不知其名，强字之曰'道'，强为之名曰'大'。大曰逝，逝曰远，远曰返。"（25章）"道可道，非常道；名可名，非常名。'无'，名天地之始，'有'，名万物之母。故常'无'，欲以观其妙；常'有'，欲以观其徼。"（1章）由此可知，老子的道论把道视为宇宙的起始点和万事万物的总根源。道是宇宙的本原，它有体有用。所谓道体，即是宇宙万物之原始本体，它呈现"有"和"无"两种状态的统一。首先是"无"，即宇宙创生之前的虚无空灵状态，称为"天地之始"，具有质朴性和绝对性。然后是"有"，即宇宙创生之际具有生化功能的混沌状态，称为"万物之母"，具有潜在性和无限性。所谓道用，是宇宙所有运动和变化的驱动力，是宇宙的根本节律和法则秩序，是宇宙万事万物中普遍存在的客观规律，称为"常道"。常道是宇宙一切生化运动的总规律和总原因，包括动力因、形式因、质料因、目的因。道类似于柏拉图的"最高理念"，黑格尔的"绝对观念"，是世界各民族先哲千百年来一再体悟到的宇宙无限本体。道既是宇宙的本原，又是人体的本我。作为宇宙的本原，道是一种绝对的真知，因而为符号指称所难以描述的客观存在。语言符号的指称只能描述相对知识，而道是可以体悟难以言说的绝对知识。作为人类心灵的本我，道是"知觉者"，因而具有不可被知，不可当作被测量的对象，即"不可名""不可道"的性质。道是自本自根、自生自化的无分别相，因而具有不能被生化，不能被区分的性质，是宇宙的"无极"状态。道是人类的知识之根，学术之本，它是宗教的终极信仰，哲学的智慧之源，科学的原始公设，美学的最高境界，伦理学的价值取向，世界文明的坚实支点，人类精神回归的家园。

第三节　道的宇宙论

老子《道德经》云："道生一，一生二，二生三，三生万物。万物负阴而抱阳，中气以为和。"（42 章）这就是老子关于宇宙创生和演化的基本图景。道以其"生化原理"产生万物，万物以"中和原理"得到道的特征。

"道生一"中的"一"，指元始先天一炁，是宇宙创生之始的一片混沌状态。内丹学家将元始先天一炁也称先天混沌一气，先天祖气，是宇宙中隐藏着的唯一秩序，是产生宇宙根本节律的信息源，是宇宙创生和演化的内在驱动力。"一"是种子，是原型，是基因，是混沌，是宇宙中万事万物的"模本"。它类似于歌德猜测到的"创造力"，柏格森的"绵延"或"生命冲动"，是佛陀的"心"，是宇宙的"绝对精神"。"一"即"太极"，或称为"朴""独""纯""真""素"等，也称作"神明之德"，即"神"和"德"。

"一生二"中的"二"，指阴阳二性，即"两仪"，是引力和斥力对立统一、相互作用的状态。"二"呈现两种力的相互作用，是信息和能量的耦合，是物质和反物质、能量和负能量、实数和虚数并存而相反相成的状态。

"二生三"中的"三"，是指有象、有气、有质的信息、能量、物质三大基本要素。物质是宇宙以粒子性存在的方式，它标志着部分和整体、个别和一般之间的区别。能量是宇宙以波动性存在的方式，它标志着运动和静止、间断和连续之间的区别。信息是宇宙以选择性存在的方式，它标志着有序和无序、方向性与合目的性。信息是物质和能量的形式或结构。粒子的存在形式为束缚信息（熵），表现为空间；波动性的存在形式为自由信息，表现为时间，因而信息本质上是空间与时间的耦合。

"三生万物"就是说，宇宙中从无机界到有机界，从生命界到人，都是由信息、能量、物质三大基本要素组成的，人的心灵或精神本质上是信息的高级形态。这三大要素皆没有西方哲学中"实体"的机械论含义，而是说它们都是客观的实在，是这些实在的"关系"生成"万物"，物是缘起于这三大要素的"关系"的。"万物负阴而抱阳，中气以为和"，是讲宇宙中万物无阴阳不生，无阴阳不化，一阴一阳之谓道，阴阳平衡之谓德，世界上万事万物都有在不断震荡的运动中最终靠向中和态的趋势，中和态即阴平阳秘的稳定态。这就是道的"生化原理"和德的"中和原理"。

第四节　两重天地的发现

我们再回到本文开头一节的话题，"执于一而万事毕"。科学的发展不应该越来越复杂，而应当越来越简单。我是在翻译凯德洛夫的《伟大发现的微观剖析》一书时了解这一观点的，凯德洛夫甚至预言2025年各门学科的大统一会完成。爱因斯坦晚年致力于大统一理论的研究，就是想将科学的规律简单化。科学不应当仅是少数人才懂得的知识，科学应当成为多数人都能了解和掌握的学问。如果发现一套完整的统一理论，将现代科学各门学科进行消化和简化，使成千上万的大学生都能掌握其梗概，用以解决各种技术层面的具体问题，这才是科学最终发展的方向。我认为人类分门别类的学术最终必将归结为一门学科，这就是道学。道学就是21世纪的前沿科学，它不仅将自然科学的各门学科统一起来，而且将社会科学的各门学科也统一起来，并打破科学、哲学、宗教三者的界线，因为道的规律是人类社会、自然界、心灵界统一的自然律。道是人类智慧的枢纽，庄子称为"道枢"，又称"环中"。人们只要沿着一门学问认真钻研下去，总有一天触摸到人类智慧的枢纽，心灵的火花突然爆开，就会"一窍通百窍通"，达到道的境界。道学是人类智慧的枢纽，掌握了道学，就会打通各门学科之间的壁垒，填平东西方文化之间的鸿沟，就会如庄子所说"得其环中，以应无穷"。

我已经初步揭示过新道学的理论在现代科学前沿的应用，并坚信由此会触发一场新科学观的革命。下面我再揭示一条新道学的重大发现，就是"两重天地"的新宇宙观。道学的历代宗师，如伏羲、黄帝、老聃、关尹子、列御寇、文子、杨朱、庄周、魏伯阳、钟离权、吕洞宾、陈抟、谭峭、张伯端、王重阳、白玉蟾、张三丰等，发现了宇宙人生的一个大秘密。这种秘密，佛陀等哲人也曾用不同语言进行了揭示，丹家将其概括为"两重天地，四个阴阳"，也有的丹家秘传为"两重天地，三个阴阳"，弄不懂这个秘密是无缘进入丹道之门的。吕祖《指玄篇》诗云："玄篇种种说阴阳，二字名为万法王。一粒粟中藏世界，半升铛里煮山江"。又云："两重天地谁能配，四个阴阳我会排。会得此玄玄内事，不愁当道有狼豺"。《周易参同契》号称丹经之祖，其中隐藏着许多最关键的丹道法诀。《参同契》开头六句云："乾坤者，易之门户；众卦之父母。坎离匡廓，运毂正轴。牝牡四卦，以为橐籥。"门为双为阴，户为单为阳。乾南坤北为伏羲先天八卦，离南坎北为文王后天八卦。先天之世界（古称世界为天地）为虚空世界，在人体为法身。后天之世界为实体世界，在人体为色身。《参同契》这六句话，将"两重天地，四个阴阳"的真谛和盘托出。两重天地分虚无的天地和实有的天地，四个阴阳即先天阴阳和后天阴阳。从另一方面说，宇宙是一大天地，人体乃一小天地，各有阴阳对应关系，也称"两重天地，四个阴阳"。还有"两重天地，三个阴阳"之说，其中三个阴阳指自身阴阳、同类阴阳、虚空阴阳，两重天地即为形而上的道世界（虚无空灵的天地）和形而下的器世界（后天实体的天地）。所谓先天的道世界，包括"道生一，一生二，二生三"这三个生化过程，一直到

"三生万物"，都是先天阴阳在起生化作用。"三生万物"则由先天转化为后天，由"无色界"生出"色界"，虽转为后天阴阳用事，然仍是阴阳在万物中起生化作用。阴阳是一种相互作用的"关系"，并在一定"关系实在"中被称为"阴阳"，切不可将"阴阳"固定不变地指称为某种实体。因为在此一关系实在中被称为"阳"的东西，可能在彼一关系实在中被称为"阴"，切不可以西方第一性质"拜物教"的机械观硬套新道学的概念。根据新道学的"太极原理"：一阴一阳之谓道，无论先天或后天的生化作用，都离不开阴阳相互作用。孤阴不生，寡阳不化，法身先天成丹，色身后天生人，凡是要生出个什么东西，凡是要变化成什么新状态，都要靠阴阳交和，离了阴阳道不成。阴中有阳，阳中有阴；阴极生阳，阳极生阴，阴阳永远处于相互作用的对立统一关系之中。以上是道学《太极图》的真实含义，也是三家阴阳丹法的理论根据。

我今打破盘中之谜，将中国内丹学家历代相传的这个大秘密揭示出来，阐明东方圣人的宇宙论。原来在内丹家眼里，除了我们这个有形、有象、有质、可观察测量的现实世界之外，还有一个无形、无象、无质、难以观察测量的虚无空灵的世界，这就是说宇宙中存在"两重天地"。"两重天地"都是关系的实在，但前一重天地为实体，后一重天地为虚体。前一重天地是实数的时间空间，后一重天地的时空是虚数（即超时空）。这就是说，前一重世界是"三生万物"而成的后天世界，后一重世界是万物未生之前的先天世界；前一重是"形而下"的"器"世界，后一重是"形而上"的"道"世界；前一重姑且借用佛教所谓"色界"来表示，后一重则借用佛教所谓"无色界"或"虚界"来表示。"色界"在佛经中简称"色"，在道经中简称"有"，是实数表示的世界；"无色界"或"虚界"在佛经中简称"空"，在道经中简称"无"，是虚数表示的世界。色界里的万物运动以光速为极限，受时空界限的限制，受当代科学中物理定律的支配，可以用西方发明的科学仪器观察测量；虚界乃万物未生前的先天世界，超越时空的限制，现代科学的物理定律和时空观尚不能解释虚界的现象，西方发明的科学仪器也无法观察、测量虚界。其实用于观察、测量的科学仪器，仅是人类感官功能的延伸；观察不到的东西，只说明其没有人类感官的在场性。语言和数字无法描述的东西，也只说明其缺少可言说性。其实宇宙中人类无法以感官观察和不能用数字、语言描述的事物是普遍存在的。由于人类感官及语言的有限性，能感知和确切描述之物仅是特殊的存在。西方现代自然科学目前的发展水平仅能研究色界的物质运动，尽管科学家已发现暗物质、反万有引力的存在，但是足以打破现有时空观的新物理学革命毕竟还没有发生。然而中国古老的道学智慧却早已深入到虚界，可以认识康德所说的"物自体"，也即道的世界。新道学可以打破"色界"和"虚界"的界线，揭示出"色界"和"虚界"的共同规律，可以极大扩展人类的眼界和智慧，开创新的时空观，引发 21 世纪的科学革命。

所谓"色界"和"虚界"，都是由道缘起而生的关系实在，并且二者之间也是互为缘起的。我们决不能以西方过时的机械论时空观猜测它们，误以为在色界宇宙之外另有一占据空间的虚界宇宙，就像两只并排存放的箱子那样。实际上，我们生存的"色界"宇宙本身也是一个"虚界"宇宙，色界和虚界是相辅相成，互为因缘，亦此亦彼，即此即彼的，这才是新道学的宇宙观。西方现代科学已经有初步认识的色界宇宙，同时也是道学早就揭示的虚界宇宙，虚无空灵的道是无处不在、无时不有的，只不过人们囿于西方时空观的局限，对它还缺少认识罢了。佛陀《心经》讲"色不异空，空不异色；色即是空，空即是色。"老子《道德经》讲"有无相生。"实际上都是新道学的自然定律。《关尹子·七釜篇》云："有即无，无即有，知此道者，可以制鬼神。实即虚，虚即实，知此道者，可以入金石。上即下，下即上，知此道者，可以侍星辰。古即今，今即古，知此道者，可以卜龟筮。人即我，我即人，知此道者，可以窥他人之肺肝。物即我，我即物，知此道者，可以成腹中之龙虎。知象由心变，以此观心，可以成女婴。知气由心生，以此吸神，可以成炉冶。以此胜物，虎豹可伏。以此同物，水火可入。惟有道之士能为之，亦能能之而不为之。"新道学的自然律，其实际运用是奥妙无穷的。

老子的道学认为宇宙和人体都是一种由信息、能量、物质因缘和合的关系实在，前者为大宇宙，后者为小宇宙，都是"道生一，一生二，二生三，三生万物"的宇宙生化模式的产物，其本原都是道。人类心灵的元意识层次可以体道合真，心灵既是道的生化运动的结晶，又可以通过修炼同道一体化，达到"即心即道"的境界。至此一境界，心与道不再是能见与所见的二元对立，而是同归于无生无灭的无分别相，归于虚无的绝对本体，即佛学之真如实相，道学谓之以心契道。由此可知，道学可以包摄佛学的科学成果，是心物能一元论的哲学，但却是区别于心本论的道本论宇宙观。道学的心性论虽通于佛学，但并非纯粹的主观唯心论，而是仍具有道学客观与主观相统一的特色。新道学"两重天地"的理论应是对 21 世纪科学革命的一大贡献。

第五节　21 世纪科学革命的思考

美国科学史家托马斯·库恩（Thomas Sammal Kuhn，1922—1997）在 1962 年著《科学革命的结构》，认为每一个时代的"科学共同体"成员都把某种科学"范式"当作共同信念，当代的科学家都在这种"范式"的制约下进行认识活动和创造。科学革命本质上是这种范式的转化和更替，当发现大量违反旧范式的反常事实时，则会出现创立新范式和推翻旧范式的危机，科学革命就到来了！21 世纪新科学革命的特点，就是打通精神世界和物质世界的界限，使心理学、生理学和物理学、化学接轨，将人的心灵纳入物质、能量的科学研究范畴，从而导致人体生命科学成为新的"带头学科"。下面，我从自己多年的研究成果出发，提出对 21 世纪科学革命的思考。

一、物质、能量和人的意识之间存在同一性

处在 21 世纪前沿的科学家必须牢牢树立起一个信念，即在宇宙的自然设计中，人的意识和智能与物质和能量之间在物理作用上没有本质的区别，它们都是具有同等地位的物理量，物质、能量和意识之间存在同一性。

这样在科学研究上，我们必须学会认识两个世界和两种探索真理的方法。一是"形而下"的"器"世界，在哲学上称作"实""有"

"色"的世界；一是"形而上"的"道"世界，在哲学上相对前者称作"虚""无""空"的世界。实有的"色界"是变动不居的，虚无的"虚界"是永恒长存的，前者是后者激发态的化现。在科学研究上，对于实有的"器"世界一般多采用由内向外的"器证"与推理的方法，即近三百年促进物理学飞速发展的逻辑推理和物理实验的方法；而对于虚无的"道"世界则只能采用由外向内的"证悟"与直觉的方法，即中国禅师和内丹家数千年倡导的"内省"、禅定以开发灵性的方法。器证和推理是人的理性思维，证悟与直觉是人的灵性思维，这两种探索真理的科学方法实际上是相辅相成、互生互补的，因之爱因斯坦认为直觉是科学发现中不可或缺的要素，科学史上的重大发现和技术史上的重大发明大多是靠直觉完成的。我们还发现，对于自然界的诸多科学难题和未知领域，科学家至今尚一筹莫展，而宗教家却早走几步通过内省和证悟把握了真理。因之，在宇宙本原及终极实体乃至人的心灵的真理探索方面，我们必须学会接受精于禅定和内丹修持的宗教家们的见解。

二、道的宇宙创生模式和场论

老子《道德经》之"道生一，一生二，二生三，三生万物"（42章），显然是道的宇宙创生模式。道是宇宙自本自根的最高本原，是宇宙中一切"存在"的根据，它以"虚、无、空"为体；以"灵、明、觉"为相；以"生、化、现"为用，具有绝对性、永恒性、潜在性、质朴性、无限性。

道是宇宙一切生命力和创造力的源泉，是一切运动和变化的潜在原动力，它在由"道生一，一生二，二生三"的超越时空的先天运动中创生出虚数的"场"，由虚空场的叠加和波动激发为复数的"场"，这些其小无内、其大无外、无处不在、无时不有的场创生出"三生万物"的后天世界。宇宙的终极实体（ultimate reality）是"灵子"，灵子是信息的最小基本单位，又是生命和心灵的基本单元。先天世界的运动不受光速限制，后天世界的运动必受光速限制，故光是先后天世界的分界线。宇宙中一切"场"运动的终极状态，我们称作"基态"（ground state）。灵子和光子的基态都是真空，是物理的真空自振态，是意识入虚寂大定的真空映照态，虚空态是"场"运动的基态。在禅宗、密宗和内丹家的内省修持中，一般将"场"运动的状态或功能称作"净分"和"染分"或"净法"和"染法"。脑内的各种虚空波叠加，派生出意识的结构与功能。当脑内意识波处于虚空、寂静状态时，为意识的纯态即"基态"，称作"净法"。当脑内意识处于激发状态或波动态，即混态，称作"染法"。脑内意识的结构，依其靠近基态的距离，又有"净分"和"染分"的区别。脑外的各种虚空波叠加，形成不同层次的"场"，派生出客观世界的各种结构与功能，皆属"染法"。因之佛教天台宗认为，人之灵明性体和宇宙之虚空本体实质为一，称作"如来藏"，本具足万法，有净染二性。以其染性故，能现一切染法，故有变易；因其净性故，能现一切净法，故有永恒。要之，脑内外的真空系统处于波动状态，可生化出大千世界；当其回归真空系统，脑内则呈现灵明性体的开悟状态，脑外则回复"场"的基态。

这就是说，虚空态是宇宙的基态，也即灵子场的基态，是零点，以"O"来表示。在数学上，零点占据特殊的几何位置，是坐标系一切变化的起始点。在宇宙中，无论是物质或能量，无论是信息或意识，在零点上都是同一的，零点可以使不同的存在要素走向大统一。

"道生一"，"一"即是处于波动态的灵子场。灵子场的激发态或波动态，却是扭力场的基态。这种场仅表现为信息，尚无能量化生，亦称信息场。灵子场具有无限的创造性和选择性，突出了信息选择性与合目的性的特征。灵子场是宇宙间最基本的场，其他场都由灵子场叠加化生而来，它在宇宙演化的全过程中都无时不有、无处不在，并且是宇宙创造、化生的总根源。

"一生二"，"二"是处于波动态或激发态的扭力场。扭力场又称挠场，或自旋场（即物体自旋时由时空结构扭曲形成的场），它是量子场的基态。因其为量子场的基态，故又名"量子虚空零点能全息场"，这是一种各向同性的标量场。扭力场（挠场）不受光速的限制，不受障碍物的屏蔽，是信息化生为能量的初始状态，是"力"的表现，其初始的能量即真空涨落起伏而产生的零点能。

"二生三"，"三"是量子场的激发态化生出信息、能量、物质三要

161

素，由虚数的世界（虚信息、虚能量、虚物质）向复数世界化生，标量场演变为受光速限制的矢量场，谓之"三生万物"。量子力学在数学上是以无穷维空间来描述的，具有多层次的能级，可知人的意识也具有多层次的结构和无穷维的传播方向。人的意识在由先天向后天转化时也像量子由先天向后天转化一样存在能级跃迁。有"场"必有波动，波是场的体现。粒子结构的物理真空自然波动产生"零点能"，甚至可以产生那种随缘聚散的"零点粒子"；意识结构的自性真空自然起伏产生神经脉冲。真空虚寂为阴，自旋波动为阳，阴阳迭运，在人脑中则由灵明性体化生出潜意识和人的理性思维；在自然界则产生粒子和能量形成后天世界。

真空是能量的最低状态，对物理场有幽闭作用。例如胶子场是传递夸克之间相互作用的一种场，恰似光子场可以传播电磁作用一样。真空可以把胶子场幽闭在强子之内，致使夸克也被幽闭在强子之内不停振动，从而形成相对稳定的原子核。由此可知，由灵子场激发叠加为量子真空零点能全息场，是形成整个物质世界的根基，生命界和心灵界的形成和演化也是灵子场在起根本作用。

三、灵子和灵子场

宇宙的三大要素是信息、能量和物质。宇宙由虚无空灵的道化生而来，先有信息，继而化生出能量，再化生出物质，由先天变后天，由虚变实，形成万物纷纭的大千世界。信息是宇宙以选择性存在的方式，它标志着有序和无序、方向性与合目的性。能量是宇宙以波动性存在的方式，它标志着运动和静止、间断和连续之间的区别。物质是宇宙以粒子性存在的方式，它标志着部分和整体、个别和一般之间的区别。能量的基本单元是"量子"，信息的基本单元是"灵子"，灵子是信息的载体，灵子论是比量子论更深层次的理论，由此打破了无机界、有机界、生命和心灵的界限，沟通了微观世界和宏观世界以及形而上的道世界和形而下的器世界。灵子和灵子场具有以下特征。

1. 灵子没有实体性，它可以交通先天隐序的"虚无界"和后天显序的"实有界"，出"有"入"无"，来往"色""空"，是一种"主观"和"客观"共同的"存在"。灵子场具有连续性、选择性、无限性和遍在性。

2.灵子对能量（量子）、物质（基本粒子）具有极强的亲合性，灵子场可以和其他物理场叠加。

3.灵子场是标量场，其运动的速度没有上限。

4.灵子场没有时间和空间的区别，尚处于时空合一和相互转化的状态。它可以在无穷维时空中自由传播不会衰减，灵子的涡旋波不受时空的限制。

5.灵子具有自主接收和发送信息的能力。

6.灵子可以不断耦合与结构化，以提高灵子场的"灵性"，并能和能量、物质耦合提高结构化的层次。灵子场结构化、有序化的层次越高，其"灵性"则越高，直到结构化为"意识场"（field of conciousness）。

7.灵子场是宇宙的基本场，是宇宙创生的起始点。灵子场可通过叠加由"标量场"化生出"矢量场"，其它物理场皆由灵子场衍生而来。灵子场虽可和其它物理场叠加，但在宇宙演化的全过程中是永存的。

8.灵子场包括其结构化的意识场具有"色、受、想、行、识"五大生命功能，是宇宙创造性、生化性、选择性、尝试性、合目的性的总根源。

四、意识场和意识的结构与功能

当灵子场和物质、能量耦合时，形成空间的有序位置，称作束缚信息；而形成时间的波动序列，称作自由信息。宇宙从无序到有序，从无机物、有机物、植物到动物的进化序列，都是由于灵子场的存在。束缚信息一般属于系统的结构，自由信息一般表现为系统的功能。在有机大分子中，当灵子场和物质、能量耦合的结构达到某一"阀阈"，即其有机大分子有序排列到某一临界值，其信息密度积累到某种程度，"生命"便产生了。蛋白质生命不可能是宇宙中唯一的生命形式，但灵子场的叠加和组织化、结构化及信息密度达到临界值，却应当是各种不同模式的宇宙文明中生命的共性。生命的载体是"炁"，这是一种极为精细有序的能量结构。结构是系统组分的秩序，功能是系统过程的

163

秩序。"炁"是能量流和灵子场的叠加状态，它具有波动性，载有生命信息，即是一种有灵性的波动能。生命和意识是进化的产物，是躯体和人脑功能的反映。生命的结构要经历漫长的演化，而其功能却进化较快。结构和功能在一定条件下是可以相互转化的。

生命和心灵的初始形态是"反映"，即接收、存储、输出信息的功能，每个神经元、细胞乃至复杂大分子皆可作为"反映"的单元。这就像亿万个蚂蚁或蜜蜂集合在一起构建蚁丘或蜂巢，或者亿万个逻辑单元组装成一台电脑一样，亿万个神经元也能通过触突之间的化学递质交换信息形成自主意识。细胞组合到一起达到某一"阀阈"就会"突现"为生命，神经元组合到一起达到某一"阀阈"就会"突现"为意识。每个细胞和神经元实际上都是真空振荡器，前者产生"生命波"（"炁"），后者产生"意识波"（"神"）。灵子场本身是由真空振荡产生的，灵子场的叠加则可以组织化、结构化为"意识场"，其"灵性"不断提高，心灵就产生了。

在宇宙和生命未产生之前，没有时空和空间，没有物质和能量，只有永存的和无限的道，其"虚、无、空"的本体展现为无限的自然真空，其"灵、明、觉"的性质展现为自性（灵明性体）的"寂光境界"，其"生、化、现"的作用展现为真空振荡。真空振荡既造成灵子场的叠加和结构化，又激发出零点能和零点粒子，并由于灵子的亲合性相互耦合而产生"生命波"和"意识波"。生命波耦合有生命能量，是一种孤立波。孤立波不像电磁波那样此起彼伏的多头波，而是只有一个头，亦称独头波。意识波一般只传递信息，不传递能量。意识既有波动性，必然会有场的特征。当两个意识场高度有序且传播速率相应时，则存在交换心灵信息的可能。意识波如果和生命能量（炁）相耦合，就会存在物质的质碍性。唯识学认为有识则有质碍，则有生死，高度入静至意识的真空零点状态，才可明心见性。物理学研究地、水、火、风等色法，唯识学研究受、想、行、识等心法，但精细的色法会逼近心法，在零点区域，色法和心法是可以转化的，物质、能量、信息在零点的真空振荡中是统一的。信息、物质、能量在真空状态下不但可以相互转化，而且意识场在向外发射时也可以被相应频率的实体接收到。意识场的传播速度不受光速的限制，且其速率不是一个固定值，而是一个区间，意识场中不同意识波在传播速率区间的位置依其灵子场耦合与叠加的程度而异，也就是说依其灵性的高低而异。

意识系统是各层次的智能生命在漫长的进化历程中灵子场不断叠加乃至耦合生命能（炁），从而演化出意识的多层次结构。有进化就必然能遗传，在生命和意识的进化中有"物质信息的种子"，由之复制细胞和人体以延续种族的生命；还有"意识信息的种子"，即所谓"种子识"，其逐渐积累的信息库作为编码程序被贮存下来，承担思想模式和业力的遗传。由灵子场的真空振荡逐渐叠加、耦合、组织化为意识场，受外界信息激发产生"第一念"，最后演化出唯识学的八重意识结构。

意识结构的第一个层次是眼识、耳识、鼻识、舌识、身识，通称"前五识"。前五识通过眼根、耳根、鼻根、舌根、身根感知色、声、香、味、触"五尘"，形成视、听、嗅、味、触五种感官功能，用以了别外部环境的信息，由此产生感性思维的功能。首先是眼识通过眼根感知色尘，整个意识结构就是由眼识逐步延伸和进化而来。

意识结构的第二个层次是"意识"，亦称"第六识"。第六识感知"色法"（外境）而产生形象思维，感知"心法"（事理）而产生逻辑思维，二者皆属于人的理性思维层次。眼、耳、鼻、舌、身、意统称"前六识"，其功能是对法尘（认识对象）的了别作用，故亦统称为"了别识"。

意识结构的第三个层次是第七"末那识"，"末那（manas）"意为"思量"，故亦名"思量识"。第七识执著于"内自我"念念相续地进行思量活动，故又名"执识"，乃是第六"意识"的深层底座，故称之为"意根"，它执法尘而产生意识。这样，意识为表层的"常意识"，思量识为深层的"潜意识"，故第七思量识是"我执"和"法执"的根本，是脑神经系统的控制中心。

意识结构的第四个层次是第八阿赖耶（Alaya）识，意译为"藏识"。"藏识"的功能是储藏意识的遗传信息密码（种子），故又名"异熟识"、"种子识"，即历劫以来习气熏染种子的异熟果贮存的信息库。第八识位于人类心灵的最底层，不仅有贮藏种子的作用，而且有统摄诸识的作用，是人类意识活动的"心体""心王"，相当于人的"本我"，包含有漏、无漏、净、染诸法的种子，是有为法和无为法之根本，故亦称"本识"。前六识的意识功能模式通过第七识传递到第八识中贮存，作为心灵密码的种子进行遗传，是"去后来先作主公"的生死流转的主体。第八识又分为"染分"和"净分"，其"染分"包含有我执、我见的有漏种子，"净分"则包含无我执、我见的无漏种子。有漏种子即有质碍，有成、住、坏、空的生灭之漏，不利于开显大智；无漏种子则无质碍，无成、住、坏、空的生灭之漏，有利于开显大智。第八藏识包含前六识认识事物所必需的有漏、无漏种子，具有能藏、所藏、执藏的功能，又能因时、因地、因事、因物变异所藏的种子。第八识之功能为"心王"，其后续效应为"心所"，其"心王"的功能又有"见分""相分""自证分""证自证分"，"自证分"为第八识染分和第七识的联合作用，"证自证分"为第八识净分。以第八识的"染分"为所依，以第八识的"见分"为所缘，即可生起第七识，故第八识比第七识更为根本。第八识之净分被其染分控制，难以明心见性；仅有其染分彻底转化，灵明性体的真空境界才能开显出来。

第八识的"净分"又名阿摩罗（Amla）识，意为"无垢识"，即藏识中的"无漏种子"，佛陀谓之"真如实相"，丹家称为"灵明性体"。灵明性体即人的"真我"，是作为宇宙万法之原初终极实体的"真一"，是零点的真空纯净态。

人之前六识和六根密切相关，如果人的大脑、五官、四肢、五脏、六腑失去功能，则前六识必然消失。人之第八识消失，则会成为植物人，虽有六根亦不起作用。人之前五识，大约和人之大脑的横向结构有关，而第六识则定位于大脑的纵向深层结构。至于第七识和第八识，则可能属于脑神经元的真空结构。意识的功能，一是可以认知可见光的物理世界（色法）；二是可以认知不可见光的暗世界（心法）；三是可以认知意识波的世界（灵界）。

五、多次元宇宙的生态观

在宇宙大爆炸的霎那间，宇宙可能有无限多次元时空（道的时空是无限的），随着道生一,一生二,二生三,三生万物的演变，有形的微粒子逐渐形成，高次元的宇宙时空逐渐被幽闭，当夸克形成时，仅剩下 11 次元时空了。这就是说，可以在一条轴上引出 11 条互相垂直的线，不同时空的物体不会相互碰撞，它们在各自的时空中存在。今天我们观察到的宇宙是四次元时空，即三个相互垂直的空间轴和一个时间轴，其它高次元时空被幽闭在粒子内部，需要非常高的能量才能打破粒子的屏障，进出高次元时空。例如蚂蚁是二次元平面的生命，它没有飞鸟那样的三维立体空间的感觉，不可能对水、火等立体空间的灾害作出分别。人类生活在四次元时空中，有些奇异现象可能来自高次元时空，我们因受狭隘时空观的束缚无法作出正确判断。

在太阳系的行星里，生命存在需要三个条件，一是行星上存在巨大的减熵潜力；二是存在很大的温度梯度；三是存在着气体与液体之内的湍流。生命系统的存在必然要经历熵生产（增熵）的过程，同时要为生命机体提供必要的物质流通量。地球上存在阳光、空气和水，满足了生命存在的条件。水星、土星、金星、天王星、冥王星、月球上无有物质流动机制，无有熵的生产，因此不会有蛋白质生命，而金星、木星则可能有结晶体式的生命存在。生命的出现是一个减熵的过程，也即是有序化的过程，生命不但要有序还需要有活力。正是地球表面的有序化导致晶体生长，从而诞生了有机生命。在宇宙中，黑洞、白矮星、中子星、脉冲星都有固体结构，都存在减熵的过程，也就有可能存在生命。生命有机体要靠湍流或旋涡不断对流、扩散来摄取能量。这就是说，生命的诞生需要有序化，即信息量的增长，同时又要不断富集能量，生命离不开秩序，也离不开能量，有生命就得有能量。

然而宇宙的时空不仅是多次元的，而且是多层次的。一个大宇宙包括很多小宇宙，每个小宇宙也会各有自己的智能生命，也会创造自己的生态文明。蛋白质决不是生命的唯一形式，各种类型的生命和各种宇宙文明反映出来的世界都有自己不同的模式。广义的生命包括多次元时空的生命，也包括从宇观、宏观到微观不同层次时空中的生命，以及这些生命创造的生态文明。这些生命及其创造的生态文明有些是显序的，有些是隐序的；有物系生命和物系生态，也有灵系生命和灵系生态。有实数的物质、能量、信息组成的实有的生态系统，也有以虚数表示的虚物质、虚能量、虚信息组成的虚灵的生态系统。实际上，时空本身就是灵子场的特征，时间可快、可慢、可逆，空间可以弯曲、重叠，时间和空间也是可以互相转化的，又是可虚可实的。宇宙存在着浩瀚的星际空间，这个星际空间可以视作自然真空自振态。人体也是一个真空自振器，它靠经络来贮存和输送生机能量流。脑神经元、细胞核、原子核都存在真空自振态，都存在灵子场的叠加态及和能量的耦合，都有生命波（炁）和意识波的运动。宇宙的真空自振态也会产生灵子场和能量的耦合，从而形成星际空间的生机能量流以及各星体运动之间的引力能量流，这都为生命的活动准备了条件。宇宙的演化是道的展开，而不同模式的生命和生态文明都是道的体现。

无论是地球上的蛋白质生命，还是多次元时空的灵系生命，都是宇宙演化的产物，都是生命进化的产物。不仅地球外文明是智能生命进化的产物，宇宙文明也可以看作是地球文明的外延。地球上生命进化的方向，一是向最大的生态量进化，二是向最大的生物量进化，三是向每个物种的最大生物量进化，四是向单个生物体保持最优的热力学秩序进化。然而地球上的能量，包括太阳能、潮汐等海洋能、地热能、核能、真空能皆不是无限制供应用之不竭的，特别是太阳能、碳含量等都有一个固定值，这就注定了进化终究有一个极限。进化意味着物种繁殖与生物量增加，生态效率提高，地球表面的热力学秩序增加，如此无限持续下去，地球永远减熵，显然这是不可能的，进化的极限只能达到地球熵值最小的稳定态。地球上人的进化，一是从猿到人，逐步人类化；二是日益提高人类社会的伦理水平，逐步人性化；三是逐步开发人的智慧，实现人本身的超越。智是认知客观世界照见客观规律，慧是认知主观世界照见心灵本质，人的智慧创造了文明。机器的生命和智能是人脑智能的外化，是人脑进化的反映，是人类科技文明高度发展的产物。机器向生产量大，工作效率高，品种多，游动性强的方向发展，但必须与地球的自然生态、人文生态相谐调。地球文明离不开人类的伦理与智能，也离不开和谐的自然生态与人文生态环境。一个缺少人性、无伦理道德、失去生态平衡、无秩序的人类社会，是谈不上文明的。高度有序化的减熵原理适用于任何生命世界，文明程度愈高，信息量愈大，从这个意义上说，文明意味着有序和低熵，同时又有发展和演进的活力，并能维持各种力量的平衡。"万物负阴而抱阳，中气以为和"，道学的"太极原理"和"中和原理"是所有生态文明的准则。

人类的进化目标，还在于提高自己的道德水准并开发自己的人体潜能和心灵潜能，向高次元时空的宇宙迈进。物系生命和灵系生命都是进化的产物，并不断提高自己的修持境界和灵性，由低次元时空向高次元时空进化。直到进入道的境界，则是无限次元的时空，人就进化成仙了。

六、人与灵系生命的通讯

人类从宇宙创生后的无序微尘进化而来，这是自然选择了人。人通过人体和心灵的修持转识成智，由低次元时空超越到高次元时空，甚至进入有序空明的寂光世界，是人选择了自然。佛、道、上帝、安拉、天、大梵是人类信仰世界的灵体，佛陀、老子、观世音菩萨、莲花生大士、耶稣、穆罕默德等，是修持成功的灵系生命，实际上每个人都有成为灵系生命的可能，都是潜在的佛。

这样，我们不难推测《大方广华严经》里所描述的那种多层空间、过去未来可以连通的华藏世界是存在的，宇宙的实相是虚实相间、隐显交替的，灵系生命、灵体、灵界是和现实世界纵横交错的。灵界及其网站实际上是人类心灵的反映，是人的智慧的升华体或凝聚体，是人类心灵结构化的产物。灵界不仅有各类宗教信仰和天堂、地狱、上帝、佛、道、神灵等巨网站，甚至每个人的心灵都有其结构类似网路中电子信箱那样的网页。人的心灵有收发、处理、存储信息的功能，因之古人和今人都有自己的信息域，都在灵界的网站上有自己的网址。灵系生命也是在不断进化的，灵界的巨网站也存在用进废退的生存竞争关系，也逃脱不了成、住、坏、空的自然律。那些能不断创新、与时俱进，吸引和维持众生不断上网的巨网站将成为优胜者，开发出更大的灵性和交通虚实两界的杰出功能。众生的灵性需要灵界的加持，那些能自由出入多个巨网站的人将提高自己的灵性并开发出心灵潜能。反之，灵界的巨网站也需要众生心灵的加持，拥有更多信徒和能与众生进行心灵交通的灵体其灵性愈高。这无疑将预示着，一个心灵开放的时代，多元时空开放的时代，人和灵系生命沟通的信息共享时代，即将到来。

光波（心光和日光，或其叠加态）、意识波、生命波（炁）等都可以和多次元时空的物系生命或灵系生命交通。意识波一旦和电磁波（包括光波）在适当频率下耦合，不但有通讯的功能，甚至有改变生命有机体结构的功能。生命波（炁）也是一样，实验证明它们和电磁波耦合形成的生机能量流不仅可以改变人体的生理结构，而且可以变换其他物质结构。人体可以接受和发射意识波或生命波，某些特殊的电磁场发射仪器也可以耦合生命波进行信息传递。灵系生命本质上是灵子场和能量的叠加态及其结构化的结果，生命波也是灵子场与能量的叠加态，因之灵子论是 21 世纪科学最革命的理论。这个理论的应用对治疗疾病、消弭核战祸，特别是改造社会生态，促进人类本身的超越，具有不可估量的意义。

第六节 "两重天地"理论在丹道学中的应用

根据爱因斯坦的广义相对论，时间、空间、质量、能量都可以改变，仅有光速不变。如果人们跨入光子火箭，达到光速飞行，这时外部空间为零，静止质量为零。这样，从外部看，光子不占据任何静止空间，没有任何结构和形式，是"其小无内"的；从内部看，光子的外部空间为零，时间和空间失去意义，整个宇宙就是光子本身，它是"其大无外"的。在丹道学中，道即是"其小无内，其大无外"的。由此看来，光子是一种与道合真的关系存在，光子同时具有粒子性、波动性、选择性（合目的性），它可以根据测量的目的呈现波或粒子的不同形态，光子是有"心灵"的，这就是波粒二象性实验的道学解释。在丹道修炼中，光是由"色界"通往"无色界"的临界线，色界的时空以光速为界限，物质运动最大不能超过光速，否则时空失去意义；而无色界的运动不受光速限制，是超时空的。新道学关于"有情之生命皆源于水，含灵之智慧皆通于光"的观点，亦和佛学宇宙生成论相合。佛学尝云，火、水、风三灾大劫过后，大千世界毁灭，当新世界产生时，风、金、水、地四轮初转，山河大地形成。水轮中藏有一切物类的种子，众生从"光音天"降落，初时为自在飞行的光蕴身，而后受地上食色贪染，失去光明和神通，身体沉重为血肉之躯。其实人类的心灵始终是虚的，心灵运动不受光速限制，思维活动都是超时空的。无色界是虚数的世界，在人体则是和色身相对的法身。先师尝云："光通阴阳界"，就是说人体修炼到见五彩神光，就可以打通色身和法身的界线，人的意念也就可以激发潜能了。当人的意念可以对色身和法身产生实际作用时，便是"神通阴阳界"，至此则可天人合一，参赞天地之化育。我今将其丹诀撰成一首小诗，读者可在修炼中体认，诗云："空中透银霜，青白赤黑黄。欲识清凉境，先得五彩光"。

一旦揭开"两重天地"的秘密，丹道修炼中的许多问题皆可迎刃而解。例如丹道中最秘的法诀，人所共知是"玄关一窍"。然而什么是"玄关一窍"？我遍阅丹经，没有那本书能说明白，及遍访名师，也不见有人说得清楚。其实所谓"玄关一窍"，无非就是指"两重天地"之间的通道，丹家要出有入无，由色界进入无色界，则这个进入无色界的"大门"，就是"玄关"，二者之间的隧洞，即称"一窍"。因而张景和《枕中记》云："混元一窍是先天，内面虚无理自然。若向未生前见得，明知必是大罗仙。"虚的"无色界"和实的"色界"，虚的"法身"和实的"色身"，处于永恒的相互作用（即信息交换）之中，也是可以经过"玄关一窍"相互交通的。老子《道德经》云："故常无，欲以观其妙；常有，欲以观其徼。此两者，同出而异名，同谓之玄。玄之又玄，众妙之门"。人体分为"形、气、神"三个层次，丹道修炼依不同法门在这三个层次上分别证得"虚无"，皆可由"常有"入"常无"，由"徼"入"妙"，都能见到"玄关"。白玉蟾诗云："一言半语便通玄，何用丹经千万篇，人若不被形所累，眼前便是大罗仙"。此一语泄尽在形体层次上修炼到虚无境界的天机，可谓直指玄关。另外以"深、长、细、匀"四字诀调息，"凝神入炁穴"，从而达到"无食、无息、无念、无身"的四无境界，则可在炁的层次上见到玄关。石泰《还源篇》云："炼气徒施力，存神妄用功。岂知丹诀妙，镇日玩真空"，就是指得这种景象。禅宗修炼经过色阴、受阴、想阴、行阴、识阴等"五阴区宇"，证入虚无空灵的境界，便是在神的层次上见到玄关，得到开悟，明心见性了。因而玄关并非一个层次，形、气、神之玄关景象不同，本质则一，即所谓"玄之又玄，众妙之门"。李道纯传上乘丹诀云："归根自有归根窍，复命宁无复命关？踏破两重消息子，超凡入圣譬如闲。"这"两重消息子"，便是两重天地之"玄之又玄"的两层玄关。

行文至此，内丹学的内幕已经揭开，其真相已大白于天下。原来丹道修炼的目的，就是通过色身寻觅法身，通过法身修补色身，就是向虚无世界要宝，通过交通虚无世界完成在现实世界里无法办到的事！虚无生万有，无色界里存有取之不尽的宝藏，我们要修补残败衰老之躯体，要治病，要求生，要开发人体生命潜能和心灵潜能，都要通过丹道修炼向虚无空灵的世界盗取法宝。丹道学里的神仙、真人，就是通过丹道修炼能出入色界和无色界的人，就是能掌握虚无世界这个伟大宝库的钥匙的人，也就是体道合真的人。色界是后天的形而下的器世界，无色界是先天的形而上的道世界。新道学不仅是一种解释世界的学说，也是一种改造世界的学说。道是宇宙生化之原，人类社会中和之原，人体生命之原，是一个取之不尽、用之不竭的宝库，是为人体抗病求生的"保护神"，是为人类消灾避难的"救世主"。新道学的目标，就是将道开发出来，为人类服务。内丹学是一种最优的修道技术，也是一种体道的行为模式，还是一种造就道学人才的培训程序。道学之士要为宇宙立基，为生灵立命，为人类图生存，为世界求和平，为科学开新篇，为社会奔大同。这就是新道学的历史使命。

第十四讲　开悟禅定

　　禅定是梵文"禅那"（Dhyāna）的音译，早在佛陀之前就载于《奥义书》中，而后佛教各宗派皆修之。据《大般涅槃经》，佛陀入定离欲界诸天而得初禅，依次到二禅、三禅、四禅等色界诸天，又经空无边处、识无边处、无所有处、非想非非想处等无色界四空天，而后直入涅槃之境，这是禅定修炼人的心灵依次必然经过的境界，丹道之性功修炼亦须遵循这条人类心灵共同的规律。至于净土宗的念佛法门，更不需多少理论，只要诚心不二的身、口、意三业并用，愚夫愚妇亦可行的。无奈我辈学人，不容易敬信某种宗教，习惯于从哲学和科学研究的目的出发，非要读透《大藏经》的诸多佛典，直到对其中的理论有了自己的理解，才敢于对此略抒浅见。由于我们的目标在于借佛学会通丹道，因之我仅从内丹学的视角谈些对禅学的看法。

第一节　禅法略论

　　禅宗乃佛学宝塔顶上的一颗明珠，欲修禅定以求明心见性，首先在行愿和见地上必须到位。在这方面，陈健民上师有几句譬喻："以无常钱，买出离土，筑戒律墙，下菩提种，灌大悲水，施定力肥，开智慧花，结佛陀果。"这几句话很精要，把见地、行愿都包括进去了。一般说来，研究佛学的学者将流传于斯里兰卡、泰国等地的"南传佛教"称作"小乘佛教"，将北传至中国大陆的汉传佛教称作"大乘佛教"，将藏传佛教称作"金刚乘佛教"，也称"密乘"。所谓九乘佛法

（声闻、辟支佛、菩萨、事部瑜伽、行部瑜伽、瑜伽部瑜伽、马哈瑜伽、阿努瑜伽、阿底瑜伽），密乘最高。陈健民上师《小大乘修空及密乘大手印、大圆满、禅宗辨微》云："密宗属金刚乘或称密乘，而禅宗则与西藏密乘之大圆满同一法系，故当属密宗，而不属与密宗对立之显教各宗。""小、大乘同为'修空'，小乘配四谛修空，大乘配'六度'修空，其为修也固难。""大手印为'能'空，盖有明体之能，然后以此能空，套上所空便是。故较小、大乘为直接，然较大圆满为渐。""大圆满为'本'空，本空则较能空为顿。""禅空则为'证'空，最初开悟，已属证量；非证量物，皆为禅宗所唾弃。故在五事中，禅宗独高。""故诺那老师称禅宗为大密宗。"（《曲肱斋全集》第一册）就禅宗而论，陈健民上师又分为"圣教如来禅""直指祖师禅""机用儿孙禅""口头河沙禅"，以祖师禅比白教大手印，以如来禅比显教般若乘之大中道，唯机用儿孙禅方可比大圆满。禅宗之"人无我"和"法无我"都要空，其境界分"入处""出处""用处""了处"四个层次，《禅海塔灯》已辨析甚明，与大手印四瑜伽相比，入处可比"专一瑜伽"，出处可比"离戏瑜伽"，用处可比"一味瑜伽"，了处可比"无修瑜伽"。禅宗之修持，未正式开悟之前，先"参禅"而非"坐禅"，其方式是"看话头"或"跑香"和"打香板"。某些学者批评禅宗"参禅"而推崇"坐禅"，乃不明就里之论。禅宗修持者往往多年参访而不得开悟，但一经开悟即"善自护持"而闭关修禅定，故有"不破初关不闭关，不破重关不入山"之说。《续指月录》卷十载，宝藏普持禅师印证其徒慧昷悟后，嘱以"善自护持"，并送偈云："见得分明不是禅，竿头进步绝言诠。发扬祖道吾宗旨，更入山中二十年。"六祖慧能《坛经》云："又有迷人，空心静坐。百无所思，自称为大。此一辈人，不可与语，以邪见故。""道由心悟，岂在坐也！""住心静观，是病非禅；长坐拘身，于理何益？听吾偈曰：生来坐不卧，死去卧不坐，原是臭骨头，何为立功过？"由此看来，禅宗以证量授受，以证量显现体用，并不专注打坐。禅宗之开悟，在于通过参话头、跑香等方式截断意识流，使自己的灵明性体显露出来，证得此本来现成、周遍法界、无执无得、主客一体、离身心意识的空性。有时这种空性的显露，却似惊鸿一瞥，稍纵即逝。如人在酒醉时、性交时、灌顶时、惊吓时、心息相依突入佳境时、先天精气入中脉时、闷绝时、临终时、睡眠时、极度劳累忽尔休息时、紧张状态突然放松时，以及打哈欠、打喷嚏、憋急撒尿时、突然愣神时，空性光明显前，刹那间即能觉知，足见其是一种真实的心理现象。这种偶然的空性显露，并非宝藏普持禅师所云那样"见得分明"，尚不是明心见性，只有见米做饭，不动心安住于性地，保任如如，善自护持，才能真正证得灵明性体。

人类的意识划分为三个层次：其一为表层的"常意识"，举凡感觉、知觉、记忆、判断、推理等日常认知活动，内丹学称之为"识神"，包括佛学的前五识（眼识、耳识、鼻识、舌识、身识）和意识（第六识），属"理性思维"的层次。其二为深层次的"潜意识"，即弗洛伊德、荣格等精神分析学家所发现并研究过的人从胎儿、婴儿、少儿时期留下的心理印痕、心理未成熟时期受刺激遗留的童年记忆、人生的各种欲望、性欲和心灵创伤等印痕造成的非理性意识活动。佛学的"末那（manas）识"大致属于这一意识层次。这种由埋藏在心理深层的多种人生欲望和生理本能激发的潜意识在背后强烈地影响着表层常意识的心理程序，人们可以从梦境、幻觉、自由动作、癖习、精神病、偏执、妄想等多种心理状态中破译出潜意识的"原型"。内丹学将未被净化的潜意识称作"心魔"，将净化了的潜意识称作"真意"，"真意"实即"元神"的应用，或曰"动态的元神"。其三是最底层的"元意识"，内丹学称之为"元神"，是一种先天遗传的本能意识，也是一种"灵性思维"能力。元意识是人类在亿万年漫长的生物进化中遗传在人的血肉之躯中尚未开发的信息库，它包藏着人在生物进化史上曾经有过的智慧和潜能。元意识相当于佛学里的"阿摩罗（Amla）识"，也称"无垢识""白净识"，是"阿赖耶（Alaya）识"所藏的"无漏种子"，是人身的"真我"，内丹学称作"主人公"。"阿赖耶识颂"云："浩浩三藏不可穷，渊深七浪境为风。受熏持种根身器，去后来先作主公。"这就将阿赖耶识当作承担个体的人之业力和习气的轮回种子。《解深密经》云："阿陀那识甚深细，一切种子如瀑流。我于凡愚不开演，恐彼分别执为我。"由此可知，阿赖耶识即阿陀那识，是承担轮回的种子（自我），有染分和净分。其净分即阿摩罗识，相当于丹道中的"元神"。这样，内丹学的心灵修炼工程，也是一项凝炼常意识，净化潜意识，开发元意识的系统工程，同时也是一套发现"自我"，开发"自我"的心灵修炼程序。

在内丹学修炼中，常意识可以凝炼为"意念力"，意念力也可以作用于外部的自然界和生命界。潜意识可以凝炼为"阴神"，阴神是人格化了的潜意识，又称"梦生身"，佛教密宗谓之"中阴身"，具有离体体验、遥感、遥视、预知等超常的心灵潜能。元意识可以透过潜意识参预常意识的心理活动，展现为直觉、灵感、前知等先天的"灵性思维"形式。内丹家通过"入静"等心理训练"排除常意识"（丹家称"识神退位"），元意识便可显现出来（丹家称"元神呈现"），元意识显现是一种头脑十分清醒的"无思维"状态，它在潜意识层次里激发和应用称作"真意"。在内丹学修炼中，元意识经过开发和凝炼，可以逐步人格化为"阳神"。阳神是元意识的凝聚体，有成熟的人格，是有形有相的本我，可以脱离肉体存在，具有突破时空障碍的巨大神通，这是内丹学研究和修持中须待验证的一项课题。更为现实的是，元意识通过凝炼转识成智，从而明心见性，使自己圆陀陀、光灼灼的"灵明性体"呈现出来。这一"灵明性体"，是一种无生无灭的无分别相，是在"气离出入""心离能所"时呈现的"无云晴空"般的心灵绝对本体，即所谓人的"本来面目"。要之，元意识之呈现，佛法谓之"见性"，为修炼之开始，可以出"阴神"，亦可称"开悟"。至若由"开悟"而"证悟"，即证得灵明性体继续锻炼，乾坤交媾罢"阳神"出现，丹家谓之"婴儿现象"。至于九年面壁而阳神运动自如，即得佛陀之法身，亦达丹道所谓"天仙"之位。藏传佛教噶举派"大手印"的修持，须经四次灌顶（瓶灌、密灌、慧灌、胜义灌）和四瑜伽（专一瑜伽、离戏瑜伽、一味瑜伽、无修瑜伽）的修持，则眼、耳、鼻、舌、身之"前五识"转入"意识"，意识再转为"末那识"，末那识继转为"阿赖耶识"，阿赖耶识又转为"阿摩罗识"，直到阿摩罗识破而转为"法界体性智"，便完成了"转识成智"的心灵修持程序，这个程序在内丹学中称作"炼神还虚"。"法界体性智"即是道教内丹学中所称万劫不坏的一点"灵明性体",也是佛学的"真如佛性"。阿摩罗识既相当于丹道的元神,也是佛学"去后来先作主公"的"轮回种子"。在尚未"转识成智"之前由它作主,但既转识成智之后,不受轮回,即由佛性(法界体性智)作主了。阿摩罗识转为法界体性智之后,其他各识亦随之而转,阿赖耶识转为"大圆镜智",末那识转为"平等性智",意识转为"妙观察智","前五识"转为"成所作智",皆为"法界体性智"之妙用。

道学和佛学都是心物能一元论的科学观,但道学是"道本论",佛学是"心本论",佛陀的"心"相当于道学的"一",故内丹学在"转识成智"(即炼神还虚)之后,还有一个"虚空粉碎""炼虚合道"的步骤,才能"以心契道",达到"即心即道"的境界。

禅宗的功夫大多在"神"的层次上进行,需要在见地、行愿、持戒、布施诸方面都到位,外表上虽不见其做功夫,而实际上时刻不停地用功夫。禅宗以灵明空性为真如,空性能缘生万有,谓之"性空缘起"。缘生即因缘所生,不能缘生者为"顽空",非禅宗境界,而万有(即万法,泛指客观世界的一切存在物)又缘生性空,谓之"缘起性空"。佛学认为人能证得人无我、法无我的"无我性空",便可不入轮回,故陈健民上师诗云:"长寿何需药物功?金丹未就已归空;自从修习人无我,不在阎王支配中。"禅宗之修持功法,与藏密宁玛派(红教)的大圆满功夫属同一法系,和丹道中王重阳所传全真道功法相当,白玉蟾之上品丹法和闵小艮之《天仙心传》亦可与之比肩。先师知非子亦有诗云:"六度之禅最为高,养生极则莫比肩。铅汞阴阳都扬却,人心不起道心圆。先天之先惟此是,法身炼就色身全。同类虚空皆可摄,体用动静相循旋。"先师知非子曾皈依于贝马布达上师、根桑上师、贡噶上师等,生前与陈健民上师多有交往,曾为陈健民《中黄督脊辨》作序。先师所谓六度禅者,系指第六度般若禅及大手印、大圆满等法门,就丹道而言,则以无念之念为阴,不息之息为阳,即阴即阳,将同类阴阳和虚空阴阳之丹道精华都摄为一体,故曰"铅汞阴阳都扬却"也。

第二节　何谓开悟

　　什么是"开悟"？永明寿禅师《宗镜录》卷一载有"十问"以判定是否开悟，南怀瑾先生《如何修证佛法》已逐条作了讲解，读者自可参看。我从新道学的视角统摄禅学，解读禅学，直截了当地说，就是心灵中的灵明性体显现，得般若智，谓之开悟。老子以灵性思维发现了"道"是宇宙的绝对本体，是世界万物的本原，从而建立了真正的形而上学。人的灵明性体与道相合，达到即心即道的境界，则是东方哲人的最高成就，也是人类的智慧之光。人的灵明性体呈现，证得真如实相，就会达到主客一体、物我合一、天人合一的境界，得到一即一切、一切即一、一粒微尘即大千世界、刹那万世的心灵体验，这就是开悟。

　　陈健民上师著《禅海塔灯》，据《传灯录》《五灯会元》《指月录》等所载禅宗公案，将禅宗"开悟"之证量分为"入处""出处""用处""了处"四个层次，读者自可参究。我今以道解禅，简单说来，人能截断意识流，中止逻辑推理，排除理性思维，即是"入处"。这个"入处"，就是古德所谓"用心即错"的"心识不到处"，故赵州曰："且什么处着得？'一心不生，万法无咎'，坐看三十年；若不会，截取老僧头去！"牛头《心铭》亦云："一切莫顾，安心无处；无处安心，虚明自露"。所谓"虚明自露"，即"色界"和"无色界"的通道，也即内丹学中的"玄关一窍"！人能进而破除"我执"，认准"无我性空"，即是"出处"。楼子和尚从酒楼下过，偶因系袜带少住，听见楼上歌妓唱曰："你即无心，我也无。"忽而大悟，所悟在一个"无"字。此即二祖慧可"觅心了不可得"，也即六祖慧能："无念念即正，有念念成邪；有无俱不计，常御白牛车。"人能更进一步激起灵性思维，生机勃勃而事事无碍，即其"用处"。二祖慧可浪荡于屠门、酒肆，人问则曰："我自调心，何关汝事？"西天二十二祖摩拿罗尊者亦曰："心随万境转，转处复能幽；随流认得性，无喜复无忧。"此即荆州天皇道悟禅师所云"开悟"后"保任"之法："任性逍遥，随缘放旷；但尽凡心，别无圣解。"陈健民上师又谓"任运之用，非作为之用；离能所之用，非有对待之用。"内丹学以"打破虚空"为了当，禅学则以"万缘忽息"，得大自在，灵明性体无染无净无修无证为"了处"。禅学是从心的层面证道的学说，人而能修持到六根并用，一心清静，才寻到禅的了手处。《禅海塔灯》载龙牙禅师颂云："夫人学道莫贪求，万事无心道合头；无心始体无心道，体得无心道亦休。"这"道亦休"一句，便是"了处"，此所以船子德成禅师待夹山禅师开悟后，弃舟入水而逝也。人能参禅得个"入处""出处""用处""了处"，开悟证得灵明性体，便称之为"明心见性"了。

世界上有两样东西最易障道，一个是权，一个是钱，因之高官和巨商，人性已被异化，灵魂大多扭曲，皆受权和钱的腐蚀而程度不等地造下诸多恶业，故修道最难。《圣经·新约》第19章云："富人难进天国。我告诉你们，骆驼穿过针孔，比富人进天国还容易。"可知基督教的圣哲亦和丹家持同一看法。然王重阳和马丹阳皆富甲一郡，其所以能成道者，在于能舍得财，肯于布施，肯于以财助道之故。舍了财，得了道，此即在"舍得"二字上悟透人生，摒除道障。人而立志修佛道，必先痛下出离心，和花花世界的名利色权诸贪欲作个了断，所谓"了则业障本来空，未了还须酬宿债。"祇园性虚禅师辞世偈云："好去了，好去了。无生路上人知少。他年再有相逢日，大众修行须及早。"而后又有明本禅师曰："今之参禅，不灵验者，第一无古人真实志气；第二不把生死无常当作一件大事；第三拌舍积劫以来积习不下，又不具久远不退转身心。毕竟病在于何？其实不识生死根本故也。""惟有痛以生死大事为己重任者，死尽偷心，方堪凑泊直下。傥存毫发许善恶、取舍、爱憎、断续之见，则枝叶生矣。可不慎乎！"

六祖《坛经》云："我此法门，从上以来，先立无念为宗，无相为体，无住为本。"实际上不仅禅宗如此，丹道之性功亦以无念为宗，无相为体，无住为本。人的灵明性体是本来圆满具足，"不生不灭、不垢不净、不增不减"的，各种妄想、杂念等意识活动，本质上也是灵明性体的影响、显现和机用，恰如海水扬波、物体留影一般。能离诸相，灵明性体清净曰"无相"；能离诸境，灵明性体不染曰"无念"；能离诸缘，灵明性体不缚曰"无住"。然而遍观各种性功修炼法门，欲达"无念"之境不外"操、纵"二途。所谓"操"法，即用"系心一处"等法门，据心理学规律以止念。念头和呼吸犹如波浪一般是间断的，过去念已去，未来念没到，现在念即可止于当下。在前后二念之间止念入定可得汞（元神），在前后二息之间停息而成胎息可得铅（元精）。得汞必有轻安的觉知，得铅必生大乐的感受。止念不是如死尸一般的"顽空"或木石一般的"无记"，而是无"攀缘心"，正如二祖慧可所云："外息诸缘，内心无喘，心如墙壁，可以入道！"所谓"纵"法，就是不作意于止念，随意而修，无心而修，以不修为修。人欲"止念"，而"止念"的想法本身亦是一念，这好比高能物理学里以光来测定光子的状态，测量本身即改变了光子的状态，以念止念亦是造作，并非真实。从本质上说，人之灵明性体皆自圆满，不假修证，故而道不用修，但莫污染而已！《续指月录》载："夷峰宁禅师参大冈月溪澄和尚，久而彻证。澄付以偈曰：祖祖无法付，人人本自有。汝证无授法，无前亦无后。"一些有意造作的炼性之术，多是重增束缚，如剜肉生疮，自疗自伤。然而不修之修，亦非什么功夫也不做的"自然外道"，"自然外道"是"放任"而非"保任"，"放任"是达不到"无念"境界的。欲达"无念"之境，就"纵"法而论，又有"随流"和"溯源"两术。随流之术，即当念头生时，以灵明性体所发无念之正念照定它，不擒不纵随流而去看它如何变化。此念头被照看后如海水扬波仍会波归大海趋于平静，亦如蛇之盘结终会自解而归蛇行，久之妄念则离去不生矣。溯源之术则是当念头生时，反观此念头缘何而生，由何而来，追溯至一念未生前，看是什么？临济义玄禅师云："看取棚顶弄傀儡，抽牵全藉里面人！"人之妄念，皆由自己的灵识攀缘而生，灵明性体即是幕后牵线弄傀儡的"里面人"！意识来自何方？只要向一念未生前悟去，灵明性体自露！迷则迷自本心，悟则悟自本性，悟后灵明性体呈现，可谓"不改旧时人"，只须调驯之，保任之。何以谓之"保任"？临济义玄禅师云："心心不异谓之保，要行便行，要坐便坐谓之任"。由此可知，"纵"法即是保任之法，心不攀缘便是修道！

人的念头虽然随波攀缘，但能觉能照的"主人公"本身并没有动，能反观此念头，追寻此念头，此念头必空。与"纵"法的"随流"和"溯源"两术相对应，"操"法欲达无念之境，也有"增"和"减"两术。所谓"减"，即是系心一处将念头渐渐减少，古德云"制心一处，无事不办"，就是这个道理，最后连这个"系心一处"也要空掉。诸如禅定的安般守意，止观法门，天台宗的"六妙法门"，"三际托空"，丹道的心息相依，以铅伏汞等，皆属"减"法。而密宗的观想本尊、持咒念佛、磕大头、禅宗的跑香、打香板、起疑情、参话头等，皆属"增"法。增法其实是应用了道学"物极必反""阴极生阳"的"太极原理"，将念头不减反增，增至极端，也会突现一片空明的无心之境。古德云："修行不到无心地，万神千般逐水流"，至无心地灵明性体才能显露。

傅大士有偈云："有物先天地，无形本寂寥。能为万象主，不逐四时凋。"这段话是对人之灵明性体的真实描述。人之灵明性体，即是道学里的"一"，也即湛愚老人《心灯录》里所述佛陀降临世间时云"天上天下，唯我独尊"之"真我"，也称作"本来面目"。欲显现此灵明性体，禅宗"参话头"的方法最为殊胜。如前所述，参话头属作意止念（"操"法）中"增"的心术，其术是找一个最易使人生疑的语句（疑问）作为话头首先起疑情，将心中的疑情全集中于话头上，用尽心力参悟，使之欲求不得，欲罢不能，终于爆发灵性，大彻大悟。这些话头有可以用逻辑推理的，有根本没有逻辑或语义的，但都是一些不能找到答案的语句，目的仅在于生起疑情，故有"大疑大悟，小疑小悟，不疑不悟"的说法。有些话头可用逻辑推理和理性思维参究，如"万法归一，一归何处？""父母未生前我是谁？""何为佛祖西来意？""念佛者是谁？""狗子有佛性也无？"等。有些话头无逻辑可寻，如"庭前柏树子""吃茶去""秦时辘轳钻""一二三四五""非梁陈"，特别是马祖道一的"藏头白，海头黑"，根本不能用逻辑推理去理解是个什么意思。这些话头，其要害在于生起疑情后，理性思维增而又增，增得头脑承受不住，从而截断意识流，激起灵性思维而开悟。湛愚老人《心灯录》云："参语句，最妙在去不得，更妙在于罢不得。""古德想出参语句之法，直要人当下即超入如来之地。更妙在语句并无理路可思、理路可议，刹那间即将你有生来多少妄想一截即断，使你心意识去不得，不得不生疑。然这去不得之时，正是我本来面目显露之时，与十方如来觌面之时，实相无相之时。""然而妙在此疑，此疑只隔一层纸，这疑即是你出头的要路，即是你脱生死轮回的妙法，即是你证道与诸佛相见的密因。百千万劫容易不得到这里，百千万参学之士容易不得到这里，万万不可罢手！""然要尽力去疑，疑到极处，自然悟入。悟后一想，原来多了这一疑。当去不得时，早已得之矣！"又说："马祖答僧问西来意曰'藏头黑，海头白'。此两句全无理路，又要你参，所以为妙。一参便去不得，直将你心意识之根截断，教你无可奈何。""然全亏此两句，把断要津，不通凡圣，为末后一句，乃能跃出。"如此解门关闭，悟门必开，灵明性体忽地显露出来，将无始以来所染所著的习气销尽，既息诸缘，又不断灭，绝见离境，渐臻玄奥，名曰"善自护持"。《续指月录》载双峰净琴禅师闻尊宿静晃云："佛性虽人人本有，若不以智慧攻化，只名凡夫。今欲成办此事，直须尽扫葛藤枝蔓，只将一句无义味话头，自疑自问，自逼自拶，不肯求人说破，不肯依义穿凿，决要命根顿断，亲证亲悟。如此昼三夜三，迫勒将去，年深月久，忽然心华发明，如云开见日，古人公案，一一洞了。始知无禅可参，无佛可做，头头上了，物物上通，如人到家，不问路也"。万峰时蔚禅师亦云："大凡参学做工夫者，先将平日所知所见，人我名利，尽情扫却，然后将本参话头，顿在目前。行住坐卧时也参，著衣吃饭时也参，屙屎送尿时也参，静闹闲忙时也参，喜怒哀乐时也参，但于二六时中，心心无间，念念相续，不忘这个话头。须是大起疑情，大疑即大悟，不疑即不悟。悟即悟自本心，明即明自本性。古人云：'佛见、佛法，是两重铁围山。若有所见，尽成其障。'所以《证道歌》云：'心是根，法是尘，两种犹如镜上痕。痕垢尽除光始现，心法双忘性即真。'此事不论根性利钝，只要信得及，行得切，时节到来，忽然触着磕着，洞明大事。"这就是说，当选定参话头时，必须持续不停地连自身也参进去，使通身都是话头，形成一个"大疑团子"。陈健民上师《参禅捷径》云："话头应一个接一个如箭射入上空一般"，不能间断，如接续不好则箭会全部坠地。"因此，一个接一个，它们必须紧密相接，以免任何其他念头夹杂其间。这是看话头之秘诀。"直到心识路绝，理性思维承受不住而突然截断，于是知解两忘，人法双泯，澄澄湛湛，这个"大疑团子"蓦地爆破，迸出一轮红日照耀山川，便开悟了。乌石世愚禅师偈云："时时觌面不相逢，吃尽娘生力气穷。夜半忽然忘月指，虚空迸出日轮红。"（《续指月录》卷七）不难看出，"参话头"只不过是一种心理学上以"增"的办法止念的技术，《管子》一书最早称之为"心术"，"开悟"也是深层心理学上"元意识"被开发和凝炼的一种状态。这样，我们将禅宗"参话头""开悟"的程序和本质已揭示得很透彻，这对学术研究来说是大好事，但对真参实悟来说却未必是好事！因为学者一旦明白此"心术"的底细，反倒容易认指为月，望梅林而止渴，将黄叶以止啼，增添了一层理障，在修证时认光影、弄虚头，仅解得清明，在信位上徘徊不前。总之，知解门开，悟门必塞，擅长逻辑推理的理性思维，恰恰是禅学修习所极力避免的！

吕祖《百字铭》云："动静知宗祖，无事更寻谁？""宗祖"即灵明性体，古德唤作"无事道人"。临济义玄禅师云："山僧无一法与人，只是治病解缚。你取山僧口里语，不如休歇无事去！"天宁道济禅师偈云："道本无为岂属修，有修头上更按头。虚空若使重加柄，野草闲花正好愁。将谓衣中有宝珠，衣穿方知宝珠无。前年尚有无珠说，今日无珠说也无。"育王如琪禅师亦云："地大、水大、火大、风大，若一念无疑，地不能碍；若一念无爱，水不能溺；若一念无瞋，火不能烧；若一念无喜，风不能飘，如此即是无依道人。"看来禅宗"无修""无事""无依"的境界，和丹道"虚无"、"无为"的境界是殊途同归的。禅宗以证量授受，以证量显现体用，但有言说，但有工夫，皆非实义，皆是解悟而非证悟，必则参须实参，悟须实悟，须由自证，不假他求，不涉言诠，不存知解，如电光石火，一得永得，才是证悟。在禅学看来，天地间生死流转，善恶是非，报应循环，无非是一大道场；世俗之事，皆可视为灵明性体之机用；其他如天堂、地狱、极乐世界、佛祖接引、涅槃、轮回、三恶道、飞升云云，皆是人之心相。参禅开悟后，则无人相，无我相，无寿者相，无智亦无得，即与所有心相毫不相干矣。参禅至忽尔有悟，以心见性，尚非全悟；必得眼见此大千世界，细至微尘，皆是真如实相化现，方为彻悟。悟而得乐，有快活受用，才能真悟；若无受用，乃影响之见，尚非真悟。悟后要根据自己的性格偏向、心理弱点下手调驯、保任此灵明性体，"善自护持"才是工夫。禅学认为"心外无法"，因之不必心外求法，只将其灵明性体"任运无整"即可。"无整"即无执、无著、无作、无饰的状态。灵明性体呈现的开悟境界，是一种先天的无差别的绝对境界，它无二元对立，无主客之分，无彼此，无名相（无概念），离知性，无缘取，无企盼，无作意。因之任运无整即为修，善自护持即为修，不动心即为修，毋须排斥什么，毋须舍弃什么，毋须出离什么，毋须取代什么，以不修而修，在原来境上保任，任何境皆为清净佛境。堪布卡塔仁波切《了义海》云："倘若我们了解佛法在究竟上并非意指消除甚样东西，然后再带入另外一样东西；倘若我们了解事实上，它并无一样可消除，也无一物可增补的话，那么这便表示我们已抓到了要点。"是以实相般若本无染垢，仅因我等之业障体认不真，一切佛法的目标均在于消除执著，使心无攀缘而已。直视念头、不擒不纵、不生分别则心无攀缘，心无攀缘即是悟境。老子《道德经》云："绝学无忧"（20 章），这应是禅学的真见地。禅学之修持，须用一个"绝"字，外绝诸法，内绝诸见，绝见即离缘离境，但非断灭相，直到"绝学无疑，逍遥无心"，方是禅的境界。临济义玄禅师云："一念缘起无生，超出三乘权学"。权学即"善巧方便说法"，佛教小乘、大乘、金刚乘的三乘佛经，其实都是引导人们明心见性的"权学"。观想佛教密宗的大量本尊、千手千眼观世音，修"上师相应法""那洛六法"等，亦不过引领我们证悟的"方便法门"。人一旦见到灵明性体，则禅宗千七百公案都成了用不着的闲家具。老子赞"愚"不赞"智"，惟愚者能息见而入悟门，故"绝学无为"为禅宗修行之要诀。最后再参一则公案："万法归一，一归何处？"答曰："一归于道"。

第三节　何谓禅定

什么是禅定？六祖《坛经》云："外离相即禅，内不乱即定。外禅内定，是为禅定。"佛法离不开坐禅入定，《增壹阿含经》倡导"十念"法门，其中"念安般"实即打坐调息之法。天台宗的"六妙法门"，以数、随、止、观、还、净来调息止观，亦是以坐禅求禅定的法门。"观"是佛法，以开发智慧、明心见性为主；"止"是共法，佛教和道教都要打坐止念入静。其实从究竟意义上说，灵明性体本自不动，何须用"止"；本自不蔽，何须用"观"？就禅定来说，亦不能等同于静坐。《指月录》卷五载马祖道一未成道时在衡岳习坐禅，遇其师怀让禅师，讥其以坐禅求成佛犹如"磨砖作镜"，"若执坐相，非达其理"。马祖道一闻之，如饮醍醐，侍奉九秋，日臻玄奥。《法华经》亦有偈云："大通智胜佛，十劫坐道场。佛法不现前，不得成佛道。"可见南岳怀让的这一见解也与佛经相合。佛陀说法四十九年，后人将其经典分为小乘、大乘、金刚乘；在中国传有禅宗、密宗、天台宗、贤首宗、法相宗、三论宗、净土宗、律宗、成实宗、俱舍宗等，皆是佛陀导人入道的方便法门；适合参禅或适宜坐禅，亦应因人的资质和缘分而定。六祖慧能《坛经》及其他佛经中皆云"法门无量誓愿学"，既云"法门无量"，当然也应包括丹道这一法门应当学，故南岳慧思禅师立《誓愿文》修习丹道以求延命护法。后人在佛法和丹道之间，在佛法各派系之间相互诋诽，乃是用心不普的门户之见。佛经所云"乘"，其意盖云人奔向佛的目标所乘的交通工具，故"小乘"即小车，"大乘"即大车，"金刚乘"即钻石般坚固的车。第十二世泰锡度仁波切《相对世界，究竟的心》一书中说："小乘有如两轮的人力车，跑起来慢慢的，万一要是翻了车，乘客不会受重伤。而大乘有如公共汽车，它跑起来很快，但若万一滑落路旁，可能有很多人会丧命，不过仍然有不错的活命机会。然而密续或是金刚乘有如喷射机，那真是难以想象的快速，但当它在半空中遭遇到意外时，所有坐在里面的人都就此完结"。小乘佛法包括声闻乘、缘觉（独觉）乘，为自身开悟而修炼，可以出离痛苦，破除烦恼，入甚深禅定，得罗汉果。小乘罗汉果仅是证得"人无我"，仍有习气在，最高只能达有余依涅槃之果，要成佛须接修大乘佛法。大乘佛法则应发普度众生的菩提心，同时证得"法无我"，得菩萨果，须一直修到十地菩萨以上，经三大阿僧祇劫，才能成佛。密乘（金刚乘）又有作密、行密、瑜伽密、无上瑜伽密，无上瑜伽可靠自力修持当世成佛，因为金刚乘发现人人本与佛陀无别，所差仅是一迷一悟而已。与此相应，显乘的净土宗则一心念佛靠他力在临终时接引往生极乐世界而修持成佛。陈健民上师则赞成兼修密宗和净土宗，他说："有密有净土，犹如带角虎；开顶现弥陀，即身成佛祖。"（《健民净密四料简》）陈健民上师精通而着力者是密宗，然密宗中又有莲花生大师于前弘期（九世纪中叶朗达玛灭法之前，约650—987年）开创的宁玛派（Nyingmapa，传密续大圆满修行法，俗称红教），以及阿底峡尊者开创的后弘期（11世纪初开始）马尔巴、米拉日巴弘传的噶举派（kagyüpa，以口传大手印为主，俗称白教），还有12世纪初兴起的萨迦派（sakya，传大圆胜慧，俗称花教，元代忽必烈的国师八思巴属之，曾酿成焚毁《大金玄都宝藏》之祸），直到13世纪末宗喀巴大师开创格鲁派（藏语dGe-lugs-pa，注重严谨的戒律和修道次第，修持"中观见"之"大威德"法，俗称黄教），由其徒达赖喇嘛和班禅喇嘛传承下来。此外尚有西藏本土民间流传的苯教（bon，具原始神秘色彩和神通力且融汇进佛法，俗称黑教，此派因应藏人习俗且有高深的修持次第），还有迦当派、觉囊派、希解派、觉域派等多种教派及其分支教派。就藏传佛教的经典而论，就有《甘珠尔》（kangyur，即"经"，包括经藏和密续的基础经典）和《丹珠尔》（Tengyur，即"论"，为注解经典的论藏），此外还有大量的论集。如果再加上显教《大藏经》中小乘、大乘的佛典乃至近人著述，整个佛教的典籍多如山积，需要20年连续阅读的时间才能穷尽这一宝库。况且佛教源于印度，欲研读佛教典籍还要阅读印度的历史、哲学和宗教有关典籍，乃至西藏的医药学、天文学、地理学及诗歌、艺术作品等。这和内丹学研究要阅读《道藏》《续道藏》《藏外道书》及各类丹经抄本一样，同时还要学习现代物理学、宇宙学、哲学、心理学、医学的知识以作比较剖析。然而对佛法和丹道的研究欲求得真知，不仅要阅读大量经典，更重要的是取得修证体验，修持本不需要兼顾多门，而是要一门深入下去，最终效果是大致相等的。刘彦修居士有云："赵州柏树太无端，境上追寻也不难。处处绿柳堪系马，家家门底透长安。"此谓各人有各人的缘份，欲证果亦可自择门径。就密宗的修持而论，堪布卡塔仁波切在讲述《甚深内义》（第三世大宝法王著）时说："若行者的心能住于自然无念状态中，当下了知心的本质时，则一切任何有关气、脉与脉轮等的修法就不需要了。在认知心的本质并住于其中的当下刹那，它便涵盖了一切的法门。"人生苦短，而书海无涯，人一生决无有那么大精力和时间去做庄子所谓"以有涯随无涯"的事。古人云"博我以文，约我以礼"，治学必于博学通达之后由博返约，入于专门化之途。我六十岁生日，是在九华山度过的，回忆六十年来深恐有一天空过浪费时日，总是一件事接一件事地赶着办，每年都以书为伴耗去了光阴。那天在百岁宫参拜无瑕禅师真身，突然有悟，自觉"天下事，两由之"，世事之结局本是"无可无不可"的。我平生对每件事都要分个是非，认准的事非办成不可，这也是执著太甚，缺少的就是这种"无可无不可"的心境。人生大多贪恋执著某些自以为是正面的事物，憎恶瞋恨某些自以为是负面的事物，其实宇宙间万事万物皆是道的展现，是无须我们对之执著转生迷惑的。当我出入九华山里的一个个山洞，又想到古希腊哲学家柏拉图的"洞穴之喻"，我们自以为聪明，读了那么多书，实际上也许像囚禁在洞穴中的人一样，没见到过太阳和真实的世界。学问也许真如柏拉图所说，是人心中先天就有的，我们仅需要某种机缘将它"回忆"起来，故不觉吟而成句："六十年读万卷书，而今顿觉无书读。我生能主多少事，老来无事还是酋。"我不但感到可读的书不多了，而且发现二十余年四处拜师访道求取内丹法诀，也觉多余，根本的丹诀全在自己的身心之中，继而吟曰："千里寻师未出屋，认取贫子衣中珠。自笑多年求丹诀，早存囊内未捡出。"近几年有关丹道和佛法的修持，我感觉最普通最吃力的道路也许是最近的路。我研修禅宗和密宗是想借他山之石破解丹道，故宜删繁就简，仅对最普通的坐禅功法略抒浅见。

丹道静坐的法诀是"端直其体，空洞其心，真一其意"，这已早讲过。佛法之坐禅，据《金刚鬘》密续，有毗卢遮那"七支坐"法，又称"庄严狮子坐"。大手印七支坐要求一定要首先心存虔敬，坐姿端正则心气不二，身正则气正，气正则心正，如此命气入中脉，可生起拙火，出现暖相。这时由身体放松进一步达到心灵放松，睁眼平视，目光代表心境，这样可逐渐清除气、脉、明点上的晦障，放下一切执著，应无所住而生其心，由观而止，由止而忘，由专而一，由一而虚，以至明空合一之境。

佛法认为，人的身体乃是五大（空大、地大、水大、火大、风大）假合之物（包括阿赖耶识、五大、命气），是以前生之业识为因，父母为缘，即业力与遗传因缘合和而成者。《楞严经》云"生因识有，灭从色除"，人以一念无明而生身，如成道得寂灭之果，亦须从除掉色身的障碍修起。佛法欲以止观证得空性，必先以坐禅的工夫转化人身的"四大"，即须由念住、息住、脉住修起转化色身，否则只转化心理而不转化生理，临终时身体在生理上衰败，人的心理转化也靠不住。这就是说人的体质不发生根本转化，心灵也不可能转，即使止观得空，空犹是妄；造作止念，亦非真实；放任自然，终是外道，古来多少禅宗大德因缺少色身转化工夫而未得三身成就应是教训。坐禅的法门，要和丹道筑基功"虚其心，实其腹，弱其志，强其骨"及"真人之息以踵"的法诀同参，食少气足为实腹，髓满身柔为强骨，必须坐到双腿柔软，真气直达足心，才能谈得上三脉七轮的修持，才能谈得上转化人的体质。学者一旦用功修持，自身的病脉及其中的病气被解释，某些宿疾也往往激发出来，体内的毒素开始往外排泄，出现所谓气、汁（胆汁）、痰（黏液）的四大不调之症。例如火主情欲，前列腺病、心脏病、艾滋病等属火大能量不调，胆汁不平衡。水主贪爱，黏液为病，如糖尿病、内分泌病、胃癌等，属水大（体液）不调。风主气脉，如肺癌、脑神经系统疾病，属风大（气）不调。人之命气、明点（生命能）在体内运行通畅，身体必健；命气不失，人不会死。瞋念（极度愤怒）易起无明，使人漏失命气，故为地狱种子。西医以外科手术割除人体器官，亦多危害佛法之修持。学者以坐禅转化四大，止心于足下以疗病，直至真气自足心通达四肢，一般说来疾病就可痊愈了。必须指出，身体健康，六根俱全，为修法之本。人以眼、耳、鼻、舌、身、意六识为六根，无根则无识，进入无明无记状态，不能见性，修法无益。例如患老年痴呆症（阿尔兹海默病）的人，意根损坏，进入无记状态，自然与佛道无缘了。坐禅要诀在身正、意正，依此而修，必能转化色身，渐入定境。

天台宗坐禅之法以"数、随、止、观、还、净"为六妙法门，足见数息、随息应为静坐入定之门户。呼吸之粗者为风，细者为气，微者为息，人之呼吸皆属风大，坐禅先从"修风"始。丹道之"心息相依"，坐禅之"安般守意"，为入定之要诀。密宗认为勇父与空行母皆在气脉之内，欲使善巧与智慧合一，就须一心不乱地住于数息之中，由数息而随息，继而住息于明觉，渐至心气不二之境。吾曾有诗云："性空真风是坐禅，仙佛种子道一般。百千法门有妙诀，俱在息中得真铨。"佛法调息之术有多种，其中一有与丹道相同的以深、细、长、匀渐至胎息的入静法；二有吸时细、长、慢，呼时粗、短、急的修风法；三有半小时呼吸一次的持气法；四有吸气压入腹内持气（住息），又突然如射箭般呼出的宝瓶气法等。密宗之调息，在于以呼吸激发人体内的命气和明点，贯入三脉七轮，引生拙火，故"意注呼吸"即是修行。丹道以铅伏汞，以息止念；密宗大手印则以定行气，以止念兼修气脉、明点，可谓殊途同归！

佛法调心，多用"止观"，以解决坐禅时意念散乱和昏沉的问题。何谓止观？念念归一为"止"，了了分明为"观"。止为息念忘尘，观为生智了境。"息"为自然而息，"忘"非刻意而忘；"生"则生而不有，"了"谓了而不无。"息"和"忘"是为"双寂"，"生"与"了"是为"双照"，故止观为寂而恒照，照而恒寂之义，即"因无所住而生其心"的意思。治散乱可用止，治昏沉可用观；存想脐间可治散乱，意注鼻端可治昏沉；以心、口、意三业并用可使杂念减少。禅定实际上是一种直观本心自性的修持方法。修"止"即是激发由心来观照自性的能力，而"安止"于自性的境界，即是"观"。直观自心即可达到主客合一，无过去、现在、未来，无二元对立的明心见性的境界，此境界即为"不住语言、文字"、不起思维的"般若波罗蜜多"。人的本心自性从来是明觉的，它即是灵明性体，"止观"的修持并不能改变它什么，仅是断除本心自性的执著而已。"一念不生全体现，六根才动被云遮"，当本心自性"止水无波"时便会生起光明和悟境，并自然安住于明觉之中，即入"三摩地"定。明觉不是停止觉受的"无记"状态，而是一种空无的体验。明觉的心不是实体，它无染无垢，因之二祖慧可"觅心了不可得"！大手印的生起次第是生起坛城和本尊的观想，即对本尊与其身形一种"作意"的想象；其圆满次第是渐次或刹那将此观境化光溶入一种无念、无缘取之境，而后住于平等定中。人的意识形成某一种境界谓之"作意"（遍行心所法之一），以"作意"修心才能得定，实际上"参话头"也是"作意"。作意守一，缘于一念，可得止；照定念根，灵明不昧，可得慧。世间一般止念法门，多是调训识神，转妄念为正念，转杂念为一念，从而心息相依，守一毋舍，渐入无念之境。禅定则心存虔敬住于一念，实即住于"第一念"，第一刹那之念谓之"初发心"。此第一刹那之"初发心"无主客，无分别，无企盼，无彼此，无名相，无善恶，无知性的直接觉受，谓之赤裸无饰、无修无证的"本来面目"。心之第一刹那即明觉，第二刹那是体验此明觉，第三刹那则分别此明觉而生攀缘，住于此第一刹那之初发心即得大自在。初发心虽无思维，但有觉受。我们只要将心住于当下的觉受之中，不起分别思维，即可"直观念头"，开始觉知念头"无生"，中间觉知念头"无住"，而后觉知念头"无灭"，可知念头是无目的，无自性的，将心放松，自然无作，念头自息。六根触动而心不分别，直观自心而不生企盼，不加引导，不使意造作，则念头如水中划圈，自生自灭。

我们必须清楚，由识神所引发的理性思维，包括各种此起彼伏的念头，在本质上都是间断的，局部的，随时间流转的；而元神则是连续的，整体的，超越时空限制。由灵明性体激发的明觉之境，是一种无名相，无执著，无作意，无觉受，无取代，无增减，无哀乐，无是非的无差别境界；是寤寐一如，劳闲一如，主客一如，彼此一如的齐一逍遥之境。此灵明性体即实相般若，丹道谓之"一点灵明"，其中蕴藏着巨大能量和信息，具有改造世界的功德力。当念头生起时，我们只要直观念头，不作止念之想，不必驱除它和招惹它，不意图操纵它，也不强迫自己不起念，仅是"看"着它即可！当我们强迫自己的觉性不动时，它会蠢动而攀缘到一个对象上，当我们放松时，它会静止不动非常清彻。我们注视着念头不随它转，不去分别有念或无念，念头的间隙会自然增大，它会自行解脱无痕而逝。其他如烦恼、是非、喜怒、忧愁、苦乐等亦复如是，当我们注视着烦恼时，生起一种直观的智慧对之不加分别，烦恼等也会像冰入水那样消失得无影无踪。佛法之"三昧"（Samādhi，又译"三摩地"）并非集中注意力，而是心灵处于松弛状态，以达到与空性合一之境。须知人身即鼎炉，人体即坛城，我本与佛在质上相等，我之妄念与烦恼亦是我所具佛性之示现，六触动而心不分别，不必排斥什么，不必舍弃什么，不必取代什么，不必修证什么，在原来境上保任，"将心放松"，波涛自息而归海，任何境皆是清净佛境，"不生不灭，不垢不净，不增不减"的"空相"性体自然呈现。三界唯心所造，万法一念观空，当我们的心安住而与眼识分开时，便会感觉一切外境都像是在空气中流变的波纹那样的幻景，这时候眼向四周观看而心如如不动，不再受扰动了。我们进而将目光与自己的觉性溶合为一，心无旁骛、无视一切地住于自己的明觉之境上，灵明性体便会显露出来。大手印修行的要点要完全放松、放下和安住，不对念头有拒有迎，而是将其融入明觉中，以达离于造作的任运无整之境。当我们对客体的特点倘未生起分别时，即把注意力放在第一刹那的视觉上，那时心即不动，心的究竟本质也会显发而出。

第四节　入定的证量

定力是判别学者道行的标准，佛道二教的理论再明析没有定力也难真正确知修道的境界。内丹学的研习往往以丹道立基，以禅宗收圆，故亦用"初禅念住，二禅息住，三禅脉往，四禅灭尽定"来判别定力的高低。在佛法中，"正定"是"八正道"之一，深入"正定"的次第有"四禅八定"之说。初禅入清凉境，超离欲界，身觉轻安。二禅心生喜乐，息止念止。三禅身生妙乐，变化体质。四禅苦乐双离，解脱烦恼，入不动定，澄湛寂静。空无边处定，超离色界，与虚空相应。识无边处定，证得心识空性。无所有处定，入无分别境。非想非非想处定，非有非无，至无色界顶处，如涅槃相。以上入定八次第是佛陀证得无余依涅槃前的甚深定境，此后打破"无明窠臼"，得大解脱，转识成智，即成佛果。

在证悟佛性的修持中，坐禅入定的功夫称作"加行"，共有四步，谓之"暖""顶""忍""世第一法"，佛法的每个果位修持行功都有相应的"四加行"。入手行功，身体灵能发动是"暖"相；证得人无我，与虚空同体是"顶"相；截断众流是"忍"相；悟入灵明性体是"世第一法"。密乘以见到空性为"暖"，见证善根为"顶"，以坚固定力远离恐怖曰"忍"，转识成智为"世第一法"。声闻乘以得胜义空为"暖"位，以色空不二为"顶"位，以无执无著为"忍"位，以胜义无所住为"世第一法"。独觉乘以真空妙有为"暖"位，以心物一元为"顶"位，以空而不执为"忍"位，以心能转物为"世第一法"。菩萨乘以证得空性成就，得无畏智为"暖"位；得不退转般若成就为"顶"位；以出离作意等障碍法为"忍"位；以无间见道正因常修法为"世第一法"。

老子《道德经》云："重为轻根，静为躁君"（26 章）这两句话可以作为禅定的要诀。《庄子》传"心斋"、"坐忘"之术，其《大宗师》所载修守之术三日能"外天下"，七日能"外物"，九日能"外生"，继而能"朝彻"、能"见独"、能"无古今"，而后入于不生不死之境，非禅定而何？东汉时安世高、法护已传禅定之佛法，东晋时佛陀跋陀修禅定而得神通，随之习禅者多，非待达摩祖师东来而后传。齐、梁之间有傅大士（傅翁）、志公（宝志禅师）和菩提达摩并立而三，大煽禅风，四祖道信六十年长坐不卧而修禅定，足见古来高僧、高道皆以生死为大事因缘，非徒以经典文字探其究竟。椐堪布卡特仁波切《讲演集·死亡无惧》中论述，是否修习禅定和定力的深浅关系着能否脱离死亡恐怖，认识自性光明，在"中阴身"解脱成佛的大事。他说："若一个人生前曾修持过禅定，如大手印、直观本性等等法门的话，藉着禅定的帮助，就能当下认出此净光，好像见到一个很久不见的老朋友一样地亲切熟悉，立刻能与此净光合一，从此净光中解脱。"由此可知佛道二教对修习禅定的重视还在于其和宗教超脱生死的目标相合。

考察入定修持的证量并分析得鞭辟入里的佛典，莫过于《楞严经》。色、受、想、行、识，谓之"五蕴"，又称"五阴"（阴，skandha），代表人体的一切有为法。凡有形有相者为色蕴；知觉此有形有相之外部世界者为受蕴；分别外界好坏、善恶、利害者为想蕴；对自以为好者贪恋、坏者拒斥，趋利避害者为行蕴；觉知前四蕴存在者为识蕴。学者要在甚深禅定中证得"诸法空相"，必先依次转化色、受、想、行、识五阴的障碍，而禅定在"五阴区宇"中的证量就详细地记录在《楞严经》里。另外，在《楞严经》中，还有二十五位菩萨以自己入定的经验现身说法开示了 25 种入定法门，其中以观世音菩萨的耳根圆通法门最为殊胜。学者以耳根可闻的机能，反转过来闻知自己清净能闻的自性，便是入甚深大定修行圆通的法门。丹道之静坐也有以听水流声、听水滴声、听海涛声、听钟表声、听钟摆声、听鼻息声、听天籁声入定的法门，这亦是观世音的耳根圆通法门。入定时的"色阴区宇"是转化色身的关键步骤，在心理上入定可以杂念不起，如人处暗室中生寂静幽暗之象；在生理上身体有如释重负的放松之感。真到心光显露，十方洞开，无复幽暗，体内器官亦历历分明，与虚无相融，纯一无觉，即是解脱了色阴的障碍。由色阴尽转入"受阴区宇"，是转化人体感觉的关健步骤，此阶段感觉全身麻木，四肢不能动，心力亦呈枯竭之象；直到身渐自由，心灵出现离体体验，是受阴区宇已尽。"想阴区宇"是转化人的思想活动的关健步骤，入定至受阴尽后得"意生身"，随意而往，是想阴之境；全妄想杂念尽除，入明觉之境，便解脱了想阴。"行阴区宇"是对人的生命运动与外部世界关系转化的关键步骤，入定至想阴尽后，得宿命通等神通，无颠倒梦想，寤寐一如，能感受到宇宙运动的根本节律，是行阴之境；至性光明朗，澄湛无波，就将行阴解脱。"识阴区宇"是转化人的深层意识的关键步骤，行阴尽后六根虚明，业力消除，元神清彻，为识阴之境。至能六根互用，激起灵性思维，天人合一，身心内外透明无碍，便是解脱识阴之境。由五蕴解脱再进一步修持到灵明性体无染，保任无整，转识成智，便得无上正等正觉。

丹道之龙虎丹法与彼家丹法以及密宗的大手印功法虽皆次第分明，然非纯粹的坐禅入定工夫，此处不论。因男女双修丹道法诀最秘，吾此书恰重在揭示丹道法诀的秘密，故对男女双修功夫讲解文字稍多了些，希望不要引起读者的误解，以致喧宾夺主之弊。密宗之大圆满和大手印，修持之心地相同，仅是"气脉""明点"修持有顿、渐之别而已。藏传佛教对利用明妃之事业手印争议颇多，其主流皆强调清净孤修，除非生理上根器不利者或年龄过老者，上师才授以"双运道"以救老残，这和丹道双修之义略同。今泰锡度仁波切所传大手印、那洛六法皆为清修，和印度性力派用法不同，应是噶举派正传的主流。密宗以"本尊""护法""上师"为"三根本"，尤崇龙树菩萨和无著、世亲菩萨的著述，大抵为印度哲学思想，受中国哲学影响尚浅，其见地须据印度文化传统理解之。我的意见是，凡将佛道二教中男女双修工夫解读为清净的禅定工夫者，只要其次第和技巧依双修之意有殊胜之处，皆不可轻易否定。这是因为毋论佛道二教的何种男女双修法门，皆易为情欲所障，乃至困于业力，善根难发，不生出离心和般若智，为修道之大忌。此吾之所以战战兢兢，朝乾夕惕，愿学者戒色欲，寡言语，节饮食，省思虑，在欲转欲，居尘出尘，莫负前因，自坠泥涂。世事所关只在一念，一念难回，遂成浩劫！今吾不惜笔墨论述此禅定法门者，亦愿世人有志于佛道者涤虑洗心，忘情绝念，惩忿窒欲，闲邪存诚，学一种有益于己的工夫，作一种无求于人的学问，平旦存夜气，集义生浩气，以求天锡纯嘏，眉寿无疆。学者如能于禅定中身如壁立，意若寒灰，绵绵密密，不二不息，必得天心眷顾，执德而至善，方不负吾此著述之一片婆心也。

大手印"四灌顶""四瑜伽"的禅定清修次第，先以人之身、语、意三业灌顶（行部、事部等下部瑜伽），再加上"无上瑜伽"的"第四灌"，合为"四灌顶"。"身灌"以"宝瓶"代表本尊坛城，即瓶灌。"语灌"即念本尊咒，亦名真言灌或甘露灌，即密灌。"意灌"为观想父尊与母尊双运合一，为知识和智慧的灌顶，相当于慧灌（陈健民上师云以双运道之事业手印灌顶为慧灌）。第四灌则启发出大乐的本质以得加持力，亦有触机开悟者，称俱生清净的长寿灌，相当于"胜义灌"。实际上丹道、禅宗、密宗之修持最后进入高层次，全是入定的法门，以修持者的定力较量高低，如此则功夫出在禅定中，修持惟以禅定为真，其它皆是辅助性的权法。密宗大手印之"四瑜伽"，亦以定力循序渐进。"四瑜伽"之"专一瑜伽"，把觉性"止"于一点，即安止于定境和喜乐之境，灵明性体专一常住。实际上只要一心专注，念头自然不生。倘若心能定住，自然会展现出一种喜悦和清明的境界，用不着作意去生起它。"离戏瑜伽"是"观"的开悟，即离去一切执著，灵明性体澄湛常明。"一味瑜伽"则混世同俗而不起分别心，入色空一元之无差别的智慧境界，可刹那间遍知一切因果而灵明性体不昧。"无修瑜伽"则破除一切烦恼障和所知障，除净历劫以来一切习气，得空智不二、不退转之圆满成就。陈健民上师云："专一闭关；离戏住山；一味入闹市，踏破末后牢关"；此后"任运纯熟，方能免除一切修垢，又免无修之修垢"，则得光明大手印之极果。

第五节　开发灵性思维

佛道之修炼，从其人体科学的应用方面说，有一个如何开发灵性思维的问题；从其成佛成道的修炼目标而论，开发灵性思维也就是如何"转识成智"的问题。"识"为对境的识别，属于知识论的层面，是对信息传递、储存、鉴别、整合之功能；"智"是心灵本体的灵性，属于本体论的层面，是心对宇宙本质特征的直接反映能力，因之"智"是"识"的根基。"识"的功用属于理性思维的层次，而"智"的功用属于灵性思维的层次。

以美国为代表的西方主流文化的最大弊病，一是其唯物至上、科学至上的思想，是谓"法执"；二是其自我中心、人类中心的观念，是谓"我执"，故在西方人看来这个世界总是无常的和残酷的。西方哲人达不到"人无我"和"法无我"的境界，也就无法从根本上"转识成智"，故其科学和哲学的发展不可能达到最高的究竟境界。以中国为代表的东方"儒、道、释"主流文化，其核心思想都在于追求"人无我"和"法无我"的境界，体悟"虚无空灵"的道，从而萌发无与伦比的大智慧，其价值观念都在于对宇宙众生的慈悲以及对生死的终极关怀。孔子"世间法"的儒学尚有"毋意、毋必、毋固、毋我"之论，佛陀"出世间法"的佛教更以破除"我执""法执"和证悟彻底的空性为目标。老子的道学在"世间法"与"出世间法"之间出处两得，亦论之曰"为者败之，执者失之""有无相生""出生入死""天下万物生于有，有生于无""吾所以有大患者，为吾有身，及吾无身，吾有何患？""吾丧我"等，从而认识到宇宙来自虚无又最终归于虚无的规律。然而要真正破除"我执"和"法执"，证悟到"人无我"和"法无我"的空性，从而转识成智，又谈何容易？佛道修炼者每称"言语道断，心行处灭"，是看透了那万千经卷、百千法门的理论思辨反而会成为修道的障碍，真正转识成智全赖一门深入地艰苦修持实践。道学回归虚无空灵之道的途径，以内丹学最为殊胜，而内丹学的研究则可最终揭示出人体生命和心灵的奥秘。吕洞宾、陈抟、张伯端、王重阳、张三丰等祖师证得天仙（佛称大觉金仙）之境界，莫不是经过艰苦卓绝的人体和心灵的修持。佛教天台宗以修持止观觅得空性和净土宗靠念佛得他力接引，亦非易事。天台宗大师在心灵的修持中发现人的念头本是间断的，在现在念刚逝，未来念未到的一刹那，当下觅得空性，谓之"三际托空"。净土宗大师靠他力成佛，则须诚心诚意地把自己交出去，彻底舍弃和放下自己的一切，等于赤身裸体走到"舍身崖"纵向一跃，如此一声"南无阿弥陀佛"，由诚生明，立见空性，岂是满脑子私心杂念的凡夫俗子所能行得？禅宗六祖慧能，本不识字，听人读《金刚经》一悟而入佛门，踏碓八个余月，得法后隐于猎师中修持五年，始得传法，直指人心，见性成佛，至今肉身见存。由此可知，佛道二教的精华不是其理论思辨，而是其修持实践。丹道和禅、密诸宗师依本门法诀历经苦行得大成就者，必能在生理和心理上开发出人体潜能，有神通昭示世人；必能证得空性，转识成智，开显出灵性思维；必能以人类的最高智慧在宗教、哲学、科学、艺术上有所建树，在社会人生上得大自在。灵性思维虽和感性思维、理性思维相辅相成，但灵性思维是人之灵明性体的直接作用，是人类一切创造性的源泉。凡哲学上的理论创新和科学技术上的发明创造，皆以灵性思维为根基。近世佛、道二教的衰落，其弊病恰在于各门派修持法诀失传，特别是缺少真修实证的人才。就道教而论，近世缺少王重阳那样的宗教改革家和影响一代社会风气的高道。佛教中亦不见证果的禅师和明心见性的高僧，佛寺和道观都存在商业化、衙门化的倾向。

由藏传佛教噶举派谛洛巴、那洛巴至玛尔巴，再传到米拉日巴尊者的大手印光明定，确是转识成智、开发灵性思维的捷径。这种修持方法由"拙火定"而"真空定"而"光明定"，其功夫次第和法诀精要值得研究，下面我们逐次予以剖析。

拙火定是要在身内生起灵热，从修炼体内的气、脉、明点开始，相当于丹道的命功，《那洛六法》《宁古玛六法》《大幻化网六成就法》都把拙火法（灵热瑜伽）放在首位。密宗无上瑜伽称人体有水脉、气脉、血脉各二万四千条，然修持常用者以中脉、左脉、右脉最为重要。"中脉"又称"命脉"，上端达头顶百会穴，向前弯至两眉间印堂；下端起自会阴穴，在脐下四指处与左右二脉交会。其脉如渥丹之色（棕红色，如茜草汁），明如酥油之灯，粗直如箭杆，空如纸卷之筒，外蓝内红。左脉和右脉与中脉平行，夹持中脉，相距二指许，粗直如麦杆。左脉白色，主运精；右脉红色，主运血。左右二脉上端过耳后开端于两鼻孔；中间在脉轮部位和中脉相交；下端在脐下四指处与中脉会合。中脉自上而下，在顶、喉、心、脐等部位辐射出若干支脉，状如以中脉为轴的车轮，称作脉轮，有"顶轮"、"眉间轮"、"喉轮"、"心轮"、"脐轮"、"生殖轮"（"密轮"）、"海底轮"等。另有头顶上四指虚空处的"顶髻轮"（又名"梵轮"），为修颇瓦法所用；男女阴茎或阴蒂末端的"密杵轮"，为双运道修法所重。

顶轮又名"大乐轮"，在囟门颅骨下，中心为三角形，有32条支脉，呈红、白、绿、黑等彩色，下覆如伞状。喉轮又称"报身轮"、"受用轮"，中心为圆形，有16条支脉，红色，上仰如碗状。心轮又称"法身轮"，与两乳连线中点平齐，中心为圆形，白色，有8条支脉，下覆如伞形。脐轮又名"化身轮"，与脐平，中心为三角形，有64条支脉，彩色，上仰如碗状。脐下四指处为"生法宫"，呈立体等边三角形，为拙火（灵热）生起之宫。

明点是结构化的性能量，实即生命激素耦合的能量团。气是灵子场叠加并和生命能量耦合而成的生命波；脉是气在运行中形成的通道，可以传递生命波；明点则是气的结构化或物质化，是性能量的团聚体。明点的性能量和脑细胞核内的真空零点能相联系，此真空零点能不仅是明点的光能之源，而且是明点的智能之源。这种智能和光能统一在明点之内，形成生命的高级形态。明点又有自性明点和物性明点之分。自性明点即人的灵明性体，以其体、相、用可现为法身、报身、化身。物性明点有净分和浊分，人之排泄物如汗、尿、涕、泪、精液、经血为物性明点之浊分。物性明点之净分有红色净点（红大、红菩提）、白色净点（白大、白菩提）、不坏明点。此外瑜伽士在修法时靠观想、诵咒、凝气、运风亦可形成某些咒明点、风明点，乃为凝聚性能量人为主观修持而成。红菩提、白菩提皆是禀父母精血而形成，降生时父精之性能量凝结为白色净点，上升到顶轮；母血之性能量凝结为红色净点，结胎时处于脐轮之下的生法宫，为激发阳性生命能量（拙火）之本。白菩提和红菩提皆是人体最精华的性能量凝聚体，二者之精华在心轮会合，形成不坏明点，是人之"真精"。不坏明点乃人的生命之本，其大小如芥子，在心轮和人的阿赖耶识合一，终生不灭，随人的睡、醒、梦、性等生命活动发生作用。瑜伽士修炼有成，至寿终火化时，净明点则结为透明莹亮之晶体，称作"舍利"。气、脉、明点组成人的微细身。

拙火机制是人类在漫长的进化过程中遗留下的巨大生命能量储存中心，故密宗和丹道的修持都把激发人体的灵热放在命功修炼的首位。瑜伽士激发拙火往往采取某种不寻常的呼吸模式或观想法，他们认为有一条灵蛇蜷伏在海底轮，灵蛇觉醒后从海底轮沿中脉经过生殖轮、脐轮、心轮、喉轮、眉心轮一直上升到顶轮，与顶轮神经丛的大自在王会合，得三摩地，从而激发大乐和大智。拙火的燃起以生法宫为主，可以观想脉轮、观想种子字、金刚诵（唵、阿、吽）、三三九风箱式呼吸法（九节佛风），其中以宝瓶气法较为常用。宝瓶气须修引息、满息、均息、射息四法，先以两鼻孔引新鲜灵息充满肺腔至最下端，收缩腹肌将上半身气下压，同时提肛和膈膜使下气上提，上下气会合于脐下四指处（生法宫），这样上压下提，如气压入宝瓶中，谓之宝瓶气。继之瓶中气满散布周身，充沛毛孔，谓之满息。再持气一段时间，吸入几口短息，均匀分布两肺及全身，谓之均息。后从鼻孔及全身将气喷出，如射箭然，谓之射息，宝瓶气和丹道的"十六锭金"相当。修宝瓶气日久，气渐入中脉，脐下四指处之生法宫（中、左、右三脉会合处）出现红色明点，招摄五彩光芒入毛孔中，如此顶轮之白菩提月液融降，红菩提明点上升，交会于心轮，得喜乐之觉受，拙火自然燃起。拙火有四相，"色如茜草汁，明如麻油灯，暖如灼热铁，弯如九曲狐毛。"拙火其形为脉，其动为气，其质为点，为灼热之红焰，实即中脉汇集的生命能量。密宗一般认为拙火在脊椎的基部觉醒，沿身体的脊柱上升，而丹道之灵热有始于双脚者（如哪吒足下之风火轮），有始于下丹田者，故《悟真篇》云"炉内赫赫常红"！拙火定尚属于丹道命功的范围，要达到根本的心灵转化还要续修真空定和光明定。

　　真空定和光明定是联系在一起的，谓之"明空双运"。灵子场的真空零点状态是宇宙万有的始点，是人体修炼的终极境界，只有达到真空大定才能开显灵明性体的真心，进入光明定的寂光世界。如此定则空，空则明，在深定的过程中，神经细胞处于最小自振态，脑细胞处于静息电位，意识波平息，意识场出现跃迁现象。在念生与念灭之间，有一个真空零点，抓住此零点，灵明性体自现。人体的心轮可以看作中脉的零点，行住坐卧不忘心轮，中脉自通。内心不动，则为大定；心不起念，则为真空。情识俱尽，知见不生，则心寂然宁静；能寂静则智光朗照，能虚空则性月常明。如此真空无边无际，真心无遮无碍；真空清彻无物，真心纯净无念；真空光明无限，真心寂照无边；真空创生万有，真心统摄万法。修持者在真空定和光明定中超越了意识，开发了智慧，由理性思维转化为灵性思维，直接认识到事物的本质和宇宙的实相，谓之"转识成智"。三界之内（实数的色界）以识为主，识为生灭无常的无明状态；三界之外（虚数的真如法界）以智为主，智为不生不灭的明空世界。米拉日巴大师昔年在崖洞中修持，以禅定之力，使地、水、火、风、识五大元素依次消融，打开中脉的脉结，拙火（红菩提）上炎，融化顶轮的白菩提滴降（菩提月液），这样红白菩提集中到心轮的不坏明点，体验到濒死的觉受，从而证得空性，又得四喜（初喜、胜喜、超喜、俱生喜）、四空（空、广空、大空、全体空）的觉受。首先得空明现量证境，有许多殊胜觉受，但能执、所执未断，灵明性体尚不稳定。如此自心空明，勿使间断，继续用功，证得无生空性，离有无、是非，渐断能所二执，进入毕竟空的境界。再继续用功，证得诸法平等，无二无别，凡空、有、生、死、涅槃、此岸、彼岸，皆是一体。如此先断能所二执，摄有入空，继之则会空入有，于空性得大自在，终之则进入究竟圆满境界，证得自性真空的终极实体，色法一如，得大智慧。

在香巴噶举六法中，光明瑜伽为六法的本体，无上瑜伽分光明（又译净光）为根、道、果三种。根光明又称母光明，为人的意识流突然截断时显露出的空性光明，多发生在人死亡、闷绝、睡眠、呵欠、喷嚏、大醉、婴儿期等，可突现母光明。道光明又称子光明，以顿法或渐法入定得澄湛之心光，得觉受光明或实义光明。果光明为证得乐、明、无念后穷彻心源，子母光明会合，成佛证果时灵明性体的光明。光明定之修持在因地上自净其心，一旦念起，勿忘勿助，清心寂照，让妄念自息。当识浪平息后，自觉内心如源头活水，愉悦安乐，呈现无思、无虑、无影、无踪的状态，到果地上心光朗耀，如日中天，智慧自开。实智照理，即为实相真如，不生分别；权智照事，即可广为善行，利人利物。光明定的修持要点，在性功上是始终不离当下一念，又不执著此念。谛洛巴祖师留下"六不法"的口诀云："不想像、不思虑、不分别、不（求）禅定、不回忆、不动念。"这就是说，在性功上，一要不执定力，其实光明定即是在妄念上锻炼定力，妄念起时不刻意止念，而是时时观照，观照即是定力。《永嘉证道歌》云："君不见，绝学无为闲道人，不除妄想不求真。无明实性即佛性，幻化空身即法身。法身觉了无一物，本源自性天真佛。"依此朝夕如法觉照，精进不懈，久之妄念自息，定力转强。二要不执内明，即定力深时，自感内心愉悦，始则神畅气舒，内境渐宽；终则内外通明，智光朗耀，

《永嘉证道歌》云："心是根，法是尘，两种犹如镜上痕。痕垢尽除光始现，心法双忘性即真。"然不论光大光小，听其自然，内景外景，俱不执著。三要不执悟性，即到内外空寂，一派光明之时，既无能缘之心，又无所缘之境，无思无辨，无惑无疑，无是无非，平等一如，所谓言语道断，心行处灭，此即进入开悟之境，然亦不必执著。继续深入修持，直到不恋顺境，不嗔逆境，不恶困境，物我两忘，直入宇宙根本秩序之中，任运自如，则灵明性体开显矣。其实在浩瀚的宇宙星际空间中，在各个星体中，在人体的细胞核中，在原子内部，都存在着真空振荡，都存在灵子场的叠加态，都存在各种生机能量流，这就预设了生命和心灵存在的可能性。宇宙是一个真空振荡器，人体也是一个真空振荡器。在漫长的生命进化中，人脑集中了宇宙的智慧，进化出人的心灵，而人的心灵之核心机制和精华部位就是灵明性体。灵明性体即人的自性，即人类在漫长的生命进化过程中潜藏的智慧之源，是意识的真空自振态和真空映照态。从空间方面来说，灵明性体既能照物，又能照己，是洞彻宇宙本质的灵觉。从时间方面来说，灵明性体湛寂常恒，通往过去未来。从物理方面来说，灵明性体非浊非清，亦虚亦实。从运动方面来说，灵明性体无向无背，不居万法又不舍万法。灵明性体开显时，对于宇宙万有的变化，既不落因果，又不昧因果；对于时间之迁流，既不辨春秋，又不无春秋；对于空间之四维，既不居内外，又不离内外；其体可囊括宇宙万有，其相可具足功德而不显，其用可现一切智，既识外又识内。在人的大脑皮质层面上，由于横向皮质神经细胞激发的结果，理性思维发达。当修习光明定时，横向皮质细胞处于最小自振态，意识场的活动休止，而不同能级的纵向皮质神经细胞被开发出来，呈现灵性思维。光明定层次越深，纵向联络的能级越高，内明越强，悟性越高。灵性思维是人脑的悟性，是灵明性体的功能。

  米拉日巴大师的大手印光明定，修持到灵明性体呈现，就可以开发灵性思维，转识成智。第八阿赖耶识带有历劫以来遗传、变异、业力、习气的一切有漏种子，可在大手印光明定的修持中转为大圆镜智。大圆镜智如同大圆镜一样照彻法界一切事理，其本体空明缘境无边，将有漏的轮回种子转化为无漏宇宙智光，成为人生智力的种子库，又名一切种智，即种子库的空明状态。大圆镜智无空不照，无时不照，无物不照，开发出无漏的整体功能，相当于自性真空实体，代表法身。生命体在进化中摄取外界物质、能量、信息，产生我执，形成末那识。第七末那识本来有我执、法执的执著性和自私性，转为平等性智则觉悟到人我平等，人性本无善无恶无差别，其差别乃物欲和识浪所造。平等性智不执一切，现无缘同体大悲心，对动植万类不起分别，自、他平等一如，具利他性，相当于真空处处平等无别，代表报身。第六意识的功能是进行观察、分析、联想、判断等理性思维活动，在时空限制下交换信息，有我执我见，故属有漏。第六意识转为妙观察智，则对诸法性相都能观察入微，又能观察到万法皆由因缘而起变化无常，确认缘起性空、性空缘起之理，觉悟到宇宙之本体为空，宇宙万物都源于"无"，故属无漏。眼、耳、鼻、舌、身之"前五识"转为成所作智，从有碍、有限转为无碍无限，超越时空之局限，能乘愿力通权达变，利人利物，成人成物，体现自性真空的全能性，是成全一切所作的无漏大智。妙观察智和成所作智相当于真空本体之大用，察事入理，成全所作，开化有情，代表化身。光明定将第七末那识转为平等性智，达"人无我"和"法无我"之境界，则意味着得无量寿；当第八阿赖耶识转为大圆镜智，一切有漏种子转为无漏，超越时空之局限，意味着得无量光。开发灵性思维，转识成智，是佛道修持的根本目标，是谓法身。然欲达此境界，须如米拉日巴大师那样付出多年艰苦的真修实证。《御选语录》载莲池大师云："古人教亲近明师，求善知识，实无口传心授秘密法门，只替人解粘去缚，便是秘密。沩山和尚云：'如今初心，虽从缘得，一念顿悟自理，犹有无始旷劫习气，未能顿净，须教渠净除现业流识，即是修也。不道别有法教渠修行趋向。'沩山此语，非彻悟法源者不能道。"

第六节　自己作得了主

　　禅定是对人的生理和心理进行根本转化的修炼工程，《小止观》对

"外善根发相""内善根发相"都一一作了论证，特别是对"辨邪伪禅发相""辨真正禅发相"等记述，对辨别禅定中的假相、幻景、禅病等都有实用价值，不可不知。在坐禅时，切不可把昏沉当作定境，须知不管修空、修有、修光明、修喜乐，如脱离不开意识境界，滞于识阴区宇，并不是道。特别是对坐禅中出现的各种境界，不可贪恋执著，禅学认为贪于妙乐境易坠欲界，贪于光明境易坠色界，贪于无念境易坠无色界，坐久如枯木落入无记定则易坠畜生道！憨山大师《梦游集》云："荆棘丛中下足易，月明帘下转身难。"在禅定的实修中，排除杂念等相对容易，但在"光明境"和"空境"等非究竟境界中转身再前进一步却有难度。静坐中出现一片清清明明的境界，引发神通，是独影意识的发相，皆非究竟。《同安察祖十悬谈》云："问君心印作何颜，心印谁人敢授传。历劫坦然无变色，呼为心印早虚言。须知本自灵空性，将喻红炉焰里莲。莫道无心便是道，无心犹隔一重关。"坐禅入定境则光明生起，得胎息则大乐生起；拙火为精之激发，明点为气之潜能；不得乐不会得定，不得光明不生智慧，不入无念不能证空，身得轻安才是入定的效验。然而这些境界虽是禅定中应有的，但离究竟境界尚隔一重关。禅定至无念之境，无见闻知觉，是空洞黑暗的"无明窠臼"，必须直观此"无始无明"，将其突然打破，阿摩罗识立即转为法界体性智，谓之见性成佛。佛性如火焰里的莲花一样，本不受污染，自我具足的。大手印的修持过程中身体会出现各种体验，有时如烈火，如狂风，如爆炸，只要将这些觉受直观照定，住于明觉之境，则可证入荀子所谓"大清明"的境界，终于转识成智而得佛果。坐禅必须既不散乱，又不昏沉，修行者的根器、业力不同，散乱、昏沉的原因不同，采取善巧方便的对治方案亦应不同，无论佛法、丹道，什么法门与自己相应就可修持什么法门。

顺便提及，《道藏》之《诸真内丹集要》载有《金丹证验》八条。一曰百日与太虚同体，以灵光为用，心定恬和而生乐。二曰心火下降，肾水上腾，百脉流通，鼻闻异香，舌生甘津，无食无睡。三曰坎离交媾，精恬逆行，开关通脉，和气流行。四曰灵光发生，隔墙见物，出现预知、预测功能。五曰大药透体，眉目生光。由此逐次深入，至六条、七条、八条，攻出精神上和肉体上诸多邪气阴精，或口语惑乱；或肠胃、口鼻、大小便有恶臭秽物排出；或排出香气脂膏等异物；或突发奇疾，头疼欲裂，身痛难忍、吐血、发出异味等；直至周身火发，炼尽阴精，丹田炁和，中宫神聚，火过清凉。而后神满炁行，渐能无食、无睡，进而无息、无脉，则入大定。再修至神炁合一，炼形换骨，神光罩体，百脉冲和，阴魔除尽，形神俱妙，方为金丹证验。以上所论，因人而异，不可刻意追求，以免出现"幻丹"。丹道之证验和佛法相类，分别只在炼炁、炼神之入手工夫有异耳，皆不可执着其神炁之景象。如来本性，乃自然之妙觉，原不是"坐"出来的，亦非是搬弄精气可成大觉金仙。内丹家刘一明云："一切参禅打坐之客，专弄识神之流，见此幻景假象，或神游西天，或项后生光，或杳冥而眼见诸物，或恍惚而云生足下，自以为正果成佛，差之多矣"。是故张伯端《悟真性宗直指》云："不移一步到西天，端坐诸方在眼前。项后有光犹是幻，云生足下未为仙！"

在《佛经》和《丹经》指导修持的各种法门中，常常隐含有一个"主体"在里面，往往被学者忽略过去而未予深究。例如丹道最后达到"出阳神"的阶段，丹经中每言"阳神"先旋出即收，后出一里、二里再收回云云，这就隐含了一个"出阳神"的主体，是谁指挥"出阳神"呢？佛法中隐含着某种"主体"的修法更为普遍，如"令一心不乱""智气入住中脉""充满全身，各各毛孔皆有智气光明流布"云云，乃至对灵明性体、四瑜伽之智慧气的检验，皆隐有一个修持的"主体"在里面。因之湛愚老人《心灯录》干脆直承有一个不假修证万古长存的"本我"，佛法和丹道的一切修持法门都是这个"本我"的造作。然而佛法欲证得"人无我"和"法无我"，丹道讲"虚空粉碎，归于虚无"，都是要除掉这个"我"字。这就提出一个尖锐的问题，尽管佛法修出"灵明性体"，丹道炼出"阳神"，消除了历劫以来的业力和习气，万古不灭不入轮回，但倘若它们昧于"真我之灵觉"，复归于宇宙的信息、能量、物质的自然大循环之流，这样在最终结局上修与不修是相同的，则佛道之修又有何意义？如果修持者以成佛、成仙为目标最终结果是"无记"的自然状态，那么倒不如却病、健身、驻颜、延寿的"安乐法门"实际一些,人们何必苦苦以求佛道?其实佛陀的"心",《心灯录》的"本我",大手印的"灵明性体",丹道的"阳神",都属于道学里"一"的层次。老子讲"道生一,一生二,二生三,三生万物"(《道德经》42 章),其中"一""二""三"都是属于先天的。"三"是丹道的精、气、神,大手印的气、脉、明点等。"一"是人类所有修持法门的极限,它上通于"道",下生万物,属于无主客、无物我、无差别、无缘取的先天境界。因之它既是主,又是客;既是我,又是物,故为一遍历大千世界无牵无挂的"真我"。明心见性是法身,六通俱足是报身,千百亿身是化身。法身即是"一",报身和化身是法身在"二"和"三"的层次上的展示。"佛"(真如)的概念却几乎与"道"相当,因之具有整体性和周遍性,是遍满宇宙、整体无分的,我们敬奉的释迦牟尼佛、燃灯古佛、弥勒佛、大日如来(毗卢遮那佛)、不动佛、宝生佛、不空成就佛、阿弥陀佛、普贤王如来、金刚萨埵、金刚总持、药师佛、无量寿佛等佛号本质如一,是"佛"在"一""二""三"等层次上的示现,就像从不同窗口瞭望天空一样,受自己的业力局限而所见不同。这样,人明心见性达到佛的境界,实际上是达到"一"的境界,这是一种无颠倒妄想、无作意、无缘取的境界,因之必须上座与下座如一,醒时与睡时如一,修与不修如一,都能惺惺不昧,才是心灵的真正解脱。佛法讲三界平等,色空不二,死生一如,不住此岸彼岸,生起次第和圆满次第合一,"涅槃生死等空花",皆是指此境界。不仅佛法如此,丹道也如此。如果醒和睡,上座和离座,修与不修打成两橛,则既不是佛的境界,也不是仙的境界。同时还必须强调的是,佛法和丹道修持的终极目标决不是那种昧于"真我之灵觉",如木石般"无记"的自然状态,而是在甚深大定中也须始终自己能做得了主!雪窦重显禅师偈云:"潦倒云门泛铁船,江南江北竟头看。可怜多少垂钓者,随例茫茫失钓竿。"所谓"失钓竿",就是昧于"真我之灵觉",进入无记状态。须知主客一如,物我一如,彼此一如,是有如"庄周梦蝶"般的一种心灵境界,而非是失去"真我之灵觉",这也是佛陀在《圆觉经》中将"无我、无常、苦、不净"等"不了义"说法改为"常、乐、我、净"的"了义"说法的用意。

这样，禅定必须自己完全可以作主，随时可以"入定"或"出定"，才是真境界。丹道中的"投胎夺舍"功法，就是完全由自己作主转换生死的修持方法。佛陀说法屡忆及自己前生和历劫之事，说曾托生过鹦鹉和六牙大象，他如果毫无"真我之灵觉"，怎么会记得这么多往事？此无他，佛陀只不过将理性思维转化为灵性思维而已，这就是所谓大机大用！《五灯会元》《指月录》里记载洪州百丈山怀海禅师上堂说法，常见有一老人随众听法，有一日大众散去而此老人不走。怀海禅师问此老人为何？老人回答说自己在过去迦叶佛驻世时曾是百丈山的主持。因上堂说法时有人问"大修行人还落因果也无？"老人当年答曰："不落因果！"只此一句错，五百生坠野狐身。今请怀海禅师代下一转语，使脱野狐身。百丈怀海禅师曰："不昧因果！"老人于言下大悟，遂脱野狐身！所谓"不昧因果"，就是不昧"真我之灵觉"。佛法最重者莫过于因果业报，虽神通第一之目犍连，禅宗西天祖师狮子尊者、乃至佛陀本人亦不能逃脱宿业果报，但可以真我之智见"明对之""看清之""偿还之""消化之"。怀海禅师这一转语下得实在好，对了知因果的"真我之灵觉"不是执著，也不是彻底消除的"无记"，而是"不昧"。可见那些教人摒除"真我之灵觉"导致"无记"的说法，最终还是滑向了"自然外道"，这种种自然外道，都是无大机大用的"野狐禅"！

实际上，在我们得证佛果处于明觉境界时，虽然各种念头已不复存在，但由眼、耳、鼻、舌、身所生起的体悟和觉受并没阻断。人的感官所生起的觉受乃法界体性智的根，又是激发灵性思维的根，在修持过程中是不会改变的，如此必然不昧因果。这里还须特别指出，我们所说的"真我之灵觉"，决非理性思维层次上的"我"执，也非"无我"之执，明觉之境本来是"非我非非我"的，否则一句之错，也会落得五百生坠野狐身。因为在明心见性之后，人们就会获得贯通理性思维和灵性思维的大智慧，能够"出生入死""出有入无"，自由出入欲界、色界、无色界，因之《金刚经》云佛同时具有肉眼、天眼、慧眼、法眼、佛眼。借用《金刚经》的说法，我们所云"真我"，即非"真我"，是名"真我"，是经过《金刚经》印证过的灵明性体。《金刚经》云："一切有为法，如梦幻泡影，如露亦如电，应作如是观。"这"四句偈"是"空世"之法印，"真我之灵觉"亦非有为法。《金刚经》云："若以色见我，以音声求我，是人行邪道，不能见如来。"此"四句偈"是"空身"之法印，"真我之灵觉"亦非声非色。《金刚经》云："若菩萨有我相，人相，众生相，寿者相，即非菩萨。"此"四句偈"是"空心"之法印，不昧"真我之灵觉"亦非"我相"。《金刚经》云："应如是生清净心。不应住色生心，不应住声色香味触法生心。应无所住，而生其心。"不昧"真我之灵觉"本是无所住的"清净心"而已。六祖《坛经·定慧品》云："于诸境上，自心不染曰'无念'。于自念上，常离诸境，不于境上生心。若只百物不思，念尽除却，一念绝即死，别处受生，是为大错！学道者思之。"看来，无念不是不要正念，不是如木石般无知，否则即意味着死亡。失掉"真我"，不能以真我合道，灵性泯灭，还修什么道？！《金刚经》之"应无所住，而生其心"，即是不住涅槃，不住生死，不住有，不住空，不住此岸，不住彼岸，不住中流，从无住生起真心，以清净心利乐有情！"无所住"是本寂之性体，"生其心"是本智之大用。可知自己的灵明性体，本来寂照双融，因为作意，性体被迷；今不作意，则性体开显，明心见性。如六根对六尘如镜照像，过而不留，一无所执，便是"无所住"功夫。"生其心"是转识成智，达到灵明性体的真空纯净基态。寂照万有、静察万变谓之"知几"，性体不昧谓之"知常"，知几知常，则是"摩诃波罗蜜多"的大智慧。经过禅定等修持，在达到佛的境界时，心理现象、生理现象、物质现象本质上是合一的。当我们的业障销尽现出净相时，我们观想的本尊和天女也会化为真实的存在。因为我们的究竟本质和诸佛菩萨无二，而诸佛菩萨无处不在，故而我们观想的、心造的也是真实的，这就是色空不二、心色不二、空即是色的道理。灵明性体、阳神、佛陀的"心"都是"一"。在甚深禅定中，虚无空灵的"道"通过"心"将其不可思议的能量展现出来，即是神通，即是佛法的无比功德力。《续指月录》载无为守缘禅师由"一月普现一切水，一切水月一月摄"句悟道后云："以一统万，一月普现一切水。会万归一，一切水月一月摄。展则弥纶法界，收来毫发不存。虽然收展殊途，此事本无异致。但能于根本上著得一只眼去，方见三世诸佛、历代祖师，尽从此中示现。三藏十二部、一切修多罗，尽从此中流出。天地日月、万象森罗，尽从此中出立。三界九地、七趣四生，尽从此中出没。百千法门、无量妙义，乃至世间工巧诸伎艺，尽现行此事。所以世尊拈花，迦叶便乃微笑。达磨面壁，二祖于是安心。桃花盛开，灵云疑情尽净。击竹作响，香严顿忘所知。以至盘山于肉案头悟道，弥勒向鱼市里接人，诚谓造次颠沛必如是，经行坐卧在其中！既有如是奇特，更有如是光辉；既有如是广大，又有如是周遍。你辈诸人，因甚么却有迷有悟，要知么？幸无偏照处，刚有不明时！"佛学和道学都是回向一切众生的学说，它们本质上是殊途同归的。我们将丹道推向学术的殿堂，将佛学与道学融会贯通，这无疑是很有意义的事业，也是为后人积累功德和回向加持力。同样，我们对丹道和禅定的研究也是藉由前人积累的功德和加持力开始的。前人经过艰难刻苦的努力，后人继续做下去就不必遭遇同样的艰苦了。

第十五讲　双修漫谈

我在 26 年的访道调研中，"同类阴阳"丹法特别是男女双修的彼家丹法，最是调研的难点。我准备将丹道铸剑功在后面公开，今先将双修之义，略作介绍。

第一节　双修功法的秘密

"双修"一语，一指"性命双修"，一指"男女双修"，这是从不同角度立论，二者并无冲突。如果将丹道全功分为性功和命功，则内丹学各派皆主"性命双修"。《书》云"惟精惟一，允执厥中"，为性功边事；《易》曰"男女媾精，万物化生"，为命功边事。"积精累气"为性功边事，"流戊就己"为命功边事。性功、命功的修炼次序虽有先后，但性命双修还是一致的。如果将丹道按清净孤修和男女双修分类，则自身阴阳的清净丹法和虚空阴阳的虚无丹法，一般说来是男女分别孤修的，不必发生肉体的性关系，而同类阴阳的彼家丹法和龙虎丹法，则可统统归入男女双修一派。清净孤修派有先性后命与先命后性之别，而男女双修派则皆以修持命功为重点。

傅金铨《性天正鹄》云："独修之而成大觉，双修之可证金仙"。我于 1980 年初入丹道之门，首先得到的是南宗男女双修的法诀。据我所知，双修派和独修派除了在性观念上泾渭分明，有正邪之争外，在炼气等操作程序和功效追求上亦有一些细致的差别，特别是丹道"后天呼吸起微风，引起真人造化功"，其中别有奥妙，局外人少有知者。冲虚子伍守阳著《天仙正理直论》，真阳子伍守虚为之注。伍守阳《天仙正理直论》云："广成子曰，人之反覆，呼吸彻于蒂。一吸则天气下降，一呼则地气上升，我之真炁相接也。"伍守虚注云："彻于蒂者，通于炁穴之处。吸降呼升者，似于反说。大抵丹书反说者甚多，我以理及事详究之，皆吸升呼降，合于自然，方得可有可无之妙。"此注差矣，原文是正确的，吸降呼升乃可夺天地之造化。故吾特别将独修、双修法诀之差别略作开示。例如独修派入手行功，大多以静坐为主；在呼吸法之运用上，多用吸升呼降的吸升精气法；在经脉之循导上，重在逆贯背后督脊；其功法以乾坤交媾为境界；行功既久可致马阴藏相，精神矍铄，杂念不起，发白面皱，容光清癯，飘飘然有神仙之概。而双修派入手行功，大多以站桩或动功为主；在呼吸法之运用上，多用呼升吸降的呼吸精气法；在经脉之循导上，重在下循胸腹前任脉；其功法以坎离交媾为境界；行功既久，男不泄精而阳具长大，女不溢津而内存中和，皮肤滋润少皱，面色红艳有光，翩翩然有少年之态。如此"昼则神采清秀，夜则丹田自暖"，"身耐寒暑，方为长生之基"。独修之路多趋于性功而开发智慧，故曰"成大觉"；双修之路多趋于命功而转化色身，故曰"证金仙"。

第二节　闭固之法

男女双修之功夫，有可存而不用者，有可取而为我所用者。我为保存中华民族传统文化计，决定将龙虎丹法全诀及彼家丹法的真相公开出来。双修派丹法只能作为学术研究的对象，须加一番实验和创新的功夫才有意义，眼下只好存而不用。

然而双修丹法亦确有可取之为社会造福者，例如其中的铸剑功和闭固之法就是一例。现代社会因夫妻性生活不和谐离婚者多有，还有些青年人因性生活过度罹疾，既给当事者带来痛苦，又不利于社会安定，而闭固精气强身之术恰有此奇效，故曰可取之为我所用。今将得闭精不泄（丹家谓之"大锁阳关"）之法，略作介绍。

一是《玉房指要》所传在交接精大动欲出时，用手指按压阴囊和肛门中间的会阴穴，同时长吐气，叩齿，转眼球，精可止而不泄。此乃房中家的简单法子，但须先记住。

二是霍斐然先生所传"气止法"，即在精动欲泄时，急速如闪电般同时吸气和收缩精门，且脚尖上翘，足跟蹬出，刺激射精之神筋立即止而不泄。

三是在精动欲泄时，提肛，目上视，收腹及脊柱，握手缩四肢关节作羊抖状，精亦不泄，可名为"羊抖法"。

四为"对境无心法"，霍斐然先生认为可以意守额间的神庭，称"独立守神法"，皆转移意念不为情境所动，可葆精不泄。如铸剑功成，对境无心，甚至可以在性交过程中朦胧入睡。

五谓"吽字提吸诀"，其法以男女对坐式，行"乐空不二双修法门"，女抱男，男双拳持"金刚印"拄地，观想头顶虚空处有莲花生大士像。其法诀以松缓柔和为主，乐生则不动，心身皆缓，爱护自身明点如护佛目。口诵"吽"字，柔和吸气吐气，以龙头插入莲蕊脉以提明点，以长"吽"字将明点吸入中脉，升上虚空吐气放出，观女（空母）化光亦入身中，身生暖相，与莲花生大士法身合一。如法行四五次，全身自然颤动，则双运功成。

此外尚有多法，因功力要求甚高，非常人所能行，故不赘。

另须指出，中国之房中术追求目标为治病、健身、延年和怀孕生子，中国之丹道男女双修法追求目标为延年益寿、返老还童、得道成仙，都和西方性学追求性快感的目标不同。《诗经·大雅·文王之什·思齐》云："不识不知，顺帝之则"。中国的老百姓自古以来多不习房中术，更不追求西方社会女性的多次性高潮和性快感，但人口繁殖很快。足见追求性高潮和性快感会影响女性的生育能力，妓女多不育亦反映此种现象，世界上的事凡有其利必有其弊，男女双修丹法的效果必须经过严格的科学实验后才能确认。

第三节　男女相恋之真谛

在内丹学的研究中，我们发现男女双修派的丹家除了为铸剑、采药选择鼎器的工具性操作之外，还在超越世俗观念的道的境界里对异性有着一种永恒的渴望和追求，这是过去学术研究从未涉足的问题。且不说男女双修派的丹家终生为此寻寻觅觅，连以清净独修为主的马丹阳、孙不二夫妇拜王重阳为师夫妻俱仙之后，也存有这样的认识。孙不二仙姑诗云："蓬岛还须结伴游，一身难上碧岩头；若将枯寂为修炼，弱水盈盈少便舟。"在内丹家中最著名的是秦穆公之女弄玉和萧史的故事，彼二人男女双修，琴瑟和鸣，结为"神仙伴侣"，在仙道史上流传久远。大仙吴猛之女吴彩鸾仙姑，与书生文箫结为夫妻，在西山共同修炼，夫妇俱仙，称为"神仙眷属"。还有仙人刘纲之妻樊云翘仙姑，指点秀才裴航（亦是仙人的后代）与其妹樊云英在蓝桥相遇，饮玉液琼浆后与云英偕为仙眷。至于汉末刘晨和阮肇在天台山采药误入仙境，和二仙女结为神仙伴侣的故事，就更优美了。内丹学里的这种"神仙伴侣"，早已消除了世界各宗教里对女性的历史性诅咒，不仅男女是平等的，而且光彩照人的女仙成了青春美的化身。人们知道，仙人的境界也即是道的境界，道和"一""真""纯"等字在一定意义上可以互训，因之仙人的这种道的境界也就是一种至真、至善、至美的人生艺术境界。然而世俗社会里的爱情、性活动、婚姻、家庭，被折射和升华到仙人的道的世界里，究竟是什么样子呢？在现实社会里究竟是什么世俗观念玷污着"爱情""婚姻"这些神圣的字眼呢？什么是最纯真的爱情？什么是最理想的婚姻？学道之士怎样在社会上寻觅自己的"神仙伴侣"而结为"神仙眷属"？这些问题都值得研究。

人们不难看出，爱情、性活动、婚姻、家庭四者的日益分离是现代社会的政治制度、经济结构和伦理观念逐步异化的结果，至少爱情和性活动、婚姻和家庭原本应该是统一的，因之我们只须重点剖析爱情和婚姻的问题，就可透视现代社会深层的症结。学道之士修仙活动的目标本来就是要冲破现实社会的"世网"，仙人的婚姻显然不甘受这些世俗观念的束缚，他们似乎在追求一种纯真的爱情作为婚姻的基础。其实世俗社会里也不乏这种对纯真的爱情为基础的婚姻的追求，称作"只羡鸳鸯不羡仙"，言外之意是说这种有爱情的婚姻已经达到神仙的境界了。元好问《雁丘词》云："问世间情是何物？直教生死相许？"这是个东西方哲学家谁也没有讲清楚的问题。也许对"爱情是什么"

的问题根本用不着搞清楚，因为在"上帝造人"时早已给每个人安排好了他（或她）最合适的"另一半"，只是人们在世间或者终生没有遇到，或者遇到后在社会地位上甚至年龄上都有巨大差距，无法享受造物主的恩惠而结合到一起。据古希腊神话，上帝最初造人是男女两性同体的，那时人本来生有四只手、四条腿、头颅有观察相反方向的两副面孔，这种人的才能使奥林匹斯山上的众神忐忑不安，于是宙斯把人一分两半，男女独立开来，使每个男女各自有两条腿、两只手、一副面孔。然而人的身体分成男女两半之后，"每一半都急切地扑向另一半"，这两半"纠结在一起，拥抱在一起，强烈地希望融为一体"。爱情，实际上是我们在人世上游荡、寻找自己失去的另一半的渴望和激情。这大概是对人类男女爱情的一种神学的解释(见柏拉图《会饮篇》)，可见爱情在灵界是早有根基的。林语堂先生在所著小说《红牡丹》中云："我相信一个人出生后，他的灵魂就到处寻找那与他相配的另一半。他也许一辈子找不到她，也许要十年、二十年。女孩子也一样。但他们碰面的时候，马上认得出对方，全凭直觉，无须讨论，无须理由，双方都如此"。这段话是我读破万卷书发现对爱情的最精彩的描述，德国哲人奥瑟·叔本华（1788—1860）也持类似的看法。大概每个人既是生物的人又是社会的人，作为生物的人上帝早已给安排好了最佳的"另一半"，谓之"郎才女貌"；而作为社会的人则须父母给安排最佳的"另一半"，谓之"门当户对"；再就是这两半必须在性格、气质上阴阳互补，而在道德水准、社会价值观和生活理想追求上又基本一致和相容，谓之"志同道合"，这需要当事者自己安排。没有深刻内涵的激情是靠不住的，持久的爱情需要有双方人格、气质、奋斗目标及道德价值观念相互阴阳和谐作为永恒的支柱。世界上只有善良人之间的爱情才是高尚的，这种高尚的爱情具有利他性，意味着可为心上人的幸福作出牺牲。婚姻却往往是一种自私行为，也许在"郎才女貌""门当户对""志同道合"这三条线的交点上人们可以得到最佳的婚姻。然而人的社会地位是会发生变化的，人的命运也需要自己来创造，婚姻和家庭的悲喜剧全赖当事者夫妻自己演出。那种真正"发乎情"的恋爱往往在没走向社会的大学生中产生，但到真正走向社会遇到现实问题，就会"止乎礼"，那种近乎纯真的爱情没法维持下去了，只好转而追求能给自己带来最佳生活的"另一半"。据叔本华说，那种纯粹在生理和心理上，容貌和性格上天然相互吸引的两半结成的夫妻，可以生育极优秀的子女，这种现象也许可以用"生物电波"异性相引等西方科学语言来解释。宗教家却说人的姻缘都是早在前世就命定的，因之人们在初次遇到真正的"意中人"时感到有些熟识，似乎在哪里见过，并在内心里确认对方是自己等待已久的人。实际上，"爱情"是一个人的理性思维无法认识，只有灵性思维才能破解的领域，人世上两性间悲欢离合的剧本，是在灵界早已写定的。每个人的心灵中都有一个终生与之相恋的偶像，尽管有时不甚分明，但却能与现实的异性发生感应，不仅女人如此，男人也如此。一个男子不论有多少浪漫史，但他心中却总是隐藏着一个永远不被取代的女人。爱情是在以性欲为根本动力的驱动下每个人本性的真实流露，是其人格在苦乐体验、善恶标准、审美层次、文化素养上的全面展开。爱情又是人生智慧的燃料，歌德在74岁时仍然向一位17岁的少女示爱，天才的智者往往需要爱情相伴一生。归根结底，宇宙间阴性和阳性的存在是爱情产生的基本原因，在为同一个目标生死相依，为对方不惜牺牲，共同奋斗的爱情之火是不熄的。罗素曾说过"爱情只有当它是自由自在时才会叶茂花繁，认为爱情是某种义务的思想只能置爱情于死地"，也就是说，人们的爱情和性活动是以人的个性自由为根基的。但婚姻和家庭则不然，婚姻和家庭的首要前提是当事者必须承担起对配偶及双方父母和子女的社会责任，因为家庭本身是组成社会的细胞，那些缺少社会责任心，不能忠诚履行婚前对配偶的承诺，轻易抛弃家庭和子女的人，是没资格走进婚礼的圣洁殿堂的。

我们在丹道的研究中涉及到婚姻、家庭、爱情、性活动这一历代哲人从未讲清的难题，行文至此，不妨再深入一步略作剖析。自人类进入阶级社会以来，家庭基本上是一个经济实体和当事人发挥个性、体验情感的生活空间；而婚姻几乎是当事者寻求社会位置和人生角色乃至凸现个人形象的政治行为。婚姻和家庭一旦嵌入由各类亲情编织的社会关系之网，则必然受到社会生活条件、文化传统、伦理道德、人事关系和周边环境的层层缠绕及约束，使当事者身不由己地沿着先辈的老路走下去。爱情在婚姻和家庭面前日益失去激情和诱惑力，变得平淡、苍白和无奈，但却在年深日久中融汇成一种习惯性的血肉联系，并非任何人都有能力冲破这种世网。现代社会全人类都不由自主地步入躁动不安的时期，每个人发自"本我"的"尝试本能"都力图摆脱"超我"的控制，大家终日挣扎在"过激活动"之中，文化传统的断裂和婚姻、家庭的破碎早已司空见惯了。且不说婚姻和家庭已被同性恋、独身、单亲、再婚、隔代亲情等方式搞得五花八门，仅就阎浮提界（南赡部洲）所谓凡夫俗子的芸芸众生而论，那种唯一的永恒的爱情在今天充其量不过是当事者一种浪漫的美梦。无论是少年维特式的激情似火，林黛玉式的多愁善感，崔莺莺式的缠绵悱恻，杜丽娘式的温情脉脉，罗密欧与朱丽叶式的生死不渝，其实都没有创生出什么新鲜事，它们终究只是当事者在过激行为中情感涨落的重演，那种号称唯一和永恒的爱情之火在当代社会迟早也是会熄灭的。爱情无疑是受伦理价值观支配的社会行为，现代社会的爱情是当事者双方情感和心性的自由抉择，即道家伦理学崇尚的自然权利两情相悦的自由结合，而相互结合的牢固性则取决于双方的依赖程度和互信程度。传统社会的婚姻关系也许用不着看重夫妻双方的信赖，而现代社会夫妻失去信赖婚姻就会破裂。在爱情的激励下，人们习惯于把热恋中的情人想象成完美无缺的天使、诱人的白马王子和下凡的仙女，以为自己找到了世界上最适合自己、最优秀的恋人，这使爱情建立在情感的虚构上，而婚姻却需要以真实为基础。爱情往往是唯一的，而婚姻与家庭的亲情建立却是要有比较和选择的。爱情和婚姻都需要相互信赖来支撑，夫妻失掉了相互信任就丧失了爱情。爱情具有超越时空和流离出社会关系乃至无视现实的激情，因之是极为珍贵和难遇的，而婚姻却需要平淡、安宁与家庭和谐，因而爱情和亲情是人生两种兴味不同的幸福。从精神分析学的角度而言，爱情源自于人生对母亲的一种"固恋"情结，是向母体回归的一种强烈欲望和尝试本能，是对心灵空虚的填补和人生孤独的逃避。人从母体出生后割断了他与母体的原始纽带，便失去了安全感，开始了"个人化"的过程，滋生了孤独感。人在心理上难以忍受自己与他人不一致的孤独，追求人生与他人的"关联"，而"爱情"最能满足这种人生"关联"的需求。每个人的生命都时时面对着回归宇宙虚空的压力和进入死亡状态（分解为无机物）的威胁，当人再也无法忍受这种发自"本我"的孤独无援的冲动的时候，都本能地寻求爱情作为天然避难所。这样，人生对爱情的追求或许是"永恒"的，但追求的目标很难是"唯一"的。性活动也源于人生摆脱孤独的欲望和向母体回归的尝试本能，但这种由"本我"爆发的急于同异体合一的过激行为却一般缺少选择性。相对说来，女性对爱情较为专一，性活动却较随机；男性的性活动较有选择性，而对爱情则呈多元化，这大概就是《红楼梦》里贾宝玉"见了姐姐忘了妹妹"，而林黛玉心中仅有一个宝玉的原因。从道教内丹学的"道生一，一生二，二生三"的宇宙及生命演化图式来分析，"二"是阴阳、引力和斥力、生和死、离与合、爱和恨、苦与乐等宇宙、人体、生理、心理中双向支配、双向发展的动力。向心力的爱情、快乐是和离心力的烦恼共生的，至少阎浮提界凡夫俗子的爱情概莫能外。绝对纯洁的爱情是通过修道超凡脱俗达到真人境界才能拥有，因之我们断定纯真的爱情是通灵的。性活动虽然也是双体合一的尝试本能，也存在施虐和受虐、俄狄浦斯等双重支配、双向发展的过激冲动，但性高潮却可提升到"一"的层次。爱情借助性活动由"二"到"一"，爱是阴阳二性相反相承的"张力"，性活动本身即是生命的冲动，是向母体的回归。母体即是道，一切宇宙现象、社会现象皆源于道，一切人生现象皆源于母体。道学是一种女性的哲学，道本身具有母性的特征。精神分析家往往以为女性在生理上是有缺陷的，因之形成所谓"阉割情结"，内丹家却认为女性、男性生理上都是完整的，女性更切近于道，故修丹道女性较男性为易。老年人越孤独，越渴望爱情，性功能也重新活跃，向童年期反转，故内丹家多似"老顽童"。不仅老年和童年可以转化，男性和女性也可以转化，人本质上都具有男女双性的特征。微精神分析学证明女性的性高潮体验几乎是无限的，内丹学也认为女性蕴藏的性能量几乎是无穷的，以此作为同类阴阳栽接丹法的根据。中国自周公制礼作乐三千年来维护父权家长制君主政权统治的一个最大的秘密，就是利用孔、孟、程、朱的儒学有效地封闭了女性的性能量和成功地对女性施行性压抑。儒学是一种男权哲学，将女性视为服务男性及繁殖后代的工具，使"贞节高于生命"制度化，千百年遍行全国的"缠足"恶习更是对女性的性虐待，由此换来了父权家长制社会的安定。内丹学不仅要解除父权家长制社会对女性的性压抑和性虐待，而且彻底揭露了世俗社会在婚姻、家庭、爱情、性活动方面的异化，引导人们向道复归，追求内丹学的"真人境界"。

男女双修的神仙伴侣就是在这种人类纯真的爱情基础上升华而成的，它是对世俗婚姻和家庭的一种否定，全真道甚至公开宣扬现实社会的婚姻和家庭是"火宅"（一作"火院"），丹家只有立大行愿脱离火宅才能携手入仙乡。这方面的例子著名的有王重阳对马丹阳、孙不二夫妻分梨十化的故事，王重阳每十日以一梨分送马氏夫妻，且赠诗暗示其应立刻离家离乡，作云水游。马丹阳心领神会，和王重阳《水云游》韵云："不住不住，火院当离，深宜别户。害风仙，化我扃门，这修行须作。"又云："思算思算，妻妾儿孙，休来戏玩。这冤亲，系脚绳儿，宜一刀两段。"丘处机亦有《自咏》诗云："自游云水独峥嵘，不恋红尘大火坑。万顷江湖为旧业，一蓑烟雨任平生。醉来石上披襟卧，觉后林间掉臂行。每到夜深云霁处，蟾光影里学吹笙。"在内丹家眼里，无拘无束的个性自由才是第一位的，现实社会里的财产、地位，皆是名缰利索；婚姻、家庭，是因前世冤业债而累人受苦的火坑，必须一刀两断，作物外游，结"物外亲"，炼心修道。值得注意的是，清净独修派的丹家虽然亦不乏和异性的交往及诗词赠答，但他们结的"物外亲"却大多是同性道友，以兄弟、叔侄、父子等关系称呼之。《王重阳立教十五论》界定这种同性之间的关系云："不可相恋，相恋则系其心；不可不恋，不恋则情相离；恋与不恋，得其中道可矣。"而男女双修派的丹家，则重在追求与异性的道友相恋，结为神仙伴侣，但他们对世俗家庭、婚姻的态度，却和全真道毫无二致。为什么丹家不但要脱离现实社会财产、地位的追求，还要脱离世俗婚姻、家庭、亲族关系的羁绊，却去结同性或异性的"物外亲"呢？内丹学的研究是前人没有做过的开拓性的学术工作，我们不应将这类现象仅视为宗教信仰而轻易放过，而是要追寻其中隐藏的人类学的深层原因。原来丹道的修炼是一个回归自然的过程，现代社会就是个以家庭为细胞组织的网络，在这个世网中的人性都被异化，丹家要恢复人的自然本性，必然要坚定自己打破和脱离世网的"出离心"。丹家每言"打破世网""跳出火坑""脱离樊笼"云云，皆是以确立"出离心"为入道的第一要务，佛教禅宗、净土宗的修炼亦莫不如是。佛道各宗派这种"出离心"的意识，为内丹家所继承且更赋有新意。这是因为丹道修炼既要回归"自然人"的初始状态，即原始人那种满足、和谐、安宁的心灵状态；又要回归"社会人"的初始状态，即伏羲和女娲或亚当和夏娃的那种两个人的原初社会状态。人类是无法忍受单独一个人长期离群索居的生活的，因为那样不但得不到心灵的放松和安宁，反而会激发出潜意识里危险的兽性，需要得到别人的体贴、关怀、理解和尊重几乎是人所共有的自然本性，故曰"人生得一知己足矣，斯世当以同怀视之"。一对长期恩爱的夫妻之间往往更会隐藏着心灵的死角，况且夫妻生活难以摆脱社会关系的牵缠，因之寻觅一个"知音"倾诉自己长期心灵的压抑以消胸中块垒不仅是人自然本性的需要，也是净化心灵以修道的需要。人们本来就需要一个自己可以完全敞开心扉的人，而这只有在超越世俗观念的层次上寻觅一个自己渴望已久的心灵相通的知音才能得到满足。若干万年前人类的第一次社会分工就是男女之间的分工，因之男女之间的差异和相互需要是天然合理的，阴阳互补、琴瑟合鸣、男施女受是道学的根本原则。人类的爱情和性生活本来有着品位和层次上的高低之分，只有同心修道的异性之间才能激发和体验出那种超尘脱俗的大乐、大善、大美的纯真的爱情和性生活，从而进入神仙的最高艺术境界。男女双修派的丹家寻觅到一个真正与之相爱的异性作"知音"，进入人类社会之初亚当和夏娃的生活境界，就称之为"神仙伴侣"，这样丹道也成了男女自然和合之道。

这种"神仙伴侣"的双修功夫在心理学上是一种奇妙的超越自我的心灵体验，其功法首先要能进入对方的灵魂和肉体，体验对方的身体形象、肉体感受、情绪反应、心理过程、心境变化、态度选择，在灵和肉上泯灭双方的界限，进入一种"双体合一"（dual unity）的状态。这类自我身心的分界线松弛、消泯及与他人结合成一个整体的心灵体验，不仅在男女双修的"神仙伴侣"之间可以修炼成功，而且在同性伴侣、师生之间、包括与莲花生大师、吕祖、张三丰真人之间都可以发生。丹家在双修中进而还可以将这种超越自我的心灵体验扩大成为一种宇宙意识，获取整个人类、整个动物、植物的生物圈乃至各个星球的信息。人的心灵是可以与整个宇宙的量子虚空全息场产生共振的，这是一种新道学文化的科学观。

第四节　肉体返还之功

在丹道修炼中，学道之士必须明白，自身肉体的转化功夫应是首要的目标。因为返老还童即是转化色身之功，人体由生病转化为不病，由体弱转化为强健，再加之以站桩、辟谷、胎息、实髓、铸剑、寒暑不侵等筑基功的锻炼，进入丹道炼精化炁的程序，达到地仙（人仙）之标准，便可伐毛洗髓，返老还童了。老子《道德经》云："圣人不病，以其病病，是以不病。"（71章）这是道家的"不病学"，疾病本来不存在，存在的只有病人，人自无病则可不病。欲修丹道，首先要将自身的疾病看作修道之祸患去排除掉，如果连自身的疾病都治愈不了，怎么谈得上修成丹道？人们在修炼丹道中自己就会体会到，自身多年的宿疾，乃至一些原来以为无关疼痒的小毛病，都会在筑基功逐步深入时一一显露出来，成为修炼的拦路虎，逼着你逐一去治疗，炼功的层次也就依次增高，身体的素质也就一天天向返老还童的方向转化。因此说，转化色身、返老还童，是丹道修炼的关键之处。

如果说人的精神可称之为宇宙的花朵，那么人的生命就是宇宙的精灵，在宇宙间没有比生命更宝贵的东西了。人既为万物之灵，人的身体本身也是有灵性的，人是形、气、神三个层次的统一体，这三个层次是可以相互作用甚至相互转化的，人的精神活动和生命运动即建立在这三个层次的相互作用之上，这就是新道学文化的身体观。按《黄帝内经》的观点，人的精神活动，包括感觉、思维、情绪、直觉等心理层次，不只是脑的功能，而是脑和五脏六腑的整体功能。不仅是人的头脑和五脏六腑的生命运动和健康状况影响人的精神活动，而且人的精神活动包括喜怒哀乐悲思恐等情绪也会反作用于人的头脑和脏腑器官的生命运动，影响人体的健康。关于这一点，近些年西方新发展起来的神经免疫学和心身医学也得出与此近似的结论。人体生命科学的研究越来越向人们证明，人的心身是相互作用乃至相互转化的一个整体。

人的生命活动，本身就是人的形（肉体）、气（活力）、神（心灵）三者的运动展示。气是人体的能量结构，是形和神的中介，因之气本身就代表生命的活力，肉体和心灵是双向互动的关系，而气是丹道入手修炼促使灵肉互动的关键。人的肉体具有生命力才能运动，即形须气而动，但运动是要有目标的，目标必须由心灵来设定，即神行则气行。心灵通过气控制肉体，但同时又被肉体所限定，心灵的首要目标是保护肉体自身的安全和生存的延续，心灵可以适应、寻求乃至创造自然环境和社会环境，而不能脱离肉体上天入地。心灵可以通过炼气开发肉体的潜能，甚至改变肉体的形状（如智者和勇者头盖骨和面部会呈与众不同的特征），反过来肉体通过炼气可以调动感官的潜能和激发内分泌的功能而提升心灵的层次，有身体缺陷的残疾人甚至可使心灵专一化从而创造出奇迹。丹家每言"制心一处，无事不办"，这是通过炼气调动形、神开发生命潜能的法门。丹家不承认人可以修炼离开神的形或离开形的神，形神分离就是死亡，死尸是无法修炼的，故丹道倡导灵肉合一，形神俱妙，性命双修。人大概在五岁时就形成了形、气、神相统一的行为模式，在灵肉的协调上，在肢体和表情表达自己的"身体语言"上，都形成自己的风格，从而赋予生命以个体的意义。这种幼儿期就固定下来的个体行为模式将影响其一生，丹道修炼是唯一可以改变和完善这种行为模式的方法。

吕祖《百字铭》云"壶中配坎离"，"壶"就是腔子，不首先转化色身，离开了人体，丹道就没有个下手处。实际上，丹道修炼从坎离交媾、乾坤交媾直到出阳神，都是在腔子里完成的。陆西星《玄肤论·真息论》云："调息又自调心始。调心者，摄念归静，行住坐卧，常在腔子里。久久纯熟，积习生常，自然澡雪柔埏，与息相和也。"这就是说，正因为丹家认为人体之中除双目及肾中真精之外，其余一身都是阴，故须自始至终在腔子里做炼阴还阳的工夫。"先天一炁自虚无中来"并非说人体之外别有一个什么"虚空"，而是至无食、无息、无念、无身之时人体本身便与虚无空灵的境界相通，此时玄关一窍呈象，自可得先天炁而入丹道之门。这是"色不异空，空不异色；色即是空，空即是色"的新道学定律。丹家修炼至虚极静笃之时，忽然意念自行停止，体重亦忽丧失，以至脉停息住，无比轻安，不觉有身，此时静极生动，阴极生阳，故"先天一炁从虚无中来"。何止丹道不能离人体而修，佛教四禅八定的修持功夫次第，亦皆离不开人的身体。密宗白教的堪布卡特仁波切在《解脱庄严宝论概说》中称人体是"成佛所依人身宝"，此"人身宝"须具足身心方面的三种特质，即"离八难""具十圆满"和"三种信心"。"离八难"即远离八种影响学佛的机会和条件，包括未堕入地狱；未堕入饿鬼道；未堕入畜生道；未生于野蛮闻不到佛法地区；未生为天人（天人在乐境，难生修持之心）；没有邪见；值佛法住世；未生为无法修持的有生理缺陷之人等。"十圆满"包括投生人道；生于能闻、修佛法之处；诸根具足；未造五逆等大恶业；乐于修佛法等"五自圆满"和值佛住世；佛转法轮；佛法住世；有修佛法和信仰佛教之自由；有善知识传法接引等"五他圆满"。"三种信心"包括深信因果行善敬佛的明净之信心；对诸佛成就证悟成佛的向往之信心；积累善业断除恶业的清净之信心。人体有此离八难、十圆满、三信心之后，即为具足圆满的人身宝，人生如不作修持而轻易浪费此圆满有暇的人身宝，便是浪费了一个千载难逢的成佛机缘。由此可知，无论是想成佛成仙，无论是修到欲界、色界诸天，无论是罗汉、菩萨、地仙、天仙，无论是净、密、禅和丹道，如果要想再加修持，皆离不开此人身宝，性功和命功都要靠人身去用工，这就是"一失人身万劫难"的道理。仙佛必假修炼而成，而修炼必须人身，这是不容置疑的。

丹道依据新道学关于天人合一、形神俱妙、心物能一元论的宇宙观来指导人的修持实践。密宗和丹道的修持功夫达到高境界，就会出现心能转物、化空为色、出有入无、无中生有的诸多神通，从而引发宇宙观的转变，将形神俱妙的真谛切身体验出来。形神俱妙，与道合一，才是丹家修炼的最高境界。丹道所研究的是可推理、可实证的人体生命科学，是世界各大宗教特别是中国佛道二教中数千年来许多禅宗大师、瑜伽修持者、密宗上师、内丹家前仆后继用自己的人体作实验留下的科学资料和文献，是东方民族的圣人传留下的千古绝学。因之，它不是西方心理学家研究的普通心理学，也不是弗洛伊德等精神分析医生研究的病态心理学，而是一种身心修炼达到最高艺术境界的超人的心理学，是仙、佛、真人层次上的哲学，是行世人不可思议之事，治不可思议之学，达不可思议之境。世俗社会人士对此所作的讥笑和责难，犹醯鸡而说大鹏，夏虫之议冬冰，内丹学的理论突破常规科学和哲学的范式是必然的。

实际上，古希腊哲学家那种把心灵看作是大脑的产物和功能的唯物论；那种把心灵看作终极实在，人体和大脑仅是心灵创造的幻影的唯心论；乃至把心灵和肉体都当作实体，视大脑为心灵之房舍的二元论，都与新道学文化的科学观不相符合。新道学文化的科学观认为宇宙的本原是"道"，"道生一"，"一"是宇宙的量子虚空全息场；全息场的涨落产生阴阳互补、相互作用的状态，即"一生二"，"二"是引力和斥力、正物质与反物质、心与物的激发态；进而激发为信息、能量、物质三大要素，即"二生三"，这三大要素组成生机勃勃的世界，即"三生万物"。所有基本粒子都分别具有物质（粒子性）、能量（波动性）、信息（选择性、合目的性）三要素，而物质、能量、信息是可以按一定数学关系相互转化的。基本粒子携带的信息就是一种"原初的心灵"，由它们进化为原子、分子、有机物、细胞直至人的大脑，信息组合的层次越来越高，直至最高层次进化为人的心灵。由此可知，神和形、灵和肉本质上是合一的和互动的，这就是新道学文化心、物、能一元论的宇宙观。

第十六讲　究竟境界

　　王重阳创立全真道，有一个鲜为人知的原因，就是他对中华民族传统文化的忧患意识。盖当时北宋朝廷覆亡，少数民族入主中原，在那些有着人生使命感的知识分子眼中，毋宁说是一次严重的民族文化危机。王重阳以道家文化融汇百家之学，创立三教合一的全真道，恰好是撷取了中华民族传统文化的精华。他所开创的全真道北派内丹学，亦是对南宗男女双修的同类阴阳丹法革命性的改造，其既不失丹道性命双修之旨，又取儒佛心性修炼之长，使内丹学集中了儒、道、释、医诸家文化的精华。自此以后，全真道不灭，内丹学不失传，中华民族的传统文化则无灭绝之虞。中华民族本来是一个混血民族，历史上重教化而不重血统。如此则中国传统文化兴盛，中华民族则必能兴旺发达，中国传统文化的命运和中华民族的命运是密切相关的。现在看来，全真道祖王重阳的心灵境界，其眼光和气度，其文化学养和思想水平应为中国历史近九百年来第一人者。王重阳的境界，即是中华民族传统文化的究竟境界，也是内丹学的究竟境界。内丹学是新道学文化的一大支柱，因之内丹学的究竟境界也是新道学文化的究竟境界。

　　在全人类刚刚跨入 21 世纪之门时，美国发生了震憾世界的 "9·11" 事件，美国系统科学家欧文·拉兹洛（Ervin Laszlo）在 2001 年出版了他的新作《巨变》（中译本由中信出版社 2002 年 2 月出版）。拉兹洛多年在联合国科教文组织主编《世界未来》学术刊物，他是罗马俱乐部成员、布达佩斯俱乐部主席，他在书中证实地球已成为一个整体化的具有网络结构的复杂巨系统。当前全世界的全球化趋势，实际上是全球美国化，是以欧美为中心的西方文化统治全球、征服世界的大趋势。拉兹洛在书中大胆预测，现代西方以工具理性为主导的文化所造成的恶果，今后十年间如果不能发动一场彻底改变这种旧价值观的"意识革命"，从根本上完成"文化转型"，全世界的政治、经济结构则会彻底瓦解。拉兹洛写道："到了21世纪第一个十年时，由政治范畴的冲突、经济范畴的脆弱性和金融范畴的不稳定，以及气候和环境恶化的种种问题所引发的高度紧张，会使得社会进入巨变的'混沌跃进'期"。"21世纪初期的混沌，不是趋向于可维持的全球性平衡，就是导致地方与全球性的危机和随之而来的瓦解。"（《巨变》）地球上人类的命运受自然环境、社会历史和文化传统的制约，同时又需人类自己创造。混沌阶段是人类命运的"关键决定时期"，此后人类社会真正的巨变就会到来。人类如果沿着西方文化的主流价值观走下去，就会进入瓦解阶段；如果在西方的价值观上发生一场新的意识革命，完成新价值观的文化转型，就会进入突破阶段。在巨变到来之前，人类是可以选择自己的命运的，人类的命运决定于全世界对21世纪文化战略的抉择。按照拉兹洛等人的观点，要挽救本世纪即将发生的全球性生态大劫难，必须对西方文化的主流价值观进行"文化转型"和科学革命，而寻找一种新的文化则要首先进行"意识革命"。拉兹洛、罗素、格罗夫等人发现，某些宗教家、哲学家、艺术家、科学家，包括一些土著文化的萨满仪式当事者、瑜伽和禅宗修持者、幻觉体验者、太空旅行者、打坐祷告者、心智超常者、神秘沉思者、灾难经历者、先知先觉者、垂死体验者等，都能发生"意识革命"，从此变得更宽容，更有爱心，更能体验到一种整体意识，从而改变西方文化的狭隘价值观。格罗夫说："在精神体验中，我们经常有这样的感觉，我们正在与一个超越个人源头建立联系"，"它可以被称为宇宙意识，普遍心灵，道"，"个人的灵魂最终似乎与万有同在。""我们感到从最深层的意义上说，我们的确与创造的本原和创造的整体是同一的。""它们可能都伴随着在震惊中领悟到我们正走向毁灭和自我毁灭的过程。有时，这些体验包括了天灾人祸的情景，如果我们不改变，天灾人祸就在前面等着我们呢！终极体验自然会产生地球公民意识、深刻的环境意识、包罗万象的普遍灵性，它们要取代目前主流宗教的宗派主义和不宽容。"（《意

识革命》）

　　布达佩斯俱乐部拉兹洛等学者的观点，实际上与我近十年的研究殊途同归。拉兹洛等学者预言和寻找的那种新型文化，实际上早已存在，那就是中国古老的道家文化的生态智慧，那就是我这些年努力开创的新道学文化。拉兹洛等人的著作一次也没有征引《老子》《庄子》书里的文句，但他们阐述的新思想都不过是对道家思想的现代诠释。不难看出，他们倡导的"意识革命"也没有超出道教内丹学的范围，他们的新科学观也是我早已阐明的新道学自然律。欲挽此劫难，必须激发一次全人类的意识革命或文化革命才行。拉兹洛等学者描述的意识革命的心灵终极体验，也就是内丹学中修道、悟道、得道的境界，也就是庄子"吾丧我"时同道一体化的境界。如此看来，21 世纪必然是人类"灵性复兴"的世纪，人们要通过普遍的灵修促进意识革命，促进科学范式的转变，完成西方主流文化的转型。同时，21 世纪也必然是新道学文化在全球大放异彩的世纪，我们要重新注释《道德经》使它传遍世界，揭开内丹学的神秘面纱使它登上科学殿堂，以实现古代丹家"神仙满街走"的预言。值此全球面临生态大劫难之际，新道学文化的创立和内丹学的公开传授应属刻不容缓，故我将其基本内容择其要点而论述之。

第一节　丹道的究竟义

　　佛陀初转法轮多言"无常""苦""无我""不净"等，而《涅槃经》《圆觉经》中却又讲"常、乐、我、净"，盖前者为"不了义"的方便说法，后者为"了义经"，丹道之传法亦复如是，也有"不了义"与"了义"之别。我以前讲学习丹道有"理、事、法"三项，而以访求真师秘传丹诀为入手要义，现在却打破师徒秘传的旧规，倡导学者由"见地"悟入，将"穷理"放在首位。由师传的丹诀入手，终而悟透两重天地、出生入死的丹道原理，发觉丹道的法诀皆是由这个丹道原理衍生而来，学者如能先从"理"上证入，称作"见地开悟"，相当佛教的"文字般若"，也可以作丹师。"理趣"上不明而传"证量"上的法诀，终是空谈。《上品丹法节次》云："殊不知此道之在人心，不分三教，不问何宗，大家有不可磨灭之良知良能，直贯乎太上之心传"。我至今求道26年的经验证明，丹诀并不神秘，只要立下弘道大愿，勇猛精进不懈，必有缘得知丹诀。金丹大道，只"存诚"两字可入，贵乎与古真心心相印，一旦机合神融，天心洞启，法尚应舍，何须寻师，自会豁然有路可通。

我以前讲丹道有"三家四派"之传，即自身阴阳之清净丹法，同类阴阳的彼家丹法和龙虎丹法，虚空阴阳之虚无丹法。按丹家秘传的说法，"阴阳交合谓之丹"，丹字日头月脚，日月即阴阳，即男女，即男女二炁逆向交合而生成的"婴儿"。丹道的发明一开始即和吐纳、行气的思路不同，其运气路线要逆转任督，最初盖由房中术的"还精补脑"发展而来。至今丹道子午周天之"取坎填离""抽铅添汞"功夫，仍称之为"还精补脑"。故严格说来仅有同类阴阳之丹法才是古仙所传最初意义上的丹法，其实只重命功的修炼。特别是同类阴阳的龙虎丹法，乃古仙所传以术延命的正统丹道，其功法补血得血，补气得气；筑基未完，不敢得药；炼己不纯，不敢还丹；步骤森严，但一步有一步的效验，丹诀无一句玄虚，以术栽接也不神秘，乃是实实在在的续命益寿、返老还童的功夫，极具中国道家文化的本色。同类阴阳丹法的理论基础除了"还精补脑"功夫外，还有《黄帝内经·阴阳应象大论》云："形不足者，温之以气；精不足者，补之以味。"陈致虚注《参同契》引此二语，谓"只此二语，道尽金丹"。足见丹道之神仙原来和葛洪之长生思想并无二致。王重阳创立全真道，融汇禅宗，兼附易理，欲并儒释而一之，强调了丹家所传"自家精血自交接"的男儿怀胎之说，力主性命双修而重在性功，开创自身阴阳的清净丹法，实为内丹学的一次革新。清净丹法为"三家四派"丹法的基础，现已在社会上公开传授，修习者众，逐步为民众所认识。然而这种清净丹法，既是最基本的，也是最高深的，学者苟能彻悟其理，掀翻境界，运用起来奥妙无穷。《女宗双修宝筏》载李泥丸祖师云："男子双修不用鼎，用鼎终非得道人。添油小术非真诀，真诀三才为一身。女子双修总一般，无含三有育成丹。个中真一如仓栗，造化为炉熟任餐"。因之从内丹学的究竟意义上说，丹道法诀亦无庸分为"三家四派"，玄关一开，隔山隔湖阴阳也能交感；生龙活虎，遍满虚空，得药即可炼丹，仅王重阳创立的清净丹法即可将丹道精华包罗殆尽，故全真道也将之誉为"天仙丹法"。《皇极阖辟证道仙经》载丘处机云："深耕则易耨，布种为勾玄。识得玄中奥，种子遍大千。"又有偈云："活虎生龙习静时，虚空交感不相知。无中生有还归彼，有里还无我得之。得此恍同巫峡雨，全凭目力慎维持"。盖此类丹法，融佛教禅宗和密宗之学，以善用真意之深耕置种、假幻勾玄之术贯通"三家四派"，不为有钱有势者所独占，心诚即可入道，有大愿则有大成，故最宜普度。我也呼吁学术界把内丹学研究的重点放在全真道，放在王重阳和全真七子身上，学者们只有以自己的聪明才智掀翻丹道究竟境界，才能在现代社会发展创新内丹学并真正将丹道的瑰宝贡献给全人类。

全真道的内丹功法，要求独自一人居于"环堵"之中，隔绝人世进行修炼。环堵又称圜堵，原如王重阳的"活死人墓"及全真七子所居山洞，"入环"即佛教所云"闭关"，坐环修丹者大多需三至六年时间才能有成。现代社会发展节奏突然加速，自然生态的生命场和意识场早已被人欲横流的全球信息网络污染，一人独自坐环有发生精神变异的危险。爱因斯坦曾说："一个人如果生下来就离群独居，那末他的思想和感情中所保留的原始性和兽性就会达到我们难以想象的程度。"（《爱因斯坦文集》第三卷）其实"人到兽时不如兽"，当代人类的心灵趋向和全球无线电通讯网络都传播着相互残杀的信息，极易激发出独坐冥想者的兽性，为罪恶的邪教所利用。此类丹法须打破性禁忌，得到科研数据，通过志愿者的实验，创造出一种符合现代社会伦理规范的新程序，才能重见天日，用以为普通民众造福。至于虚空阴阳之丹法，实乃是同类阴阳的虚空运用，决非"招摄虚空先天一炁"这句话所能概括。其实能自虚无中感召先无一炁，便是摸到造化鼻孔，为三家四派丹法之共同法诀。我盼望着得遇上述适宜丹道的修持条件和科研条件，且愿意倾我所学，和有缘道友同修同证。

第二节　内丹学的根本修持法诀

我要在此讲述的是王重阳的丹诗《四得颂》，想由此诗揭示丹道的入手要诀和诸家丹法的基本修炼程序。《四得颂》诗云：

得汞阴消尽，得铅阳自团，
得命颠倒至，得性见金丹。

首先讲"得汞阴消尽"一句，汞属离（☲），为火，乃心中阴精，又称木液、青龙髓，即人之元神。元神为先天之神，识神为后天之神；先天属阳，后天属阴，丹道为消阴炼阳之功夫。人能定心止念，以如如不动之妙明真心为清净之体，以不坏不灭之无染元神为灵妙之用，则群阴消尽而得汞。《参同契》云："此两孔穴法，金气亦相胥"。丹家用穴守窍，皆是两两成对，上下呼应，前后相通的，这一点切须牢记。天仙大丹之修持法诀，须提挈天地，把握阴阳，阴阳即乾坤二卦，必使阴阳相互感应与交合才能结丹，具体到人身，就是以两孔穴阴阳相互呼应之法炼养神气。如以人体为阴，卦在坤宫，则身外虚空玄关一窍为阳，卦在乾宫，二者正合"以无制有"之丹诀。如以人体头部元神所居内院为阳，卦在乾宫（泥丸宫），则人身腹部乃真气发生之所（又称牝府），卦为坤宫（黄庭宫），二者正有"上下冲和"之妙用。头部亦有两孔穴，为丹家千圣不传之秘。其一在两目连线的正中间，与鼻准到印堂的连线横竖相交，丹家称之为"十字街头"，又名祖窍穴。丹家每言"万两黄金买不到，十字街头送与人"，就是此窍的秘语。有的丹家秘传一穴在祖窍稍上的两眉连线中间的眉心，称为天目穴，有"大道不远在目前"之秘语相传。天目穴的作用，在于激发光感，以聚光止念。盖人脑中之松果体本为"第三只眼"，有感光功能，外通两眉间之天目，乃神光激发之所。人之左目为日，右目为月，双眉间之天目为日月合璧之处。头部双目间之祖窍穴，又名山根，乃人脑之性户，是引罡秘法之要穴，亦为神光归根之地。此段功法，入坐后以"身要直，体要松；息要微，意要轻；齿轻叩，津频咽；缄舌气，凝耳韵"为入手要领，先将双目向鼻端下视，以鼻准调整目光之强弱，使垂帘得中，遂即放下，聚光天目穴。先以内视神光向颠顶（囟门、又称百会穴）一注，感应红黄星点若雨洒下，即以双目、天目存如梵天"伊"字（∴），微以意运如磨镜然，则两目神光自会于眉心天目穴，光耀如日闪烁于眼前，复由天目返照山根性户，然后于此处（祖窍）凝聚神光，由此上通下达无不如意，此乃天仙丹法的回光功夫。其二头部的另一孔穴在鼻下悬空的径寸之地，丹家谓之"悬胎鼎"，又名"虚无窟子""虚无窍"，乃鼻下呼吸出入之根。邵康节诗云："天根月窟闲来往，三十六宫都是春"。树之根在地下，人乃无根之树，其根在头上，头为天，足为地，则天根为颠顶百会穴，月窟为海底会阴穴，这也是丹道的两孔穴交感之法。人体号曰"无根树"，实际上人体的神经系统恰似一棵倒置的大树，树根即扎在脑中，全身的神经都受大脑指挥。四肢如树的四条枝干，以下肢脚心涌泉穴和上肢手心劳宫穴为对外交通要道。会阴穴为主干树冠之花蕾，为全身生命力之要害，和头顶百会穴相通，密宗谓之生殖轮和梵轮。会阴穴（生殖轮）为凝聚性能量的灵蛇蜷伏之处，激活灵蛇，便可使其向百会穴（梵轮）伸长，性能量亦升华为五彩神光，完成丹家炼精化炁、炼炁化神的程序。《黄庭经》云"泥丸百节皆有神，一部之神宗泥丸"，但存泥丸之神即"寿无穷"，故丹家特重"天根"和"月窟"。然而根必扎在地里，月必悬于天上，这是因为人之九窍中双耳、双目、双鼻孔恰成坤卦（☷）在上部，故谓之扎根于地（坤），号曰"天根"；口、肛门、生殖器为单数，恰成乾卦（☰），在下部，故谓之悬月于天（乾），号曰"月窟"。这样，鼻下方寸之地的虚无窍恰在乾坤二卦之间，又为色身与法身之交界处，医家名为"人中穴"，亦称此穴在天地之间正中的人位。古德有诗云："佛在灵山莫远求，灵山就在自心头。人人有个灵山塔，应在灵山塔下修"。"自心"二字合为"息"，"自心头"即鼻下呼吸起头处的"虚无窟子"，"灵山塔"即鼻准，"灵山塔下"即鼻孔下虚空方寸之地，足见此诗即鼻下虚无窍之秘语。莫认真诗云："平生姿韵爱风流，凡笑时人向外求；万别千差无觅处，得来原在鼻尖头"。孙陀罗尊者云："世尊教我观鼻端，我初谛观，经三七日，见鼻中气出入如烟，身心内明，圆洞世界，遍成虚净，犹如琉璃。烟相渐消，鼻息成白，心开漏尽，诸出入息，化为光明，照十方界，得阿罗汉"。此段功法，即是将前在山根处所聚神光，移至鼻下虚无窍，与鼻息融为一体，在鼻下径寸之地的"虚无窟子"光气合一，心息相依，渐入虚空大定，消尽心魔群阴，元神光明无垢，则为"得汞"。先师知非子《仙道漫谭》有云："于鼻外径寸之色法两身交界点中安神调息，有息则在鼻外虚空中相依，无息则在鼻外虚空中入定，以此功始，即以此功圆"。先师誉之为"西派别传超等天元丹法"。我为接引后学，曾提出"得汞定律"："修道者依法诀在鼻孔下悬空方寸之地的虚无窍心息相依，使神气在一定火候下发生光合作用，久之神凝气定而先天元神呈现，即为得汞"。这个定律断定意念和呼吸按法诀相互作用可由后天转为先天，仅是借假修真的方便说法。得汞实为"离宫修定"之功，心死方能神活，神活即为"得汞"。我个人修持则参照藏密《椎击三要诀》以求先见性，足见得汞之法非止一途，读者不可将活法拘为死诀。

其次再讲"得铅阳自团"一句，铅属坎（☵），为水，乃身中阳气，又称金液、白虎脂，即人之元气，写作"炁"。元气为先天之气，呼吸气为后天之气，当后天呼吸转为胎息（内呼吸），先天炁在丹田（肚脐）凝结成团，沉甸甸的像"铅"，便是得铅。我为接引后学，亦曾总结出一个"得铅定律"："修道者依法诀在肚脐部位的丹田凝神，使身心在一定火候下发生光合作用，产生放热反应，久之形成以肚脐为中心的原始星云般旋转的先天之物，称作炁，此处形成炁穴，炁是有重量感的阳性高能虚物质，亦称作铅"。这个定律断定在肚脐使意念和肉体按法诀相互作用可由后天转为先天，也是借假修真的方便说法。人的腹部在丹经中称作坤宫，又名牝府、西南乡，其实腹部的孔穴在丹道中也有多个，亦须两两呼应。人初生时肚脐和母体相联，下丹田正在脐内，显然丹田这一孔穴在人体中具有特别的位置，为炼丹起火得铅的要窍。历代丹家皆以"凝神入炁穴"为修炼要诀，将头部祖窍所聚之光引入丹田，在这里内视凝神、"积精累气"、水火既济，则为丹道正途。意守丹田之法各家承传不一，有文火熏蒸者，有武火烹炼者，有松静而入混沌者，有寂照而入虚空者，火候全在自己灵活掌握。据一些丹家的修持经验，凡调息细匀，微意轻照即止，念中无念，中和在抱，归于自然而无作之功夫，往往在丹田稍上部位出现炼丹反应，丹家称此孔穴为黄庭中宫。丹家以双目中间一穴为"性户"，乃性功修炼之地；以两肾中间一窍为"命门"，乃命功修炼之地。人之肚脐和背部之命门前后交通，亦是下部"两孔穴"，其功夫全在两肾之连线上，称作"治命桥"，其间留有"肾间动气"，为胎息起始之地。南宋咸淳初（1264年）青霞真人所传"修肾间动气法"，以为人出生之后，先天炁停于两肾之间，今人宰牲，曾见两肾之间腰脊脊处有一空膜，其中有气鼓荡至肉冷方息，此穴即为玄牝之门。其功法专修肾间动气而得铅，以自然之真火候采取抽添，迎之以意，送之以目，惺惺默默，不久则两肾火起，夹脊如车轮，泥丸如汤浇，口中生甘露，两目生神光，不仅得铅，而且得汞，以铅伏汞，渐成仙胎。"得铅"实为"水府求玄"之功，神火入水府（坎）而炉红汤滚，水受热则蒸腾为炁（炼精化炁），炁即是铅。丹诗所云："昔日逢师真口诀，只教凝神入炁穴"，"西南路上月华明，大药还从此处生"，"若问真铅何物是，蟾光终日照西川"等，都是这步得铅法诀的秘语。铅有内外之分，外铅为虚空中先天一炁，意注丹田转为先天虚无境界，炁穴形成，玄关开窍，便可招摄外来之铅。

接着讲"得命颠倒至"一句，丹功中有两次颠倒。第一次颠倒为坎离交媾、采药归鼎的复命功夫，可得玉液还丹。第二次颠倒为乾坤交媾、移神换鼎的见性功夫，可得金液还丹。刘一明游金城遇龛谷老人，得丹诀云："性命必须双修，功夫还分两段"，"先天一炁，自虚无中来"。这说明丹道功夫分为命功和性功，二者是两段不同的程序。命功的要诀是在虚极静笃下开关展窍招摄先天一炁，称作"外药了命"；性功的要诀是无欲入定促生人药孕育婴儿，称作"内药了性"。第一次颠倒时以铅伏汞，铅汞归真土（即凝神入炁穴），身心寂不动，外药自得，命功成就。然"得命"后第二次颠倒又至，中间停顿不得，须了得真如之性，才免抛身入身之患。

此段功法，只须忘情忘形，委志虚无，身心于大定中妙合而凝，如此神守坤宫（坤宫乃真炁发生之所），静极而动，海底有一轮新月之光上透，丹田火热，有一股无质的纯阳真炁熏蒸上腾，过尾闾，闯三关，聚泥丸而下鹊桥，送归土釜，河车运转，此即坎离交媾，以铅伏汞结成玉液还丹之象。此时元阳充实，内真外应，先天一炁自虚无中来，点化身内之还丹（铅汞凝结之"紫金霜"），使神抱于炁，炁包于神，神炁凝结，三关升降，上下冲和，生出五彩神光，凝为至宝无象玄珠。此先天一炁虽自外来，实由内孕，此乃无中生有，有中生无，无因有激之而成象，有因无感之而通灵，有无混融，二炁感通，定中生动，造化自现，其功夫非关存想，不赖作为。要之，此乃丹家通过玄关一窍沟通两重天地的功法，盗虚无世界之宝入有形之色界，以法身修炼色身使之与道合真，便是命功究竟。

得命之后，于凝然大定之中，勃然机发，玄关大开，顿觉无边无际一片虚无空灵，失去天地物我的界限，此时神守玄关，意迎牝府，于恍惚杳冥中一点红光闪入丹田，与身内神炁交合，阴阳相引相激相抱，如波涛翻涌透过三关化为琼浆，顷之点滴落黄庭，吞入腹内，香甜清爽，便是金液还丹。"如今说破我家风，太阳落在月明中"，此功法为乾坤交媾，我之神炁深入玄关窍中，打开有无之界限，方知我身不过是一丹炉，我本一个真意而已，此时乾坤合一，霞光万道，虚灵独露，完我太极。

最后讲"得性见金丹"一句，即结成灵胎，婴儿现象的功夫。据《上品丹法节次》，丹家于修成金液还丹之后，便是"得性"，还有"十月养胎""移神换鼎""泥丸养慧""炼神还虚""炼虚合道""与道合真"六步功夫，才能"见金丹"而达性功究竟境界。"得性"为得"灵明性体"而锻炼之，相当佛教密宗大手印之"四瑜伽"功夫而有异曲同工之妙。禅宗谓之"明心见性"，其实"明心"即"开悟"，相当金刚乘大手印之"得法身见"，"见性"则是见"灵明性体"，为丹道"得性见金丹"之起始入手处。

这段功法，须于证得金液还丹之后，神守黄庭中宫，常使炉火温温无间，十二时中，念兹在兹，如鸡抱卵，如龙养珠，所谓专心致志，持空养虚，以空养神，以虚养心，随心变神，十个月化尽阴滓，阳神出现，结成灵胎，随之行移神换鼎之功，阳神自然升至泥丸宫中。丹家于此惟端拱冥心，诚而明之，直至婴儿现象，塞断黄泉路，冲开紫府门，身外有身，得大神通。丹家唯真幻两忘，寂定无为，定自生慧，静极则动，婴儿动而愈出，然只宜多入少出，如此乳哺三年，婴儿老成，九年功满，便可动与天俱，静与天游，出有入无，与太虚同体，返乎无极大道。

丹经每云"道本无相，仙贵有形"，又云"阴神能见人，阳神使人见"。阴神有影无形，称作鬼仙；阳神有影有形，称为天仙。我在广州听无忧子师云：丹道修炼，可得三种法身。一为"意生身"，可以随心所欲，真灵不昧；二为"炁化身"，可以聚则成形，散则为炁；三为"光蕴身"，是丹道性命双修的最高成就，可以出入光音天，万劫不坏。我想这大概是因为丹道修持或重性或重命之方法不同，因之法身的功能亦有所侧重，实则三种名相本为一体。"光蕴身"或即佛教金刚乘所谓像霓虹一样的"虹身"，为佛陀之"大乐智慧身"，可以"出有入无"，为佛道二教殊途同归之果位。

王重阳之《四得颂》，为三家四派丹法的总纲，凡丹道之真传无能背离者。准之西派秘传法诀"心息相依定动定"七字，凡得汞、得铅皆须"心息相依"，皆用"定"功，得命则为一"动"，得性复归于"定"。再依刘一明之丹诀，则得汞、得铅为"后天之先天"，得命为"先天之后天"，得性为"先天之先天"。其所传《修真九要》，亦与"四得颂"完全相符。依虚无丹法口诀，"以止念为经，以浑照、浑化为纬，继以浑忘为竟"，则得汞必"止念"，得铅须"浑照"，得命为"浑化"，得性即"浑忘"，此即《参同契》之"以无制有，器用者空"八字妙诀。又据谭峭"五忘仙诀""忘形以养气，忘气以养神，忘神以养虚，忘虚以合道，忘忘则功圆"，其忘形、忘气则可得铅、得汞，忘神则得命，忘虚、忘忘即可得性。其他同类阴阳之彼家丹法和龙虎丹法，仅是筑基功和得铅、得命两步具体操作方法各有特点，但整个修持程序与《四得颂》完全一致。丹道总诀"虚寂恒诚"四字，亦可贯彻《四得颂》功法始终。其实万卷丹经，只要抓住"铅、汞、性、命"四字，便可入丹道正途。读者苟能按王重阳《四得颂》法诀修持，则可望"我命由我不由天"，达到张伯端所云大丈夫"功成名遂之日"。吕洞宾诗云："九年火候直经过，忽尔天门顶中破。真人出现大神通，从此天仙可相贺！"

其实丹经中所云"灵胎""婴儿""骑鹤"等，皆是形象化的假名，不可执为实事。世上凡有名相之物，皆不是真虚无，不是真绝对，与道尚隔一层，故丹经云"身外有身未足奇，粉碎虚空方为真"。《金刚经》云："一切有为法，如梦幻泡影，如露亦如电，应作如是观"。我套用《金刚经》的句式，云"道言金丹，即非金丹，是名金丹"。我所披露的丹道法诀，即非法诀，是名法诀。谭紫霄《化书》云："道之委也，虚化神，神化气，气化形，形生而万物所以塞也。道之用也，形化气，气化神，神化虚，虚明而万物所以通也。是以古圣人穷通塞之端，得造化之源，忘形以养气，忘气以养神，忘神以养虚，虚实相通，是谓大同"。这段文字颇具道学哲理，又隐有丹道法诀。由道而虚而神而气而形，为顺者生人；由形而气而神而虚而道，是逆者成仙，仙人则可交通虚实，出有入无，仙人境界就是虚实相通的大同境界。王重阳祖师所传最上一乘丹诀，"以太虚为鼎，太极为炉，清净为妙用，无为为丹基，性命为铅汞，定慧为水火，以自然造化为真种子，以勿忘勿助为火候，洗心涤虑为沐浴，存神定息为固济，戒定慧为三要，先天之中为玄关，明心为应验，见性为凝结，三元混合为圣胎，打成一片为丹成，身外有身为脱胎，打破虚空为了当"。学者可以《四得颂》印证此最上丹诀，丹道程序和要点已了了分明。王重阳诗云："一灵真性号金丹，四假为炉炼作团"，足见人之炼丹，无非是炼此一灵真性，炼此'灵明性体'，炼此不生不灭之元神。道为绝对之宇宙本原，丹家炼神还虚，炼虚合道，与道合真，元神便有了道的绝对性，则可不生不灭，则可称仙称佛，这就是丹道的究竟境界。

第三节　真人的境界

真人境界是道学文化的人格典型，也是丹道修炼的目标。《庄子·大宗师》云："何谓真人？古之真人，不逆寡，不雄成，不谟士。若然者，过而弗悔，当而不自得也；若然者，登高不栗，入水不濡，入火不热，是知之能登假于道者也若此。"

"古之真人，其寝不梦，其觉无忧，其食不甘，其息深深。真人之息以踵，众人之息以喉。屈服者，其嗌言若哇。其嗜欲深者，其天机浅。"

"古之真人，不知悦生，不知恶死，其出不欣，其入不拒；翛然而往，翛然而来而已矣。不忘其所始，不求其所终；受而喜之，忘而复之，是之谓不以心损道，不以人助天。是之谓真人。"

"[天与人一也]，故其好之也一，其弗好之也一。其一也一，其不一也一。其一与天为徒，其不一与人为徒。天与人不相胜也，是之谓真人"。

以上四段文字，是庄子描述的真人境界。第一段讲真人能看破世俗的成败得失，首先在心灵状态上与道合真。第二段讲真人的修道状态和丹道法诀。第三段讲真人能看破生死以及人生旅途上的生命价值，而在行为状态上与道合真。第四段讲真人能树立天人合一的整体宇宙观和生态观，不掠夺大自然，不戕天役物，而是和自然界万物和睦共处。在《庄子·大宗师》中原文还有一段"古之真人，其状义而不朋，若不足而不承"等话，讲真人在生活态度和精神面貌上要保持一股中和之气，因文字冗长未录。《汉书·艺文志》叙"神仙"云："神仙者，所以保性命之真而游求于其外者也。聊以荡意平心，同死生之域而无怵惕于胸中"。这段话意境甚高，确为凿穿后壁之言，可以与庄子所述真人境界同参。人而能"荡意平心同死生之域，而无怵惕于胸中"，自能"登高不栗，入水不濡"，自能"不知悦生，不知恶死"，自能"上与造物者游，下与外死生无终始者为友"，自能"受而喜之，忘而复之"。盖胎儿在分娩时，大多有一种挣扎着脱离开子宫，急着奔向另一个世界的躁动和欲望。这种胎儿期间留下的心灵印痕使人们在生命的旅途中大都急匆匆地向前奔，终生都在欲望的追求中挣扎。再加上人们出生后在生理上和心理上积累了大量创伤性体验，更加深了人生的不安全感和对外部伤害的恐惧心理。人类心灵中最大的恐惧就是对死亡的恐惧，这是谁也无法掩饰的。因此人类在心理上和情感上都披着一层厚厚的自我保护的甲胄，而把人们彼此之间隔绝开来。内丹学的根本目标，就是给人类提供一种具体的心灵修炼程序，使人们由此清洗心灵上的创伤性烙印，释放对死亡的恐惧，只有这样人们才能真正敞开心扉，面对他人，面对自然，面对宇宙。人们在丹道修炼中彻底解脱自我，找到真我，住于大光明定之境，奇迹才会发生，才会成为庄子所描述的真人，同宇宙沟通，"独与天地精神往来"，同大自然融为一体。现代社会的人们孜孜于名利而陷入无限烦恼，大多是庄子所谓"倒悬之民"，只有接受道学的宇宙观，认真修道，才能"哀乐不能入"而得"悬解"，才能活得逍遥，达到真人的境界。

《黄帝内经素问·上古天真论》云：

"上古之人，其知道者，法于阴阳，和于术数，食饮有节，起居有常，不妄劳作，故能形与神俱，而尽终其天年，度百岁乃去"。

"夫上古圣人之教下也，皆谓之虚邪贼风，避之有时；恬淡虚无，真气从之；精神内守，病安从来。是以志闲而少欲，心安而不惧，形劳而不倦，气从以顺，各从其欲，皆得所愿"。

"黄帝曰：余闻上古有真人者，提挈天地，把握阴阳，呼吸精气，独立守神，肌肉若一，故能寿敝天地，无有终时，此其道生。中古之时，有至人者，淳德全道，和于阴阳，调于四时，去世离俗，积精全神，游行天地之间，视听八达之外，此盖益其寿命而强者也，亦归于真人。其次有圣人者，处天地之和，从八风之理，适嗜欲于世俗之间，无恚嗔之心，行不欲离于世，举不欲观于俗，外不劳形于事，内无思想之患，以恬愉为务，以自得为功，形体不敝，精神不散，亦可以百数。其次有贤人者，法则天地，象似日月，辨列星辰，逆从阴阳，分别四时，将从上古合同于道，亦可使益寿而有极时"。

《黄帝内经·上古天真论》中这三段话，可谓字字珠玉，凝聚了道学文化中内丹学和养生学中的精华。约分以下四个方面。其一是颐养人体的形、血、精、气、神等生命要素，积极向自身生命系统引进负熵。例如其中"形与神俱"，"恬淡虚无，真气从之，精神内守""淳德全道""积精全神""精神不散"等文字，本身就是丹道法诀，自然有更新体质之效。其二是消释心灵的不良印痕，屏除现代社会对身心的骚扰和诱惑。例如其中"志闲而少欲，心安而不惧""无恚嗔之心""去世离俗""内无思想之患，以恬愉为务"等文字，和《汉志》

"无怵惕于胸中"之语相合，为养生要诀。其三是促使自己的生命活动和宇宙的自然节律同步。例如其中"法于阴阳，和于术数，食饮有节，起居有常"，"和于阴阳，调于四时"，"法则天地，象似日月"等文字，体现了以道家术数学养生的基本思想。其四是调整自己的日常生活，使身心永葆中和状态。例如其中"不妄劳作""虚邪贼风，避之有时""形劳而不倦，气从以顺""处天地之和，从八风之理"等文字，皆得"中和"之理。道学之术，最贵中和，天下唯中和之气最能长久不败，人欲养生益寿，必以"中和"二字为要诀。养生学的境界，就是中和的境界。

其中所述上古真人"提挈天地，把握阴阳，呼吸精气，独立守神，肌肉若一"几句话，抵得上一部丹经，"提挈天地，把握阴阳"是内丹学修炼的真人境界。凡能"把握阴阳"者自然不难"法于阴阳，和于术数"，凡能"独立守神"者，自会"精神内守""积精全神"，凡能"呼吸精气"者，自然"真气从之"，以丹道法诀用于养生益寿，不难达到比真人稍差的上古之人、至人、圣人、贤人的境界。丹道之修持，自古有许多难关，不仅"法财侣地"的条件难备，而且在穷理、尽性、至命诸功夫上也障碍重重，故而成功者少。虽说丹道的真义是一种神炁合一的心灵修炼，其功效的衡量正在于是否达到真人的诸般境界，成败并非以住世年寿论，故王重阳、李涵虚虽成道而住世不久。据我所知，明清以来形诸文字的丹道著述，皆非全诀，更不用说《参同契》《悟真篇》非常人能解。同类阴阳法诀，因仰赖外部条件，得到也难实行。与其坐谈龙肉，倒不如食猪肉果腹。因之，本文除了详述真人的境界，又揭示了延年益寿、生活恬愉自得的上古之人、至人、圣人、贤人的境界。

第十七讲　辨难答疑

（丹道之修真辨难和答疑）

第一节　三家四派丹法之区别和联系

我经过多年对丹道的调研，将南宗、北宗、中派、东派、西派、三丰派、伍柳派等多种门派的内丹功法，归结为三家四派，这是从实际修炼方法上的系统分类。我们首先将丹道功法划分为三家阴阳，即自身阴阳、同类阴阳、虚空阴阳，又将自身阴阳之清净丹法、同类阴阳之彼家丹法和龙虎丹法、虚空阴阳之虚无丹法分为四派。内丹学认为，自古及今之所有神仙，必假修炼而成道，而丹道修炼之所有法诀，皆是阴阳之把握和运用。我们说过，在茫茫宇宙中，在这个世界上，要创造个什么，要生出个什么，要无中生有的出现个新东西，都必须阴阳两者相互作用才能办到。无论是先天世界或后天世界，有形世界或无形世界，都存在阴阳两般作用，因之说孤阴寡阳难炼丹，离了阴阳道不成。

自身阴阳之清净丹法和同类阴阳之彼家丹法，是丹道修炼的基础，未有不懂清净丹法和彼家丹法而能通达丹道者。然就清净丹法和彼家丹法而论，彼家丹法又以清净丹法为基，因为彼家丹法之要诀便是"清净头，彼家尾"。乾隆四年（1739年）丹经抄本《玄门秘诀》云："至于清净头、彼家尾等诀，且谓药自外来，想又另有别传，此非吾之所知也。""点化者，清净头、彼家尾也。非道不能用鼎，难！难！

难！今方士者流，先言用鼎，谓先浊后清，不思凡胎俗骨，岂能承受，此又不可解者矣。"《悟真篇》词云："白虎首经至宝，华池神水真金。故知上善利源深，不比寻常药品。若要修成九转，先须炼己持心。依时采取定浮沉，进火须防危甚。"其中"先须炼己持心"一句，即"清净头"也。否则"白虎首经"再好，也难以"依时采取"。古丹家多以性功成就者，称"玉液还丹"，命功点化者，方是"金液还丹"。先"尽性"才能"至于命"。胎息不成，炼心不死，而行此一时半刻之功，乃自投地狱。丹道法诀的关键步骤，无非是采药和炼丹两步而已，三家四派丹法的分别就在这两步上。丹家每言"童体与破体不同，金液与玉液各异。清净乃首尾之功，服食乃点化之药"。彼家丹法如非以清净为基，离器不空，神剑不灵，不见药嫩水清，是无法行服食采药之工的。因之那些一提清净就判为北派功夫，不知清净丹法乃各派丹法之基础的内丹家，皆没得同类阴阳彼家丹法和龙虎丹法之真传。

"生""死"和"性"是人类生命的原始本能，丹道既研究人体生命科学，必然把人体生命的这三个关节点当作研究的重点。其实非只丹道，世界上几乎所有古老宗教的修持方法，都普遍关注"性"的问题，只不过因社会风俗和道德伦理的原因，其隐显程度不断变异。印度教性力派等自不必说，佛教各宗派普遍讲"慈悲"和"发菩提心"，而在无上瑜伽密续中，梵语 Karuna（慈悲）本有在大乐时不射精的意思，至于 bodhicitta（菩提心），人们知道，空乐不二大手印、时轮金刚体系中，"白菩提"和"红菩提"分别指男子精液和女子体液。甚至"瑜伽"一语，也是指一种超世俗婚姻的"结合"，是男性的大悲与女性的大智之结合。《金刚经》云："一合相者，即是不可说。但凡夫之人，贪著其事。"知佛陀亦暗示有性的修持方法，今五台山犹塑有"带箭文殊菩萨"之像，汉地高道和高僧点化"空"字乃"穴下之工"，可见亦关注性的修炼。2002 年 6 月中国社会科学出版社推出古子文先生所著《深入藏地》一书，其中记述他在不丹遇"欢喜金刚双身修佛母朱巴·基米雅"，基米雅佛母回忆了她在 14 岁被选为明妃和朱巴金刚"空乐双运"的过程，以及在"男女和合大定"前进行"密灌顶"和"慧灌顶"等，当属事实。2004 年 9 月我赴西藏日喀则、拉萨考察，在布达拉宫见莲花生大师像前塑有明妃。然莲花生大师有言："我此妙道，如蛇在竹，上则成佛，下则堕狱，无第三路可以扑朔。"狮子跳处，驴不能跃。移喜磋嘉16岁即以身供养莲花生大师，为得莲师口耳承传的空行女，其传记《移喜磋嘉佛母的密行生活》应为习密宗贪道的必读书。近世研究和修证藏传佛教的学者，莫过于陈健民上师，其所著《恩海遥波集》所述甚明，其中所载《金刚亥母甚深内义》《打那拉达密传》记有以贪道方便饶益众生的法门。其功法云"不入莲花不净贪，不契贪道不成佛"，未来无量众，趋入大乐门，以大乐得大智，此之谓悲智双运、空乐不二。密宗瓶灌所用海参等物和金刚杵、海螺，包括六字大明咒"嗡嘛呢叭咪吽"，其中"嘛呢"为如意宝，"叭咪"为莲花，大致也是男女双修之性器官的隐喻。由密宗无上瑜伽部修持的五大金刚看，黄教以观想大威德金刚和密集金刚为主，白教多观想胜乐金刚和吉祥喜金刚，时轮金刚则为无上瑜伽部不二续的本尊守护神。大威德金刚又名怖畏金刚或牛头明王，九面三十四臂十六足，主面为水牛头，蓝肤，三眼怒目，头顶上有一黄肤文殊菩萨面。其怀中所抱明妃名"金刚露漩"（又名罗浪杂娃），蓝身，红发，以半悬姿和佛父三眼怒目相对。牛头明王为文殊菩萨忿怒相（阎魔敌亦为大威德金刚之变相），相传格鲁派祖师宗喀巴为文殊菩萨化身，故黄教主修之。密集金刚（或云"密聚金刚"，俗称"阳性秘密佛"）为无上瑜伽部父续的本尊守护神，三面六臂二足，主面蓝色，三眼，拥抱明妃"触金刚"，呈莲花跏趺坐。密集金刚即"秘密的结合体"之意，故称"密续之王"。触金刚三面六臂二足，主身蓝色或红色，以双臂环抱佛父脖颈，以双腿环扣佛父腰间，两舌相结，以悲智双运。胜乐金刚俗名"上乐王佛"，为无上瑜伽部母续的本尊守护神，四面十二臂二足，每面三眼，肤有蓝、黄、绿、红四色，代表佛之四智，站立于莲台之上，脚踏红、蓝二色印度天神。其明妃为"金刚亥母"，一面二臂二足，红肤，右手持金刚钺刀，左手持嘎巴拉碗，以悬姿与佛父拥合。吉祥喜金刚又名欢喜金刚、饮血金刚、呼金刚，为无上瑜伽部母续的本尊守护神，八面十六臂四足，主身蓝色，以舞姿立于莲台上。其明妃为"金刚无我母"，一面二臂二足，主身蓝色，姿态轻盈，悬起与佛父拥抱交合。时轮金刚俗名"时轮王佛"，四面二十四臂二足，主身蓝色，呈寂忿相，以立姿站于莲台上。其明妃为"一切母"，四面八臂二足，体黄色，以半悬姿与佛父拥抱。时轮金刚之面、手、足、衣饰多彩鲜艳，与明妃三目凝神，口唇相交。其他所见宁玛派之本初佛普贤王如来、噶举派之本初佛金刚总持、金刚萨埵、大轮金刚手、普巴金刚、尸陀林主，甚至包括四臂大黑天、阎魔敌、马头金刚等，皆有其拥抱明妃的双运图像。可知五大金刚皆贯穿藏密"先以欲钩牵，再令入佛智"之修持宗旨，亦所谓"以通神明之德，以类万物之情"也。藏密噶举派大手印修持经四次灌顶（瓶灌、密灌、慧灌、胜义灌）和四瑜伽（专一瑜伽、离戏瑜伽、一味瑜伽、无修瑜伽），转五毒（贪、瞋、痴、慢、疑）为五智（大圆镜智、平等性智、妙观察智、成所作智、法界体性智），即生圆证三身成就（不生证法身、不灭证化身、不住证报身）。大手印之修持，在内丹学看来，是为追寻和证验吾人此万劫不坏之一点灵明性体，认识此一点灵明性体为得法身见，禅宗谓之开悟，为大手印修慧的初步证量，能善自护持，保任如如，是禅宗明心见性，亦是王重阳的"得性见金丹"。见性之前，包括方便道、四灌顶，尚不是大手印正行，仅能称作加行。无上瑜伽之方便道（亦称贪道）修"事业手印"，包括第三灌顶（慧灌），皆和丹道男女双修的彼家丹法相通。先师知非子认为佛教密宗的修持，特别是贪道，要受年龄限制，年衰体弱者只宜修持清净功夫。仅就清净功夫而论，修持方法亦五花八门，从广义上说，佛教之戒、定、慧三学，止观双运、安般守意、六妙法门，皆可囊括进去，其他武术、气功亦不离清、静二字。由此看来，清净丹法和彼家丹法，已将世界各宗教的大多数修持方术包罗进去，它们在本质上是相通的。

另有虚空阴阳的虚无丹法，是玄关窍开、元神呈现后在虚空中把握阴阳，见性而后了命。全真道龙门派第十一代传人闵小艮（派名一得），从高东篱受戒，得同门师兄沈一炳所传丹诀，后又从月支国人黄守中学斗法秘术。黄守中原名野怛婆阇，自印度来华，由王常月受戒，传龙门西竺心宗。盖闵一得所传丹法，本受印度教和密宗影响，多咒语，传《天仙心传》《女宗双修宝筏》等书，为虚空阴阳之虚无丹法。

其实密宗宁玛派的大圆满功法，有真修实证兼能了命的禅宗功夫，顿超直入的文始派丹法，都可归入虚无丹法一类。全真道所传清净丹法，修持到高境界，亦可接续虚无丹法。另有正一道所传神霄派、清微派、天心派等雷法乃至剑仙派功夫，亦属虚空阴阳的功夫。这样，清净丹法、彼家丹法、虚无丹法的修持方法，已将世界各大宗教、民间宗教、秘密会社、武术、巫术、气功等门派的修持方术包罗殆尽。

再有同类阴阳之龙虎丹法，是中国道教内丹学所独有的，它不像清净丹法、彼家丹法、虚无丹法那样与其他宗教修持方术相通，而是完全由中国道教医学、房中养生学等民族传统养生文化孕育而成，故称作"不共法门"。龙虎丹法可传于衰老体弱的学人"医枯朽"之用，可以坐享其成，故又称作"添油接命"之术。盖古时中国点油灯照明，欲延长照明时间，光靠拧紧灯芯省油和防止风吹等消极保护还不行，关键是想法添油，才能使灯经久不灭。这就是说，人想健康长寿，光靠防病保养还不够，须用返老还童之术。张三丰《无根树词》云："无根树，花正微，树老将枯接嫩枝。梅寄柳，桑接梨，人老原来有药医。自古神仙栽接法，留与修真作样儿。"由此可知，仙家返老还童之术就是模拟老树栽接嫩枝的功夫，也称作接命之术。古代房中养生学著作多讲"竹破竹补，人破人补"，载彭祖"以人疗人，真得其真"的话，谓之"人运中兴"，与《参同契》"同类易施功兮，非种难为巧"之语相合，此所谓"同类得朋"，"人要人度，命要命续"者，也即《悟真篇》所云"竹破须将竹补宜，抱鸡当用卵为之。万般非类徒劳力，争似真铅合圣机"。《黄帝内经素问·阴阳应象大论》云："形不足者，温之以气；精不足者，补之以味。"陈致虚注《参同契》引此二语，云"只此二语，道尽金丹"，足见龙虎丹法的原理植根于中国医学和房中养生学。实际上，丹道的逆转任督、后升前降，也是由房中术的"还精补脑"演变而来。龙虎丹法平实无华，极具中华民族传统文化特色，乃内丹学千古承传的一条正脉。在修持实践中，龙虎丹法和彼家丹法乃丹道命功的要害，二者相辅相承，运用之妙，必待师传，如无师授，妄意猜度，多记丹经，腾其口说，则火候难知，不能"献出青龙惹妙铅"，差之毫厘，谬之千里矣。济一子傅金铨《道海津梁》云:"《易》曰'穷理尽性以至于命';理不穷,则无以尽性;性不尽,何由以至命?盈科之理,未可一蹴,不到'知命',未可言'至',孔子'罕言',佛云'秘密'。浅识之士,理不穷,性未尽,奈何轻言'命'哉!性由自悟,命必师传,自古及今,少有能窥其涯涘者。"济一子更著《试金石》设二十四问以辨真伪,稍有不合,便非透底之学。傅金铨《道海津梁》更描述龙虎丹法之法象如观世音大士,"左为龙女献珠,右为善财(童子)合掌。女本阴也而居左,阴中含阳也。男本阳也而居右,阳中含阴也。此珠在龙女身边,非善财不可得。红孩儿,火也;金圈手足,禁之也,鞠躬致敬以求珠。大士居中,真性为主也。"此乃秘密难知的稀有之事,说出后诸天及人皆当惊疑,须非常之人才能行,故《阴符经》云:"君子得之固躬,小人得之轻命。"然虽得此道,法、财、侣、地等条件,实在难备,故《金丹节要》云:"必须善财,预储完足,不令缺乏。若系孽财,必代受孽报。审慎择之。"傅金铨《赤水吟》诗云:"万善无亏真性全,性光发处是先天。果能积行修阴骘,自有飞腾出世缘。"盖龙虎丹法之修持条件,古丹家以为由积德行善而天命有归,其栽接之术,多为老翁与少女的配合,丹家以为可双修双成,故其《赤水吟》又云:"红颜女子白头郎,识得真时是药王。飞上九天餐沆瀣,好从云端看沧桑。"

江湖丹师每言自身修持四十年、五十年,误以为时间越长功力愈可夸耀。岂不知同类阴阳丹法乃一时半刻之功,清净丹法真正上路也日新月异,不须拖延时日,丹道亦有顿修法门。《悟真篇》云:"赫赫金丹一日成,古仙垂语实堪听。若言九载三年者,总是推延款日程。"读者思之。

第二节 丹道对灵界的设定

西方哲学自苏格拉底、柏拉图、亚里士多德到黑格尔,都以逻各斯中心论或语言中心论创立自己的哲学体系,主客二分的二元思维模式被牢固确立起来。然而在西方,哲学家将某种实体性范畴作为始基的终极的形而上学设定自19世纪后半叶遭到质疑,从叔本华、尼采开始，到柏格森、胡塞尔、海德格尔、萨特、德里达都在批判这种主客二元论的哲学观念，西方形而上学的对象化、概念化、实体化的始基被解构了。海德格尔说："有一种几千年来养成的偏见，认为思想乃是理性（ratio）也即广义的计算（Rechnen）的事情——这种偏见把人弄得迷迷糊糊。"①中国的科学主义者至今尚坚信宇宙间的事物都可以靠理性来认识，即可以用逻辑推理，用概念、语言乃至数字来描述。其实仅在 1 到 1.5 之间，就有小数、循环小数、无理数、某些电子计算机算几万年乃至不停机也算不完的数。人们在日常生活中，对冷、热、味美、舒服等感觉问题都不能用语言精确表达，谁也无法把一个美女的形象用语言告诉对方使之和自己产生完全相同的印象。这就是说，人们以为用概念、数字等理性可以认识和描述一切事物乃是一种误解、偏见或假象，世上绝大多数事物是无法用言语和数学来描述或计算的，只能靠非理性的直觉、灵感或体悟，也即是灵性思维。海德格尔无疑是西方近代最杰出的哲学家之一，他却把宇宙分为天、地、神、人四界，提出了天、地、神、人四位一体之说。此后科学哲学家波普尔也提出过著名的"三个世界"的理论，即物理世界（"世界1"）、精神世界（"世界2"）、精神活动的产物、知识系统或客体化的观念世界（"世界3"）。"世界1""世界2""世界3"都是真实的甚至是自主的存在的，它们之间直接或间接地发生相互作用。

中国哲学是一种"究天人之际"的学说，儒、道二家的哲学家倡导"天人合一"者居多。"天"有三义，一为神的主宰之天（《大盂鼎》："丕显文王，受天有大命"；《诗·小雅·节南山》："浩浩昊天，不骏其德"；《论语·八佾》："获罪于天，无所祷也。"）；二为包括天地一体的自然之天；三为道德、义理之天。在中国哲学中，既使是将天、地的内容包括在一起的自然之天，也和西方哲学中的"自然界"不一样，中国哲学家认为自然之天也是有灵性、有意志的，人不能逆天而行。特别是道家哲学讲天、地、人"三才之道"，其中的"天"决非指现代航天工程所观察到的月球、火星上的石头，而是指虚无空灵

---

① 海德格尔:《海德格尔选集》，上海三联书店，1996，第 1070 页。

的精神世界，指天神、祖先神的灵界和道的本体界；"地"指客观自然界，即现代宇宙的现象界。中国人总是在天、地、人三界的相互感应中寻找机遇的。

北京大学终生研究西方哲学的张世英教授晚年发现西方现代哲学的精华就是超越主客二分，在更高的层次上达到主客融合的境界，认识到万有相通、古今相通和万物一体。在文化史上，象形、会意文字是源，拼音文字是流；诗和音乐是源，逻辑语言是流；道学文化是源，儒学文化是流；灵性思维是源，理性思维是流；宗教是源，科学和哲学是流。佛陀经多年修持睹明星而悟道后叹曰："奇哉！无一众生而不具如来智慧德相，但以妄想颠倒执著，而未证得。"佛陀发现人人皆有一灵明性体，只不过悟者是佛迷者是众生，这一极平常之道理便是博大精深的佛教之理论支柱。科学研究就是要善于从人们习以为常的偏见中发现事物的本质，找出被现象掩盖的规律。譬如一般人往往以为从高处下落的重物比轻物速度快，早落地，而伽利略却发现它们同时下落，从而推导出自由落体定律。与此相似，一般人认为摆的运动是随着振幅的减小而加快，惠更斯却做了摆的运动实验发现摆是等时的而用钟摆计时。同样，一般人认为世上的事物都是可数的，可计算的，我们却发现数字计算的范围很有限。一般人认为世上的事物都是可以用逻辑、语言描述的，我们却发现多数事物具有不可言说性。一般人认为世上事物的运动速度都不能超过光速，都要受时间、空间的限制；然而人的思维能超光速运动却不受时空限制，这种司空见惯的常识却没人注意。譬如太阳的光线到达地球需要 8 分钟，北极星距离我们 782 光年，我们却可以霎时间"想到"它。人的精神世界或者说灵性的世界是不受时空限制的，是永恒的。在日常生活中，如果你向别人宣扬宇宙中存在一个真实的灵性世界必然会受到科学主义者的质疑，认为它缺乏经验实证和理性推论的根据，一般人也不会相信。然而实际上，人类在潜意识里早就设定了一个灵性世界的存在，人们就是以这个灵界为基地出发进行理性思维和经验实证的，但是长久以来却没有觉察到和不敢承认它。世界上的所有文明都发源于宗教并以宗教作为永恒的文化背景，而宗教是不能没有灵性世界的。世界上绝大多数人口都是宗教信徒，包括无神论者口称"信仰无神论"，实际上也是把无神论当成宗教，使"无神论"等学说占据自己的信仰世界反而会造成信仰的扭曲，信仰科学的信徒亦复如是。人们在日常生活中可以参拜庙宇，追悼亡灵，纪念古人，祭祀祖先，礼拜教堂，瞻仰陵墓和纪念馆，这些活动都隐含了一个灵性世界的存在。佛陀、太上老君、观世音、上帝、真主、耶稣、各种神灵、烈士和逝去的伟人，包括自己亲友的亡灵，人们在潜意识里往往设定他们是存在的，这也就设定了灵界的存在，因为人们的信仰需要有一个灵界来收容他们。没有灵界的设定则没有宗教，进而也不会产生哲学和科学以及文学艺术，人类文化也失去依托而无由发生。无形的灵界是有形的肉体的生命源泉，是人类灵性的终极存在，是外化于人体的生命能量和心灵信息，是人类对生命存在的自我确认，是宇宙形而上的存有秩序和精神实体，也是人类对自己文明认同下的情感实现，更是人类得以安身立命的终极价值。某种永恒的无限的世界是人类所有异质文化的支点，这种永恒无限的世界只能是灵界，灵界也必然是各种哲学和科学思想的基石，这是毋庸置疑的。信仰，是理性的升华。"信仰"（faith）在《旧约》中为"Emunach"即"坚定"的意思，标志着人类生活的坚定信念。没有精神寄托的人们会感到生活无意义，离开永恒信念的短暂生命本身也失去意义，这样的人类社会是很可怕的，也是无法维持的。

在地球上，植物、微生物、动物（包括猴子、猩猩等灵长类动物和智力发达的海豚）都没有死亡意识，只有人类能在生存期间就意识到死亡并畏惧死亡。只要人有思想的灵性，只要人会死亡，只要人靠组成社会的群体生活，就必须创造出一个无限的、永恒的灵界作为自己生存的精神支柱，就需要通过灵界与历史沟通，与社会沟通，与无限和永恒沟通，从而消除人类对死亡的畏惧。只要人类会有死亡，灵性世界的出现和宗教的产生就是不可避免的。灵界对于将死的人是必需的，对于活着的人也是必需的，因而人类对于灵界的信念本质上是一种原初的、潜在的普世宗教。凡是将上帝、佛陀、真主、梵、道等无限之物作为信仰对象者皆具宗教的特征，而将学说、伟人、教主等本应作理性分析的有限之物作为信仰对象者则属于扭曲信仰的"迷信"，而灵界显然属于无限之物。宗教的需要是由于人类文化的绵延，它使人类的生活和行为神圣化，使人类能够支配自己的命运并化解对死亡的畏惧和人生的苦恼，使人类不断唤醒自己真、善、美的良知而罚恶扬善和团结合作，因之有文化就有灵界，也就有宗教。灵界的信念具有社会性，它可使人摆脱精神的冲突，从而使社会避免瓦解状态，发挥普世宗教的功能。这就是说，灵界的普世信念和宗教信仰扎根于人类的基本需要，而这些需要在人类文化的绵延中不断得到满足和提升。灵性世界随着人类社会的进化与文化的进步也是在不断提升和发展着，人类需要的是不断充实和完善自己的灵性世界，而不是否定和摆脱它！

现代科学对量子虚空零点能场（"挠场"）和宇宙多维整合波函数的研究，也证实宇宙是一个有全息记忆能力的世界，是虚无空灵的道的世界，是以"灵子场"为背景的心、物、能一元化的世界。道为宇宙之源，万物之根，它无所不在，无时不有，道和宇宙共舞。宇宙中的物质、能量、信息都是由道生化而来，它们在其虚空的终极点上结合为一，通过道学的"生化原理"由一生二生三，在漫长的宇宙进化中导致虚空复杂波函数的积累。在宇宙虚空中，不仅隐含着潜在的物质和能量，还存留着心灵记忆的信息。现代实验心理学的奠基人费克纳（Gustav Fechner）认为，尽管我们的身体衰亡了，但我们心灵的痕迹仍会进入量子虚空记忆场中继续存活着。柏拉图所谓"灵魂不朽的理念王国"，黑格尔所谓"绝对精神"，贝克莱大主教所谓"上帝心灵的映射"，都反映了古今哲人对宇宙深处心灵不朽的永恒直觉。美国系统科学家欧文·拉兹洛（Ervin Laszlo）在《微漪之塘——宇宙进化的新图景》中写道："我们作为具有一种进化了的心灵的复杂系统，不可能没有任何痕迹地从宇宙住所中消失。我们无论做了什么，甚至想了和感觉到了什么，都会被贮存在宇宙的记忆中，正如费克纳所写的那样，它们形成了新的关系并在未来的所有时间里成长和发展。"[1] 由此可

---

[1] ［美］欧文·拉兹洛：《微漪之塘——宇宙进化的什图集》，钱兆军译，社会科学文献出版社，2001，第353页。

知，宇宙中基本粒子的运动、原子分子的聚合、山河大地的存在、微生物的繁衍、植物动物的生长、人类的社会活动，都需要随机涨落并传播多维整合波函数的量子虚空零点能场支撑并从中汲取信息和能量。这样，人类本来是宇宙进化的产物，每个人的心灵都是人类亿万年生命和心灵进化和遗传的产物。况且真实的宇宙并不是仅有长宽高三维空间的宇宙，而是一个四维、五维、六维、八维、九维乃至十一维的时空连续统。物质的生命体虽然仅能在三维时空存在，而精神的生命体却可以来往于异次元的宇宙时空之间。有根据表明，不同层次的灵界生命犹如宇宙互联网中的网站，可以设定某种密码和他们交换信息，多维时空的宇宙即是《华严经》描述的因陀罗网，"挠场"的研究日益证明这一事实，这就是新道学的宇宙观。宇宙中存在一个生命和心灵遗传的世界（灵界）是不无科学根据的。

从本质上说，每个人都是灵与肉（或曰形与神）的结合体，肉体是沉重的，灵魂是轻灵的。每个活着的人心灵都承担着生命的重负，在世路上艰难地行进着。正是由于肉身的沉重和人生的伦理困惑，人在不断的两难抉择中演绎的生活才感觉到脚踏实地，而离开肉身的灵魂实际上尚不能称其为人，这大概就是捷克斯洛伐克作家米兰·昆德拉写作《不能承受的生命之轻》时所做的刻骨铭心的思考。肉身追求快感并逐年逐月趋进死亡；灵魂追求梦想并力图超越现实进入不朽的灵界。失去灵魂的肉身就失去感觉，重新回归大地。失去肉身的灵魂也就丧失生命的热情和重负，被灵界所收摄。人活在世上，肉身承担着苦难的重负艰辛地在大地上迈着步子，而头顶的灵魂却有一根细线直通天堂的灵界，这根细线维系着肉身的人生之路。死亡标志着肉身和灵魂的断裂，而爱情和欲望则体现出肉身和灵魂的联系。肉身的激情和灵魂的心性不断做出尝试和抉择，谱写出不同的生命乐章和各自的人生命运。

在宗教学上，举凡神灵附体、出神魂游、梦中启示、扶乩（亦称扶箕、扶鸾、飞鸾等）降笔、通灵时逆知前世因果及未来之事、感召仙真临凡等，通称之为"异象"（Visions）。史书和宗教文献中记载的这类"异象"，一般不能视作通灵的事主存心诈骗，因为在他人或认为是虚假的"幻觉"，而在事主心目中却是真实亲历的切身体验。曾达辉先生在《寇谦之的降神及政治意图》一文中说："大抵道士所行通神术可称为'寻求异象'（Quest for Vision）。'异象'可指富于宗教意义之梦，如《旧约圣经》所载梦中启示；更明确是指某种奇异而强烈之幻觉，其异常清晰确切而且印象深刻，真实程度使人深信，自己所接触者乃某种神灵实体（Sacred dimension of reality），个人信仰或因而改变，时势配合下甚至诱发新宗教。经历异象时多陷入精神恍惚之状态（trance），瞳孔扩张，肌肉僵硬，呼吸微弱，有时像在昏睡或昏死之际；事主往往有快乐欣喜之感觉。节拍（特别是鼓声）、断绝知觉、隔离守斋、自我折磨、呼吸法及迷幻药俱可引发异象。一美洲印第安苏族（Sixon）巫医说：'（异象）非常真实，像触电般强烈冲击你，在你十分清醒之际，突然间有个明知不可能出现的人站在你身旁。'印第安人男性皆寻求异象以增强狩猎与战斗能力，可说人人都能通神。"① 我以为世界各民族最初的宗教，都是类似萨满（Shaman）交通灵界的巫教，中国的先民在古代也像印第安人那样有一个"人人都能通神"的原始巫教时期。《国语·楚语》记载那时"民神杂糅，不可方物，人人作享，家为巫史"，仅是因为后来发生了帝颛顼"绝地天通"的原始巫教改革，才由氏族部落酋长垄断了交通灵界的特权。《左传·成公十三年》："国之大事，在祀与戎"，祭祀被王权垄断后，用于祭祀的玉器（玉璧、玉琮等）也成了王权的象征物，其实玉器本来是交通灵界的神器，而交通灵界也是古代国家最大的政治，是王权的职责。先民的原始宗教是人类智慧的起点，原始人的通灵状态是人类没有异化、没有矫饰的自然心理状态，因之最接近于道，最能解开贪嗔痴等情欲之结。在斋戒、守一、瞑想、静坐、存思、诵经、催眠、行特殊呼吸法等宗教修炼活动中，获得异象或其他交通灵界的神秘体验是很常见的现象，古今中外皆是如此。服用某些麻醉、致幻药品可产生心理、生理上的通灵体验和神秘快感有助修炼也是事实，然而这类药物的害处是容易上瘾，因之为内丹家所不取。必须指出，内丹修炼是人体在心理上、

---

① 我国台湾《清华学报》第28卷，1998年第4期。

生理上一次脱胎换骨的最深层次的改造工程，它必然遇到其他修持方法所能遇到的所有问题，并会经历人体在生理上、心理上所可能出现的一切现象。因之，我们在这里探讨一些在社会学、宗教学上少人涉及的容易引起非议的问题，实在有不得已的苦衷。凡是学者在内丹学的理论研究和真修实证上将会遇到的易生疑惑的难题，我们不得不预先作些实事求是的解释。

在心理学上，灵性思维和理性思维是相辅相成互为依赖的，不可片面强调一方而排斥另一方。演绎推理的知识结论已经隐含在一般的大前提之中，而归纳推理的知识结论也早隐含在各个特殊的具体事实之中，原则上讲理性思维的这两种逻辑推理都不会给人类增加新的知识含量。人类知识的创新大多使用在逻辑上不严密的类比推理，而类比推理是以灵性思维为主导的。《易经》《黄帝内经》等中国经典多用类比推理，中医学和中药学是类比推理应用于医疗实践的产物，因而灵性思维是中国先哲的根本思维方式。灵性思维是理性思维的根源，是创造性的源泉，但也以理性思维储存的知识量为基础提升自己的高度，同时灵性思维的成果必须经过理性思维的审查和检验才能进入人类的真知系统。人的智慧和知识不同，知识要受社会发展水平和历史条件的限制，而智慧却是可以融入历史长河跨越时空的。然而人的智慧有高有低，灵性思维也有不同的层次，它们都依赖理性思维的知识积累。理性思维永远是人类最广泛的思维方式，无论东方和西方都是如此，正是理性思维的成果促进了人类各民族文明的发展。譬如女巫最容易激发通灵的神秘体验和获得"异象"，但女巫知识储量欠缺，理性思维水平低下，因而灵性思维的层次也不会高，她不可能通过灵界的启示完成高科技的创造和发明，而科学家门捷列夫、凯库勒却在梦的启示下发现了化学元素周期表和苯环的化学结构。中华民族的传统文化本来源于先民原始宗教的巫史文化，巫医是中医学的源头，因之我们不应以科学主义者的立场简单否定巫医和通灵的巫术，而应正视它们存在的社会意义和文化价值。道教重生而轻死，贵人而轻鬼神，以为人死则灵魂以归天（灵界），骨肉以归地（自然界），地乃人的生命之母，人世过崇鬼神，必为害招致凶咎。《太平经·事死不得过生法》云："生人，乃阳也；鬼神，乃阴也。""阴气胜阳，下欺上，鬼神邪物大兴，而昼行人道，疾疫不绝，而阳气不通。""上古之人理丧，但心至而已，送终不过生时，人心纯朴，少疾病。中古理渐失法度，流就浮华，竭资财以为送终之具，而盛于祭祀，而鬼神益盛，民多疾疫，鬼神为祟，不可止。下古更炽祀他鬼而兴阴，事鬼神而害生民……此皆兴阴过阳，天道所恶，致此灾咎，可不慎哉！"内丹学不是巫术，而是有高深学理的人体生命科学，内丹家亦不以获得"异象"和通灵的神秘体验为目的，而是转识成智，开发人体潜在的心灵能量和大智慧。因之，我们的目标是要把丹道从江湖文化推向学术研究的殿堂，这里对通灵现象进行剖析的目的也在于此。

第三节　积德通灵，集义生气，唯道集虚

老子和佛陀都将一个"慈"字放在心性修养和道德伦理的首位，以大慈的善心待宇宙间一切生命。老子《道德经》又谓"慈故能勇"，"夫慈，以战则胜，以守则固。天将救之，以慈卫之。"（67 章）由此可知，慈具有巨大的征服人心的道德力和心灵能量，它能作用于社会和人的生命。不仅"慈"具有巨大的道德力，儒家倡导的仁、义、礼、智、信也是如此，故孟子称"仁者无敌。"在内丹学中，道德本身就是一种可以作用于人体的生命力和心灵能量。《悟真篇》云："大药修之有易难，也知由我亦由天。若非积行修阴德，动有群魔作障缘。"金丹大道乃千载一遇之大事，非有德者不能得，得亦不能成。积德行善，在一般宗教中仅有社会伦理教化的意义，内丹学家却将修德作为成道之本，积德行善本身就是可计量的丹道修炼程序，也是打开灵界之门的钥匙。根据同声相应、同气相求的天人感应原理，恶人之阴气必感应邪神厉鬼而危害社会，善人之阳气则感应正神仙真助其成道，由此可打开灵界之门，故曰"积德通灵"。丹家尝云"德高鬼神钦"，鬼神且钦敬之人，焉能不通灵乎？丹家炼至通灵的境界，则得神通自在，物我两忘，天人合一，即无善无恶矣。丹道的境界，实即"止于至善"的境界，得一即止，则浩然正气存矣。

人类自婴儿出生由父母抚养十多年才能独立，此为其他灵长类动物所没有。父母对子女无条件的爱，此为天然的利他性。人类过群居生活，必须相互合作形成和谐之社会；人生需要师长的教育和亲友的帮助，没有利他性根本不能生存，这是人性自然产生的前提。且在人类社会中自然形成优良的社会公德，自私利己的行为受到社会唾弃，反而不适于自己生存。人类世代遗传，人类社会的道德规范也世代遗传，并植入人身的基因中。故基因伦理学发现人的下丘脑边缘复合系统能辨别善恶，可知人的利他性之善和自私性之恶也是世代随生命演化的产物，它们遗传在人体中成为基因，保留在社会上成为伦理。吾人修持丹道，就是要提升自己的道德品位，以期达到仙佛的境界，从而进化为仙人。欲修仙道，先修人道；欲得宇宙之大道，必修天地之大德。天之在我者德，地之在我者气；德者道之用，气者生之母。所谓德，即是人之良知良能；良知以效天，良能以法地；效天则"乾以易知"，法地则"坤以简能"。金丹大道乃性命双修之道，"德为性蒂，气为命根"，修命必炼气，修性须积德，唯积德才可通灵。

《孟子·公孙丑》云："我善养吾浩然之气"，"其为气也，至大至刚，以直养而无害，则塞于天地之间。其为气也，配义与道，无是，馁也，是集义所生者。"这段话点出了丹道炼气和养气功夫的要害，并将丹家之心学和气学推到一个新的功夫境界。所谓浩然之气，乃是充塞于天地之间至大至刚的一身正气，此气发于肺而激荡全身；肺属金，其性刚，故能心无恐惧，刚直不阿，勇往直前；金在五德属义，故能大义凛然，义无反顾。欲常保养此气，必须学道、修道、体道，成其"正大光明"四字。所谓"正"，就是立身要正，有正义感，为人正派，性格正直，处事公正。正者必直，故《维摩经》曰"直心是道场"！鉴别人才，可委以大任者，不必计其小节，唯一个"正"字不能失，因只有正材才可作顶梁柱。《说文》解"正"为"一以止"，谓"守一以止"也，谓"得一即止"也。一为德，正即止于道德，唯积德方可通灵。治身治国，皆须以修善积德为根本。所谓"大"，是指志向大，事业大，气量大，其中气量大是根本。人必立大志向，有大愿力，才能成就大事业，关键是要有大气量，鼠肚鸡肠的人是成不了大气候的，是以自古成大业者，在量不在智。"龙吟虎啸，风翥鸾翔，大丈夫之气象；蚕茧蛛丝，蚁封蚓结，儿女子之经营"。人生而立做"天下第一人"之包举宇内的大志向，坚信自己终生为之奋斗的事业是为全人类的利益值得为之牺牲的大事业，故为达目标能容人所不能容，忍人所不能忍，怀"天无私覆，地无私载，日月无私照"的真诚感天动人之胸襟，则立身处世必凛然而不可犯，其浩然正气焉得不充塞于天地之间乎！所谓"光"，指人的心、身、行所焕发出的光彩，具体地说，是指英雄之气概、豪杰之节操、神仙之风骨、真人之性情、斗士之精神、名士之雅望等自重、自尊、自信的人格魅力。人而有此人格魅力，必能光彩照人，非同凡响。英雄必能担当责任、有胆有识、顶天立地；豪杰必能于生死去就之际骨头不软、气节不亏、常葆操守；神仙必有仙风道骨、出尘脱俗；真人必有真性情、真本色；斗士必能百折不挠、毅力顽强，能够为事业奋斗不息，敢于在逆境中坚韧不屈；名士必有高风雅望、博学景行、如锥处囊中其末立现。自古英雄豪杰，必有真性情，惟有如此人格形象才会丰满。《文子》云："率性而行谓之道，得其真性谓之德"。古语"惟大英雄能本色，是真名士自风流"。其实世界上每个人身心之中都蕴藏着成为大英雄、大豪杰、大人物的内在潜能，如果唤醒或激发出此种潜能，人们就会萌生出意想不到的无穷创造力，既能改造自己，也能影响社会和创造历史，因为这种内在潜能是和人类的社会和历史相互感应和联通在一起的。每个人生来都赋有人类所具有的所有潜能，但因人生是短暂的，因之即使在最有利的条件下，世界上也没有一个人能把自己与生俱来的潜能全部开发出来，由此可知激发自己的创造力才是生活的艺术。人的真性情是每个人之本质中最活跃的因素，只有激发出人的真性情才能唤醒人的内在潜能，展现个人光彩的人格魅力。所谓"明"，是指人的大智慧和大学问，有学有智才谓之"明"。"学习"二字，日文中通用"勉强（べんきょう）"二字，此二字，还有"用功""努力"之意。"勉强"在现代中文已无"学习"之意，而日文取其"努力""学习"之意，我以为颇合"学习"的古意。"勉强"即是"强勉"。萧天石先生著《世界伟人成功秘诀之分析》说："能自强者，天不能限；能自立者，天不能倾；能自尊者，天不能辱；能自达者，天不能穷。"又引曾国藩谓："天下无现成之人才，亦无生知之卓识，大抵皆由强勉磨炼而出耳。《淮南子》曰：'功可强成，名可强立。'董子曰：'强勉问学则闻见博，强勉行道则德日起。'《中庸》所谓'人一己百，人十己千'，即强勉工夫也。"欲成大学问，必须将古今中外各大文明之宗教、哲学、科学、文学、历史诸学之原始典籍及最新进展熟烂于胸，并一门深入下去，"博学之，审问之，慎思之，明辨之，笃行之"，达到极致，即可上通于道。故为学之要，以学道为本，所谓"万般皆下品，唯有学道高"！道学是古今中外所有学科中最高的学问，道是人生的最高境界。《道德经》云："为学日益，为道日损。"（48 章）人之知识在于积累，此即强勉之功，谓之"为学日益"。人之智慧在于不断摈除执见，即孔子"毋意、毋必、毋固、毋我"（《论语·子罕》）；即佛法之破除"烦恼障"与"所知障"；即道教内丹学"惩忿窒欲""止念见性"等"损之又损"的功夫，谓之"为道日损"。学者在"为学"中一门深入地钻研下去，"益"之又"益"，直到最高峰，就会达到一个人类智慧的枢纽，在那里突然爆发出灵感，一窍通至百窍通，转识成智，转理性思维为灵性思维，即从"为学"转入"为道"。古代内丹家之学道，也要从读书始，故有"未有神仙不读书"之论，直至悟道之后，所有经典全是多馀，心中一字也无，原来大道不在书上。人世间的学问，涉及百科万事，浩如大海，穷尽毕生精力不能得其万一，然而悟道之后，发现人类最高的学问就在自己身上，是研究人本身的学问。古希腊德尔斐神庙的门楣上有一句警言："人，要认识你自己。"就学者而言，做事做学问亦应视作一种修持，人能对万事之隐情、中西学术之奥妙乃至各学科细微之分别，如掌上观纹明察秋毫，则为妙观察智之流露。直到学问达到会通中西、古今一贯的境界，少了分别心和差别相，则是平等性智之发现。学者在做学问上一门深入，最后达到融会贯通、了如指掌的高境界，可谓大圆镜智之激起。人之处事治学熟能生巧，由巧通灵，许多难题迎刃而解，建功立业心想事成，则为成所作智之应用。人之为人为学，立功、立德、立言达此四种境界，则法界体性智必大放光明，成为具有大学问、大智慧之哲人。由此可见，释迦、老子距离我们并不远，人人可得而师之，人人可以与之对话，人人可具此浩然正气，成为正大光明、顶天立地之真人。修道有成之士，必能推往知来，视治天下如运诸掌然，皆可担当治国用兵之大任，为拨乱反正、扭转世局之高人。世上万事有正义与邪恶之分，人亦分为正义之人与邪恶之人，正义之人为正义之事而振臂高呼，气机鼓荡，便是集义生气之例证。人之有容乃大，无欲则刚，人存此至大至刚正义之气，则可在危难之际为正义事业，"虽千万人，吾往矣"。

《庄子·人间世》云："若一志，无听之以耳而听之以心，无听之以心而听之以气！耳止于听，心止于符。气也者，虚而待物者也。唯道集虚。虚者，心斋也。""瞻彼阕者，虚室生白，吉祥止止。夫且不止，是之谓坐驰。夫徇耳目内通而外于心知，鬼神将来舍，而况人乎！"在这段话中，"唯道集虚"首先要求"虚其心"，心达到虚无空灵的境界，则与道相合。世上万事万物皆始于无，始于虚，始于弱，道家"观其复"则返其初始状态而用其无，用其虚，用其弱。虚己待人则得人，无心虚受则全事。吾有四句偈云："大道无恩怨，清平是我心。坦然而虚受，时变敢力行。"丹道之修炼，以炼虚为炼心末后一段工夫，以还虚为炼丹最后一着工夫。中华民族的传统文化，其根源只在一个"道"字，其见地之精华处正在一个"虚"字，即在实有的物质世界和生命世界之中，发现了一个虚无空灵的世界，丹道就是开发虚无空灵世界之资源为实有的物质界、生命界所利用的学问，故曰"有之以为利，无之以为用"。此虚无空灵世界除含有人类的精神之外，还包含有人类尚无法测知的暗物质、暗能量和信息场（所谓"挠场"），它们只受道的支配，道也集中了这个虚无空灵世界的精华，这就是"唯道集虚"的含义。这句话落实到修持工夫上，就是要求从"无食、无息、无念、无身"的"四无法门"修起，学会辟谷则无食，学会胎息则无息，不动心入虚静则无念，静极不觉有身而至忘其身则无身，如此进入虚无境界则玄关必现，便与虚无空灵的世界相通了。

我在书中已将"正大光明"四字开解清楚，此便是我所传的为人、为学、处世、修道的"四法印"，而"积德通灵""集义生气""唯道集虚"，就是我所传的"三句教"，今后凡以此做人、做学问、作事业、修丹道者，虽未面授，亦可称是我的学生。

第四节 丹道形、气、神之修炼要义

人体是由形、气、神三重结构组成的，其中形是人的躯体结构，是物质的层次；气是人的生命结构，是能量的层次；神是人的心理结构，是信息的层次。丹道修炼，就是对人体的形、气、神三个层次的修炼，形、气的修炼属命功，神的修炼属性功，但在丹道中炼神却不全是性功，其中也有气的运用。在修持方法上，丹道对形、气、神三个层次的修炼往往首先从中间气的层次入手，因为气上联系着神，下联系着形，炼气功夫既能炼神又能炼形。原则上讲，丹道在现实修炼实践中是一种以炼气为主的功法，它的修持方法重在命功，其根本修持目标是"转化色身""返老还童"。至于转识成智，修炼先天阳神，则和佛法殊途同归，属于理想的目标。先就丹道现实的修炼实践而论，为达此"返老还童"的目标，第一步必须先从祛病健身入手，因之丹道之修持先要"筑基"，丹道筑基以炼形为主，推重筑基功也是丹道的特色。

我们在这里不妨说穿了，丹道炼形功夫以动功、导引、站桩为佳，其目标在于"通经活络"；丹道之炼气功夫从调息入手，进而启动橐籥至胎息，其目标在于"开关展窍"；丹道炼神的功夫由"心息相依"而"止念"，直至元神呈现，其目标在于"采药炼丹"。由此可知，丹道之炼神层次也是由命功深入，走"以铅伏汞"的路子，"元神不现，丹道不真"，采药炼丹全是元神之作用。丹家每言"性功靠自悟，命功靠师传"，元神之运用也属命功的法诀，"穷理尽性以至于命"是丹道的基本步骤，性功成就玉液还丹，命功才成就金液还丹，这一点必须清楚。

丹道的根本目标之一既然是转化色身以返老还童，那么鉴别返老还童的指标是什么？出人意料的是，丹道筑基功一入手即以人的性功能作为返老还童的指标。据《黄帝内经·上古天真论》云："女子七岁，肾气盛，齿更发长。二七而天癸至，任脉通，太冲脉盛，月事以时下，故有子。三七，肾气平均，故真牙生而长极。四七，筋骨坚，发长极，身体盛壮。五七，阳明脉衰，面始焦，发始堕。六七，三阳脉衰于上，面皆焦，发始白。七七，任脉虚，太冲脉衰少，天癸竭，地道不通，故形坏而无子也。丈夫八岁，肾气实，发长齿更。二八，肾气盛，天癸至，精气溢泻，阴阳和，故能有子。三八，肾气平均，筋骨劲强，故真牙生而长极。四八，筋骨隆盛，肌肉壮满。五八，肾气衰，发堕齿槁。六八，阳气衰竭于上，面焦，发鬓斑白。七八，肝气衰，筋不能动，天癸竭，精少，肾脏衰，形体皆极。八八，则齿发去。肾者主水，受五脏六腑之精而藏之，故五脏盛，乃能泻。今五脏皆衰，筋骨解堕，天癸尽矣。故发鬓白，身体重，行步不正，故无子耳。"这段文字十分重要，是中国道学文化关于人的青春活力的科学论证。在道学文化中，人的青春活力是受肾气之生、长、盛、衰所左右，肾气即人的生命力，肾藏精，精之盛衰正好反映在人的性功能上。婴儿初生，得先天之精，肾气渐生渐长，青春活力也渐生渐长。老子《道德经》云："含'德'之厚者，比于赤子。蜂虿虺蛇不螫，猛兽不据，攫鸟不搏。骨弱筋柔而握固，未知牝牡之合而朘作，精之至也。终日号而不嗄，和之至也。"（55 章）老子讲婴儿因精气充足，未知男女交合而生殖器却常自然勃起；因其和气混厚，虽整日哭叫而嗓子不哑。这样肾气渐生渐长，至 16 岁可以一日夜无淫念而生殖器自然勃起六次，为乾（☰）卦，性功能达到高峰。至 24 岁为姤（☴）卦；32 岁为遁（☶）卦；40 岁为否（☷）卦，肾气损耗一半，生殖器每日夜只能自然勃起三次了。至 48 岁为观（☷）卦；56 岁为剥（☷）卦，是人生的转折点，以后肾气日衰，生殖器每日夜仅能自然勃起一次，性功能逐渐下降。开始时人到子时，肾气来潮，生殖器自然勃起，随着肾气日衰，由子时而寅时，时间推后，即到天亮前才有生殖器自然勃起的现象。到 64 岁，为坤（☷）卦，纯阴无阳，生殖器不能在无淫念时自然勃起，性功能衰竭，目光呆滞，青春活力就没有了。以上所论，仅是一般的人体生理规律，有些人纵欲无度，不懂摄生，多是提前衰老，至 40 岁其肾气就仅剩一阳了；而另一些人摄生有术，64 岁仍如 40 岁人，肾气不衰，性功能旺盛，生殖器仍能自然勃起。丹道修炼，首先就是返还人的性功能，仅炼精化气一节，就可返还到 16 岁时之童真之体，故谓之"返老还童"。

一般说来，女子比男子的青春期开始得早，结束得早，在一生中光彩照人的女性美维持时间较短，而这种青春的美貌是造物主对女性的恩赐，是其生命花朵的展示，因之美貌对女性来说比黄金还珍贵。男子性功能的转折点是 56 岁，在这前后如摄生有术，还可在中年出现"第二春"，此即中国房中家称之为"人道中兴"的现象。当年内丹家吕洞宾为劝一位少女早修丹道，曾将一首诗赠给她，诗云："嫫母西施共此身，可怜老少隔千春。他年鹤发鸡皮媪，今日花容玉貌人。"（《吕祖全书·题广陵妓馆》）人身从花容玉貌的少女，变为满头白发、面如鸡皮的老媪，确实一老一少比两个人的面貌差别还大。然而在春秋末期西元前 6 世纪，中国历史上发生过为争夺美女的战争，楚国战败陈国，夺得此美女，却因此酿成和晋国、吴国的多年战祸。这个美女当时却已年近半百，是郑穆公之女夏姬。夏姬善彭祖采补交接之术，陈灵公及其大臣孔宁、仪行父皆因与之交通被她的儿子夏征舒杀死，还有其兄子蛮、夏御叔、襄老与其子黑要、楚令尹子反等皆因争夏姬得祸，最后被精于房中术的巫臣娶到手，时年过 50 岁仍貌如 20 岁左右的处女，生育后几日即可复原，著有《夏姬秘诀》二十七卷，后世称为妖狐术，今失传。内丹学的基本功效就是延长人的青春期，抗拒衰老直至返老还童。丹道之修炼凡能真正摸到门径者，比正常人年轻 12 岁当是较低标准，这甚至可从外貌上显示出来，懂南宗功夫者更有老而不衰之效。老子《道德经》讲"长生久视"（59 章），所谓"长生"，即延长人的寿命，这是从"量"上增加人的生存时间；所谓"久视"，即保护老年人的视力，这是从"质"上提高人在晚年的生存质量。盖因古代人年老之后，易患"白内障"等眼疾，视力受损，长寿者生存质量下降，在病痛中苟延时日体现不出"长生"的好处，故老子将"长生"和"久视"联系在一起。内丹家汪启贤《醒世理言》诗云："今日残花昨日开，为思年少坐成呆。一头白发摧将去，万两黄金买不来。有药驻颜都是妄，无绳系日重堪哀。此情莫与儿曹说，直待儿曹自老来！"

实际上，人能通过修持丹道延长自己的青春期，增强了生命活力，这本身已是个重大生命科学问题。人体是一个有自组织、自修复、自繁殖能力的开放的复杂的超巨系统，人体出现某种程度的返老还童效应，必是从系统外部引入了有逆转机制的物质、能量、信息，或者说引入了负熵，问题是人除了呼吸、吃饭、饮水之外，这些负熵来自哪里？内丹学的研究证明，人体靠丹道增强青春活力的负熵来源，是阳光、水、空气。先天一炁产自虚无，丹道功夫实是交通虚无，向虚无空灵的世界寻宝，但其入手功夫也莫不以阳光、水、空气作为基本条件。本来地球上生命的产生就以阳光、水、空气为必要条件，但在丹道修炼中真正认识和体验到阳光、水、空气的作用却需要高超的悟性和深厚的实证功夫。丹道修持以"性光"为验，故有阳光三现、性月常明之说。密宗修持以"心光"为验，故有心光朗耀、常寂常照之说。其实"心光"和"性光"本是一回事，即人在深度入定时自己的灵明性体呈现的智慧之光。密宗之智门照有，慧门照空，空有双照，合为心光，为人类灵明性体之表象。人的灵明性体由人类的心灵在漫长的生物史上进化而来，并且将在人类中遗传下去。因为凡进化而来的生命必有遗传性，人的心灵特征也是可以遗传的。然而生命机体的进化，必靠阳光照明和光合作用摄取能量。人的食物及一切生命物质，皆是光合作用的产品。丹道关于精、气、神的修炼，本质上也都是光合作用。因之人的性光或心光，究极而言皆源自阳光。阳光是丹道摄入生命能量的主要来源，丹道之采日光法、拜日功、存想日光功、日光运睛功乃至密宗大圆满以"嗡啊吽"咒语采日光积累能量达到虹化之身等，皆和摄入日光精华有关。水之激发人体潜能、去秽祛疾、美容健身之功亦非同小可，丹家有采水气法、咒水术、服圣水法、洗浴法、取甘露法等，皆将水用于丹道修炼。水还有美容健身之功，游泳和跳水运动员往往体形美观即可证明。空气之运用在于采气法和各种呼吸法，其中以胎息术和踵息术为根本。有胎息方有真息，丹家心息相依，凝神下照炁穴，所谓"神照坤宫，真火自来"，则可生起橐籥，而胎息动矣。同类阴阳之丹法，必修张三丰真人一脉相传的踵息术，其功法乃由左、右脚的涌泉穴分别运气入炁穴，再积气开关运周天，此即庄子所谓"真人之息以踵"的仙术。

丹道对形、气、神修炼之精义，全在真正理解鼎炉、火候、药物三要件上。鼎炉的真义是什么？说到底，就是"玄关一窍"。火候的精要是什么？实际上是指"元神之妙用"而已。药物的实质指什么？实质是指"先天一炁"。学者只要将"玄关一窍""元神妙用""先天一炁"三句话真正体悟出来，则千百部丹经可一览无余，丹道之修炼仙术亦可拾级而登。学者苟能在修炼中将"玄关一窍""元神妙用""先天一炁"三句话真正实证出来，则隔山隔湖可采药，三家丹法纳为一家；则无遮会上能炼丹，四派功夫归于一派，如此虚空阴阳之妙用，必贯通无碍矣。

第五节　丹道铸剑功略说

老子《道德经》云："上士闻道，勤而行之；中士闻道，若存若亡；下士闻道，大笑之。不笑不足以为道。"（41章）老子所传之道，究竟什么事使"下士"听到就"大笑"呢？翻看现代各家对《道德经》的注释及现代汉语译本，没有一个释译本是让人读了就要"大笑"的，然而"不笑不足以为道"，这就是说《道德经》中必然还隐藏着某些不为人理解的"道"没有破译出来。老子师容成，而容成公所传之道乃先秦房中之学，即马王堆汉墓竹简里的容成公"七损八益"之道。马王堆汉墓竹简题名为《天下至道谈》《合阴阳》，这说明至少在先秦时代人们眼中尚把房中养生学的阴阳交合之道视为天下最高的"道"。这些"道"流传到内丹学中，即是同类阴阳的双修丹法，包括添油接命的栽接术和采补术，特别是丹道的铸剑功夫。历代丹家对丹道铸剑功都是"神仙不肯分明说，说予分明笑煞人"。丹道铸剑功虽然是个敏感问题，但却是三家四派丹法都不能不迈过的铁门坎，且不说剑有神剑、慧剑、法剑、气剑等诸多名目，仅就以铸剑功增强人的性功能而言其意义也不可低估，因为未闻有哪些丧失了性功能的人而能修成丹道的。萧天石先生曾云："本来铸剑一法，若以现代语汇言之，可以即为生命根源之锻炼法，或生殖中枢之锻炼法。达摩之《易筋》《洗髓》二经，与武术中之下部工法，均无不重此。"（《道家养生学概要》290页）学者如果真愿跨入丹道之门，认真按师传为铸剑而凝神起火，再以金水淬火，剑得金则刚，得水则柔，使之刚柔随心，曲直如意，呼之立应，才能强兵战胜。学道之士身中有剑才能精足，精足才能炼精化气，而炼精化气才能入丹道之门。

内丹学将人的"生""死""性"作为生命科学研究的重点，而人体生命的这三个关节点确实隐藏着许多奥秘未被揭示。譬如胎儿在降生时拼命要从母亲的子宫里钻出来，这种胎儿期就在潜意识里形成的心灵烙印注定了人终生都匆忙不停地向前奔，在世网里争名争利为食为家用尽心机，正所谓"凡夫皆从忙里老，谁人肯向死前休？"这种"不知老之将至"的人生存活时间在心理上感觉非常短暂，还没来得及思考和体味出人生的真谛就匆忙结束了。又譬如人在临终时，人的意识在湮入昏沉前受到激发（所谓"回光返照"），脑子里将自己一生的经历像放录像一样重现一遍，感觉过了很长时间，其实没超过五分钟。人在做爱时也一样，双方都在高度兴奋中感觉过去了十多分钟，实际上也只有四分钟，这说明人心灵体验的时间和实际的时间并不一致。丹道铸剑功所要求的时间是实际的时间，它不像平常人做爱的时间那么短暂。然而人类做爱的时间和方式，确乎和生物进化的历程有关。且不说人类的婚姻从群婚杂交到血婚制、伙婚制、偶婚制，再到一夫一妻制，出现了对近亲婚配的性禁忌，这本身就有一个演化过程。实际上，一夫一妻制在人类各民族中从来没有真正实行过。最初的原始人是不避血亲而群婚杂交的，这种群婚杂交时期并没有形成什么婚姻制度。人类母系氏族公社最初禁止近亲交配的婚姻制度，大概是如泸沽湖畔永宁纳西族人（摩梭人）那种只有家庭没有婚姻的自由恋爱的"走访婚制"。《庄子·盗跖》云："神农之世，卧则居居，起则于于，民知其母，不知其父，与麋鹿共处，耕而食，织而衣，无有相害之心，此至德隆也。"其中谈到"民知其母，不知其父"的现象，并非讲先民智力低下不知子女由男女交合而生，而是讲三皇之世实行无父无夫的"走婚制"，社会和谐，故称"至德之隆"。显然，在这种自由交配时期男子的性功能是很强的，不容易因心理或生理的束缚犯阳痿病。人类在进化中还有一个根本性的进步，就是不像其他动物那样存在一年只有少数时间才能交配的固定发情期，人类发情期的消失可使男人和女人随时产生性欲而扩大了女子怀孕机会。人类的性交方式演化出体位对面性交也为爱情和性活动的统一和谐打下生理基础。爱情、性活动、婚姻、家庭是四个不同的概念，它们在人类社会演变的历程中并不总是重合的。爱情可以导致固定配偶的性关系和幸福的家庭，但并不导致普遍的一夫一妻的婚姻制度，一夫一妻制的婚姻本质上是由人类的财产、权力等经济、政治因素打造起来的。我认为，纳西族人这种有乱伦禁忌、有家庭、以爱情和性关系为基础的"走访婚制"最符合道学文化的理念，也许是人类社会婚姻制度未来的方向，因为这种人类最初的母系社会的婚姻制度，也应是人类最后婚姻制度的归宿。显然，永宁纳西族人的"走访婚制"眼下是将爱情、性活动、婚姻、家庭四者谐调得最合理的婚姻制度。

丹道铸剑功的秘密，大都隐藏在老子《道德经》《黄帝内经》等道学典籍之中，今将这些"说破令人失笑"的内容略作提示。《云笈七签》载《王屋真人口授阴丹秘诀》云："不敢为主而为客，慎莫从高自投掷。侧身内想闭诸隙（同"隙"），正展垂壶兼偃脊。四合五合道乃融，翕精吐气微将通。袅袅灵柯不复空，徐徐玉垒补前功。补之其道将如何？玄牝之门通且和。销散三尸用此法，哀恚塞之即生虫。肌肤悦泽如春花，返其童颜是此术。沂流百脉填血脑，夫妇俱仙此得道。欲求长生寿无极，阴户初开别消息"。我们在这里讲的，是一种夫妇俱仙、返童长生之道，是异性双方互赠"命宝"的求爱心法，而不是单方面的采补之术，此所谓《悟真篇》"大小无伤两国全"的双修双成之法。老子《道德经》云："大国者下流，天下之交，天下之牝。牝常以静胜牡，以静为下。故大国以下小国，则取小国；小国以下大国，则取于大国。故或下以取，或下而取。大国不过欲兼畜人，小国不过欲入事人。夫两者各得其所欲，则大者宜为下。"（61章）此段经文和"不敢为主而为客，侧身内想闭诸隙"的口诀相合，亦是双修功夫中男性多采用下体位而成"地天泰卦"的根据，也是两性双方各取所需的法门。房中采补家诀云："心神要定，插入要浅，抽送要缓；气不要泄，动不要喘，出不要软；采不厌频，力不用拙，战不欲久。"采阴者体交神不交，采阳者神交体不交；阳丹可飞升，阴丹能不老。其要法有"存、缩、抽、吸、闭、展"六字诀，诗云："精养灵根气养神，此真之外更无真。饮海黑龙吞玉芝，花间酒底作仙人。""手握金印倒骑牛，缩吸黄河水逆流。能行坎离颠倒术，直到昆仑顶上游"。《道德经》又云："善为士者，不武；善战者，不怒；善胜敌者，不与，善用人者，为之下。是谓不争之德，是谓用人之力，是谓配天，古之极也。"（68章）"用兵有言：'吾不敢为主，而为客；不敢进寸，而退尺。'是谓行无行，攘无臂，执无兵，扔无敌。祸莫大于轻敌，轻敌几丧吾宝。故抗兵相加，哀者胜矣。"（69章）双修之功，在具体操作上有如两军对阵，要以不争为争，定息调停，以不泄精之闭固法（不"与"、不"丧吾宝"）取胜，弱入强出，不用拙力，不可轻敌躁进，要善于"用人之力"。《黄帝内经》云："余闻上古有真人者，提挈天地，把握阴阳，呼吸精气，独立守神，肌肉若一，故能寿敝天地，无有终时，此其道生。"（《上古天真论》）又云："凡阴阳之要，阳密乃固，两者不和，若春无秋，若冬无夏，因而和之，是谓圣度。故阳强不能密，阴气乃绝。阴平阳密，精神乃治；阴阳离决，精气乃绝。"（《生气通天论》）丹道之男女双修之功，实即"提挈天地，把握阴阳"的功夫。"呼吸精气"即上咂其舌、中挟其胁而吮其乳、下吸其精的采药之法。"独立守神"即"对境无心得大还"之道，"肌肉若一"则可久战不泄，"阴平阳密"则可双修双成。以上经文，我在此皆点到为止，详细功法，尚待师传口授，惟《道德经》第33章经文为同类阴阳丹法之要诀，故稍加详解，但具体操作程序，亦须师传。

老子《道德经》云："知人者智，自知者明。胜人者有力，自胜者强。知足者富；强行者有志。不失其所者久；死而不亡者寿。"（33章）其一为"知人者智，自知者明"，是男女双方观察异性（知人）和估量自己（自知）的技术。同类阴阳双修派丹法，称之为"择鼎"，对乾鼎、坤鼎的年龄、体貌、发肤、声音、生殖器的形状、个人性情、目光乃至体温，皆有具体之要求，且因之将乾坤二鼎分作不同等级，应用于不同的修炼程序，坊间之房中术书和丹经大多载其消息，读者不难据此揣摩。张三丰真人《大道歌》云："关已开，功已积，制剑要明真消息。镆铘尚且铁为之，何况我剑本来直。天为炉，地为冶，金水相停且莫野。子午行功要铸成，能刚能柔能取舍。剑已全，采真铅，采取鸿濛未判先。若还采得先天气，只是将他命苟延。二七时，有真机，神州赤县当求之。法财两用若求得，就好仔细详分别。粉红云，野鸡舌，唇若涂朱肤似雪。聪明智慧性温良，神光赤彩发纯黑。气清视正步行端，方用中间算年月。五千四八生黄道，杳杳冥冥生恍惚。依时采取定沉浮，不可毫厘令过越。此际须明三日弦，妙在西方庚辛白。慧剑灵，内心诚，敲竹相通始鼓琴。天梯宜用不可缺，密密深机哪个能？海底巨鳌莫乱钓，恐惊去了不回程。炉莫损，候要别，采过后天延年月。一个时辰分六候，只于二候金丹就。尚馀四候有神功，妙在心传难泄漏。真铅来，发神火，西到东来先觅我。运我真汞一点红，相迎相迓成一颗。过三关，升泥丸，下得重楼入广寒。又不痴，又不慧，又不醒兮又不醉。若非遍体使精神，怎得夫妻成匹配！”其中选取真鼎、采药之法，明且详矣，由此可见彼家丹法之一端。但仅就一般留春驻颜的双修功夫而论，女性可以观察男性的鼻子、手指，估测对方性器官的大小、形状和强弱；男性可以观察女性的口和唇、眼睑、面颊、颧骨、面纹，估测对方性器官的状况和性欲高低。《印度爱经》和《西藏欲经》则按生殖器的大小和性满足的程度、性格特征依次把男性分为兔子型、雄鹿型、公牛型、种马型；女性则依次分为莲花型、图画型、海螺型和大象型，并以面部和身体的痣来预测女人的性生活及命运。丹家则较为看重不超过 40 岁最好是 30 岁以内花心较浅的莲花型女人。陈健民上师记述山西大同和湖北沙市的少女有生“螺旋脉”者，为丹家首选。而清末采补家流传的螺旋脉乃女性花心易生大乐者，此类生殖器又称“二道门”，不过子宫位置较浅，交媾时深入子宫口对女性易生伤害。双修之法，关键是“自知”和“知人”，不管属于什么类型，在感觉和体验上最适合自己的配偶才是最佳的。选择异性的原则，首先是要在心理上“一见生情，心灵相通”，其次是在生理上“乾刚坤柔，配合相包”，以销魂而生大乐，可入天人合一的空境和灵境，为最高的择偶标准。“知人”和“自知”之法，还包括在行功时能相互配合，能知对方之机，自觉掌握行功的火候，心息相通，进退得中，融合为一，方为"明智"。如此男知女，女知男，既得人，又得法，先有自知之明，才能选择适合自己的配偶且在行功中能预知和掌握配偶的行动，以此自知和知人之智而期双修双成。其二"胜人者有力，自胜者强"，亦明胜人者先须自胜之理。丹家行功最担心者，莫过于因两情相悦而忘乎所以，在关键时刻"急水滩头挽不住船"，双方如猛兽般失去控制，桶底脱漏而一泻千里，双修双败。自胜者必须能自制，双修之道乃男施女受逆而行之的法门，其修炼法诀要在男子，男子在双修中要能自制就须炼成铸剑之功，使之曲直随心，取舍如意，呼之能战，战则胜人，故称强而有力。男子强而有力，则可将女子的性潜能开发出来，有"死去活来"的感受，使之在生理上和心理上得到最大程度的激情和满足，不但能治愈病患、留春驻颜，而且能双采双补、双修双成。其中铸剑之法、闭固（又称大锁阳关）之诀，皆须师传口授。其三曰"知足者富；强行者有志"。知足者即能知止，知足知止则知度，即须掌握丹道修炼之火候。如此知止知足，闭固不泄，必能"积精累气以成真"，是谓"知足者富"。丹家能掌握火候调和金水，积累精气，闭固不泄，必能铸剑成功，此时可谓民安国富。铸剑成功则是双修中的强者，强者必有志，其志在于采药，采药之功须强而行之，敢于求战，得大药则丹功成就，可以成圣成仙了。"意志"是只有人才具备的"自我调节"行为意向的能力，它将铸剑的功能强行引向"采药"的目标。彼家丹法之采药之工，和密宗贪道事业手印"提取明点"的大乐密修法多有一致之处。此法须先行踵息术疏通经络；再以敲竹唤龟、鼓琴引凤之法调理阴阳；继之以龟眼含住支机石，采弦前、弦后之阴精行铸剑、淬火之诀；随后饮薄酒千杯、牢固阴精成筑基之功，则可立志求战而强行采药炼丹了。其中"玉露寒声"是口中舌冷，"铅鼎温温"是下身发热；无形之剑，隐然身畔斩妖精；有形之剑，献出青龙惹妙铅；凡煨炉铸剑、临敌采药等诸多名目，皆须师传口授，这就是"知足者富；强行者有志"的大略内容。其四谓"不失其所者久；死而不亡者寿。"什么叫"不失其所"？就是保持男女双修者生理上和心理上的良性内环境，如此则可延长阴茎勃起时间，久战不殆。

内丹学认为男女性器官的生理反应是一个双向互动的过程，男性阴茎勃起能维持较长时间实际上是受到女性生殖器中阴精的激发和含育造成的。铸剑功的要害是善于掌握火候引导女性的阴精激发并充分为我所用，具体说就是设法保持这种良性的内环境，这种谓"内环境"自然包括男子肾气至、心气至、肝气至等"怒、大、坚、热、久"等条件和女子"五至""五欲""九气"（肺气至、心气至、肝气至、脾气至、肾气至、骨气至、筋气至、血气至、肉气至）等性欲体征。具备此良性"内环境"谓之"不失其所"。尽管如此，男性也要时时注意自己阴茎的热度，保持其中血液流通，且勃起时间一般不应超过三个小时，或以 360 次呼吸为周期使其死而复生。究竟什么是良性内环境，一是"肌肉若一"，二是"阴平阳密"。男子的阴茎为"肌"，女子的阴道为"肉"，阴茎和阴道从上到下、从外到内的不同部位反射区分别与全身的心、肺、脾、肝、肾有对应关系，在性交插入后这两者的反射区恰好相互契合，如此丝丝入扣结为一体，谓之"肌肉若一"。男女双方不但要两形合一，还要两气合一，两神合一，如此双方形、气、神相依为一，则进入天人合一之境，可以夺天地之造化了。"阴平阳密"则进而要求阴阳相交而合一；阴平则真阴足，阳密则精不漏，二者相互激荡，相互吞摄，相互含育，故女子阴液滑流而发热，男子阴茎越来越得其阴气，越来越有生气，越来越强而有力。"肌肉若一"乃采阴补阳之术，"阴平阳密"乃水火既济之功，在这种良性内环境下，故云"不失其所者久"。"死而不亡者寿"是讲闭固珍精之道乃延寿之法。"死"即阴茎痿缩，"亡"即"精液亡失"，在男女双修过程中阴茎至痿缩仍不射精，必得补益而延年长寿。西方医学家在化验男子在性交过程中射出精液的化学成分后，认为无非是一些蛋白质、胺基酸、果糖类碳水化合物、无机盐（包括钙、锌、钾、镁等元素）、游离胺类和水分等，这些物质完全可以通过食物或药物来补充，因此得出精液无须珍惜的错误结论。而丹家则认为精液含有大量生命活力激素和性能量，射精会造成大量生命能量的流失，使人体正气（生命活力）损耗，人的精神会马上萎顿下来。人体生命的延续不但要靠从外界摄取某些化学物质，更重要的是通过新陈代谢摄取生命能量，并防止损耗生命活力，因此在双修中"死而不亡者寿"的结论是正确的。

丹家之铸剑功夫，有一个对人体精、气、神逐次修炼的过程，特别是要完成通经活络的炼形功夫，未可一蹴而就。因为人体性功能的增强应是全身强健的反映，只有全身之精满、气足、神旺才能有铸剑的根基，否则用药物刺激仅图一时之快，必然落个剑毁人亡的下场。且剑亦有有形之剑和无形之剑的分别，神剑和气剑属无形之剑，实为元神之作用，丹家用之采药炼丹，而青龙剑为有形之剑，在双修功法中采异性之阴精有留春驻颜之效，故有"献出青龙惹妙铅"之说。此段功法，须有阴蹻调息和凝神入炁穴的长期修炼，直待真阳萌动，自阴蹻至丹田气暖而足，有沛然莫之能御之象；由脐到眉间一路有金光或白光晃发，炁入骨髓，浑身通畅，两肾如汤煎，下身起火而真阳炁足，心寂神凝，人在无意无识、不知不觉之间生殖器跃跃欲动，热腾腾地像蛇一样纵身而举，为铸剑将成之象，此期间应及时行金水淬火之功，则为铸青龙剑之法诀。

第十八讲　出生入死（上）

老子《道德经》云："出生入死。"（50 章）佛陀以一大事因缘出现于世间，此大事因缘是什么？即人之生死问题是也。人之生死问题，显然也是内丹理论研究的核心问题。今依我多年的悟解，分述如下。

第一章　人是什么？

"人是什么"的问题，是古希腊神话中的"斯芬克斯"之谜，这个流传于底比斯城的传说。① 看似普通，却是哲学、科学、宗教中最深奥的问题。下面我将从不同视角剖析人的本质，逐层揭示"人是什么"？

第一节　人的宇宙原理

人是宇宙演化的偶然性和必然性的结果，人的存在又预决了宇宙演化的现状。人和宇宙的关系完全符合道学"天人感应""天人合一"的原理。

1937 年，英国物理学家狄拉克（P. A. M. Dirac）发现，电子电荷 e、电子质量 m_e、质子质量 m_p、真空光速 c、哈勃常数 H、可观察宇宙的物

---

① 古希腊的底比斯城，有个称作"斯芬克斯"的怪物，人首狮身，威胁过路行人。当行人经过时，都必须回答她的一个谜语："早晨四只脚，中午两只脚，晚上三只脚的是什么？"一个个猜不中谜语的人都被吃掉了。只有俄狄浦斯勇敢地猜对了斯克芬斯之谜，它的谜底是"人"。因为人在婴儿时手足并用爬行，长大后直立走路，老年后走路拄着手杖。

质密度 ρ 等基本物理常数之间，可以组成几个数量级很大的无量纲大数。这几个大数之间也存在数值相关性，它们都是大数 1039 的正整数次幂，这就是 20 世纪物理学界的"大数之谜"。1961 年，美国物理学家迪克（R. H. Dicke）发现造成这些数值如此巧合的原因不是别的，而是因为这些物理常数只要稍微有点不同，就不会有人类产生。例如一个可居住的宇宙的哈勃年龄只能大致等于典型恒星的生命期，因为重元素是在恒星内合成并在恒星成为超新星爆发时被抛射到宇宙中去的，所以宇宙的年龄至少需演化到足以创造出比氢重的元素来，这样才能从碳水化合物逐步进化出人的生命，直到形成今天的世界。狄拉克发现的大数相关性仅适用于我们今天生存和观测到的这个宇宙，而不适用哈勃年龄可以取任意值的其它可能的宇宙。随之，英国学者卡特（B. Carter）等人将其发展成"人的宇宙原理"（The Anthropic Principle，简称 AP，又译"人择原理"），即"宇宙之所以存在是因为我们存在"。在宇宙大爆炸时仅有产生的物质最初退行速度的数值准确地等于其逃逸速度（克服引力所需之速度）的数值，人类观测到的大尺度各向同性而小尺度物质成团并形成星系的宇宙才有可能产生。中子与质子之间的质量差必须约为电子质量的 2 倍，这样才能形成稳定的原子核以便出现诸多化学元素。同时，恒星及其周围的行星在主序星阶段的生存期也必须长到使人类进化出来，并且恒星所辐射出的能量也须使行星温暖的环境足以适合人类生存，这种物理、化学条件都是十分苛刻的，只有我们的宇宙才有这么一组恰到好处的基本常数值。

讲通俗一点，根据现代宇宙学的研究，我们观察到的宇宙起始于 137 亿年前发生的一次大爆炸。我们居住的地球形成于 46 亿年前，大约在 45 亿年前后，一颗火星大小的星体撞击到地球上，炸飞了一大批材料形成了地球的伴星——月球。又经过了几亿年的时间，地球周围有了大气层，地球表面有了水，生命开始诞生，最终以碳、氢、氧、氮再加上少量的钙、硫等别的元素就组成了所有生命和人体。我们今天能在地球上夜间踏着月光讲述嫦娥奔月的故事，应是何等幸运，何等巧合，我们在拜谢大自然的恩赐之余，应当悟到宇宙是有"道"的。否则自宇宙大爆炸始，如果宇宙膨胀的速度稍微快一些或慢一些，物质之间的引力稍微强一点或弱一点，宇宙都不会是今天这个样子。如果物质间的引力稍强，就会形成封闭式宇宙，引力最终会阻止宇宙的膨胀，进而又坍缩成一个奇点，出现所谓"大挤压"，整个过程也许重新开始。如果物质间引力稍弱，就会形成开放式宇宙，宇宙永远膨胀下去，一切物质都相互远离乃至失去实质性的相互作用，宇宙也就失去了生命。幸好到目前为止我们的宇宙之引力恰到好处，是一个扁平式宇宙，宇宙的"临界密度"恰如其分，使宇宙中物质间的运动可以持续下去。

　　人类适宜生存的行星必须具备以下条件：（1）至少在几十亿年内，它的恒星必须大得足以辐射大量热量，又不会大得很快燃尽（恒星质量越大燃烧越快），而且具有稳定的光度和表面温度，行星到恒星的距离也适中，其表面温度也适宜；（2）行星上必须具有能合成有机物的碳、氢、氧、氮诸元素；（3）行星上必须存在液态水，且其平均温度介于水的冰点和沸点之间；（4）行星的内部存在高热岩浆，外部有磁场，还必须有足够的重力维系一定化学成份的大气存在，起初是还原大气，继则演化为氧化大气；（5）轨道半径足够大，并且为一个双子行星，以保持行星自转的稳定，使恒星与行星不因潮汐作用等破坏稳定状态。从大爆炸起到人类出现在宇宙中的时刻不早不晚大致于相当从恒星形成到演化为超新星所需时间。如果在大爆炸后 1 秒钟时其膨胀率只要小十亿亿分之一，那么它到达今天的尺度前早已坍缩。如果宇宙的年龄小于目前值，恒星还没有产生出生命所必需的重元素；如果宇宙年龄远超过目前值，则多数恒星又会变成白矮星、中子星或黑洞，都失去产生生命和人类的可能。在涡状银河系的外缘上，一颗极平凡的恒星——太阳及其周围的行星组成太阳系，恰恰就在太阳系的行星——地球上具备了进化出人的条件。史蒂芬·霍金在《时间简史》中说："至少存在有三个时间箭头将过去和将来区分开来。它们是热力学箭头，这就是无序度增加的时间方向；心理学箭头，即是在这个时间方向上，我们能记住过去而不是将来；还有宇宙学箭头，也即宇宙膨胀而不是收缩的方向。""并且我们看到，热力学箭头和宇宙学箭头的一致，乃是由于智慧生命只能在膨胀相中存在。收缩相是不适合于它存在的，因为那里没有强的热力学时间箭头。"[1] 这是一个很重要的结论，人类要生存下去，就必须消耗能量的有序形式（食物），并将其转化为无序的热量，以保持机体的信息量，这就注定了收缩相的宇宙是不可能存在智慧生命的。宇宙大爆炸的膨胀相创造了智慧生命的存在条件，生命体中有序性的增长（信息量增加）是以整个宇宙大区域中熵的净增长为代价的。世界上有多少创生，也会有多少毁灭；人类越是要创造秩序，遗留下的熵也越大，人参赞天地之化育的规律不过如此。正是因为人的出现，从宏观上注定了宇宙演化成今天的面貌，也从微观上注定了基本粒子的组合方式。由此可知，"我们的宇宙"是一个"人性化"的宇宙，它不是完全脱离人而"孤立存在着"的客体，而是自始至终需要人的生命和心灵的参与，从这个意义上说——人是宇宙的精灵。这就是说，人是宇宙演化的偶然性和必然性的产物，人观测到的宇宙都和作为观测者的人有关。

根据拙作《道学文化的新科学观》[2] 一文所提出的心、物、能一元论的宇宙观，就会使狄拉克的"大数之谜"和卡特的"强人择原理"（SAP）之谜迎刃而解。老子的"三生万物"是宇宙大爆炸的起点，三为组成宇宙万物的信息、能量、物质三要素，所有基本粒子都具有信息（选择性或合目的性）、能量（波动性）、物质（粒子性）三象性。宇宙自创生之时起就具有选择性和合目的性，基本粒子都是有"心灵"的。"我们的宇宙"这一超巨系统具有预决性（Finality），它"依赖于未来的知觉"[3]，系统的发展方向受初始条件和最后状态的双重制约，并同对未来的预测相统一。

第二节 人在宇宙中的位置

下面我们再从时间和空间的不同视角，来判断人在宇宙中的准确

---

① 史蒂芬·霍金：《时间简史：从大爆炸到黑洞》，许明贤、吴忠超译，湖南科学技术出版社，1999，138 页。

② 《哲学研究》，2006 年第 12 期。

③ L. von Bertanlanffy: General System Theory, 1968, P78。

位置。

当中国人终于能乘坐"神舟五号"宇宙飞船遨游太空，从飞船上反观我们这个挤满了人类的地球，发回的地球图片让人们大开眼界。我们这个被大气层包裹着的蔚蓝色星体实在太美了，它在广漠无际的太空中孤独而艰难地运行着，说不定哪一天会脱离轨道而陨落。地球真是一艘"诺亚方舟"或"蓝色救生艇"，然而它超员承载的各种肤色的人类却相互仇恨四分五裂，竞相挤占它的面积、掠夺它的资源甚至疯狂对它斧凿和焚烧并破坏它的臭氧保护层，地球能长期容忍人类的罪恶吗？不管超级大国的高科技和军事力量多么强大，它们也没办法离开地球另谋生路。眼下我们还没有发现地球之外可供我们居住的星体，就不得不承认全人类只能在地球上"同舟共济"。当我们在宇宙飞船上环视我们居住的"家园"，认真思考一下我们在宇宙中的位置才能明白"人是什么"。

现代科学的发展，使我们可以测知 10^{-23} 厘米的微观世界，也可测知 1.5×10^{23} 公里的宇宙。宇宙大爆炸至今已有 137 亿年，它的直径至少有几十亿光年，如果将暗物质和暗能量等看不见的宇宙边缘计入，甚至可达几百万亿光年那么大。在如此茫茫的宇宙中，银河系仅是大约 1400 亿个星系之一，每个星系都包含几千亿颗恒星。在银河系里，大约有 2000 多亿颗像太阳那样的恒星。银河系的形状像一个涡状旋转的盘子，这种涡旋状星系或称碟状星云，宽度约 10 万光年，2000 多亿颗恒星聚集在它的几条旋臂上，还有一些气体或尘埃，其螺旋臂上的恒星环绕着它的中心转一圈约花几亿年。我们生活的太阳系仅是其中一个普通的星系，它靠近银河系一个螺旋臂内边缘的小分叉上，距银河系中心约 3 万光年。这就是说，我们的太阳系包括地球在宇宙中并不占有某种特殊位置，宇宙中大约有 10^{10} 个类似地球的行星。在宇宙中，恒星之间的平均距离超过 30 万亿公里。银河系中可能有 1000 万个存在生命的行星，但绝少发展出文明社会。据测算，宇宙中任何两个文明社会之间的平均距离至少为 200 光年，这说明人类在宇宙中不可能是孤独的，但实际上我们仍然是极为孤单和珍稀的。

地球形成的年龄有 46 亿年，大约 39 亿年前地球表面才变成固体，然而生命出现却有 38.5 亿年了。在最初的 20 亿年时间里，细菌是唯一的生命形式。藻青菌（或称蓝绿藻）不断繁殖，出现光合作用，使海水从一个厌氧的环境变为含氧的大气层，出现了具有原核细胞、真核细胞的微生物和线粒体。直到 24 亿年前开始的元古代，才在近 2 亿年的时间里出现了一批海生植物、水母及无脊椎软体动物。生命的发展开始于 5.7 亿年至 5 亿年前的"寒武纪生命大爆发"，藻类、三叶虫、无脊椎软体动物、低等腕足类动物等复杂生命突发性繁盛起来，地球才显得生气勃勃。后经奥陶纪、志留纪、泥盆纪到 3.5 亿年前的石炭纪，地球才被森林覆盖，鱼类繁盛，两栖类和爬行类动物出现。泥盆纪和石炭纪空气中的氧含量比现在高，植物和动物长得十分高大，蜻蜓大得像乌鸦，石松高达 40 米。这些植物被挤压成大片的煤层，故谓之石炭纪。再从古生代的二迭纪到中生代的三迭纪，裸子植物繁盛，哺乳类动物开始出现。自具有强壮鳍的鱼类为争夺氧气从海洋爬上陆地进化为爬行动物，中生代大陆上各类爬行动物占据了统治地位，特别是 1.95 亿年前开始的侏罗纪是恐龙的时代，直到白垩纪霸王龙还横行无阻。侏罗纪真蕨、苏铁、银杏、松柏类十分繁荣，鸟类开始出现，至白垩纪被子植物大量发展。地球生命在奥陶纪、泥盆纪、二迭纪、三迭纪、白垩纪都发生了重大的灭绝事件，地球由于自然灾变损失了许多物种，也为新物种的繁荣扫清了道路，就像恐龙的灭绝最终有利于人类的进化一样。进入新生代的第三纪，哺乳动物日趋繁荣，2500万年前进入第四纪，人类的祖先开始出现。大约 700 万年前，两足直立行走的类人猿才开始过群居生活，至 300 万年前他们开始制造工具。直立人大约是在 150 万年前才开始脱离猿的属性，大脑发达到可以用语言交流，学会狩猎和使用火，制造复杂的工具，进入旧石器时代。大约 12000 年前，地球结束了最近一次大冰川期，随着地球变暖又突然插入一个千年酷寒期再重新升温趋于稳定，人类才逐步进入新石器时代。因此我曾断言，至少对现有的人类文明而言（且不说地球可能存在过数次文明），地球上东西方各民族是在一万年前从同一个起始点上突然起跑的。我们不难发现，地球实际上是一个球状生命体，外层被大气保护着，使每天上百万陨星冲击地球时被烧化，还有一层薄薄的臭氧层保护地球上的生命不被紫外线杀灭。包括人类在内的所有生命和地球是一个共生的生命联合体，人类的兴起依靠地球的生态，地球的生态变化和人类的兴亡息息相关。

美国学者比尔·布莱森著的《万物简史》①中有一个生动的譬喻：如果我们将地球的年龄压缩为一天（24小时），从零点开始，大约早上四、五点钟开始出现最简单的单细胞微生物，以后16个小时没有多大变化。一直到21点，才有水母及海藻类植物。又过了15分钟，三叶虫等寒武纪生物才出现在大地上。到了22点半，地球上覆盖了石炭纪的大森林，有翼的昆虫开始飞翔。到23点多，恐龙开始登场，再到23点45分，随着恐龙的灭绝开始了哺乳动物的时代。人类在午夜前1分钟多点才出现，新石器时代以来近万年的人类历史不过数秒钟长。人生百岁，也不过三万六千五百天，87.6万个小时，刹那一瞬连眨眼的时间都不到。

我们说过，地球上的任何生命形式，在化学上其实只需四种元素：碳、氢、氧、氮，再加上少量的硫、铁、磷、钙等微量元素，总数不过30余种，就可形成任何微生物、植物、动物乃至人类。人们知道，宇宙间物质存在的常态乃是其随机性，30多种化学元素各自组成的原子、分子只应是乱纷纷地混合在一起，形成某种大致可预测的平衡态。据估算，每个细胞大约含一亿个蛋白质之类的分子，而人体却可拥有上百万亿个细胞。仅人脑神经元的数目就有2000多亿，恰好和银河系里星星的数目相当。如此形状不同、数量巨大的溶酶体、内吞体、核糖体、配位体、过氧化物酶体、蛋白质和数以百万计的其他物质，组成细胞的生命运动，每一条化学结构的共价键都有信息的传递和交换，并将这些数量巨大的细胞组合为人体，而不是处于随机状态，这无论如何也是一个数学上的奇迹。从物质分子随机运动的角度看，人的出现在统计学上的几率小得惊人，然而人的生命终于存在于地球之上。几千年来，人类先是斑斑点点地散落于地球各处，近百年来人类终于融汇成一个整体，从而加速了人类的进化和地球生态的巨变。究竟是

---

① ［美］H尔·布莱森：《万物简史》，严维明、陈邕译，接力出版社，2005年。

什么原因和动力使这些简单的化学元素组合成复杂的有机物，进而演变为生命，进化为人呢？此无他，"道"而已矣。我们的宇宙是有道的，只有道才能使宇宙创造奇迹。

老子《道德经》云："天地不仁，以万物为刍狗；圣人不仁，以百姓为刍狗。"（5章）其实宇宙间一切物质都来自于虚空的随机破缺（或曰宇宙大爆炸），天地间一切生命都可视为"大道之流行"或"佛性之示现"。人类在世界上，本来也如古代祭祀用的草狗一样，用后即可弃去，人的行为对于自然界来说本来也无所谓"善与恶""美与丑""对与错""罪与非罪"的，决定地球上一切生命的命运的仅有道的定律。天地并不偏爱某种生物，地球上所有生物存在和进化的目的，仅是为了更好地生存下去。由于地球上发生的自然灾变，许多物种灭绝了，在近300万年之间至少有六个人科动物曾经生存过，但到100万年前它们大多突然神秘地消失了，只有人类没有被中断。如果有一天人类从根本上背离了老子的"道"，遭到灭绝的命运就毫不奇怪。人类要想生存下去，就一天也不能离开道，《黄帝阴符经》云："观天之道，执天之行，尽矣！"

第三节　人是自然选择的结果

我们必须清楚，人的生命、人的大脑和心灵，都是生物进化和自然选择的结果。下面我们将从新道学的进化论和还原论的视角来剖析人类生命和心灵的奥秘。

在一个有水、空气、阳光存在的行星上，如果有了甲烷、甲醛、氨和某些矿物质，在适宜的温度下受到雷电轰击和紫外线照射，都有产生生命的可能。有关地球上最初的生命来源有多种假说，或是从宇宙空间进入的或是地球上的"原初汤"自生的，然而宇宙中任何行星上的"原初汤"中分子随机组合成DNA的几率都甚微。只有在远离热力学平衡的状态下，物质才能发生越来越复杂的自组织反应，形成所谓"耗散结构"。地球上生命形成的根本原因是太阳的辐射流。正是由于太阳的辐射流打破了地球上的热力学平衡，使自组织的"耗散结构"

得以产生，这种远离热力学平衡的负熵自发地制造出 DNA，驱动了地球上的生物圈。只有当有机分子变得高度复杂，复杂到超过某一个临界值，才能产生"生命"。这种高度复杂的有机分子将大量生命信息编为密码（DNA），能储存自己分子结构的程序，并能按此程序复制自己，生命便产生了。显然，阳光是地球上最重要的负熵来源，地球上的一切复杂组织（包括生态系统和气候模式）都赖太阳以生。生命的基本单位是细胞，细胞以一层膜将自己与外界隔开，内部以生命基因密码指挥着一系列相互协调的生化反应。细胞活动所需要的能量由太阳源源不断地供给，在某种意义上说地球本身也似一个大细胞，因之太阳和地球、月球运动的频率就决定着地球上生命的频率。现代的有核细胞生物是由原核细胞生物相互结合一步一步进化而来的。许多独立的细胞相互结合，构成原生生物，再进化出植物、动物，直到形成今天的生物圈。原生动物的每个细胞都可以自由繁殖，每个细胞的生命也融汇进后代无休止的繁殖之中。人体的细胞则不能自由繁殖（癌细胞例外），而是分别组成器官，人体各器官又受整体的约束，从而形成高度组织化的机制。我在《道学文化的新科学观》中指出："在有机大分子中，当'灵子场'和物质、能量耦合达到某一'阀阈'，便会演化为'生命场'，生命就进化出来。信息（灵子）组合达到某一阈值就会'突现'（Emergent）为'生命'，生命信息进化达到某一阈值就会'突现'为意识。在生命现象由植物、微生物、水生动物、陆生动物到猿逐步进化的过程中，灵子自旋的涡旋波相互组合与结构化的程度不断升高，即'灵子场'的'灵性'不断提升，直到某一阀阈进化成人，心灵就产生了。信息演化为心灵的'阀阈'是'象'，当信息的'灵子场'在生命进化中组织化、结构化为'象'时，信息就演化为'心灵'。意识的形成源于视觉的进化，最初的'象'是由视觉开始感知的，并泛化到其他感官。眼睛本来是脑的一部分，是心灵的窗户，因之道学以二目神光内视修炼，称之为'机在目'。心灵产生后，随着灵性阈值的不断提升，则会开出感性思维、理性思维和灵性思维的花朵。"我又进一步说明："其实生命和心灵的初始形态是'反映'，即对外部信息输入、存储、输出的功能，每个神经元、每个细胞、乃至某些复杂有机大分子皆可作为反映的单元。由于不同构的信息无法传递，信息在传递到'反映'单元时相互比较发生异构重新整合，从而产生出某种新东西。亿万个反映单元重新组合为一个新的整体结构时，这个整体结构的功能远不是组成它的那些部分之功能简单相加的代数和，而是大于各孤立部分的总和。不同'信源'和'信宿'通过信息交换必然导致信息的创生和变异，使信息在量上增加或在质上提升出新形态，这就是道学的信息增殖律。生命和心灵的进化是以宇宙间信息的自由交换为动力而完成的，信息交换同时也是人类社会进化的动力。当亿万个蚂蚁或蜜蜂集合在一起造筑蚁丘或搭建蜂巢时，它们有计划、有创意地完成了其个体的功能无可比拟的工程，你不得不承认蚁群或蜂群是有意识的。同理可证，某些复杂有机大分子整合为一体达到某一阀阈就产生细胞或神经元，细胞或神经元整合为一体达到某一阀阈就突现前所未有的生命和意识，就像蚁群中的蚂蚁通过化学递质交换信息整合为一个有意识的群体一样，亿万个神经元也通过触突之间的化学递质交换信息形成脑的自主意识。""现代科学在小面积上集中亿万个逻辑单元制造出高性能的电脑，就是对生命和心灵发生原理的模拟。然而'人工智能'有一个不可逾越的局限，即是它仅能模拟后天的器世界，不能模拟先天的道世界。人的生命和心灵是由道化生的兼具先天和后天要素的产物，现代还原论的科学最大可能仅可达到后天的界限，而道学的新科学观才是人类智慧的最高成就。"以上是我提出"灵子场"的理论后对生命和心灵起源的最新解释。信息的基本单位是"灵子"，能量的基本单位是"量子"，灵子论是比相对论和量子力学更深一层次的基本理论，它把人的生命和心灵纳入了物理学。

千万只蚂蚁建筑的蚁丘无疑是一项规模庞大且极为复杂的工程，几乎可以和人类的建筑工程相比拟。然而每一只蚂蚁仅是一架自动机，仅会按程序完成某些简单动作。单个蚂蚁无有心灵，也不可能在脑子里装有整个蚁丘的设计图。如果将这千万只蚂蚁的蚁群看作是一个整体，则可将蚁群视为是有心灵的。人脑中的神经元之间的联系要比蚂蚁之间的联系紧密得多，就其具体分工和集体负责而言，其基本原理是相通的，神经元呈现的智慧是一种集合行为。经典物理学的还原论否定心灵的客观性，把人仅看作是一堆原子的化学运动和物理运动，这是站不住脚的。新道学的还原论是要将事物还原到其发生学的本初状态，找出事物运动开端的模本，发现宇宙及万事万物内在的质朴性。宇宙间事物的运动是划分为层次的，不同层次的物质运动用不同的物理量来描述。在宇宙创生之初，"道生一"，"一"是宇宙蛋，是混沌，是"基因"，是"模本"，是信息源，信息的基本场是"灵子场"。"一生二"，"二"是信息和能量，其基本场是"量子场"。"二生三"，有了信息、能量、物质三大要素，其基本场是"电磁场"。能量、质量、力的概念可以适用于单个的物质粒子层次。压强、温度的概念却仅能适用于大量物质粒子的集合。善、恶等道德概念对物理世界毫无意义，而对人类社会的层次却有用。心灵或者精神是一种"虚无世界"的整体性的组织模式，是信息的最高形态，它甚至可以离体存在。因此，心灵或精神的客观存在性是毋庸置疑的！

老子《道德经》云："人法地，地法天，天法道，道法自然。"（25章）老子这段话，阐明了道家物种创生和进化学说的关键内容。"人法地"，意思是说包括人类在内的一切生命本质上都是地球进化的结果，地球是人类及所有生物的母亲。"地法天"，意思是说地球上的一切生命都受太阳、月球的节律制约，都受太阳系乃至整个宇宙的内在规律制约，都要和天体的频率同步。地球上进化出生命和心灵的根本原因来自宇宙演化的不可逆性，人类的出现源自单向的不可逆的时间之箭。生命和心灵的进化是一种非线性的不可逆的过程，是混沌动力学和热力学第二定律的必然结果。如果地球返回到亿万年前重新演化，生物进化重演一遍的结局肯定和现在不一样，自然选择不仅将无人类出现，甚至可能没有哺乳动物。人的生命是一个在时间、空间上自组织的超巨系统，在呼吸链、光合作用、酵解的能量循环中发生着不可逆的生物化学反应，宇宙演化的时间箭头和地球上生命进化的时间箭头是一致的。"天法道，道法自然"，意思是说生命的演化都要遵守道的"生化原理"和德的"中和原理"，只有道是自本自根、自然而然的。道首先是其时间的特征，生命和心灵的本质是信息，而信息的特征在其不可逆的时间之中。宇宙间万事万物的运动都有接近于中和态的趋势，道学的进化论是以德的"中和原理"为依据的。

自然界的各种物种的进化历史是一个在最初形态上依靠自然选择修修补补的过程，最终生存下来的物种形态往往是精巧适应环境的"折衷方案"，这就是自然选择的奥秘。地球上所有物种都是由原生生物进化而来，它们的区别是为适应不同自然环境求得生存而被自然选择的结果。自然选择的过程是，在任何物种生存和繁殖的群体中，存在着不同个体在遗传基因上的变异。某些个体相对其他个体发育良好并更能适应环境，特别是这些个体的遗传基因更能增加其后裔的生存率，便可受到自然的选择被保留下来。反之，某些基因编码产生的特征尽管可以使该个体具备长寿、少病、美貌、聪明等诸多优势，但却降低了其生命期中的繁殖率，则肯定会被自然选择淘汰！自然选择不是为了助长个体的优势和利益，而是为了物种群体的繁衍，自然选择的目标仅是为了把自己的基因遗传下去。基因的突变纯粹是由物种在苛刻的自然环境中偶然性的随机变化造成的，大自然对生物特性的选择保证了物种繁殖的最大成功率，从而给生物进化带来秩序。这样，大量的基因突变积累起来，使生物的组织结构变得越来越复杂，旧物种不断淘汰，新物种不断创生，直到出现人类和人的大脑。从进化论的角度讲，人类的某些疾病如痛风、焦虑、心力衰竭、近视乃至癌症，尽管这类疾病会给人带来痛苦或缩短寿命，只要其基因编码利于增加繁殖，这些基因仍会被保留下来并遗传给后代。自然选择是一个长期的历史过程，石器时代的人类平均寿命短，那些在生育年龄（约 40 岁以前）不发病的基因编码一般不会被自然选择删除。癌症、心脏病等实际上是些老年性疾病，老年痴呆症患者往往青年时期智商较高，这些疾病的基因编码自然会被保存下来。风湿热、关节炎、甲状腺功能亢进症、糖尿病、红斑狼疮、多发性硬化等实际上是自身免疫病，即白血球、巨噬细胞等专门维护人体安全的免疫系统出轨违法攻击自身健康组织造成的疾病。免疫病威胁老年人的生命，然而免疫系统却是青年人生存必不可少的。自然选择偏爱有生育能力的年轻人，而把许多遗传性疾病留给老年人。

当男女性交时母亲的卵子和父亲的精子结合在一起成为"合子"，

其子女的每一条染色体上每个位点上的基因都分别从父母双方那里各取得一份拷贝，这两份拷贝随机结合成子女的基因组。每个子女的基因组都有 23 对、即 46 条染色体，双螺旋结构的基因编码就存在于这些染色体中。有性繁殖使子女的基因拷贝分别来自父母双方，这无疑会使子代的基因型发生或大或小的变异，这就是人类遗传的"损益原理"。例如人的气管和食管两个通道在咽喉交叉，如果人在吃饭时吞咽太急或气管口反射机关失灵，就会使食物误入气管造成吸入性肺炎。显然，人体的这种设计是有缺陷的，但这是哺乳动物和两栖动物共同的缺陷，乃是其祖先先有食道，再进化出呼吸道的结果，就像鱼类无肺逐次进化出肺鱼一样。其他如人类的视网膜倒置易出现视网膜脱落之疾，盲肠存在易患盲肠炎，女性阴道骨盆狭窄限制婴儿的头颅大小且使分娩困难，都是设计的缺陷，但这是进化史上自然选择的结果。自然选择只能根据损益原理修修补补，而不能将基因编码推翻重新设计，当自然选择无法在各方面都达到尽善尽美的时候，人体往往接受一种精心安排的"折衷方案"，而这种"折衷方案"实际上使人体自身损失最少而获益最大。这种"折衷方案"实际上就是道学的"中和态"，中和态的基因最有利生存，因之会在自然选择中保留下来。例如鸟的翅膀长长些可增加提升力，但大风暴中却易受伤害致死，因之其翅膀的长度和体重相比以某个中值为优。胎儿的头大易受伤且分娩困难，但头大智力高，故胎儿的体重、大小，亦以中值最佳。黑皮肤人种有防御太阳辐射的功能，白种人宜在室内不防御太阳辐射，黄皮肤则是其中和色。其他如人体的骨骼大小和形状、血压高低、血糖水平、体液酸碱度、心跳次数、青春期发育年龄，皆是趋于中和值。物种在进化中的自然选择是大自然不断优化着的设计，这种设计方案之高明是人类文明望尘莫及的！人类的大脑是生物长期进化过程中自然选择的最终产物。大脑新皮层中约有几百亿个神经元，这可和银河系里星星的数目相比拟。一般说来，遗传基因似乎规定了神经系统和人体的先天结构。然而特别要指出的是，人的智力、体能等一系列生命特征决非是遗传基因完全决定的，后天对这些遗传部件的调整和训练也起着关键作用。何况不但人的生理在进化，而且人的心理也在进化，同時自然環境、人類社會、民族文化都在進化。因之，只有站在新道學的高度才能理解人類進化的本質。

第四節　人是多種生命的共生體

我們往往認為每個人都是獨立的個體，其他生物在人的個體之外，至少不屬於"人本身"。實際上，"人本身"就是一個多種生物的集合，是人的機體和微生物、細菌乃至病毒的共生體。

在地球上，不同物種之間相互依存的共生關係是普遍存在的。不僅植物和植物之間、動物和動物之間、微生物之間可以共生，而且細菌和植物之間、植物和動物之間、微生物和動物之間也可以共生。中藥裏的冬蟲夏草是昆蟲和草的共生物，豆科植物的根瘤菌是細菌和植物的共生物。最初發生光合作用的藍綠藻，和原始細菌細胞結為伙伴，構成植物的葉綠體。葉綠體實際上是有自己特定遺傳基因的獨立生命，億萬年來它們和綠色植物形成穩定的共生關係，甚至還和巨蛤及低等海洋生物共生在一起。如果將在遺傳上毫無聯繫的細胞聚合在一起進行組織培養，它們會無視種的不同融合成一些雜種細胞，這說明共生生物的形成是一種自然趨勢。

在人體的細胞內部，能通過氧化方式為細胞的活動提供能量（ATP）的線粒體，實際上也是共生在人體細胞中獨立的小生命。線粒體是原始的細菌寓居在人的細胞內，它們刪除了部分基因後和細胞共生，但仍保留下個體基因可以自行復制繁衍。在人體內，且不說線粒體數目巨大，其他和人體共生的細菌、病毒如酵母菌、大腸桿菌等都遠遠超過人體細胞的數目。寄居在人體中的細菌一般說來並不危害人體，其中一大批細菌還直接參與人體的生化反應，幫助人體的消化和排泄，是人類生命必不可缺的共生伙伴。有些細菌是在受到人體免疫系統巨噬細胞的攻擊後才產生出毒素而危害人體，還有些細菌在人體抵抗力降低不能抑制它們的繁殖時突然增量威脅人的生命。細菌和人體細胞共生必須保持一個平衡的界線，超越了界線就造成危害。然而人要徹底擺脫這些共生的細菌是不可能的，因之人只能是一個多種生物的共生体。

幼儿在初生时肠道是空的，但出生后不到三个小时肠道就被共栖细菌占领。人类参与消化的细菌不仅远远高于人体细胞的总量，甚至大肠杆菌竟占我们排出粪便的一半以上。这些细菌不仅参与消化，还是合成维生素等必不可少的助手。人的尿道、鼻腔、咽道、皮肤等都有数目惊人的寄生菌，它们一刻不停地吸吮人的体液并排出分泌物，以致每个人都有自己特定的气味。实际上，每个人的身体都是一个生活着多种寄生生物的王国，人靠空气和食物活着，许多细菌、微生物乃至寄生虫却靠人体活着。懂得了这一点，我们才会重新认识"人是什么"？

人和人的大脑无疑是生物长期进化过程的最高产物，因之现代科学、哲学和宗教对人的生命和大脑的精神怀着敬畏之情，生命和心灵被世人认为是神圣的。从道学心物能一元论的宇宙观来看，人和矿物、微生物、树木、鱼类、兽类，不仅有物质上的同一性，也有能量、信息上的同一性，甚至还有生命、心灵上的同一性。在物种的最终形态上，它们相差甚远，但越往发生学的最初端点追溯，质朴性越强，共性越大，特别是在细胞和分子的层次上，具有相互间移植的可操作性。这就是说，道学允许以分子生物学、分子医学等遗传工程改换染色体和遗传密码的技术使不同物种嫁接或共生，也允许置换肢体、器官的外科手术。眼下医学对人体心脏、肝脏、肾脏等置换只不过稍为延长人体的生命，但今后诸如"排异性"等技术难关将被突破，因为道学的定律对不同物种是普遍适用的。人既然有两个肾脏，那么也可以有两个心脏，在其中一个受损伤后仍能存活。道书《山海经》中描述的那种"人首兽身""人身兽首""多头"或"无头"的鸟兽，"多肢"、或"单肢"的人或兽，不应皆视为神话，亦不必认其为远古时代，而是未来皆有可能出现的事！道学高举"我命在我不在天"的旗帜以人工巧夺天工，发明了外丹术和内丹术，敢于同造化小儿争权。道学只关心世间的生命乃至人的机体和心灵是否遵守道的原理，而不在乎它们是由自然途径生长的或是人工合成的。人工可以合成或改变DNA等遗传基因，可以用细胞移植与"嵌合术"改变染色体制造新的物种，可以用体细胞无性繁殖"克隆"（Clone）生命，可以研制某些人工液体取代血液，这都会使人类根深蒂固的宗教观念受到颠覆。修炼有成进入天界的仙人，不再由授精生子，相视一笑即可成孕，神交亦可生子，这比无性繁殖更加理想化。当你在医院的手术室亲眼观察到外科医生切换人体内脏甚至打开头颅取出部分脑浆和摘除前额叶的一些脑组织而人却照样存活着，你一定会得到一种深切的感受，从此不会对生命感到过分神秘了。如果有一天人的大脑移植成功，人的大脑移植到异性头上，甚至和动物互换大脑，那时候人们不仅又要质疑"人是什么"？还有可能使电脑采用生物硬件，或者发明出人脑和电脑的共生模式，甚至用电脑复制出大脑的信息乃至发明人造心灵，原则上这都是可能的。如此说来，宇宙中只有道是永恒的，只有信息及"灵子场"是可以遗传的，人不过是信息和灵子的载体而已。

第五节　人和自然环境共存

人是和自然环境共存的物种，人体是自然环境相互交通、相互依存、相互融会的开放系统，在人成长和生活中被包容进去的自然环境是每个人不可或缺的要素和标记。

所谓"自然环境"，乃是包括当地的土壤、水质、空气、饮食习惯、地理风貌及气候等综合因素。中华民族的道学文化是全世界唯一保存下来的原生态文化，中华民族的传统医学是全世界唯一保存下来的原生态医学，其中蕴藏着古代先民同疾病作斗争的智慧。中国先民认为人的体质和自然环境密不可分，其健康状况和治病的方法也因自然环境而异。只有依据人的体质杂取各种防病治病的方法各得其宜，才能维持人体健康。人们说"一方水土养一方人"，现代社会虽然因城市化的浪潮使人的生活日趋单一化，但仍可从全球不同地域看出人种及其体质的差异。仅就中国而论，生活在冰天雪地的东北人、满脸黝黑强壮的西藏人、地处湿热南方的广东人、长年身居孤岛的台湾人之间的差别是一望可知的。陕西人高亢豪迈的秦腔和江浙人越剧的吴侬软语更是形成巨大反差。现代人常年在办公室日与心斗，其病亦多痿厥寒热，故各种按摩服务机构亦遍及大中城市。

一般人认为，我们每一个人都有一只嘴巴吃饭，两只鼻孔呼吸，还有肛门和尿道排出大小便，这就是人体同自然环境的交流，实际上是很片面的认识。人体除了以眼、耳、鼻、舌、身这五根从外界获取信息外，还可通过意识直接获取信息，因为意识就是在信息交换中形成的。人的肺可同外界直接接触，它约有 5 亿个肺泡，平铺开来可达 200 平方米。其他如由嘴到口腔、咽喉、食道、胃、十二指肠、小肠、大肠、直肠到肛门，都和外部的环境相连通，使自然环境直接通入人体。人体直接敞开的孔窍还有尿道、输尿管和两肾，男性的生殖器、输精管和睾丸等，女性的阴道、子宫、输卵管和卵巢，人的外耳、鼓膜、中耳、内耳及鼻咽部，都和自然环境相互交通。人体和自然环境相互融会最重要的通道是皮肤，每个人表面看来仅有两平方米的皮肤，但在显微镜下看却是一个极为复杂的生理组织。它分为表皮、真皮、皮下组织三层，是一个排列着大量汗毛和孔隙的网络。人体的毛孔每天可排泄 5~15 升液体，相当于两肾的排泄量，而交换气体的量却是肺的两倍。如果用胶漆将皮肤的毛孔堵塞，虽留有口鼻呼吸仍会憋死，这大概是硬皮病致死的原因。人的皮肤有保护内脏、调节体温、吸收、分泌、免疫、感觉、记忆等多种重要功能，由皮肤可以直接测量人的生理和心理变化。由此可知，人体实际上像一张解剖图纸那样对自然环境完全敞开着，它是一个名符其实的开放系统。更进一步说，人体的每一个细胞都在和自然环境进行交通，都是地球生态系统的组成部分，都在同外界进行着物质、能量、信息的交流。人体的每一个细胞都有自己的生命，都在生长着、活动着、思维着、尝试着、衰老着、死亡着。除心脏、脑、牙齿的细胞一般不能再生外，其他脏器的细胞皆有一种自修复的再生能力，肝脏再生能力较好，但随着人体的老化再生力也会衰退。整个人体本质上是和自然环境融为一体的，是自然环境造就了人，每个人也是自己所处的自然环境的标志。

第六节　人与社会历史同步

人是社会化的动物，人的特质是与人类社会的历史发展同步的，社会性是人的根本特征。人的行为方式和思维方式，都是在群体中形成的，都是人类社会历史的产物，是人和人之间的信息交换才产生了语言，才产生了文化，才形成了社会，才创造了历史，才塑造了人。人离开社会，行为方式和思维方式都会发生变异，甚至向野兽退化，出现"老妪化虎"那样的现象。《鲁滨逊飘流记》是靠人类的"社会性"信念才能回归社会；高道和高僧的闭关修炼是靠心灵向内的深层次提升和元意识同人类社会历史的联接，这都不能使人类脱离开社会属性。

　　在地球上，社会化的动物不仅人类一种。蜜蜂和蚂蚁也是社会化动物，它们的每个群体都可大致看作一个统一的生命体。最接近人的大概是灵长类的猴群和黑猩猩的群体，人们从中可以看到有如人类社会的某些特征。过去生物学家往往把动物乃至人的某些特性归之于生物学的本能和遗传基因密码的先天预定，例如猫有捕鼠的本能，妇女哺养幼儿是由于遗传的母性等。然而人类学的研究证明，猫捕鼠和妇女哺养幼儿都是后天学习的行为。人类学家不仅发现了一些由男性哺育幼儿的部族，现在的宠物猫不会捕鼠亦是人所共知的。猴群不仅具有初步的学习本领，而且有以发声传递情绪进行简单信息联络的方式。社会性动物的生存优势是，某些复杂的生活技巧虽然无法靠遗传基因的编码留传下来，却可以靠社会历史一代接一代的学习过程保存和发展开来。我推导出人类社会是由体力社会到神力社会，再到德力社会，依次经权力社会、财力社会、智力社会，最后仍回归德力社会的社会动力学理论。最初的德力社会是母系氏族公社时期无阶级、无压迫、无特权的社会，也是道学文化发轫奠基的原始社会。最终的道德社会则是无军队、无国界、天下大同的社会，是道学文化普及世界的理想社会。我们知道，每个人一出生，就落在某一个民族的家庭中，就被编织在整个社会历史的网络中。这就决定了人的社会性，而社会又是在历史进程中不断进化的，因之每个人都是一种社会历史的存在。这正如19世纪末德国生命哲学家狄尔泰（Wilheim Dilthey）所发现的，每个人仅是社会历史纵横交叉相互关联之网的结点，无数个人聚成生命之网络，汇成生命历史的巨流，人的生命真谛只能到人类社会的历史进程中去寻找，历史的意义就在生命的创造活动之中。由此可知，社会环境是与自然环境同等重要的因素，社会环境同样塑造了人，决定了人的行为方式和思维方式，并成为人的重要组成部分。

在西方的文化观念看来，每个人都是独立的个体，理所当然地和别人有分别的界限。然而我们却很难把一个人的属性和他的前辈人、同辈人严格区分，也难以将一个人的思想、行为甚至生理属性和其历史、社会环境、文化环境划出界限。我们只能发现，每个人无论在生理上还是心理上，都和他的前辈、后辈、同辈相互渗透，都和社会的自然生态、人文生态相互渗透。道学"天地与我并生，万物与我为一"的观点，就是对人类本性最准确的描述。那些煽动"人种歧视""族群分裂""国家争霸""种族战争"的政客是逆历史潮流而动的，也是野蛮和愚昧的。因之我们创立新道学文化，就是否定自我中心论和人类中心论的英雄史观，从而倡导中华一家，人类一家，并以宇宙为家，救苍生于水火，挽世界于末劫，消弭人类自我毁灭的命运，这才是道学的精神。

人和社会、自然、文化是一个多元互动的系统，社会和文化相互包容，人本来就是由它们组成的社会之网的网结。为了研究方便，我们不妨把每个国家的社会结构譬作分内外三层的球体，处在球体核心部分的蛋黄是其文化结构；中间层次的蛋白是其经济结构；外层的蛋壳是其政治结构。社会结构中文化、经济、政治三个层次组成一个互动的系统，它们之间必须具备足够的动力且相互适应人类社会才能和谐发展。社会结构是一种强制性的力量，它将某种既定的社会规则强加于每个人，它迫使每个人在这个社会中都充当一个角色。人的角色结构也可分三个层次，处在核心层次的是人的本能角色，这种核心的本能角色是由每个人的天赋、性格及文化教育决定的；处在中间层次的是人的习惯角色，是由人谋生的经济地位及从事的职业训练决定的；外层是人的社会角色，取决于人的社会身份、个人思想和政治态度。显然，人既是社会文化的载体，又是社会经济的动力，还是社会政治的参与者，同时也是社会历史的创造者。社会的决定要素是其经济制度和政治制度，人的角色和社会制度不适应就会发生冲突，好的社会制度可以把坏人变成好人，坏的社会制度则将好人逼成坏人。在一个国家中，青少年的道德水准、家庭的稳定程度、社会人才的文化水准及其使用率、中产阶级家庭的比率、农民的生活水准、社会犯罪率、政府官员的清廉程度、政府对国民意愿的表达程度、知识分子的思想自由程度等，都是鉴别和测量社会制度的基本指标。

爱因斯坦说："我所理解的学术自由，一个人有探求真理以及发表和讲授他认为正确的东西的权利。这种权利也包含着一种义务，一个人不应当隐瞒他已认识到是正确的东西的任何部分。显然，对学术自由的任何限制都会抑制知识的传播，从而也会妨碍合理的判断和合理的行动。"[1]爱因斯坦的观点也就是陈寅恪先生终生倡导的"独立之精神，自由之思想"，这恰是中国的知识分子最欠缺的。在学术研究中，知识分子不违心地隐瞒真理也是判定社会制度合法性的指标，能独立思考和敢讲真话是每个知识分子的本分。我对人类最初的原始社会是母系氏族公社的判断是完全由自己独立思考的结果。首先，母系氏族公社不等于母权社会，其特征是每个氏族成员（毋论男性或女性）皆以母子的血缘联系在一起的。《列子·汤问》描述我国氏族公社时期的先民"长幼侪居，不君不臣，男女杂游，不媒不娉"。人类的婚姻无疑最初是群婚制，而群婚制必然造成"只知其母，不知其父"的后果，那么母系氏族公社在人类历史上出现就是不可避免的。中国的村落（包括少数民族的"寨"或"洞"）多冠以父系的姓氏，但究其初始形态应是氏族血亲的定居点。《春秋·公羊传》云："圣人皆无父，感天而生"。伏羲之母覆巨人迹而生伏羲，神农之母感神龙首而生神农，黄帝母附宝感电光而有孕等皆是有其母无其父的。《说文·女部》云："姓，人所生也，古之神圣母感天而生子，故称天子。从女，从生，生亦声。《春秋传》曰，天子因生以赐姓"。古代的大姓如姜、姬、嬴、妫、嫪、娥、姒、姚、妘、媸等皆从女，可知皆为母系氏族的姓，"姓"字本身也是母氏族制的遗存。在母系氏族公社里，男子少时从母性，长大后到别的氏族结婚，又分别从妻的姓。黄帝氏族为姬姓，神农氏族为姜

---

[1] 《爱因斯坦文集》第三卷，许良英、越中立、张宣之编译，商务印书馆，1979年。

姓，黄帝之子二十五人，同姓者二人，即有二人至同一氏族结婚。母系氏族公社实行氏族外婚制，"娶妻避其同姓"，仅在不同氏族之间发生婚姻。由人类学的调查资料可知，母系氏族原始公社的制度，在全世界都是普遍的，印第安人中的易洛魁族、安大略的休伦人、亚马逊地区的蒙德鲁库人、姜普利人、阿尔贝加人等都存在母系氏族的特征。至于母权社会，也非绝对没有。《后汉书·乌桓传》记载的乌桓，"计谋从用妇人"；《后汉书·西南夷传》记载冉駹夷，"贵妇人，党母族"。《北史》记载的女国，"其国世以女为王，姓苏毗字末羯，在位二十年。女王夫号曰金聚，不知政事。国内丈夫唯以征伐为务，""其俗妇女轻丈夫，而性不妒忌"。《新唐书·西域传》载东女国，"以女为君，居康延川，""王号宾就，官曰高霸离，犹言宰相也。官在外者，率男子为之。凡号令，女官自内传，男官受而行。""俗轻男子，女贵者咸有侍男，被发，以青涂面，惟务战与耕而已。子从母姓"。足见母系氏族社会乃至母权社会在历史上和现实中都是存在过的。20世纪50年代我国的民俗调查资料，发现广西瑶族的"坐妹"、海南岛黎族"合亩制"地区的"放寮"、苗族男女的"跳花"和"跳月"等，皆带有母系氏族群婚的遗俗。特别是云南永宁纳西族的"走婚制"，是至今遗存的母系氏族公社时期婚姻和家庭的活标本。纳西族的母系家庭以老祖母为长辈，所生子女皆是和她有血缘关系的家庭成员，相互之间不得通婚。家庭中的男女皆可到别的家庭寻找自己的"阿注"（异性朋友）过偶居生活，但因"阿注"关系可随意断绝，所生子女实际上"只知其母，不知其父"，其子女由母系家庭的母亲和舅舅抚养。家庭是社会组织的细胞，它既是社会上最基本的经济单位，又是支撑社会伦理道德的基础，还是教育后代子女的保障。现代社会随着父权的衰落、妇女的解放和人性的自由，一夫一妻制的核心家庭出现了根本性的动摇和崩溃的趋势。男女性别比例失衡，不但不会导致一妻多夫的社会自动调节，反而更会加剧一夫多妻和淫乱现象，促使核心家庭很快解体。相比之下，从母居的家庭是最稳定的家庭，母系社会是最和平、矛盾最少的社会。古代先民的母系氏族公社的特征并非指不允许氏族成员保存必要的私人生活用品，而是其生产资料实行公有制，氏族酋长和成员共同劳动，平均分配，不享受任何特权。母系氏族社会是一个没有阶级、没有剥削、没有压迫的社会，其最高权力机关是议事会，氏族里男女成员在议事会里的地位是平等的，因之母系氏族公社是高度民主的公民社会，也是原初的道德社会。

根据美国人类学家马文·哈里斯的研究，现阶段的人类社会都是由国家政权控制的阶级社会，"阶级等级最重要的特点是，一些团体真正掌握权力，而其他的集团却没有权力。"[①] 实际上，国民只要观察公共权力和社会财富流向哪些人，这些人是凭劳动还是凭特权掠夺到这些职权和财富，就可以认清统治阶级的性质了。这说明个人的先知先觉只能为历史埋下变革的种子，而不能改变当下的社会历史。社会历史的进程取决于人的社会性，取决于社会的集体意识，取决于当代人的整体觉悟水平，取决于占统治地位的意识形态，取决于时代的风潮。国家的最高统治者可以凭借权力意志和政治经济制度一时改变社会历史进程，但终究难以阻挡人民觉悟的时代风潮，因之孙中山先生讲"世界潮流，浩浩荡荡，顺之者昌，逆之者亡"。马文·哈里斯发现大多数美国人根本不知道美国政治经济体制的真正作用，虽然西方议会民主的统治阶级维持法律和秩序多半是通过思想控制，而较少通过人身威胁，但是他们归根到底也要用枪枝和监狱去保护他们的特权。马文·哈里斯揭露了美国社会在三权分立的议会民主宪政体制下阶级压迫的隐蔽性，使穷人不能发迹为富人归罪于个人的社会综合素质低下，如懒惰、愚蠢、机会选择错失和无能力等，他尖锐地指出："问题的实质是，贫穷应归因于穷人们无法控制的因素。即使他们比在他们之上的人更加努力地工作，他们中的绝大多数人都注定还是穷人。"[②] 马文·哈里斯述认为在任何时候和任何地方，农民都是最低下的阶级。识别一个国家的阶级压迫和剥削状况，只要考察农民就够了，农民是显示特权阶级剥削和压迫的晴雨表，也是最能体验整个社会有没有公正原则的阶级，农民可以凭自己的感受对社会的公正性作出判断。在

---

① ［美］马文·里斯：《文化人类学》，李培茱、高地译，东方出版社，1988，第265页。
② 同上书，第481页。

社会结构的政治、经济、文化三个层次中，政治体制是决定整个社会结构面貌的根本要素。没有政治体制的变革，光靠经济体制的革新并无法提升社会的道德水平和国民的社会综合素质。

人类的进化是一个缓慢的历史过程，它在400年前突然进入快车道后没有留给我们多少时间适应这个人口稠密的世界。在自然环境上，我们脱离了原始森林和山河阔野，集中到只有办公室、电脑、汽车和快餐店的城市里。在社会环境上，我们陷入了一个缺少体力劳动和空闲时间，整日为争名夺利勾心斗角的社会群体之中，人的行为被迫服从前人留下来的社会规范。这样的自然环境和社会环境本来都不属于我们，但随着近400年来全球化运动的加速，许多本来毫无联系的民族和国家交织在一起，现代化的进程缩短了人类之间的距离，现代人相互依赖、急剧变化的社会关系使中国古人那种田园诗般的生活一去不复返了。现在全球人口已达65亿，人口压力必然也会使社会结构、自然生态、人文生态相应改变，经济结构也会趋向一体化，这必然加速人类社会结构的一体化。现在国与国之间的人口流动日益加剧，互联网将各自的信息瞬间传遍全球，整个人类实际上已形成一个大社会。在21世纪，人类开始融为一体，妄图长期奴役某个民族的特权集团将愈感心劳日拙，全球一体化的浪潮势不可挡，人类社会的进化必然更要加速，天下大同的道德社会不再遥远了！

第七节　人是文化的载体

每个人都是他所处的时代、所降生的民族、所生存的社会中某种文化的载体，文化要素融化进每个人的血液里，贯穿进每个人的精神里，造就了每个人的行为模式、感觉模式和思维模式。文化渗透进每个人的基因中，它是与人共生共存的。同时，每个民族的传统文化本身又是一个生命体，它对民族精神、民族性格、民族智慧起着传宗接代的作用，每个民族都和自己的传统文化共存亡。对人类来说，自然生态和人文生态是同等重要的。

特别要指出，人类创造了文化，使自己脱离开动物界提升为万物之灵的人类。但文化对人类也有巨大的反作用，文化也塑造了人类。例如人降生后到十多岁还要父母和家庭照顾，这在其他动物是没有的。其他动物为了求偶都是雄性比雌性美丽，雄性身体器官更呈漂亮色彩，而人类却是女人比男人更具性诱惑力。其他动物有发情期，而人类之性活动不受此限制。人类都有良知、良能的道德观念，而基因伦理学证明这些道德观念是可以遗传的。据悉人的下丘脑边缘复合系统知道什么是善，什么是恶。特别是人类心灵的本体——灵明性体可以遗传，这一切都说明文化在人类进化中的巨大作用。

人类自从形成一个群体，这个群体那怕是仅有数十人的部落，他们就要相互交流信息。人是通过语言交流信息的，所谓语言或是肢体语言，或是声音语言，或是文字语言，这些语言逐渐固定下来，被模式化为某种思维方式、感觉方式和行为方式，这就形成了文化。文化是人类区别于动物的根本标志。早在数十万年前的旧石器时代，大约相当于考古发现的河套人、马坝人、长阳人和丁村人生活的年代，人类组成原始群，有了最初的血缘部落，有了人类的社会，也就有了文化。文化和文明不同，文化的根本标志是宗教的信仰情怀，文明的基本标志是哲学的理性思考。人类有了语言，就既有了宗教信仰又有了理性思考，文化和文明就重合了，随着社会进步哲学和科学会越占据主导地位，但宗教信仰却始终主宰着人类的心灵。

中国先民最初的语言是"礼乐"，因之中国的远古文明是"礼乐文化"。中国先民的礼乐曾经是一个极为丰富和完善的表意系统，就像蜜蜂在蜂巢上用跳舞来传递信息那样，礼乐足以代替语言文字传递信息。中国最初的文字，即为礼仪之象形，乐则为其读音。文字一经产生，礼乐之功能则主要为祭祀所用了。北京的"山顶洞人"已掌握了人工取火的技术，《韩非子·五蠹》讲燧人氏"钻燧取火，以化腥臊"，这大概就是史书记载"钻木取火，炮生为熟"的燧人氏和有巢氏的时代。在新石器时代，中华民族经过三皇（伏羲、神农、黄帝）、五帝（少昊、颛顼、高辛、唐尧、虞舜）的发展，母系氏族公社的礼乐文化达到灿烂辉煌的高峰。直到夏代的洪水时期，在治水工程中父权上升，进入父系氏族社会，夏禹时尚是父系氏族公社，至夏启确立了"家天下"的父权统治。父系氏族公社经氏族共耕制直到父权家长制，是经过多次战争才巩固下来的，其中包括启攻杀益，灭有扈氏等争权的战争。儒书为鼓吹禅让制，根据政治需要以孔子的春秋笔法歪曲历史，《孟子·万章》称"禹荐益于天，七年禹崩，三年之丧毕，益避禹之子于箕山之阴，朝觐讼狱者不之益而之启，曰吾君之子也。讴歌者不讴歌益而讴歌启，曰吾君之子也"。儒者以为启代益为王乃是民心归顺，和平禅让的应天命之举。然而自古儒书无信史，盖以春秋笔法尊王攘夷、粉饰仁义故也。据《竹书纪年》载"益干启位，启杀之"。《战国策·燕策》云："或曰禹授益，而以启为吏。及老，而以启为不足任天下，传之益也。启与支党攻益而夺之天下，是禹名传天下于益，其实令启自取之"。《史记·夏本纪》又载："夏后帝启，禹之子，其母涂山氏之女也。有扈氏不服，启伐之，大战于甘。""遂灭有扈氏，天下咸朝"。夏禹时的父系氏族公社制已开始使用铜器[1]；并开始有了刑罚[2]；有了《夏小正》之历法；又集诸侯于会稽，建立贡赋制度。启攻杀益，变氏族公社制为父权世袭，有扈氏部族不服，亦被消灭，私有制日渐兴起，阶级社会形成，氏族公社制遂解体了。至商汤灭夏桀，周武王伐纣，周公旦制礼作乐，进行了一次原始宗教革命，父权家长制的新礼乐文化才固定下来。三皇五帝时代母系氏族公社的礼乐文化，乃自然之礼乐，为道学文化之奠基。夏、商、周三代特别是周公制礼作乐的礼乐文化，为政治之礼乐，乃儒学文化之发轫。

中国最初的母系氏族公社的原始宗教，以图腾崇拜、自然崇拜、生殖崇拜、女性崇拜、祖先崇拜为特征。因其图腾崇拜，先民将许多部族的图腾汇合为一个"龙"图腾，使中华道学文化播下了海纳百川、有容乃大的种子。因其自然崇拜，故道学保护自然生态，主张与天地并生，与万物为一，辅自然之道而不敢为，即道法自然。因其生殖崇拜，故能生生不已，化化长存，新新不停，穷通变久，以自主创新为

---

[1] 《左传·宣公三年》云："昔夏之方有德也，远方图物，贡金九牧，铸鼎象物，百物为之备。"《越绝书》云："禹穴之时，以铜为金。"

[2] 《左传·昭公六年》云："夏有乱政而作禹刑。"

道学之精神，以生化变易而成易道。因其女性崇拜，故能守中致和，以柔克刚，知荣守辱，以弱胜强，曰"慈"、曰"俭"、曰"不敢为天下先"。因其祖先崇拜，故能天人合德，攸久无疆，上下有礼，长幼有序，重祭祀而敬祖宗，故《道德经》讲"子孙以祭祀不绝"。母系氏族公社是一种自然生态社会，原初的道学文化也是一种自然生态文化。周公制礼作乐，将原始道学的自然礼乐文化演变为有贵贱差等的政治礼乐文化，将母系氏族公社的原始宗教变革为"敬天崇祖"的礼教，以"天神崇拜、皇权崇拜、祖先崇拜、生殖崇拜、男权崇拜"为特征，变女性崇拜为男权崇拜，祖先崇拜被强化为代表天命的父权家长制意识形态，原始儒学思想占据了统治地位。

无论是亚洲、非洲、欧洲、美洲或澳洲，全世界各部族的人类最初的婚姻制度都源于群婚制，因而各部族最初的社会也都是母系氏族公社。《礼记·礼运》云："大道之行也，天下为公，选贤与能，讲信修睦。故人不独亲其亲，不独子其子，使老有所终，壮有所用，幼有所长，矜、寡、孤、独、废、疾者皆有所养。男有分，女有归。货恶其弃于地也，不必藏于己；力恶其不出于身也，不必为己。是故谋毕而不兴，盗窃乱贼而不作，故外户而不闭。是谓大同"。显然，母系氏族公社制就是原始的道德社会，也是"天下为公"的大同社会。这种道德社会的文化就是原初的道学文化。母系氏族公社的酋长有威信、肯于为整个氏族承担责任而无特权。老子《道德经》云："受国之垢，是谓社稷主；受国不祥，是谓天下王。"（78章）氏族酋长就如同"泔水缸"，乐于承受全氏族人的屈辱，承担全氏族人的灾殃。这种母系氏族公社原始宗教奠基的道学文化的民主传统，在西方社会遗留下来，因而有古希腊的"城邦民主制"，因而有现代全民选举的议会民主宪政制度。这种原初道学文化的传统在中国父权家长制的历史上也有反映，汉唐皇帝下"罪己诏"，乃至亲自到烈日下求雨当是其遗意。中国的父权官僚政治制度，是秦始皇根据法家的思想建立的。

老庄的道学号称君人南面之术；老学为帝王之学，有包举宇内纵横天下之道；庄学则为真人之学，有适性逍遥抱道图南的气概。相比之下，孔孟的儒学则是臣民北面之术；孔学为臣学，以君仁臣忠父慈子孝的和谐社会伦理为教化；孟学为民学，以民本思想仁学观念鼓吹建立施仁政的王道国家。道学和儒学的政治立场也不同，道学站在低层民众的立场上为百姓讲话，儒学站在统治集团的立场上为权贵讲话。道学是一种弱者的哲学，其核心是以柔克刚、以弱胜强的谋略。儒学是一种特权文化，以塑造贵人（君子）的人格保持国家长治久安为己任。儒学和道学之要害皆在一个"中"字，都有"守中致和"的特点，但儒学本质上是民族文化，讲"时中"，道学本质上是世界文化，讲"虚中"。也就是说，儒学是保守的现在时的学说，孔孟号称"圣之时者"，只要以现代社会观念加以改造和扬弃，即可化腐臭为神奇，为现代国家政权所用。道学不仅是变革现在而且是创新的未来时的学说。道学的理念在任何时候任何地方都是超前的，它可引导人类奔向世界大同的社会。

中国的传统文化塑造了中华民族的民族性格和每个中国人的人格，除了超世脱俗、葆生修真的道士和专心功业、显亲扬名的儒生外，多数人的人格为儒道互补。连热衷功名利禄的孔孟之徒都有"道不行，乘桴浮于海"；"有道则见，无道则隐"；"达则兼善天下，穷则独善其身"的出处两得思想，况那些醉心道术的山林隐逸之士呢！其实"隐"和"逸"本有区别，"隐"为儒士官场失意"不得已"之行为，"逸"则为高道得其天性而视出山救世为"不得已"之举，故华山陈抟处士称"开张天岸马，奇逸人中龙"！其实中国的儒学道学和西方的各门类自然科学和人文学科有着巨大的学术分别，西方的各门科学都是知识，知识可以拥有，故培根有"知识即权力"之论，人类可靠自己的知识征服自然、改造世界。中国的儒道文化却是一种人生或生命体验。道学本质上是一种大智慧，人无法占有智慧去和别人交换，而只能热爱智慧，故道学是中国真正"爱智"的哲学，道家学者实际上也像西方的哲学家那样"为学术而学术""为修道而修道"，没有任何社会功利的目的。知识是有限之物，可以数量计，智慧乃无限之物，只能以高低计，故道家学者要达到智慧的高境界，只能以整个生命去体验，内丹学就是以人的生命体道合真的实验程序。

　　欧美主流文化的致命缺陷有二，一是唯物至上、科技至上，此即"法执"也；二是人类中心、自我中心，此即"我执"也。既有"法执"，又有"我执"，则在政治上仅以本国利益至高无上，缺少兼济天下的胸怀，已不适宜21世纪全球化的时代。忆及西方现代科学技术、现代哲学及先进政治思想之传来我国，并非像印度佛教传入中国那样通过中西文化交流，而是通过文化侵略传来的，这必然更加促使中华民族的传统文化产生断裂。其实外来文化的传入并非坏事，而是一种历史的机遇，它可造成两种后果，一是民族文化起飞，一是民族文化断裂，这要视历史条件而定。一个古老民族要适应时代潮流汲取先进的异质文化，能否坚定自己的民族自信心十分重要，因为只有不丢掉本民族文化的优越感，才能对外来文化区分优劣，找到两种异质文化的结合点，将优秀的外来文化嫁接过来，又不丢失本民族的优秀传统，从而出现一个民族的"文化起飞"。如果一个民族失去了自信心，对本民族的传统文化，那怕是当时看来已不适应时代潮流的传统文化采取彻底砸烂连根拔除的极端行动，必然造成文化断层，斲丧本民族的生命力，给子孙后代留下无穷隐患。丧失本民族主体性来引进外来文化，往往首先使外来文化中激进的思潮、时髦的观念、破坏力强的政治理念乃至毒害人类心灵的文化垃圾涌进国门，把青年一代引向歧路。一个民族的传统文化能否紧跟时代潮流不受斲伤的自然变迁，关乎着一个民族的命运和发展前途。为了治疗近百年来西方列强对中国进行文化侵略所造成的伤痕，我们必须在中国掀起一场本民族传统文化的"文艺复兴"，以弥补上中西方文化交流之历史，只有民族文化的起飞才能有国家的崛起和强盛。

　　最后还要说明，中华民族的传统文化自古以来一直保持着尊巫史、重祭祀、好礼乐的传统。这是因为古代先民的部落酋长和决策者（王和相）之身份皆为巫史，故巫史颇受社会尊敬。中华民族要在世界的东方崛起，要挺立于世界民族之林，必须要有我们列祖列宗留下的传统文化作根基。一个民族的传统文化，既要有其科学的要素，又要有其人文的要素；既要有其理性实证的精神为先导，又要有其崇拜信仰的激情作动力，二者是不能偏废的。

第八节　人是形、气、神的三重结构体

道学把人的身体分为三个层次，即由躯体结构、生命结构、心理结构三重结构组合的人体观，内丹家简称之为形、气、神。人体的三重结构是相互交通、相互联系、相互转化的统一体，它们共同承担着人的生命运动和心灵运动，人体是一个远离平衡态的向整个宇宙开放的自组织系统。在人体的三个层次间，存在着不停的物质、能量、信息交换和心灵反馈。人体的三重层次结构有着稳定的生命节律，如体温、脉搏、血压、内分泌、脑电等"生物钟"，这些生物钟节律和宇宙的根本节律是密切相关的。

道学将人体看作形、气、神三重结构的思想，由来尚矣。《淮南子·原道训》曰："形者，生之舍也；气者，生之充也；神者，生之制也。一失位则三者伤矣。"这就是说，气是联系着形和神的中间层次，气既能聚而成形[①]，又能化而为神，是人体含有高度信息量（负熵）的能量流，人的生命活动是由气来维持的，故称之为人体的生命结构。丹道修炼首重炼气，因炼气等于既炼了形又炼了神，内丹家这种先从人体的生命结构入手的修炼方法称作"命功"。佛法之修炼，多从人的心灵入手，全真道北派亦将其纳入丹道的修炼程序，称作"性功"。内丹家修炼命功和性功的目的，还是在于从根本上改变身体的素质。

人的"躯体结构"，也就是"形"，是由碳、氢、氧、氮、钙、磷等元素组成的，属于物质的层次。躯体结构的头、肢体、腑脏等器官和血、淋巴等体液，相当电脑的硬件，人体的生化反应、信息传递、新陈代谢都要在人的躯体结构中进行。人的"生命结构"，也就是"气"，是含有高度信息量的能量流，是人体的生理机能，相当于电脑中某些固定的软件和接通电力。人体有了气，就有了生命，其植物神经就可进行新陈代谢的生化反应，就像电脑接通电源后许多软件固定程序激活，处于待机状态一样。人的形体中的精华称作"精"，亦即

---

　　① 《庄子·知北游》："人之生，气之聚也。"

"阴精"；生命的动力称作"气"，或曰"阳气"；精和气都有先天和后天的区别。人的心理也是有结构的，它是一种过程的秩序，是一种有着超微结构的高度有序的灵子流。人的"心理结构"，也就是"神"，即是人的心灵，包括人的感觉、思维和智慧，相当于电脑的使用者下达的程序指令。"心理结构"是人体的最高层次，心灵是人体生命的主宰，人有了心灵才能真正活起来参赞天地之化育，就像电脑有了使用者开机下达指令才能正常运转一样。

自然界、人类社会和人的躯体，都是充满生机的自组织系统，这种自组织系统中的各种元素，具有自我排列、自我复制、自我修复、自我维持的功能。人体的三重层次结构有着共同的生命节律，这是生命的时间本质在人体里的体现，是生命的时间特征。自组织系统都有稳定的动态结构，都有一个从低级到高级的演进过程，其低层次的元素受高层次的功能控制，并可在一定条件下重新组合成新的组织。人与自然界、人与社会是一个密切联系的统一体，系统越复杂，功能越高级，其组织系统越存在最简洁的统一性原则。遗传基因编码的随机突变是低层次的分子运动，它必然受高层次演变趋势的制约。信息是时间（自由信息）和空间（束缚信息）的耦合，时间就是信息流，是宇宙演化的秩序，是灵子的创造冲动状态。这种灵子流的创造冲动是一切生命现象的根本原因，是人类意识的基础，人体的三重层次结构都因时间的不可逆性带来无穷的活力。

人的躯体结构据估算约有 100 多万亿（一说 1 亿亿）个细胞组成，细胞大小和成分不同，一般说每个细胞含 2 万种不同的蛋白质，每种蛋白质又有 5 万多分子。这就是说，每个细胞中蛋白质的分子数至少有 1 亿个，人体中的水、无机盐、线粒体、三磷酸腺苷（ATP）、激素、微生物的数量就更庞大了。除了心脏、脑和牙齿的细胞不能随时更新以外，一般说每个细胞的寿命仅有一个月左右，并且包括心脏、脑在内所有细胞的组成部分都在变化着，每个人的躯体结构实际上经过十年都会更替一新。仅就人的心脏而论，一个 80 岁老人一生要跳动 30 多亿次，每天消耗的能量足以抬起一吨重物，其他如肾脏、肝脏、肺脏的工作量也是惊人的。人体细胞中的分子都处在无休止的碰撞状态中，并根据肾上腺素、甲状腺素、睾丸素、胰岛素等内分泌激素传递的信息调整着躯体的运转，从外界摄取物质、能量和信息。人的躯体所需要的含有多种氨基酸的各类蛋白质、多种维生素、无机盐、碳水化合物等都需要通过食品摄入，如果缺少某种维生素或微量元素如钙、磷、氯、钾、钠、镁、铁乃至极微量的锌、硒、铜、钼、钴、碘、锰、硼等，都会危害人体的健康。人体中的松果体、脑下垂体、甲状腺、副甲状腺、胸腺、肾上腺、胰腺、女子卵巢、男子睾丸皆是内分泌集中的地方，它们分泌的各类激素对生命运动极为重要，是调整人体细胞、器官和心理层次的信使，内丹家就是以这些内分泌集中的部位（关窍）进行修炼的。

现代社会环境变了，人是和社会的自然生态及人文生态共生的物种，但危害人群的多种过敏症也流行了起来，过敏症时代的到来恰恰反映了人类对这种外部环境的不适应。脑血管病、心脏病、痴呆症、癌症、糖尿病、感官功能疾患等，几乎都和人体这部精美机器在形、气、神三个层次上的失调有关。《红楼梦》第三十四回，林黛玉因用情太过，接到晴雯送来贾宝玉给她的两块旧手帕，体贴出其中意思，"不觉神魂驰荡"，遂不避嫌疑忌讳在上面走笔题诗。"林黛玉还要往下写时，觉得浑身火热，面上作烧，走至镜台揭起锦袱一照，只见腮上通红，自羡压倒桃花，却不知病由此起"。我辈生活在竞争激烈的现代社会，每日百忧感其心，万事劳其形，千缘诱其欲，有动于中，必摇其精，而况思其力之所不及，忧其智之所不能，欲求健身延龄，可不慎欤！

我们的一生都驻在同一个躯体之中，但躯体中的分子、原子因新陈代谢活动有条不紊地被取代，肉体不断成长、成熟、衰老直至死亡。人的躯体结构、生命结构、心理结构都必须相互交换信息，都必须同外界进行信息交换，否则就不能生存下去。人的精、气、神三者是互相影响、互相转换、互相统一的。人体的每一个细胞都是有灵性的，人体的每个器官都存在感觉和记忆的潜力。道学中形、气、神三重结构的人体观，应当作为现代医学的指导思想，从而开发道学的智慧为人类造福。

其实，人体的经络、穴窍、全身就是一个网络，这个网络和心灵，乃至宇宙也是相感应的，这也是人体的一个层次。

同时，人的心理结构，其中包括人的道德情操，人的爱心和善心，都会深刻地影响着人的躯体结构，心灵和肉体是密切相关的。心善则体善，心美则体美，这就是"仁者寿"的道理。爱心和善心是双向的祈福，爱人即爱己。如果你亲眼看到一个被诊断为身患绝症的病人在最后几年一心向善，把爱心贡献给社会，把财富施舍给公益事业，而绝症却消弥于无形或延长了生命，你才真正懂得了"人是什么"！

第十九讲　出生入死（中）

第二章　人的基本生命活动

内丹学将人的生、死、性、梦和激情冲动作为人的五项基本生命活动，揭开生、死、性、梦、激情的秘密也就等于揭开人的生命之谜。释迦牟尼在出家前为净饭国王的太子，他正是因为走出城门时看到了人有生、老、病、死的现象大惑不解，故为寻求大智慧超脱生死。接着，我们再共同探讨凡是活着的每个人都会关心的生、老、病、死、性活动、睡眠和梦、过激冲动和创造冲动等基本生命活动，从道学的视角揭示它们的本质。

第一节　生与死

生老病死，是相互联系的话题，很难分割开来单独讲清楚。生和死本是人的两大基本生命活动，而人之自然死亡必因老和病，故老和病必然包括其中。但生和死无法分割，为叙述方便，只好先谈生死，后讲老病。

一、生死与文化

生死问题是人类永恒的话题，它不仅是世界各国哲学和科学核心的难题，又是地球上各民族宗教产生的渊薮。生和死的问题，不仅是地球上每个人都必须面对的问题，而且是所有动物、植物、微生物乃至矿物都难以逃脱的问题。宇宙间凡是生出来的东西，都会有死亡，由宇宙大爆炸产生出来的恒星、行星要死亡，地球上的所有生物要死亡，人类最终也要灭亡，何况个体的人呢！死神就像悬在每个人头顶上的"达摩克利斯剑"，不知哪一天要落下来。

人的死亡觉醒是和人类的文明平行发展的。人自 6 岁开始萌生死亡意识，知识日开；到 12 岁有了死亡焦虑，也就有了智慧，可以独立成人了。人类社会初期先民不认识死亡，死者被弃之荒野，尚无文化。至先民认识到死亡，掩埋尸体，宗教开始萌生，即是产生了文化。至人类有了死亡焦虑，由此产生了丧葬的宗教仪式，对死亡作出哲学思考，则进入文明社会。因之生死与文化，在人类个体和群体的知识进步方面，有着相互对应的关系。

死亡是上帝对人类平等的终极关怀，无论是贫国和富国、强国和弱国、权势和金钱、名誉和地位，每个国家、每个人都难以阻止死神的降临。宇宙间只有道是"不自生"的，故国有道则可长治久安，人得道则可长生久视。对生死问题的关照和态度，反映了不同民族的民族智慧和民族精神，也体现了各个民族传统文化的发展水平。基督教的末日审判、临终忏悔和往生天国，佛教的六道轮回和道教的十殿阎君，几乎世界上所有的宗教都向人类宣扬冥界审判的精神力量，以赏善罚恶的信仰劝导人们保持诚实善良的良知良能（俗之谓"良心"）以维护人类社会的伦理秩序。《红楼梦》里的王熙凤可谓唯物主义的"无神论者"，在第十五回中，她声称自己"从来不信什么是阴司地狱报应的"，因之昧了良心放胆作恶加速了荣国府的垮台。世界上不同文明的古代文献却都记载了灵魂不灭、再生信仰、灵界存在、天人交通等生死智慧，告诫人们必须对自己一生的所有行为负责。著名的《西藏度亡经》，记述了藏传佛教修持者对死亡的切身体验，可以看作珍贵的心理学文献。憨山大师《梦游集》云："古人出家本为生死大事，即佛祖出世亦特为开示此事而已。非于生死外别有佛法，非于佛法外别有生死。"生死意识和冥界、灵魂的观念是人类同动物的根本区别，也是人类文化的发源点。

生死问题，本来就是人类文化的产物，是一种社会文明现象。世界各不同异质文明都设定了一个灵界，都确认灵界是人类心灵活动的根基，都有冥界审判、再生转世、灵魂不朽的观念，这反映了人类本性的同一性和人类文化的同一性。但在不同民族的异质文化中，人类的生死观也区别甚大。西方的基督教文明和中国的儒学文明都倡导人本主义的生死观，对人类中心论信而不疑。中国的道教和佛教却讲众生平等、天人合一，倡导生态主义的生死观，视保护自然环境为人类的生命线。在基督教文明的《旧约·创世纪》中，上帝按自己的模样造人并命其统治地球上所有生命。如果你问一个西方人上帝是什么模样？他会回答说"像西方人！"你问他上帝为谁创造了世界？他说"为了人！"假如西方的老鼠和蟑螂也有思想和文化，你问它们上帝是什么模样，它们会回答"像老鼠和蟑螂！""上帝为谁创造了世界？""为老鼠和蟑螂！"因为在老鼠和蟑螂看来，人类破坏生态、自相残杀终究一天要像恐龙一般灭绝，只有老鼠和蟑螂可以适应核大战残留的肮脏环境大量繁殖，因而未来被污染的世界一定是老鼠和蟑螂取代人类占统治地位的世界！中国古人的生死观虽有人死为鬼、入冥见泰山府君、死后现形、亡魂托梦、神明赏善罚恶、成仙为妖等记载，但在佛教传入后才有了六道轮回、记述前生、因果报应、转生畜类的例证。中国人由于根深蒂固的封建帝王思想，连死后都要会见皇帝般的十殿阎君，这在西方人的文化观念中是不可想象的。由此看来，人类死后所见的天堂、地狱、佛土、冥王、天使的不同形象，皆依个人的文化观念而异。当今世界各民族的文化交流日益加速，人类的生死观也必然相互影响渐趋一致。

世界上每个国家、每个民族、每个人都惧怕死亡，在死亡面前不同教育背景、生活信念、人生理想、民族性格的人们会有不同的反应。死亡的焦虑可以使人变得疯狂，而疯狂必然催动人们加速灭亡。只有古老而智慧的文化模式才能教导人们平静和理智地面对死亡，从而保持人类的尊严。放眼世界，我们看到不仅每个人有生死，人类有生死，人类各民族创造的文化也有一个死亡和再生的过程。在这个信息全球化的时代，文化的演变飞快加速，什么样的数千年古树都会在几十年间连根拔掉。实际上中国文化在西方文化的冲击和本国黑恶势力的破坏下已经死亡了，西方文化也正在死亡。中国文化正在再生，西方文化也将再生，这种再生的文化一定是普世的新道学文化。我们努力向全世界传播新道学文化，就是要人类得到生命的尊严和死亡的尊严。

二、生死的真相

人们知道，地球的生命与太阳的命运紧密相联，太阳的核反应即使保持不变，也仅能维持50亿年，然后在核燃料枯竭时或出现超新星爆发炸成碎片，或塌陷为中子星，或收缩为黑洞，太阳系将变为行星的坟场。一说太阳最终将变为直径为现在250倍的红巨星，这种红巨星的半径超出了地球轨道，地球便被吞食，整个太阳系变为弥漫的星云，然后再收缩、爆炸，开始新一轮天体演化，再诞生新的生命。总之，太阳熄灭，地球上的生命马上终止，人类也就不复存在，因此人的肉体生命必然是有限的。无论你是多么伟大的人物，无论你有多么高超的智慧，无论你的财富、权势、业绩曾如何显赫一时，你都无法逃避死神的追袭，既然你生活在世上，你必然要面临死亡。一朵鲜花随风而绽放，遇雨而凋零，在朝露中化作泥土，没有什么怨望和悲伤，人何不像花一样放下执着、一丝不挂地以干脆和简洁的方式面对死亡呢！

地球上的所有生命现象都来自于宇宙大爆炸的不可逆过程，也就是说，宇宙中三维空间的生命来自于大爆炸的膨胀过程，大挤压的收缩过程是不可能存在肉身生命的！生命和心灵的出现是宇宙演化的产物，人的存在也是生命进化的结果，这个宇宙演化和生命进化的过程既然是不可逆的，三维空间的人有生必然有死。人的生和死都源自于时间流逝的单向不可逆转性，来自宇宙时空演化的不可逆性。更进一步说，人的生命既然来自于宇宙演化的不可逆性，源自热力学第二定律单向的时间箭头，则人在三维空间中，每时每刻都在经历着生和死的过程，生就源于死，生就意味着死，生和死本质上有同一性，这就是生死的真相。我们说人的肉体在生长着，在生存着，等于说人的肉体在死亡着，生命的开始同时也是死亡的开始，人体的死亡趋势激发了肉身的生机，每个人的生存过程本身也是他的死亡过程。从这个意义上说，海德格尔讲"人是向死的存在""为死而在"是有道理的。

再从新道学的观点看，无论是宇宙的演化还是生命的进化，都是道在时间和空间中的展开。每个人的一生都经历着人类生活史上的一个片断，整个人类也不过是道的展开过程的一个阶段。人类不是从来就有的，而是宇宙演化到一定阶段才出现的，人类出现后就一直处在时空之流的变化之中，它可能生存相当长的时间，但没有理由相信人类可能无限期地永远生存下去。现代科学的发展特别是爱因斯坦相对论的问世从根本上改变了牛顿时代的绝对时空观，使科学家普遍承认了时间和空间密不可分的事实，这和中国道家将宇（空间）、宙（时间）并称的思想一致，时空是一个"连续统"。这样，如果一个人的肉身要长生不死，也就是想占有全部时间，那么他必然也会胖得占有全部空间，这显然是不可能的。

对一个人来说，只有存在肉体的生老病死和心灵的喜怒哀乐，这样的生命过程才是完整的。没有肉身死亡的人生也许是很难忍受的，因为人的肉体和心灵都需要休息，人的生命也需要解脱。地球上的人类如果没有衰老和死亡，就会无限制地生长和繁殖下去，人的身高可以直冲霄汉，人的数量不但可挤垮地球，而且会达到宇宙所有星球的重量，这种世界是不可理喻的！

今天，地球上各个大国都在加速向人类自我毁灭的快车道上行驶，我们创立新道学的目标就是以老子的价值观念为人类寻找和平共存的新路，我们传播内丹学的目的则是探索人类以新的方式存在的可能性，试图开拓人类进化的新阶段，直至把"人"演化为新的存在形式——仙。

上帝安排不让活人和死神碰面，才恰恰是要我们永远关心死亡，让死神永远关照我们的生命。猫和狗等动物没有死亡意识，而人是唯一有生命意识和死亡意识的动物，因之人不可能与死亡无关。人自出生后心理不断成长，突然在某一天意识到自我，意识到自己在成长，意识到自己会死去，随着生命意识和死亡意识的苏醒，人的心灵才趋于完整。死亡是自我生存的极限，它永远都是属于个人自己的，是别人无法相互参与或共同经历的事，是每个人自己无法逃避的尚未实现的可能性。死亡永远是自己的事，谁也无法知觉他人之死，人们所知觉的仅是一种个人表达性活动的终止，以及由此而来的肉身生理运动的停止、腐败、变质和解体。正因为死亡对每个人来说都是未知的，所以它才是可怕的，人们不会畏惧自己完全熟悉和亲身经历过的东西，却每天对死神面面相觑，无法逃脱死亡的威胁。因之，对生和死的认识，反映了人类的最高智慧。

佛法揭示出人类的生死在心理层次上的秘密——有念即有生死。从意识状态来说，凡有物欲，凡有执著，凡有业力，就必然导致生死。人的"阿赖耶识"存有世代遗传的"轮回种子"，其业力根深蒂固，很难转化。因其业因不同，故寿命有分限，形体有段别，且以见惑和思惑为助缘，必有"分段生死"。至"阿赖耶识"的染分转化为净分，断除见惑和思惑，去除了形色之优劣和寿期之长短，由迷变易为悟，故有"变易生死"。盖因其未至菩萨地，与业相和我执藕断丝连，经一定劫数，变易中断，仍不免于生死。直至彻底灭除烦恼障和所知障，转识成智，度脱"分段生死"与"变易生死"，进入不生不灭的涅槃境界，完全纯净光明的自性展现，方得无量光、无量寿。生死意味着无始无明，是自性（灵明性体）陷溺、被污染的状态。人人自性本来清净，不生不灭；在圣不增，在凡不减，证得此自性，心华灿发，便出离生死矣。这就是说，人只有在形体和心灵上都进入虚无之境，方可出离生死，有形有念必有生死。

人的出生、生长、成熟、衰老、死亡是五个生命阶段，除了遭遇横祸夭折者外，缺少其中任一阶段的生命都是不完美的。这就是说，人的出生和死亡对于人来说都是不可或缺的，一个完美的人生应当同时兼有生的权利和死的权利。当然生命不可能没有出生和死亡，死亡是上帝送给人类的礼物，每个人在接受到这件礼物时都赤裸裸地"除此之外别无所有"，它使人类在终点上享受到真正的平等和公平，庄严的死亡给人生增添了意义。生命的秘密在死亡之中，生命是以死亡为代价的，正是死亡孕育着生命，生命是死海之波！人的理性思维固然无法确知自我肉体的死亡，但人的灵性思维却可以悟透生死，超克生死。人的肉身是以大脑的神经元作为心灵的载体，胎儿的大脑皮层自第28周才开始运行，至九个月时达到神经元数目的最高值，而后逐渐衰减，神经元的老化和死亡实际上在肉身未出世前就"开始"了。人体自25岁开始，每天丧失一万个神经元，至40岁以后，每天丧失10万个神经元。丹道性功的奥秘，可能就在神经元的突触链结、激活和调理、修复上。方迪的微精神分析学断言："虚空恒在规律是死亡冲动的基础。""死亡冲动是返回虚空的倾向。""生命冲动是逃避虚空的倾向。""死亡冲动其实是死亡——生命冲动。""生命的每一个表现都是来自死亡并趋向死亡的运动，而死亡本身又是通向生命的跳板。"[①] 我们不难从科学上证明，支撑原子核和电子的原子体积百分之九十九以上是虚空；分子的体积照样靠虚空支撑；细胞的体积主要也是虚空；人体基本上更是由虚空构成。如果我们把地球上65亿人身体里的虚空全部排除，他们的总体积顶多像一只乒乓球一般大小。这样，虚空具有遍在性、连续性、震荡性、无限性、尝试性、创造性，宇宙的物质虚空、生物虚空、心灵虚空是融为一体和相互延续的。说到底，宇宙与生命，包括人的心灵，都是来自虚空。宇宙万有形成之后，虚空并不减少；宇宙万有毁灭之后，虚空也不增多。虚空内涵无物，外延无边；空而不空，有而不有；寂而恒照，照而恒寂；无碍无依，彻底清净。无论是从外部世界上还是从人类本身上，无论是从人的肉身上还是心灵上，真空状态都是虚无，也就是道。宇宙万有皆不离生死，只有虚无永恒长存。万有必历"成、住、坏、空"，是谓"有漏"，唯有虚无不坏，故云"无漏"。从某种意义上说，人类一切哲学和科学的核心都是对虚无的领悟，生死的奥秘也在虚无之中，因之世界各国的哲学家和科学家只有领悟到虚无才能接近道学文化的水平。物质存在有从无序趋向有序，从无机物、有机物进化出生命和心灵的自然趋势；又有从有序蜕化为无序，从生命体回归无机物的自然趋势。生命是虚空的表达性存在（示现），死亡是这种存在回归虚空。生命产生于虚空并回归于虚空，这就是生和死的真相。

三、人的生长和繁殖

繁殖后代是一切物种的本能，当然也是人类的一项基本生命活动。繁殖实际上是所有生命活动的目标，有些动物的遗传密码先天决定了它们在完成交配、射精、孕育、生殖之后便欣然接受死亡，还有

---

① ［瑞士］S. 方迪:《微精神分析学》，尚衡译，生活·读书·新知三联书店，1993，第82—87页。

雄螳螂在配合雌螳螂完成孕育后甘心充当营养品被雌螳螂吃掉。雄性的胭脂虫长着翅膀，可以为大约 200 只无翅膀的雌性胭脂虫受精。雄性胭脂虫一旦完成了受精任务，其生命作用也就结束而死掉。鲑鱼要逆水游进山溪中产卵，产卵后鲑鱼即死去，腐烂的尸体再被溪水冲回来——繁殖后代便是它生命的全部。尽管繁殖的意义如此重要，我们还是不再继续这方面的讨论，而把重点放在揭示人体生长的秘密上，这样才可切近丹道的研究。

人大概可以看作矿物、植物、动物循序进化的累积物，是由其数十亿年来的诸多前辈集体组成的。人的生命和心灵，并非完全决定于人的心脏和大脑，而是每一个细胞都参与的活动，生命的信息在人体的每一个器官上都是全息储存和显现的。父亲精子和母亲卵子一旦结合，其胚胎发育都要重演 36 亿年（特别是近 2.3 亿年）生物进化的历程，重演从单细胞生命体到水生多细胞生命，到鱼类，到两栖类，到爬行类，到攀援类，到古猿，再到人的进化系列，这就是人类胚胎发育的重演律。婴儿自出生后，又从会哭、会爬、会站、会走、有表情、有感情、会说话，重演从南方古猿到能人，到直立人，到爪哇直立猿人，到智人的身体和智力进化历程，这是人类个体生理和心理发育的重演律。人自婴儿、幼童到少年，又从开始区分自我，觉醒到生长和死亡，产生信仰心理，形成逻辑推理，学会语言文字和数字符号，重演人类文化的进化历程，这是一种人类心智和文化发展的重演律。人们很难想象自己在母腹内像鱼一样生着鳃，或长着鸟的器官，或生着猴子的尾巴，然而任何人都无法逃脱这三个重演律。

按照内丹学的理论，人的出生也是道的展开。道生一，一为元始先天一炁，可视为宇宙中基本的灵子场，具有"色、受、想、行、识"五大生命功能。"一生二"，即父母媾精，二气和合情动，化为真阴，如磁吸铁，感动先天一炁的真阳乘空而来，合而成孕。二中含真阴真阳，可视为宇宙中的扭力场（即挠场），具有"地、水、火、风、空"五大种性。"二生三"，即精子和卵子结合为胎元，胎元中含先天一炁之真阳（乾元真性）、父母神气交合之真阴（坤元真情）、精子和卵子结合之胎元（形质），以气随质，以灵化形，而立真命，具有化生

"水、木、火、土、金"五行的功能。根据道学"太一生水"的原理，丹家认为胎元先生两肾（水），再生肝（木）、心（火）、脾（土）、肺（金），从而小肠、大肠、胆、膀胱、三焦、八脉、十二经、206块骨头等随之而生，五脏、六腑、百骸、九官俱全，十月胎圆，破胞而生。男女媾精感应元始先天一炁而成胎，是立命；至十月胎圆，"哇"地一声，两手两足辟开胞衣而出生，冲动虚空中一点灵明，如磁石吸铁，两电相引，直入婴儿中黄神室，为此身之主人，是立性。此一点灵明，乃中阴感附，即释家谓之阿赖耶识，带入诸多夙世遗传的业力和习气，约在72小时内（与死后离体所需时间相同）融入初生婴儿之体。婴儿剪断脐带，与母体分离，一点元性，上升泥丸；一点元炁，降于两肾之间的命门，性命是以分立。丹家每言"五千四百生黄道"，是指男子生后5481日，乾元炁足，为纯阳乾卦上德童真之体，女子则需5048日（丹家隐称为五千零四十八卷大藏经），为纯阴坤卦上德童真之体。简言之，男子二八（16岁）而精通，女子二七（14岁）而癸至，过此一日，即为破体，男乾破为离，女坤破为坎。修道者欲返本还源，须取坎填离为乾坤童真之体。男子行坎府求玄之功，取铅于坎，其要在两肾之间一穴，为炼己筑基之事。女子行离宫修定之功，取汞于离，其要在两乳中间一穴，为斩断赤龙之事。人之初生，中阴入身，皆有其夙世记忆和宿慧，直至脐下胎息断绝，人体先天运行机制关闭，开始后天呼吸和饮食，需人间水乳滋养，则夙慧于朦胧中消失。盖后天呼吸和世间水乳，皆带尘情，使人的先天道心渐昧，即是俗谓之"孟婆汤"（迷魂汤）者也。故丹道修炼，以辟谷胎息为入手正途，以开发先天智慧。以上所云，为内丹家递代相传的传统理论。

下面我们从胚胎学的视角再描述一下胎儿的成长过程。初生女孩两个卵巢中约有35万个卵泡，自13岁至45岁约30多年大约要排出400个卵子。女子自青春期始，每隔28天多都要有一个卵子成熟，排入子宫后造成子宫内膜脱落出血，从阴道流出，即是月经，月经期约为3天。排卵常在月经期前14天发生，如果在输卵管壶腹部与精子相遇，精子穿透卵子外膜结合为受精卵，卵细胞不断分裂增大为囊胚，经5天左右在子宫腔内膜上着床，即为受孕。受孕第2周，在胎盘的基础上分出内、外两个胚层，为胚胎的两胚层时期；第 3 周在内胚层和外胚层之间又增加了一个中胚层，进入胚胎的三胚层时期，为人体组织和器官的发生奠定基础。此后中胚层增殖变厚形成体节，至第 6 周胚胎虽只有指甲大，但体内主要器官已经形成。中胚层的血管和红血球等血液循环系统实际上是在胚胎之外形成的，生命是在胚胎和母体的间隙里启动的。外胚层孕育着整个神经系统、头、眼睛、口齿、肛门、脊柱、四肢和皮肤。内胚层有一根管子从嘴通向尾，为肠道和胃、气管、肺、膀胱、内耳、尿道的刍型，原肠是形成消化系统和呼吸系统的基础。中胚层的体节可演化为骨骼、肌肉，并有生肾节成为发育出肾、心、血液循环和生殖系统的基础。心脏在刚开始只是一根管子，但在第 4 周就有心跳了，第 6 周肝脏形成，第 7 周脾脏形成，同时头、胸、四肢、脊柱亦开始成形，胚胎已略具人形。神经系统至第 13 周才发育完全，它和肌肉结合才会有感觉，四肢也可分辨出来。心脏在第 9 周就发育出四个心室，是成人心跳速率的两倍（每分钟 180 次）。至第 22 周，母亲已能感到胎动，胎儿已能听到声音，心跳每分钟 145 次左右，脑电波也可监测到睡眠与清醒的周期。胎儿的大脑皮层从第 28 周开始运行，至第 30 周之后，胎儿不仅可以分辨父母的声音，而且可以排便，头发长出，眼睛可以开合并有光感，心脏每分钟跳 110~150 次，如果提前出生就可以成活了。另外需要说明的是，胎儿的利益和母亲的利益之间从一开始就不是完全一致的。胎儿有一种从母体获取更多营养的机制，而母亲则尽力抵制这种机制而保护自己。人的胚胎从着床那一天起对母体来说就是一个像癌瘤那样的异体，它将母体的子宫内膜挖开一片血湖，靠吞噬破碎细胞和获取营养而生长。这个"体内寄生物"按生存竞争的规律顽强地维护自己的生命，直到分娩才匆忙地实现了从母体尽早解脱出来的欲望。婴儿出生后要吮吸母亲的初乳，因为母亲的初乳天然具有保护婴儿的作用。实际上，妇女在怀孕期间，其身体的合成代谢足以供应胎儿所需的营养，这也是女人具有母性的天然机制。胎儿的囟门（丹家谓之天门、神门）和肚脐（丹家谓之生门）是对外交换信息和物质的通道，婴儿出生一周左右肚脐封闭，脐带脱落；出生 100 天至 150 天左右囟门关闭。因生门为立命之处，故在脐带脱落前的一段日子，对婴儿的保护和营养，特别是保护肚脐不受感染，影响婴儿一生的生理健康。因神门为立性之处，故在囟门封闭前保护婴儿头部不受撞击、惊吓或受不良刺激，影响婴儿一生的心理健康。人们很难想到，一个人生下来是否容易得病，竟同自己出生后三天时日内的遭遇及护理密切相关，人出生头三天的健康状况影响人一生的健康。胎儿是有记忆的，甚至胎儿的每个细胞都是有记记的。胎儿能记住在胚胎着床时吞食母体血肉为养料的体验，也能记住父母的争吵、嬉戏和性生活。胎儿对外界的气温、环境、光线、噪声都非常敏感，并把母亲的性兴奋、悲伤等生理和心理活动都牢牢储存在先天的潜意识中。因之，胎儿期是人生成长的关键时期，甚至可以说婴儿自出生之日就有了一个漫长的过去，他已经走过了人生的关键路程。

子宫里的胚胎中一组细胞可以发育成阴蒂，也可以发育成阴茎，这和卵子的受孕时间、营养状况、体液环境等生理条件下的生命尝试有关，这种尝试整个过程自始至终具有很多偶然性。胎儿在出生前几个月，就已经用自己的感官开始进行尝试，他能皱眉、微笑、握拳或吸吮大拇指，并能通过触觉、听觉、嗅觉、味觉、视觉等尝试取得这个世界的经验。我的家乡农民对自己的子女成长有一句自古流传的俗语："三岁看大，七岁看老"。中国古人计岁的方法用"虚岁"，比西方人的计岁方法多一岁，实际上是将"十月怀胎"（实为 266 天）约为一岁计算在内，"虚岁"广泛用于道教术数的推演上，显然比周岁更有科学根据。瑞士分析心理学家西尔维奥·方迪甚至认为人一生的重大创造发明，隐藏在三岁之前的先天人生体验之中。他说："发明越伟大，它的根越深植于人生前三年的体验之中。事实上，一项具有决定意义的发明，源于一次胎儿期生命体验的复苏。从这一复苏到发明意念的最初涌现，再到它完全被接受，所需要的时间一般比较长。这正是发明家的心理模式与其他人（无论正确与否）的心理模式之间的不同之处。"① 奥地利的分析心理学家阿尔弗雷德·阿德勒却发现，人在六周岁

---

① ［瑞士］S. 方迪：《微精神分析学》，尚衡译，生活·读书·新知三联书店，1993，第177 页。

时形成的行为模式影响自己一生，并由这种心灵与肉体之间建立的根本关系形成的性格在一定程度上决定自己的命运。他说："从呱呱坠地之日起，我们就开始摸索'生命的意义'。即便是婴儿，也会设法确定自己的力量以及该力量在他周围的生命中所占的比重。快到 6 岁的时候，小孩就形成了一套完整而牢固的行为模式，他已具备自己独特的方式来处理问题，我们将这种方式称为他的'生活模式'，能从这个世界和自己这儿得到什么，他对此已形成深刻持久的概念。此后，他就从一张固定的统览表来看待世界。经验还未被接受就已经得到阐释了，而且这种阐释总是符合小孩赋予生命的最初意义。"①

　　人生心理成长的关键是胎儿期、婴儿期和少年期，因之作为人类灵魂工程师的教师不仅是大学教授，更重要的应是父母、保姆、幼儿教师和小学教师。我国的教育没有意识到应对怀孕妇女休假、保护和对夫妇双方进行产前教育及照顾，更远远没有意识到提高保姆、幼儿园教师和小学教师素质对提高整个国民素质的重要性，这是很愚昧的。人的成长是一个不断与外界交换信息的过程，外部信息的优劣决定着人的生存质量。婴儿若无声、光、触等信息的刺激，神经系统就不能正常发育。儿童和少年也要靠外部信息增长知识，开发智力，强壮身体。成长中的人体和心灵都需要不断输入和输出信息，以保持机体的信息平衡，而与之交换信息对象的心灵美丑，早已无意中起了决定性的影响。古人讲"近朱者赤，近墨者黑"就是对这种幼儿教育规律的描述，因而保姆和教师的选择会决定幼儿的一生。父母、保姆、幼儿园和小学教师对幼儿和青少年的关怀和教育，其要有三点。一是使幼儿得到父母和社会的爱心，使之融入亲情和社会关系之中。7 岁前脱离父母被别人哺养的孩子往往终生对父母缺乏感情，失掉了这个关键期是没法弥补的。二是对幼童和青少年施以社会伦理规范的教育和本民族传统文化的学习，这种教育本身是一种压抑，可以在压抑下激发其性能量，使性能量被振荡和升华，使其人生的潜能得到开发。三是对

---

　　① ［奥］阿尔费雷德·阿德勒:《生命对你意味着什么》，周朗育，国际文化出版公司，2000，第 8 页。

幼童和青少年予以人生价值观和社会理想的诱导,使其树立起远大的志向和人生目标,在心灵上以民族英雄为榜样而不是成为青年演员的崇拜者和追随者。最后还要特别说明,对幼童最好的教育是引导他们融入大自然,因而在农村田野里玩耍的农家子弟往往比城市幼儿园里长大的孩子更优秀。一个民族能生而不能养,能养而不能教,不注意提高子孙后代的人口素质,特别是脱离了本民族传统文化教育的重心,这个民族是没有前途的。我们作为世界第一人口大国不能提高教育普及化、科学化、人性化的水平,没抓住幼儿教育的关键时期,青少年犯罪率居高不下,可真要"人多为患"了!

四、人的死亡过程

首先,我们关注一下社会对死亡的生物学判定。死亡是一种不可避免的自然现象,人的生命是由进化的方式出世的,它必然会以退化的方式而离去。显然,死亡是一个有生命和心灵的身体消解和失去的过程,或者说是一个人的肉身和"自我"相互脱离。生命不可能被恢复,而只能在一定条件下按适宜的方式被重新创造。中国古人一直将"呼吸停止"和"脉搏消失"作为人体生物性死亡的判据,因此社会上称一个人"断气了""心脏停止了跳动",就等于宣布此人已经死亡。然而现代医学可以用呼吸机、血液泵之类的机械长期维持植物人的呼吸和心跳,从而模糊了生和死的界限。死亡的判定及其概念十分繁杂,如临床死亡、生理上的死亡、大脑死亡、不可逆转的昏迷、心脏死亡、不可逆转的意识丧失、灵魂离体等等,况且死亡的判定又牵涉到财产继承、能否立即进行器官移植、亲属关系及社会义务等法律和道德问题,因此找一个简单、明确为社会接受的死亡判据是十分必要的。现在医学界一般承认美国哈佛医学院特别委员会提出的对死亡的判据,即人体不可逆转地失去对外界刺激引起的反应;中枢神经活动停止、眼球、眼睑运动及角膜、咽喉、肌腱等反射作用不可逆转地消失;自发的呼吸及自发的心脏功能完全停止;脑电图呈零电位差的平直状态,表明大脑活动永远消失。尽管有的研究报告说脑电图呈零电位差的患者仍可维持自然呼吸达6个月之久,但这种以脑死亡并综合进呼吸、脉搏的判据还是能为社会所接受的。

其次，我们谈谈宗教典籍对死亡过程的描述。死亡是一面镜子，面对它可以照见每个人心灵的影象。佛教是一种以心为宗，以超越死亡为门径的宗教，故对死亡过程的描述最具智慧。藏传佛教（密宗）认为死亡到来时，人体的身心要从内外两个方面进行分解，由地、水、火、风、空五大元素组成的身体作"外分解"，由粗细意念和情绪（包括色、受、想、行、识）组成的心灵作"内分解"。外分解的第一步是"地大收入水大"，此时身体的力气丧失掉，自觉身重下陷，眼睁不开，出现烟雾和发光的幻象。此时"色蕴"分解，周身之气向心轮收摄，水大涌动。第二步是"水大收入火大"，身体的唾液、汗、鼻涕等液体流失，大小便失禁。此时"受蕴"分解，心灵有苦乐、寒热、如陷深渊之觉受，烟火现相。第三步是"火大收入风大"，肉身体温降低，四肢冰凉，耳朵听不见，眼睛看不清，认不出亲友了。此时"想蕴"分解，神智时昏时明，体温向心部收摄，如见萤火飞舞。第四步是"风大溶入意识"，呼吸越来越困难，粗重如喘，出多入少。此时"行蕴"分解，感觉流失，心灵的幻觉随自己的业力示现。此时人体的气向心轮集中，血液也入心轮的生命脉，风大溶入意识，心灵显光影境。血入心轮之际，又现"血点三击"之象，身中血点一击命根，出一口气；血点二击至三击，又出二口长气；连出三口最终呼气后，人体呼吸停止。据藏密《大幻化网导引法》，意识层面的内分解又有"现、增、得、空"四相。人之中阴身的阿赖耶识在业力的推动下进入肉身，父亲遗传的白菩提停在顶轮，母亲遗传的红菩提留在脐轮。当"意识入现相"时，白菩提失去支撑沿中脉下降到心轮，出现白色月光朗照晴空之景，有觉察力清明之感受。当"现相收入增相"时，红菩提失去支撑沿中脉上升至心轮，出现太阳初升之红光照耀之景，有大乐的感受。当"增相收入得相"时，红菩提和白菩提会合，将意识包围，遂现一片无念无知漆黑暗夜之景。当"空相出现"时，由无知觉的"得相"恢复知觉，现无云晴空之景。此时"死光明"（又称"地光明"）出现，为人的意识的本来心地根源发出的性光，是最后获得解脱"中阴成佛"的机会。此时人体死亡，心灵化为"中阴身"。

再次，讲述一下人在死亡时的心理过程。人自童年生命和死亡意识觉醒，知道自己的生命是有限的，便在心理上形成刻骨铭心的死亡焦虑，由此激发着人们的智慧。任何活着的人都无法亲身体验自己的死亡，正因每个人都对自己的死亡缺少经验，并知道自己的理性思维是无法战胜死神的，所以才普遍畏惧死神并形成"死亡焦虑"。他人的死亡本来是人们最熟悉的事，可惜人们却对自己的死亡十分陌生。每个人一生都在向死亡迈进，人生走向死亡之路的艰难程度，甚至超过死亡本身。迪兰·托马斯有一首著名的诗，开头说："不要飘然进入温柔之乡。越是行将就木，越要恣肆欢狂。狂怒吧，狂怒地面对西下的夕阳。"[1]这首诗反映了人们面对死神的复杂心理，说明人人都有对生的渴望和对死的恐怖。美国芝加哥大学精神医学家库布勒—罗斯（Elizabeth Kubler-Ross）经过在医院访谈了 400 位以上的末期患者，提出了死亡心理过程的五阶段模型。这一"五阶段模型"参照了《旧约》依撒意亚先知对死亡五阶段的认知，经过震惊、否定、罪恶感、讨价还价、沮丧后不得已才接受了先知的任务。库布勒—罗斯的第一阶段是"否认与孤离"，即否认自己身患绝症，并产生一种孤独和被隔离的感觉，这是一种自我防卫和被社会剥离的心理状态。第二阶段是"愤怒和怨恨"，反映着心理不平衡的负面情绪。第三阶段是"讨价还价的诉求"，希望以自己改恶向善的行为或发誓"如果绝症有救便终生信仰某种宗教"等妥协方式交换死神的宽容。"人之将死，其言也善"，人穷则返本，在走投无路、身陷绝境之时往往最能激发出人的善根。第四阶段是"消沉抑郁"，反映了患者承认死亡的无奈心理。第五阶段是"接受"，患者已经在死神面前心平气和，平静地等待死亡。无论人们对死亡尽力拒斥或坦然接受乃至去拥抱死神，死神终究要降临，当地狱之门终于在自己面前打开时，你会发现所有希望都成为泡影，"到这里一切都结束了"！"希望"本来就好似娼妓，她一生都诱惑你，仅是当你失去生命变成一具骷髅，她便不留情面地抛弃你！死亡对人类永远是神秘的未知数的现实，大概是上帝从社会伦理的角度做出的最佳安排。因为这种安排给人类送来了一个可以拥抱终生的礼物——"希

---

　　　[1]　《迪兰·托马斯诗选》，新方向出版公司，1952 年。

望"，我不堪设想一个没有"希望"的人类社会是个什么样子！正是因为死亡是个神秘的未知数，正是因为有"希望"，死亡才恰恰与人类永远相关，死亡是人类社会和生命存在的真正支柱。我还要告诉你，真正死亡来临的那一刻你的身体并无痛苦。因为所有动物在漫长的进化中都形成一种自我保护机制，这种机制在死亡的边缘开始起作用，将它们平静安详无痛苦地送到死神的彼岸，死亡过程的苦恼仅是被医生或亲友人为的干扰。

复次，我们再探讨一下濒死体验。死亡的"黑洞"必然会辐射出某些能量和信息，使现实社会的人们认识它。出生、成长、成熟、衰老、死亡是相互联系的五个生命环节，抓出其中一个环节总要牵扯出另一个环节，而濒死体验则是通往死亡的窗口。我们将见诸报导的大量濒死体验记录择其要者略作分析：

（1）人在临死前，先是体力耗尽，后是心力耗尽。在死前一二日，突然发现患者精神变好，症状减轻，头脑清醒，开始交待后事，这是后天体力耗尽时突然兴奋的反弹现象，称作"回光返照"。回光返照犹如灯油耗尽熄灭前突然发亮，电灯丝烧断前突然闪光的道理一样。至于后天的心力耗尽之前，则有回念一生的心理现象。处在弥留状态的人，对自己一生发生的重要事件会有一个"全景式"的回顾，这种"回顾"如同一盘记录着自己一生经历的录像光盘，在极短的时间内"闪电般地回放"，使自己的灵魂将这一生的经验和造下的善业、恶业重新阅历一遍。确实，人类的心灵为什么在濒死时保留着这种机制，这是发人深省的。

（2）濒死者的身体感官和心灵出现安详、无痛苦、无恐慌、平和、幸福的异样觉受。这是人类经亿万年的生命进化形成的临终机制，使死亡的来临变得不再可怕，而成为生命的必然归宿。人们发现，人的一生不过是"自我"到世间的一次出差旅游，来时赤裸裸，去时一丝不挂，世间的名利、财富、权位、亲友等一切你都无法带走，这说明人确实是"裸虫"。当你走完自己人生之旅的行程后，该回家了！这还像一个演员演完了自己的人生戏剧，无论演得好与歹，该退场了！人的生命之树上的果实已经成熟，到了收获季节，该落地了！

（3）濒死者出现各式各样的"离体体验"，觉受到自己升上空际，甚至能看到自己肉身临终的现场。有的从死亡边缘回来的人说先是听到嗡嗡声或急流声，发现自己脱离开躯体飞升到空间之中，这种经历非常真实，决非想象出来的。有的人声称自己曾在肉身之上翱翔，并目睹医生的抢救无效和家人围着自己的尸体悲泣。这些濒死者大多口述自己离体的"身体"没有重量，感觉非常敏锐，意识也更为清晰，并且不受物质的阻碍。盖人的"自我"被肉身束缚，被业力蒙蔽，陷于世间的情欲之中，身心两方面皆不得自由。"自我"一旦脱离肉身，消除了物质的屏障，贪、瞋、痴三毒的烦恼障亦随之解脱，原来被物欲蒙蔽的觉察力和智慧也解放出来，对自己生前的业力和过去、未来都有了全知的正确判断，并能以自己开显出来的良知对自己进行冥界审判。按这个观点，肉身仅是"自我"的灵体修炼的鼎炉，肉身败坏，世人曰"死"，但对灵体来说更换肉身对继续修炼不断提高"自我"的灵性却是必要的和有益的。

（4）濒死者叙述"自我"有经历黑雾、昏暗与穿过黑暗隧道的觉受。他们有人描述说"自我"被风力吹动以极快的速度飘然通过了一条漫长的黑暗隧道，也有人说通过了深井、坟墓、水闸或布袋，还有人说飘过了一场暗雾或黑沙。这种"自我"经过一段黑暗才见到光明的感受很可能是降生时穿越母体子宫和阴道之觉知的反演，灵魂入胎降生和灵魂脱体死亡的觉受应该是相似的，"自我"穿越黑暗才能见到光明，获得自由和解脱。

（5）濒死者叙述"自我"通过一段黑暗后在隧道的尾端见到了光明，先是远远的一点萤光，接着被磁铁吸住般地靠近灵光。这种灵光是"光之生命"，耀眼夺目，美丽动人，但却慈爱安详，无有伤害。这时将"自我"融入灵光之中，光和我合一不二，即是空乐不二，便可超越时空，通达万物，来去自如，遍知一切，灵魂得到开悟和净化。

（6）濒死者的"自我"脱体后，有许多复杂的体外见闻。一是见到抢救自己的医生和哭泣的亲友对自己躯体采取的行动，或者飘然翻墙过街见到其他人制造的事件和个人隐私，事后被证明都是真实的。这类见闻被称为临终视觉或体外感知，值得心灵学家认真研究。二是见到自己早已过世的亲友或长辈，可以和这些见到的灵体进行超越语言的直接沟通，并被告知"自我"的灵魂要从一个不能逾越的边界上尽早回归自己的躯体。他们或被告知要求保护和照顾对方的家人；或被告知尚有未完成的生命目的；或从此预知自己的世寿；或开发出透视、遥听、预知等各类超感官功能。这显然不能用临终视觉等来解释，但仍是心灵学研究的课题。这种脱体见闻，显然同当事者的文化背景有关，是依当事者的业力激发出来的文化背景的心相。三是濒死者到达了一个超自然美的境界，见到一些奇妙的建筑物和天堂般的景色，甚至还感受到仙音缭绕的天乐。实际上地球上的所有宫殿及奇妙建筑物都是人类心灵原型的映射，包括仙乐、美景都不是没来由的，濒死者见到的美妙仙境也不过是自己心灵原型的映射物而已。不过，有了濒死体验的人心灵的障碍会被打破，会变得更富有爱心，会对人生变得更豁达，不再畏惧死亡，也更热爱生命。实际上，这些濒死体验不难通过催眠术、精神分析、服用致幻剂、禅定等方法做到，濒死体验的研究是心灵学的突破口，而丹道和密宗的修炼可以激发出人的灵性思维，直接透视死亡的真相。

我们应该改变现代社会不关心死亡的状况，创造一个善终的和谐社会。我们应该尊重身患绝症的病人及植物人的家属选择死亡的权利，减少对绝症患者无休止的肉体折磨。由于现代科学和哲学对死亡的认识还很幼稚，应当尊重古老的宗教有关生死的学说及其送终度死的操作程序。虽然现代中国城市多数人的住房条件已无法在家中安然去世，也应在医院、敬老院开辟临终关怀的病室，以便给弥留期的患者提供一个较少干扰的宁静环境，使他们在亲友的爱心关怀下安详地离开人世，尸体尽量保存三天再火化。一个人既使不能在临终前进行佛法（颇瓦法等）和丹道的修持而大彻大悟，起码也要死得清楚明白和宁静安详，交待完后事心无牵挂地离去，这才叫善终。医生应该把病情如实告诉患者，不要对患者强施侵犯性治疗，要尊重病人安详死亡的权利。生和死是最基本的人权，我们要提高国民的生存质量就必须维护人民生的权利和死的权利。在这方面，一些有高深修养的宗教职业者会对濒死者进行临终开示以激发其慈悲心，敞开心扉进行忏悔，并以虔诚的祈祷或助诵佛号等对濒死者做精神帮助，使其保持慈爱的心境和善良的"最后一念"，因为宗教家认为临终"最后一念"决定着灵魂的去向。人在临终前除了把生前的债务、财产的馈赠、亲人的嘱托和告别作出交待外，要一刀割断所有攀缘和执著，把未了之事全部当即放下。濒死者要坦诚地敞开心扉，解开自己一生的心结，说出自己憋在心里的话，把一生恩怨留在当世，把一生悲苦留在当世，把一生功业留在当世，把一生追求留在当世，把所爱所恨所喜所憎全部留在当世，以宽恕的心态消解积念，甚至把死亡也留在当世，"最后一念"无牵无挂地回归大道。

五、如何看待死亡

世界上的主要文明特别是影响深远的各大宗教都有自己关于生死的思考，通过这些宗教和文明的考察我们大致可以了解人类对生死的理解程度，从中可以透视各民族的生死智慧。

埃及、中国、印度、巴比伦为世界四大文明古国，然而除中国外，其他国家的古文明承传都中断了。古希腊的苏格拉底、柏拉图，印度的佛陀，中国的老子、孔子，都是第一轴心时代世界上不同地区同代出现的伟大哲人，他们都对人的生死问题进行了深入的思考。古希腊哲学家开创了以理性思维为主体的科学文明，至今泰勒斯、毕达哥拉斯、赫拉克利特、德谟克利特、苏格拉底、柏拉图、亚里士多德、普罗提诺的思想经久弥新，影响着世界文明的进程。然而我们从《荷马史诗》等古典文献看，古希腊哲学家仍然相信世上有神灵，相信人的灵魂不死，仅是对人的灵魂是由什么（水、火、空气、原子）组成的有争议。苏格拉底相信灵魂是不死的，故从容面对死刑。他说："死的境界二者必居其一，或是全空，死者毫无知觉；或是如世俗所云，灵魂由此界迁居彼界。死者若无知觉，如睡眠无梦，死之所得不亦妙哉！"（柏拉图，《苏格拉底的申辩》）苏格拉底认为"男子汉应该在平静中死去"。柏拉图在《斐多篇》中认为灵魂之所以不死，是因为它的非物质性。灵魂就是思维本身，思维是自己反映自己，自己建立自己的共相活动，自身是同一的即不变化、不消失的。肉体是追求真理的障碍，真理必须在灵魂远离肉体的情形下才能被认识。柏拉图相信死后可以见到故去的人，这些故去的人比他诀别的世人更好。他认为研究哲学是"死亡的练习"，真正的哲学家是不怕死的，是"经常在练习死亡的人"。

犹太教与伊斯兰教与此也有类似之处，特别是伊斯兰教以《古兰经》和《穆罕默德圣训》为教典，信仰"安拉"为救世主，实现了对生死的超克和终极的人生关怀。中国明代伊斯兰教学者王岱舆（1570—1660）说："灵慧乃人之性，更兼生觉二性，能扶人长养，乃使人知觉，而更能推论事理，此身虽灭，其性长存，不必倚证于身，自能用事。故身形虽灭，依然能用其神，此其所以与禽兽、草木异也。"[①] 伊斯兰文化显然也是承认人的心灵可以脱体存在，人是可以通过自己的精神超克生死的。

佛学本身是一种智慧之学，它不假"天启"之类的外力而是靠自我"戒、定、慧"的修持力实现生死的解脱之道。佛法论定人身乃阿赖耶识、命气、五大（地、水、火、风、空）假合之物，以前生之业识为因，父母为缘，即业力与遗传要素因缘合和而来。丹道以元神为"真我"，肉体为鼎炉，以精、气为药物，以鼎炉炼化药物净化真我而超克生死，吾人不过是肉体鼎炉中一点真意而已。佛教在教理上将业报轮回学说仅视为俗谛，而"缘起性空""生死即涅槃"等才是其胜义谛。

《左传·襄公二十四年》叔孙豹云："太上有立德，其次有立功，其次有立言，虽久不废，此之谓不朽。"这种天命观实际上将人生看作是上天所赋予吾人的历史使命，通过立德、立功、立言实现了永生不朽的生命价值，从而超克了生死。正如歌德同爱克尔曼所说："每一个非凡的人都要被要求完成一个特殊的使命。一旦完成了这个使命，他就无需以同样的形式存在于世上了，上帝对他另有安排。"（爱克尔曼：《歌德对话录》）《荀子·礼论》云："生，人之始也；死，人之终也。终始俱善，人道毕矣。故君子敬始而善终。"人生是一个自我完成的过程，它需要一个良好的开始，也需要一个完美的结束，这样才像一件无缺憾的艺术品，从而体现生命的价值。荀子而后无纯儒，儒门后学

---

① 王岱舆：《正教真诠》，宁夏人民出版社，1988，第116页。

大多兼取佛道思想，对生死采取尽人事而顺自然的态度。张载云："存，吾顺事；没，吾宁也"（《正蒙·乾称》）即此一例。

中华文明最优秀的理论成果，集中在老子的道学里，仅是"道"的范畴的提出就比印度教的"大梵"、佛陀的"心"和"佛性"及基督教"上帝"、伊斯兰教的"真主"更高一筹，道不仅"在帝之先"，而且"神鬼神帝"，即产生于上帝之先，比鬼神和上帝还有灵性。道是人类知识之根，学术之本，它是宗教的终极信仰，哲学的最终本体，科学的原始公设，美学的最高境界，伦理学的基本价值取向，世界文明的坚实支点，人类精神回归的家园。道是宇宙的本原，它无生无灭，故谓之"常"，"以其不自生，故能长生。"万物归于道，就是归根复命，就自然超克了生死。内丹学之修炼，实际上就是模拟宇宙反演和人体复归于道的系统工程。

《庄子·知北游》云："生也死之徒，死也生之始，孰知其纪？人之生，气之聚也。聚则为生，散则为死。若死生为徒，吾又何患！故万物，一也。是其所美者为神奇，其所恶者为臭腐；臭腐复化为神奇，神奇复化为臭腐。故曰'通天下一气耳'。"此言生死相续，本一体之两面，相互对待又相互转化，生为神奇而化为死，死为臭腐又转为生，生死乃一气之聚散流变，生化不息，如日夜寒暑之轮代。

在庄子看来，生是个已知的世界，死是个未知的世界，那么生的世界和死的世界到底哪个好呢？"我哪里知道贪生不是糊涂呢？我怎么知道怕死不是像流落在外不知回家的孩子呢？""予恶乎知夫死者不悔其始之蕲生乎！"（《齐物论》）庄子在路上遇到一个百岁髑髅（死人的头骨），于是问此髑髅如果我叫司命之神使你复活，你高兴吗？髑髅答道："死，无君于上，无臣于下；亦无四时之事，纵然以天地为春秋，虽南面王，乐不能过也。"（《至乐》）言死后挣脱掉社会之束缚，真比帝王还快活。

庄子说："夫大块载我以形，劳我以生，佚我以老，息我以死。故善吾生者，乃所以善吾死也。"（《大宗师》）生是劳作，死为休息，生死乃人之变，齐生死，等人我，安时处顺，则哀乐不能入。庄子向往那种"与道为一"的"至人""真人""神人"的境界，其见地直追佛陀，并以"心斋""坐忘"等修持法诀达到"外生""朝彻""见独""无古今"，而后"入于不死不生"（《大宗师》），实即佛陀的无余依涅槃之境，为内丹学的形成奠定了理论基础。

最后，再特别说明内丹学家有关生死的观点。丹家每言"复归于婴儿""法儿小时"，说明丹道之程序乃返回胎儿期的工程，具体功法如胎息、胎睡、胎儿桩等皆是对胎儿生命运动的模拟。至于"死亡"，丹家每言"若要人不死，须是死过人""大休歇一场"等，实际上是要求丹家"提前进入死亡状态"。"时刻准备死""提前死""生死一如"，则是内丹家把"死亡"当作了修道的机会。

第二节　病与老

德国哲学家叔本华（A. Schopenhauer）说："人生的开始和结束之间有何区别？开始时，我们充满了疯狂的欲望和肉体快感之迷狂；结束时，都落得个所有器官之毁灭，只闻得尸骨之腐味。由生到死之路，就像生活之幸福和乐趣之路一样，是一条下坡之路：天赐梦幻的童年，热血沸腾的青年，吃苦耐劳的壮年，羸弱和常常令人可怜的老年，病魔缠身的晚年，以及最后的碧落黄泉。"[1] 看来哲学的动力来自人生的烦恼，但烦恼也是菩提。佛说众生是苦，耶稣讲人生是一种为赎罪而受的惩罚，自然也是苦。然而，心灵的痛苦和烦恼必然导致身体的疾病，终生烦恼必会疾病缠身。人的衰老，也可以看作是一种"疾病"。下面我们探讨疾病和衰老的秘密。

一、疾病和医药学

什么是疾病？人为何会生病？

首先，人是大自然长期演化，特别是生物进化和自然选择的结果，因之人体的某些疾病实际上也是生物进化和自然选择的结果。人的情绪低落可能源自远古时残留的冬眠反应，因为人类很可能在漫长的进化史上曾经拥有过冬眠的机制，丹道的胎息术只不过是唤醒了人类这

---

① ［德］叔本华：《爱与生的苦恼》，金玲译，华龄出版社，2002，第20页。

种冬眠机制而已。人的精神和情绪无疑也是人体生命进化和自然选择的结果，精神分裂症的易感基因或许在人体进化中有某种益处，因为它能增加人的创造力和直觉，并能免除某些疾病或痛苦，疯子很少患肉体上的感染、感冒、风湿和情绪上的焦虑、悲痛、苦恼。艺术天才、发明家和精神病患者这两类人身体内都蕴藏着巨大的性能量和过激冲动，但前者的心灵无有巨大创伤印痕，后者心灵埋藏着创伤和分裂的印痕；前者心灵与自然整合出现灵感，后者心灵脱离现实出现幻觉。人体的心理层面和生理层面显然也是可以相互转化的，许多癌症是因为心理上的极度绝望、感情破裂、巨大压抑和难以承受的心灵刺激在生理上的反映。因为人体是从原生动物进化来的，而原生动物的每个细胞都可以独立地自由分裂繁殖。人体细胞则受高层次的激素信息指令控制，不能自由繁殖，为整个物种的延续牺牲个体细胞的裂变功能。如果人体受到某种自然生态因子、人文生态因子、心理环境因子的巨大刺激，激活了个体细胞自由繁殖的功能，人体某些器官或部位的个体细胞又不受监督地任意繁殖起来，这就是癌症。癌症是一种遗传性疾病，人的生命几乎都处于癌前状态。人体内都有多种抑制癌细胞生长的机制和消除癌细胞的免疫功能，但随着年龄增长，抵抗癌变的遗传因素失去作用，免疫功能减弱，癌症发病率也提高。癌症是人体细胞的叛逆行为，它们脱离开人体高层激素指令的控制，危害人体生命，但宿主被迫死亡也必然导致癌细胞最后的死亡，癌症本身也无法靠年迈的癌症患者遗传下去。

美国学者尼斯（Randolph M·Nesse）和威廉斯（George C·Williams）在1994年推出《我们为什么生病——达尔文医学的新科学》[①]，介绍了进化论的医学观点。他们将人类的疾病从病因上分为两类原因，即近因和进化史原因，近因解释疾病的构造和机制，进化史原因从疾病的起源和功能上解释为什么会生这种病？例如，妇女在妊娠早期的恶心、呕吐及厌食，是为了防止胎儿受毒素的伤害以致畸形而在进化中选择

---

① [美]R.M尼斯、G.C威廉斯：《我们为什么生病——达尔文医学的新科学》，易凡、禹宽平译，湖南科学技术出版社，1997年8月出版。

出来的机制，咳嗽则是人体为从呼吸道排除异物而进化出来的复杂防御机制，甚至发热和腹泻也是人体针对感染的防御性适应。

其次，人体中共生细菌的数目远远超过人体细胞的数目，共生病毒的数目就更多。然而人体中的细菌和病毒平常并不致人疾病，因为它们靠人体而生存，一旦人体死亡，它们也就无法赖以生存。疾病的发生，往往是共生的双方中的一方越过了自己的界限，违犯了相互共生的协议造成的。细菌大多是分泌外毒素时才对人体有害，而这种分泌毒素侵袭人体的行为往往是细菌自身出了毛病，或人类用药物危及了它们的活动。在对付人体共生细菌和病毒上，西医采取用抗生素聚而歼之的方法，中医采取以中药抑制促使双方共存共赢的方法，而全部杀灭人体的寄生物同样也会危及人的生命。

人决非一种独立自足的存在物，人是由有活力、有思想、可以相互联系的细胞、器官组成的生命系统，同时又是国家、社会、城市等生态系统的细胞。人不仅是上亿个生命的共生体，又是其上亿个祖先和后代的集合体。总而言之，人的生命是"道"的展开。

实际上，疾病也是生命存在的正常形式，人类要全部消灭疾病是徒劳无益的，也是违反自然规律的。即使有一天真的全部消灭了疾病，每个人都无灾无病，但人仍要衰老，仍旧要死亡。人类的疾病，既是地球上自然生态的映像，又是社会上人文生态的映像，还是每个人心灵状态和行为模式的映像。尤其出人意料的是，现代社会里人们的疾病直接反映着世界各国占主导地位的医药学及其有关行业，是医疗机构和制药企业本身制造出并掌控着人们的疾病。不仅是医药业，现代社会各行各业也在争相制造疾病。丹家在修炼的过程中，发现每过一段时间仍有感冒、咳痰、全身酸痛、腹泻、发热等疾病来侵，丹家可以利用疾病对身体作一次调整，使之不断迈向新的台阶。其实人的多数疾病是可以自愈的，现代人大肆用药用手术对疾病的治愈率、死亡率并不一定比古人靠自然疗法的治愈率、死亡率有多大改善。在中华医学看来，世界上最高明的医师是大自然，生命的根本活力是以"肾气"为主的性能量，最好的医疗条件是将患者放归山明水秀、生机勃勃的自然界去汲取生命之气。另外，和谐的人际关系和友好的周边环境也是疾病自愈的必要条件。《汉书·艺文志·方技略》云："有病不治，常得中医。"钱大昭《汉书辨疑》注云："今吴人犹云不服药为中医"。由此可知，中医每将非药物、非手术的自然疗法放在首位，强调"消未起之患，治未病之疾"，充分保护和调动患者的自愈能力。

中国传统医药学是一种集健身、医药、养生为一体的学说，其特点是健身养生为主，防病治病为辅；预防为主，治疗为辅；治未病为主，治已病为辅；自我疗养为主，请医用药为辅；社会心理疗法为主，手术用药为辅；非药物治疗为主，药物治疗为辅。要之，中国医药学是一种文化医学、社会医学、心身医学，是自然生态医学，是自我康复医学，是有机整体医学，是周天全息医学。在中医药学看来，导致疾病的细菌和病毒也是一种生命体，中医药学的治疗原则是寻找一种药物配方来改变人体的内环境，从而克制此类病毒使之不危害人类生命，而不是尽数杀灭它们。这样，中医药学是人类和病毒"双赢"的生态医药学。中药是全部来自自然界的天然物品，和宇宙周天全息对应，而且宇宙间万物又都符合"一物降一物"的五行生克制化的道学规律。因之，原则上人类每出现一种新的疾病或病毒，自然界中必有一种药方或生态环境能克制它。例如白蚁能咬断木头，但不敢接触红木。细菌可以使水果发霉，但不能侵蚀白术。多种中药对细菌、病毒有抑制作用，从而创造出人体和病菌双赢的内环境，以保持人的身心健康。现代人的疾病大多与饮食、生活习惯、生态、环境、心理等因素有关，由心理紧张和贪吃纵欲造成疾病而服用化学药品，结果化学药品又导致新的疾病使人心情沮丧加重病情。这样以西医反复用药治病的死亡率，反而高于有病不治自然痊愈的死亡率。某些恶性肿瘤患者采用西医开刀、放射化疗，复发后再开刀再放射化疗的治疗程序，反而不如中医采用中草药、导引、行气等疗法的存活时间和生存质量。我相信人类终有一天会认清化学药品的危害性，会像现在限制化学农药那样限制使用化学药品，至少对老年人和幼童要限制使用化学药品。

中华医药学，实际上是中国术数学在人体养生和医疗中的具体应用，"法于阴阳，合于术数"为养生学之本，"阴平阳秘"是人体健康的标准，也是调理气血、扶正祛邪的目标。《黄帝内经·上古天真论》

云："虚邪贼风，避之有时；恬淡虚无，真气从之；精神内守，病安从来？"中国养生学和医药学，大略分为验方、推理、调神三个层次。"验方"属中医学的经验层次，行医者必须有足够的经验积累，故俗有"医不三世，不服其药"的说法，马王堆出土《五十二病方》、葛洪《肘后备急方》等就是这种验方的经验积累。有经验的中医师正骨接肢，其巧如神，决非西医可望其项背。"推理"属中医学的理论层次，医家必对中医四诊八纲、五运六气、辨证施治的理论熟烂于胸，且有相当的道家文化学养，才能运用之妙，存乎一心。"调神"是中医学的道学境界，医家经多年医疗经验积累和理论探索，已悟出中医药学的精髓，能引医入道，直接同患者及其周围环境心灵沟通，便可以调神疗病。《内经·灵枢》每言"得神者生，失神者死"，中医治病，贵在用神，医家施治于外，患者神应于内，以天地正气却患者之邪气，能随精神升降往来，用药用针，手到病除。道医多能"见证施治"，随手用药皆可愈病，是灵性思维的层次；至于"辨证施治"则落入理性思维，就稍逊一筹了。由此可知，中医和修道本来是相通的，修道就能知医，可惜现在能诊病施治的中医已经很少，道医则几近绝迹了。得道之人，恬淡虚无，形与神俱，精神内守，故可以不病。偶得疾病者，邪亦不能深入，仅用移精变气、祭祀祝由等调神之法，即可治愈。顺此而下，病渐入里，则用"按摩导引""灸蒸毒熨"，乃至"砭石针刺"，非不得已才服用"汤液醪醴"等药剂，及施行外科手术。中医"滋阴派"多用"补"法，实际上"泻"比"补"还重要，因患者有病即有邪气，宜先泻掉邪气，排除内毒，正气自复。丹道修炼也要先排泄体中积毒，出现腹泻、生疮、排脓、吐痰等方式净化身体，医家对顽疾亦多用寒凉、攻卜之剂。"补"和"泻"在英文中没有对应的词，因之外国人很难了解中华医药学的真正含义。[1]因之西方欧美国家的学者要想学习中华医药学，首先需要从学习老子的道学入手，从根本上转变自己的思维方式，才能汲取中华文明的精华发起西方医学的

---

[1] 英文中用 Stimulation（刺激）和 Tonification（调整）翻译"补"字；用 Sedation（镇静）和 Dispersion（分散）翻译"泻"字，皆和中文原义相差甚远。

革命。中医认为人的精神状态、情绪和心、肝、脾、肺、肾密切相关，治疗心理障碍以疏肝为主。中国医药学和丹道养生学皆以经络学说为基础。其实丹道和中医所发现的经络，是无形无质的神气运行的通道，是生命能量和信息连结的网络，在成人身体上是无形无质的，但在胚胎生长期间却曾经是有形有质的。人是由二胚层、三胚层发育而来的，经络本来是这些胚层在整合期间各自曾经有过的通道和相互间的接缝，它们相互整合发育为人体后才从有形隐于无形的，因之在成人体中仍呈现电位差、电传导异常诸明显特征。

在多年的学道和悟道中，越来越相信年轻人的疾病都是可以治愈的，在道学面前世界上将会只剩下一种疾病，那就是"衰老"。

二、衰老与老年学

石头能享万年之寿，松柏可度千年之期，人至 80 岁，大约有二分之一到三分之二的人要死去，活到百岁的老人不过百分之一。下面，我们逐层展开对衰老的研究。

1. 老年和衰老

衰老是一种自然现象，是人体发育的最终阶段，是每个人之人生旅途的尾声。老年期是人生必须经历的一个过程，在老年期每个人心理上和生理上都要发生多种变化。一方面，人至老年历经岁月更迭的磨练，有了经验和智慧的积累，处事愈加稳重和练达，回首往事多所感悟，从而了知"天命"和"天道"，可以"从心所欲"且随遇而安了。另一方面，老年人的生命渐渐失去活力，实施远大的抱负和宏伟的计划已力不从心，面对死神有许多人体的感受和情绪的波澜，需要一个心灵驿站来清点自己生命里的收获，从而真正领悟生命的价值。

下面，我们先从生理上描述衰老的特征。首先，男女体重在衰老时所含水分的比例普遍下降，肌肉组织减少而脂肪渐次上升，细胞数量减少而体重减轻，人的体力越来越不堪重负。主要表现在：

（1）皮肤和头发的变化：人到老年，皮肤粗糙、干燥、起皱纹并失去弹性，头发脱落、稀疏、变白并失去光泽，这是最明显的衰老特征。当衰老时真皮层的汗腺和皮脂腺退化，脂肪和水分丧失，创口愈合变慢，对温度的敏感性增高，表皮松弛下垂，老年斑或肝斑显于外表。皮肤的微血管变脆，易受伤并产生黑斑、瘀斑及局部色斑。脂褐素沉积在皮下则在面部、手臂等暴露部位出现老年斑。人过五十两鬓渐白，头发的直径变细，毛乳头萎缩，黑色素细胞减少，毛发更新和色素制造能力丧失或减弱，男性比女性更早脱发。老年人的指甲和毛发失去光泽，甲体增厚弯曲，但毛发和指甲的生长却几乎不受年龄限制，甚至发现尸体保存初期仍有指甲、毛发生长的迹象。

（2）视觉、听觉等感觉系统的变化：人的感觉系统在 24 岁达到高峰，大约到 36 岁就开始下降，至 48 岁老化速度加快，痛阈升高，各种感觉阈的阈值也更不利于辨别和接收信息了。人到老年，眼球下陷，眼睑下垂，眼角鱼尾纹增重，视网膜中央动脉硬化，眼睛的晶体组织变厚变硬，甚至晶体混浊，角膜形成多脂性黄色环（老年性脂肪环），眼肌退化，调节功能减弱，对黑暗的适应性及夜视的敏锐性亦逐年下降，普遍出现老视或远视。于是，老年性白内障、青光眼、眼肌萎缩、视网膜斑退化等疾病急剧增加，甚至导致失明。另外，年迈人耳朵听力下降也很明显，特别对高频音调听觉丧失较多。这主要是耳内镫骨失去振动功能，称作耳硬化症，或是耳蜗发生老年退行性结构变化，乃至耳神经传导受损，导致老年性耳聋。老年人的味觉和嗅觉之敏感性也会不同程度地下降，身体的触觉也随着年龄增长而退化，尤以手指、掌心、下肢末端及足趾较为明显。

（3）肌肉、骨骼及运动系统的变化：人的身高和体力大约在 24 岁至 36 岁之间达到高峰，而后逐年下降，人体的细胞数量也随之减少。老年人脊柱变得更加弯曲，椎间盘变紧凑，软骨变薄，肌肉萎缩，韧带钙化弹性降低，肌腱亦萎缩并硬化，从而导致身高降低，肩膀变窄，瘦薄骨露，关节僵硬，牙龈退缩，牙齿脱落。运动系统的骨骼、关节、肌肉均呈老化现象，软骨变性、骨质增生，肌纤维萎缩，使老人运动受障。无论男女，骨质疏松症为老年人常见病，骨骼碎裂的发生率亦逐年增高。俗云"人老先从腿上老"，老年人弯腰曲背，步履蹒跚，由于控制动觉机制的神经和肌肉发生退化，空间定向能力和外部体位改变的觉察能力亦逐年下降。

（4）心、肺、肝和胃肠功能下降：老年之后，心肌纤维被脂肪取代、弹力组织丧失、胶原蛋白变性，交联键增多，血管壁变脆弱，动脉弹性减弱，使心脏和血管的容积和功能都发生退化。心脏是人体的泵，由于磨损和废物长年积累的影响，动脉血管对血流的阻抗增长，小动脉变形更使血流阻力加大，壮年男子收缩压和舒张压为120/75mmHg 者，老年后可达到 160/90mmAg，血压（特别是收缩压）升高是明显的。同时，腿部静脉曲张或水肿、冠状动脉粥样硬化等病也在老年期临身。同时，肺的总容量和肺活量也随年龄下降，肺泡总数减少，肺泡囊内膜增厚，肺的柔软性和膨胀性降低，呼吸道变狭窄，呼吸肌也失去弹性，使呼吸效率也降低，动脉血气检出值下降（无效通气增加），人体因缺氧而易感疲劳。老年人的造血系统功能亦发生退化性改变，血红蛋白量、红细胞数、血容量、淋巴细胞数都有所降低。老年后胃和肠的功能衰退，胃肠膜上皮细胞减少，胃酸分泌减少，影响铁离子吸收，易患贫血等症，再加上肠道与结肠道蠕动活性降低，小肠排空时间推迟而大肠排便困难。中年人易患胃溃疡，老年人易患萎缩性胃炎或慢性胃炎，患结肠癌和胃癌的危险亦加大。

（5）泌尿、生殖系统的变化：老年人的肾脏、膀胱功能衰退十分明显，肾小体的总数、肾容量和重量均下降。肾脏依靠肾小体和肾小管过滤血液和尿液的速率明显降低，肾血管阻力增高，尿素和肌酐清除率下降，肾脏吸收葡萄糖及其浓缩和稀释的功能亦减弱，且肾脏糖阈值升高，使糖排泄减少而血糖升高，或造成脱水和低氮血症。老年男子易患阳萎、前列腺肥大甚至生殖器官萎缩，老年妇女则会出现阴道变薄且无弹性并导致长年性冷淡。

（6）内分泌和免疫系统的变化：人至老年，脑垂体、甲状腺、肾上腺皮质、胰岛、性腺、松果体等都发生退化、变小，分泌激素的功能降低。脑垂体有弥漫性纤维化倾向，胰岛素受体敏感性降低，甲状腺激素的分泌亦减少，体温和体液酸碱度调节能力也下降。生殖腺和胸腺是标志衰老程度的器官，特别是胸腺的退化和萎缩是免疫系统衰老的关键，成为人体的"生物钟"。衰老导致基础代谢率降低，摄取营养不足，巨噬细胞的免疫功能也明显降低了，甚至分辨不清健康组织和病毒感染组织，导致自身免疫性疾病增加。

（7）神经系统的衰老：人脑由亿万个神经元或神经细胞组成，其数量随着年龄的增长而减少，尤其是额叶神经细胞在衰老时丧失较快。人至老年，脑重量减轻，神经元突触的结构亦发生退行性改变，脂褐素在脑皮质上积累使之呈米黄色，神经元传递信息的速度也减慢。淀粉样小体和老年斑分布于脑和脊髓的多处部位，大脑皮质的老年斑是退化变性的神经纤维，神经递质的分泌量亦减少或失常，造成运动震颤、失眠、精神抑郁等多种疾病。脑动脉硬化随年龄加重，外周神经有节段性脱髓鞘，植物神经亦出现自律失灵，由此产生植物神经功能障碍引发心律不齐、脑动脉供血不足、外周神经传导障碍等。

（8）老年期的常见病：多数老人患有关节炎、高血压、听力受损、心脏病、骨质疏松、气管炎、肺气肿、胆囊炎、咽炎、鼻炎、动脉粥样硬化、脂肪肝、高血脂、便秘、裂孔疝等多种慢性病，有些老人缺乏生活自理能力需要帮助和照顾。必须指出，老年病不是衰老的原因，而是衰老的结果，是由于人的机体功能退化，免疫力和抵抗力减弱而出现的恶果。最严重的老年性疾病有五种：一是心脏和心血管疾病；二是癌症，特别是消化道和胃癌、肺癌、肝癌、肠癌、前列腺癌、结肠癌、胰腺癌、口腔癌；三是脑血管疾病或中风；四是糖尿病；五是老年痴呆症（阿尔兹海默病）。这些疾病直接威胁老人的生命，显然应该作为老年医学研究的重点。不过我还须说明，衰老是一种必然发生的自然现象，它不会因为治愈老年病而阻止衰老。可以断言，即使是调动全世界的科技力量，即使是全世界的西医、中医集中在一起联合攻关，将心血管病、癌症、脑血管病、糖尿病、老年痴呆症（阿尔兹海默病）这五大老年病奇迹般地彻底根除了，人类的平均寿命也不过稍为延长10年罢了！

2. 人的自然寿命及有关问题

首先，通过我们对衰老的研究，可以认定人类的"自然寿命"虽不易确定，但其存在一个寿命的"自然界限"应是可以肯定的。根据我用道家术数学的推算，人类自然寿命的峰值是56岁，以56岁为中点，体力和心力从这个峰值逐渐衰退，至64岁完成一个循环，65岁即进入老年期，至112岁达到自然寿命的界限。也就是说，人类活到65

岁即可称为"老龄人",一般无灾无病,自然寿命应基本达到112岁左右,其中生命能量被激发者可超过此"自然界限",摄养不足者则达不到此界限,低于65岁则视为夭死。

亚里斯多德认为,"动物凡生长期长的,寿命也长"。巴丰(Buffon)认为,哺乳动物的最高寿命约为其生长期的5~7倍,称之为"巴丰系数"。如果这个"巴丰系数"是可信的,则人的性成熟年龄为16岁,则寿命应为80~112岁,与我的推算大致相符。美国学者海弗利克(Hayflick)则通过实验证实,体外培养的人体成纤维细胞仅能传代40~60次,称为海弗利克极限。依此,人的最高寿命估算为110岁,也大致符合我的推算。然而以生长期推算哺乳动物寿命有很多例外,新生儿体重个头增长一倍,需120天;新生马增一倍需60日;新生牛需47日,猫需15日,猪需14日,狗需9日,但其实际寿命多和生长期不成比例。据统计,植物中的松、柏、巨杉、木棉树龄可高达5000年。无脊椎动物的海葵可达90年,两栖动物的巨蝾螈可活50年,鱼类的鲤鱼亦可活50年甚至百年,野生鲟鱼可达152岁高寿,梭子鱼(Pike)甚至可生存200年以上。鸟类中鹦鹉高寿者81岁,鹫可活104岁,哑天鹅最高寿命102年,而鹰可以活到170岁。动物中最长寿者是乌龟,寿命可达300年犹或过之,盖其体温低,呼吸缓,心跳慢,基础代谢率低,长期断食亦可不死。

丹道的命功从自主调整人体内分泌系统入手,进一步用命功的性能量激发人的神经系统,转入性功的修炼,将人脑神经元的巨大潜力开发出来。一般人经常活动和运用的脑细胞不到五分之一,其余处于备用状态,内丹学显然是一套开发自身潜能的最佳程序。清代全真道龙门派的道士,王常月(1520—1680)、沈常敬(1523—1653)、王永宁(1597—1721)、陈清觉(1606—1705)、白马李(1615—1818)、高东篱(1621—1768)等人,仅以清静丹法即获高寿。更有以同类阴阳丹法成道者,如唐代之孙思邈、叶法善、张果、吕洞宾及元明间之张三丰真人,皆以特别长寿彪炳史册。丹道修炼重在开发和延续人的青春期和成年期,使衰老期推迟和延缓,故称之为返老还童。我们调查一些特别长寿的人,他们到了70岁以后,仍会进入衰老期。他们能活到百岁，与其说靠开发和延续成年期，毋宁说是靠老年期的延长。

其次，我们需要思考的是，导致人体衰老的确定要素究竟是什么？显然，由漫长的生命进化形成的遗传信息无疑是决定人类寿命的重要因素。就像竹子每60年必定开花结实一样，衰老的遗传编码在各个物种中是普遍存在的。每个物种为了自己种群的繁殖，都在长期的进化中预先规划了衰老的过程，衰老是物种从受精卵开始和发育同时进行的，衰老是发育的最终阶段，是遗传学的"时间计划"。也就是说，物种进化首先需要的是种群的繁殖，而不是其个体的寿命，衰老的存在对年轻人的繁衍和遗传基因的保存是必要的，这就是遗传学预先设定"时间计划"的原因。人类具有自然死亡的本能，这对维持人类族群的生命，实是必要的，人之需要死亡，实与人们需要饮食和睡眠相同。为了给更年轻、更优秀的新一代人腾出空间，前人需要衰老和死亡。从孪生子的寿命得到的证据也表明，遗传信息对人体寿命起着决定作用。例如同卵双生孪生子男性寿命差距有4年，女性相差仅2年；非同卵的孪生子男性寿命相差8年，女性差6年；有的同卵孪生子相继在一个月内患同类病症而死亡，这些资料表明决定个人寿命的遗传信息早就存在于受精卵内了。另外，祖母、父母长寿的人自己和子女的预期寿命也较长，女性比男性普遍寿命长，还有长寿家族的存在也凸现了遗传信息对人类寿命的决定作用。例如全球有不少长寿的地域，国内也有一些长寿县、长寿村，那里的生态环境能给人提供可以长寿的物质、能量和信息。更令人惊奇的是，一些恩爱夫妻相处多年，在面貌、性格、行为方式上都发生趋同性反应，直到在寿命上也趋于一致，死期非常接近。当然现在也有患"夫妻癌"的（即夫妻同时患上癌症），而且在人群中比例不断增高。夫妻间在寿命上的趋同性，显然是相互间信息交换的结果。

生命是物质、能量、信息的统一体，人体通过物质代谢产生能量和信息，维持机体的生命运动，而信息的储存、编码、突变、耗散、交换、传递、残留、丧失等决定着人体的寿命。我在《道学文化的新科学观》一文中，曾推导出信息量 I、可用能 E 和绝对温度 T 之间的关系式：$E=HIT$，H 为玻尔兹曼常数和自然对数之积。上式的物理意义是：

热力学系统储存的信息量 I 和该系统的可用能 E 成正比，和其绝对温度成反比。据此，欲延长人的寿命，保持人体的信息量，一是适当降低人的体温，二是向人体输入生命能（即先天炁、元精、元炁）。这个公式是丹道辟谷、抗寒、胎息、采药等修炼理论的根据。据说，有人进行通过人的体温调节中枢降低人的体温的实验，发现人的体温若能降低 2.2℃，即可突破百岁大关，如降温 7.0℃，则可达到 200 岁高龄！显然，在适当的低温条件下，人的机体生理代谢缓慢，也有助于延长寿命。

再次，我们知道人体是一个大约由上百万亿细胞按某种自然程序组成的具有自组织、自检查、自修复、自繁殖、自动化功能的超巨开放系统，这个系统不断同地球生态环境交换物质、能量和信息，和太阳、月亮乃至整个太阳系、银河系的运动息息相关，人的生命本质上是银河系的缩影和精灵。也就是说，人的精、气、神是整个宇宙精神的化现，是道在宇宙演化过程中的展开，人体系统必然服从"成、住、坏、空"或"生、灭、往、还"的道学规律，人体系统不管如何优越，它在自然成长过程中必然也会"有始必有终""有利必有弊""有盛必有衰""有得必有失"。人在青年时期精力旺盛并在体力和心力上曾经超常支出，而到老年时期则萎靡不振且常感到力不从心，从这个意义上说，衰老是青年时代精力旺盛的代价。换句话说，衰老实际上是一个人在过去的岁月所经历的各种冲突（包括社会环境、个人身心等内部和外部冲突）、多次不良刺激、紧张、压力、日积月累的综合效应。

我们说过，生命运动中初期某些有利的因素，久久积累至晚年反而变为有害的因素，人体系统必然符合道学"利害相生""有利必有弊"的规律。例如人体在进化中形成某种基因可以促进钙的代谢，使骨折后钙能较快吸收、沉积而骨折很快愈合，显然这种基因对青年人是有利的。然而这种基因也会使析出的钙沉积在动脉血管壁上，人到老年此基因的弊端积久生害，成为老年动脉硬化症的祸根。再如某种基因可以促进肝对铁的吸收，使年轻人避免缺铁性贫血，女性可以及时补充月经失血的铁损耗，因而其基因被保存下来，然而积久生害，终于导致老年铁色素沉着性肝硬变而危及生命。

根据道学"利害相生"的规律，某些看来当时对身体有害的事件，反而会对生命产生有利的结果。例如生育婴儿表面看来对妇女是有害的，女人由此付出大量体力和营养物质，但生育过的妇女却往往因之消除了宿疾，获得健康和新生。曾经生育并以母乳育婴的妇女不易患子宫肌瘤和乳腺癌，也属利害相生之例。其他还有经常献血的人，进行过大手术的人，身体在经历劫难之后反而更加健康，甚至由此获得高寿。人活到 70 岁，身患恶疾大难不死，反而会激发起生命力，重新获得健康和长寿，因之疾病对人并非始终全是有害的。人服了有毒的药物，可使细胞受损，危及生命，但较少量的毒素却能增加细胞的活性。一些大病、急难可以激发出人的生命潜能，在特殊情况下发生意想不到的作用。某些重大刺激和极度恐惧，甚至可以激活人类早已退化的生理器官，有时可以使瘫痪已久的病人奇迹般地复原。

每个人的个性和人格本有先天的遗传因素，又是后天社会环境和人生经历塑造的结果。将双胞胎婴儿分别在不同环境中培养，他们长大后却比在同一环境下长大的同胞兄弟姊妹在人格特征上更为相似，这显然说明人的个性是先天具有的。然而人的个性同时又是后天环境和人生经历塑造的，更不是一成不变的。事实上，人自 56 岁至 76 岁的 20 年期间，性格特征一般都要发生一次重大变化。值得注意的是，人在后半生的重大心理调整往往以社会环境、家庭关系、个人事业和生活、心理和生理诸方面的重大事变为契机，因此人至老年身处逆境或顺境直接影响着每个人其人格的再生。这种人格的转变有的朝正面的积极方向，变得更加自信和有活力；有的朝负面的消极方向，变得消沉和自暴自弃；有的人变得宽容、善良，所谓"人老心慈"；有的人变得偏执、多疑、更加阴险刻毒；其心量的变宽或变窄，道德层次的提升或降低，皆依每个人的业力而定。每个人一生的得失荣辱，实乃"境由心造"，社会角色的转换、个人权力的丧失、财产积累的增减，有道的达观者看似风吹落叶、随遇而安，贪婪的幸进之徒则斤斤计较、损一毛而如丧考妣。人至老年，切不可贪权、贪利、贪名、贪位。老年人心中有了一个"贪"字，则在得失上必生出许多计较，则对所爱所恨的人和事必耿耿于怀，则被冤仇暴戾之气迷住心窍，鲜有不造下恶业者。贪恋权位乃老年人之大忌，进入衰老期的人长年把持重要的支配性权力是违背道学规律的。因之位高权重的老年人必须自觉地从权位上退下来转换心态，逐渐淡出决策层，国家的重要职位必设定执政之年限，才有利于保持老年人的晚节。老子云："功成，名遂，身退，天之道也。"（《道德经》9章）人至老年，应该对尘世生"出离心"，只有从世俗上退一步，才能在人格上进一步，能否善用此一"退"字，标志着每个老年人道德素养和人格品位的高低。

老年人一般都有丰富的社会阅历和处世经验，特别是有丰富学养和事业成就的老年人随着年龄增长积累了许多知识和智慧，逐渐形成了自己的风格。这样的老年人往往自动退出以前的社会角色，很快转换到自己最适合的新角色。在经过角色转换之后，他们的人格也发生了内敛式的变化，老年人在生命的自然收敛中变得更注意自己的精神感受，更注重思想和心灵的探索。在行为上，老年人往往更有个性，更能发展自己的交往风格，由于他们经得多了，因之更有主见，更有老练的自我防御能力，更不屈从社会舆论和更不关心社会期望。老年人心灵转换和人格修养的高峰有三：一是通过道德修养达到弗洛伊德那种"超我"的境界，像诺贝尔和平奖得主马丁·路德·金那样凭自己的良知为消除社会的不公正弊端而奋斗。二是在科学、宗教、哲学、政治、经济、军事、文学艺术的研究中开发出超人的智慧，甚至激发出自己的灵性思维，被社会公认为"智慧的老人"，受到人民的普遍尊重。三是经过佛道修持发现自己的"真我"，在对前生来世的悟解中体验到生命的真谛，从而心灵达到"开悟"的境界。这样的"智慧老人"是民族的财富，他们的智慧应该被用来为社会服务，而不应以年老剥夺其发挥才能的机会。

老年人的思维方式和判断事物的角度和年轻人都不相同，很难用某种统一的智力量表测试其优劣。一般说来，老年人在信息的输入、储存、检索诸方面都比年轻人需要较多的时间，对外部刺激的反应速度变慢。老年人经历多，信息积累和储存量也和青年人不同，分析和综合的能力较强而记忆、学习的速度变慢，"长期记忆"较强而"感觉记忆"（瞬时记忆）、"短期记忆"都较差。语言流利程度、时空辨别能力、数字记忆能力、图象识别能力、信息检索能力一般都比年轻人差或速度慢。然而由此认为老年人丧失了学习能力或认为老年人不需要再学习的观点则是错误的。学习是每个人一生的任务和生活本能，是心灵活力的标志，停止了学习也就停止了生命的灵性。老年人在死亡的前五年往往出现智力异常、不再学习和人格变态的现象，其认知能力会明显下降，这是需要特别关注的。

最后，我们从社会学的视角对衰老再作探讨。我们把65岁至75岁的老年人称之为"初老期"人口："初老期"的人口大多还有工作能力，特别是其中高学历的知识阶层仍能为社会做出重要贡献，因之聘任"初老期"的人口参与相应的社会工作是老年政策的关键。国家应为"初老期"的退休人员自由择业创造条件，使他们能在力所能及的职位上"再就业"，以保持社会的和谐和创造能力。75岁至85岁的老年人可称之为"中老期"："中老期"的人口需要有人对他们进行生活照顾和社会关怀，并以其身体、智力条件的允许程度尽力发挥他们的余热。"中老期"人口中的少数"智慧老人"仍可间断地聘任重要的职位，其中的菁英人物仍会产生较大的社会影响。85岁以上的老年人称作"高龄期"："高龄期"人口应该退出各种社会权力机构和脱离决策层，要以自己的智慧帮助后来人而不是以自己的权力束缚新一代人。85岁以上的"高龄期"人口和18岁以下的青少年都应被列入"受赡养"的群体，国家的老年政策应重视他们的医疗保健。显然，人口的老龄化会给社会的就业、住房、退休、医疗、保健等带来不可低估的影响，受赡养人口的增加和高额的退休金、医疗保健费都会使劳动人口的"负担"加重。

家庭和亲情是老年人的依托，老人也是联系家庭、亲友和后辈子女的纽带，特别是在当今离婚率高的社会环境下，被遗弃的孙辈子女往往依赖年迈的祖父母一辈人生活。老年人一生创造了许多物质财富和精神财富，这是他们同社会进行服务交换的资源。家庭和亲情是老年人幸福的保障，也是老人毕生进行感情投资应得的回报。老年人自年轻结婚生儿育女，直到把子女哺养成人，不仅抚养子女到18岁，而且还供养到大学、研究生，直到为子女安排工作，为其购买住房，操持子女婚事，还要帮助子女带孩子，耗尽了大半生心血，到老年行动不便或生活不能自理卧病在床。成年子女赡养父母是天经地义应尽的责任，也具有社会交换的自然合理性。那些身体好，社会地位高，有足够的收入，有发达的社会关系网，有家庭和亲情，有宗教信仰和休闲兴趣的退休老人必然会有更多的幸福感。现在各国实行的退休制度是确保年轻人进入社会角色的一种手段，它迫使老年人脱离社会主流，然而一个由老年人说了算的社会或歧视老人的社会都是不合理的。老年人不应是社会的包袱，而应是社会的财富，哲学、宗教等学术研究，绘画、书法等文学艺术，社会公益事业和政治活动，都可以作为老年人新的职业选择。

中国人受孔子儒学文化"重男轻女"的观念影响，致使生育男女比例失衡，社会上男孩生得比女孩多。然而"高龄期"的老年妇女比较常见，高龄男人却较少。一般说，婴儿期和童年期的男孩比女孩更易夭折，而 20 岁至 24 岁时男性死亡率是女性的 3 倍，65 岁以后是女性的 2 倍。这样，社会上男女出生率虽以男性为高，但是人到老年，女性的比例就渐渐高于男性，致使老龄化的社会主要是女性社会。据统计，65 岁妇女的预期寿命可再活 18 年，75 岁妇女可再活 12 年；但 65 岁男子的预期寿命可再活 14 年，75 岁男子仅能再活 9 年，这样妇女比男子的预期寿命高 8 年。妇女丧偶的平均年龄约为 60 岁，多数妻子比丈夫更长寿。五代同堂的家庭几乎有三代寡妇，而老年男子大约到 80 岁以上才成为鳏夫。寡妇可以长寿，但鳏夫是不可能长寿的。男性对配偶不仅有生理需要，而且还有心理需要。一个和谐的社会应当对老年人的再婚和性生活给以较大的宽容和适度的同情。世界各民族实际上都存在老夫少妻、一夫多妻的类似婚史。《易·大过》云："枯杨生稊，老夫得其女妻，无不利。""枯杨生华，老妇得其士夫，无咎无誉。"先民这种男女年龄差距较大的老夫少妻、老妻少夫婚姻现象，至少有利于对老年男女生命和性能量的激发。在内丹家看来，女人就像盛开的花朵，然而这朵花真正艳丽的时期一生仅有几年，至绝经期花朵就枯萎了。其余花开时间每年仅有几个月，每个月仅有几天，每天仅有几个时辰，称作乐育之时，为产药的火候。女性需要寻找功力高超的男性，男性需要年龄少壮的女性。老年女子可以不要性生活，而老年男子仍有性欲望。一个性能量彻底枯竭的老年男子，预期寿命只有 6 年。

3. 人体衰老的机制和抗衰老

人体是一个物质、能量、信息的自组织系统，其中物质由自然环境提供，显然人自幼至老物质的供给和交换差别不大，因之衰老不可能是因物质的缺乏（如食物供应不足等）；人体的能量来自阳光、空气、水和营养物的代谢作用，显然衰老也不会因为能量的不足；那么衰老的原因在于信息的储存、交换、耗散、差错，是可以肯定的。因之，人的衰老本质上是人体系统的熵增效应，是热力学第二定律的不可逆过程在人体生命领域的体现。内丹学认为人的衰老是元炁损耗的结果，换句话说，衰老的原因是先天遗传信息损耗造成的，由此可知丹道修炼采补先天一炁是唯一可救老残的方法。丹家每言"以人疗人，真得其真"，是内丹学认为老年人的信息损耗，不仅可以从和异性的修炼中得到补充，还可向宇宙的虚空中摄取。这是一种以无生有，以法身修补色身，以虚救实的阴阳相须之道，是世界上人体生命科学最先进的抗衰老方法。我们有了这个正确思路，再来检索西方学者对衰老机制的研究成果就会洞若观火。

其中较有影响的有磨损学说、自体中毒学说、代谢速度学说、性腺功能减退学说、自身免疫学说、内分泌学说、自由基学说、氧化还原过程学说、消旋作用学说、脂褐素学说、生物膜损伤学说、溶酶体膜损伤学说、体细胞突变学说、交联键学说、循环细胞和非循环细胞相互转换学说、生物钟学说、差错灾变学说、泛化差错学说、废产物学说、脑衰老中心学说、DNA 修复缺陷学说、剩余信息学说、密码子限定学说、修饰基因学说、双歧杆菌学说等，都从不同角度探索了衰老的机制。我们不妨择其一二对西方学者的思路略作介绍。

（1）自体中毒学说：1903 年，俄罗斯生物学家麦奇尼可夫出版了《人的性质》，1907 年又出版《长生论》[①]，认为人的大肠仅为储存粪便之

---

① 佘小宋译，商务印书馆，1940 年出版。

用，其中的大肠杆菌及各微生物乃产生自身毒素之渊薮。这些毒素为人体吸收，造成慢性中毒，导致人体衰老。人本来是多种微生物的共生体，这种从人体肠道内细菌群落的角度入手的方法为抗衰老的研究提供了正确的思路。乳酸酵母菌有遏制肠内腐败的作用，这也是事实。另外，胎儿体内有较多"双歧杆菌"，而老年人体内"双歧杆菌"消失，然而调查结果发现某些长寿地区的高龄老人体内的双歧杆菌却比常人高很多倍，根据道学"返本复初""法儿小时"的原理，则饮用酸奶等发酵食品，适当增加排便次数，引进肠内"双歧杆菌"群落，应当具有抗衰老的作用。

（2）剩余信息论及有关学说：梅德韦杰夫（Medvedev）的剩余信息论认为，某些确定的基因、作用子、操纵子以及 DNA 分子上的其他线性结构有选择地重复，表现为剩余信息。体细胞在发育过程中，DNA 分子中的遗传信息仅有 0.2%~0.4% 发挥作用，其他部分被阻遏。如果某些基因受到损伤（即活动中的染色体组有了缺陷），就得由重复基因（剩余信息）发挥作用。如果剩余信息一旦被耗尽，细胞的正常功能则难以发挥，从而导致衰老。不同物种的寿命可能是其基因顺序重复程度的函数，长寿物种应该比短寿物种具有更多的剩余信息。这样，物种寿命的差别被认为是基因重复程度的表现，而基因的重复则是真核生物系统进化中的普遍机制。

早在 19 世纪，路易·巴斯德（Louis Pasteur）就发现动植物所分泌出的绝大多数有机物质都具有光学活性，即有机物分子的原子配置有呈镜面对称与呈镜面不对称两种。当有机物纯粹由左旋分子或纯粹由右旋分子组成时，那么这种物质的溶液可使穿过该溶液的光的偏振面发生旋转，称为旋光性。天然的有机物都是由碳原子的左旋异构体或右旋异构体组成，二者数量不等，故皆具有光学活性。化学家人工合成的有机物则无光学活性，称为消旋物。1936 年瑞典物理化学家库恩（Kuhn）通过计算提出光学活性物质的酶反应理论（即消旋作用理论）。在生命活动中，机体不断进行着其左旋的或右旋的光学活性物质的合成，但随着年龄增长，机体内光学活性物质不断损失，酶分子等物质的光学活性逐年下降，其特有的生化功能也随之退化，正是人体内的活性酶分子等物质的消旋作用引起了细胞衰老。实验证明，人体的血液中血清的光学活性随年龄有规律地降低，即血清中的某种蛋白质随年龄增长被消旋化了。显然，有机体的光学活性物质具有较高的信息量，随着消旋化的进行信息量降低，熵增大，达到某一阈值就会导致细胞衰老。

还有一种交联键学说，认为甲醛及其他醛类、金属离子、某些有机酸等，可以和DNA双螺旋分子的一股上的氢键形成交联键，使DNA产生不可修复的损伤甚至导致细胞死亡。特别是纤维结缔组织和胶原中肽链的交联键，乃至体液免疫功能的降低，都会导致衰老。人的一生中，交联键可以在各种大分子间形成，甚至将蛋白质分子锁住形成稠密的集聚物或淀粉样沉积物，以致现有的酶类无法触动它。这种交联键对细胞造成的损伤，往往超过遗传基因的作用，从而加速人的衰老。显然，这些由交联键交叉结合的巨大分子因极难酶解而堆积在细胞内，也可视为人体信息量的丧失和熵效应的增加。

我在《道学文化的新科学观》一文中推出孤立系统内能、信息转化和守恒的关系式。其中I为信息量、T为绝对温度、H为玻尔兹曼常数与自然对数Ln2之积，J为热功当量，S为热熵，U为内能，则HIT为可用能，JTS为束缚能，则：U=HIT+JTS。这样在系统的内能U不变时，要增加能量的信息储存，就需要做功以减少系统的熵，使其可用能增加。反之，在系统的熵增加时，可用能就减少。在自然界天然变化中发射自由信息的熵增过程，都是可用能减少的过程。这时系统的内能虽然在量上守恒，但在质上要发生退化，可用能会转化为束缚能，组成躯体结构的束缚信息会转化为自由信息发射出去，系统的信息量会降低。必须指出，这个自然定律不仅适用于宇宙，也适用于人体，我们可由此对人体的衰老给出广义信息论的解释。衰老无疑是一种细胞信息丧失的现象，这种信息丧失可以在分子水平上反映出来。目前我所见到的西方科学家提出的衰老机理，大都可归入人体信息损耗和熵增效应的范畴。

（3）自由基学说和氧化还原理论：1956年哈曼（Harman）提出自由基学说，认为自由基积累的毒害作用是人体衰老的原因之一。自由基实际上也是交联键理论中的主要交联剂，它是具有不对称电子的原子及分子的总称，化学反应能力极强，是正常代谢的中间产物或来自环境（如甲醛、丙烯醛等）。自由基不仅可使蛋白质、核酸等大分子产生交联物，还可使细胞中的多种不饱和脂类发生过氧化，生成过氧化脂质，从而对生物膜造成损害。自由基可以氧化细胞外的多糖高分子聚合物及其他一些可溶性成分，并能促使脂褐素（Lipofuscin）的形成。自由基和电离辐射、紫外线、缺氧等都可损伤生物膜，从而导致细胞膜伤害和脂膜过氧化，还可损伤溶酶体膜，从而致使细胞死亡并加速衰老。脂褐素等不溶性颗粒的堆积和沉淀也会扰乱细胞的有序结构，增加人体的熵效应。

使用某些激素、维生素和矿物质，如胰岛素、甲状腺素、甾醇类激素、砷、碘、维生素A等，可以改善氧化过程的质量，而过氧化物歧化酶（SOD）则可清除自由基，加强机体的还原过程。其他如过氧化氢酶（CAT）、过氧化物酶（POD）、谷胱甘肽过氧化酶等，都有清除自由基的作用。自由基清除剂通过直接提供电子，使自由基还原或增强氧化酶活性，迅速消灭自由基。对清除自由基有协同作用的还有维生素C、维生素E、半胱氨酸、硒、有机锗、锌、巯基化合物（如巯基乙胺等）、氯脂醒，因此服用含有这些物质的食品和药品有一定抗衰老作用。含有过氧化物歧化酶（SOD）的水果、蔬菜和中药如余甘果（橄榄）、刺梨、山楂、黑木耳、银耳、大蒜、金丝枣、沙棘、红景天、黑芝麻、猕猴桃、绞股蓝、香菇、山药、肉桂、山茱萸、灵芝、鹿茸、枸杞子、花粉、蜂王浆、甲鱼以及人参、丹参、砂仁、黄芪、黄精、三七、首乌、五味子、刺五加、肉苁蓉、淫羊藿、当归、茯苓、地黄、海马、海狗肾、胎盘粉、蛤蚧、冬虫夏草、白果、阿胶、补骨脂、楮实子、麦冬、巴戟天、玉竹、仙茅、杜仲、菟丝子、珍珠粉等一大批滋补、壮阳、健身类中药，显然也有抗衰老作用。

（4）性腺功能减退学说及内分泌学说：该学说认为，衰老与内分泌腺的紊乱有关，特别与性腺的功能衰退有关。因此西方科学家用注射动物精液腺的提取物，注射睾丸提取液、移植年幼灵长类动物睾丸、注射妊娠素、注射盐酸普鲁卡因溶液（老年生物素H3）、注射胸腺提取物、服用阿斯匹林和氢化可的松、注射性激素、服用红铅和秋石等，都能防治早衰，甚至出现短暂的"复壮"现象。

我们知道，内丹学家进行人体修炼的重要关窍，都是内分泌腺集中的地方。丹家沿任督二脉，将性腺、肾上腺、胰腺、胸腺、甲状腺、松果体、脑下垂体这七大腺体的内分泌功能相互激发，从而使人体在生理上和心理上达到一种和谐有序的新境界。这就是说，内丹学的人体修炼工程是从调整内分泌的激素入手的，丹家常服用的"八味地黄汤"（地黄、茯苓、山药、山茱萸、牡丹皮、泽泻、附子、桂枝），也是调整内分泌的良药。内丹学家认为，人的生命力，来自人的元精，故"肾为先天之本"，实即人的性能量。一般人结婚生子，纵欲泄精，称作"顺则凡"，实即性能量在生命过程中不断耗散，故人由壮而老而死。内丹家交而不泄，采药归炉而炼化结丹，称作"逆则仙"，实即不断激发性能量且使之升华，又名"还精补脑"。

养生之要，在形精不亏，合于大自然的宇宙节律，凝神专一，与道相合，以此促进人的生理和心理有序化，保护人体之剩余信息，再根据每个人的生活条件，生于陵而安于陵，长于水而安于水，自能长生。抗衰老之要点，因人而异，人到老年患有不同的老年病，这些老年病彰显出不同人的心理、生理弱点。养生如牧羊，要鞭打落后的羊，即首先据每个人不同的老年病而疗养之。忽思慧《饮膳正要》云："故善服药者，不若善保养；不善保养，不若善服药。"老年人欲长寿，必须注意春夏秋冬四时摄生之术及熟悉老年病的医药学知识，既善保养，又善服药，再修习佛道养生功法特别是尽早跨入丹道之门，则可达到抗衰老的目标。

第三节　过激行为

宇宙间万事万物的所有运动都有趋近于"中和态"的趋势，中和态是运动的基本稳定态，这就是道学的"中和原理"。生命运动中过分偏离中和态的生命冲动或死亡冲动称作过激冲动。由过激冲动激发的生命活动称作过激活动。从行为科学来分析，由人的过激活动展示的行为称作过激行为。过激行为是人的基本生命活动，在人生中占有重要位置。

1. 新道学的生命观

老子《道德经》云："道生一，一生二，二生三，三生万物。万物负阴而抱阳，中气以为和。"（42章）这段话包含着道学的三个基本原理，从"道生一"到"三生万物"是道的"生化原理"，"万物负阴而抱阳"是"太极原理"，"中气以为和"是"中和原理"。

宇宙演化的根本原因在于灵子场的虚空振荡，灵子场的存在才可能形成从无机物、到有机物、到植物、到微生物、到水生动物、到猿、到人的进化序列，才可能形成从无序到有序的自组织的"耗散结构"。对生命系统来说，其机体是有机物与灵子场耦合而成的有序结构，其心灵是生命系统由能量和灵子场叠加而形成的功能。在生命的进进化中，灵子自旋的涡旋波相互结合与结构化的程度不断升高，即"灵子场"的"灵性"不断提升，当信息的"灵子场"组织化、结构化为"象"时，心灵就产生了。

人脑的神经元从外部看来是实体，而从微观上却发现其内部绝大部分是真空。外界信息刺激神经元，产生电脉冲，神经元之间的突触通过化学递质传递信息，由此产生了意识活动。实际上，神经元的真空态也会产生波动，灵子场可叠加为意识场。灵子场可以同时看作突触之间的递质，生物的组织之间、细胞之间实际上都有这样的突触机制，靠灵子场的递质联系维持生命。进而分子之间、原子之间、基本粒子之间、量子束之间的相互作用，也可以看作是这种突触机制，灵子场是万物相互联系的普遍存在形式。

2. 人生本身是一种尝试

从新道学的观点看，人生本身是一种尝试，人类社会的演变也是一种尝试。半个世纪以来，我们在一场前所未有的社会实验中耗费了大半生，其中成功、失败和利、弊、祸、福都有较多的偶然性和随机性，并没有什么人可以代替上帝预定成败利钝。每个人的人生命运具有偶然性和随机性，每个国家和民族的命运也具有偶然性和随机性。灵子场的选择性既然是无限的，每个人的世界观就不能拒绝偶然性和随机性。自然界的物质运动规律建立在随机的统计和概率上，必然性以偶然性为基础，生命活动来自人和生物的尝试本能。

地球上的生命是在汪洋大海的水中随机自由创造的，人的生命也是在其化学成分类似海水那样的人体环境（子宫的羊水）中孕育的。一个壮年男子一次射精大约排出三亿个精子，在进入子宫受精区之前几乎全部夭折，其中仅有几个精子有幸接近卵子。如果排除双胞胎之类的特例，最后只有一个精子穿透卵子的保护层，形成受精卵，这就是人体生命的开始。这就是说，人生的命运从一开始就伴有残酷的生存竞争，就以随机性和偶然性为起点，人生就是一种尝试。微精神分析学的研究证实，人在胎儿期、童年期、成人期其实都处在激烈的生存竞争之中，都处于"血腥的"战争状态，都一直受着破坏、保存、进攻、防御、控制、挣扎等相互矛盾的过激冲动的煎熬和焦虑，这种从胎儿期就开始的心灵能量的积累都有可能在人的一生中诱发过激行为。

人自离开襁褓迈出第一步，至年老卧床不能行动，所有迈过的步子连成一线，便是一条人生之路。每个人生命中的青春年华是金钱买不来的，智能才学是权势夺不走的。在一定历史条件下，一个人的命运往往是他本人性格和智能的画卷在他一生中所有机遇下的展开。社会的机遇给出各种可能性，而不同性格不同智能的人则会做出不同的抉择。人生之路的机遇其一来自特定社会条件下的时势，时势可以选择并造就英雄；其二来自特定生活环境中人际关系相互遭遇的缘分，复杂的社会关系限制着人的活动范围。由于每个人在社会历史的戏剧中既是观众又是演员，因之只有寻找到自己的最佳社会角色才能演出较好的人生话剧。有两点却充满随机性和偶然性，一个是"机遇"，一个是"抉择"，人生就是在"机遇"和"抉择"的尝试中创造了自己的命运。由于这种感悟，我得出了"生命的价值在于创造，人生的道路重在拼搏"的结论。其实每一个人的一生都是在一系列错误、冒失、盲动和侥幸中走过来，那种不许反悔、不许反复的伦理教条是可疑的，因为人生是不能没有尝试的。古人云"不如意事常八九，与人言者无二三"，大约每个人内心深处都有一个自己最隐秘的角落，每个人一生中都有几件最遗憾、最后悔的事！

人类在各种生存竞争的活动中开发了智能，创造了人类社会的物质文明和精神文明。人类的智能无论层次高低，都具备两大特征，即随机性与目的性。随机性以偶然性为根基，目的性以必然性为趋向。人脑的智能在意识和环境内外协同的激发下不断发生变化，这就意味着偶然性在起作用。意识的特征是跃迁的，即不断从一种状态跳到另一种状态，这也是偶然性或尝试在起作用。意识在变化期或临界跃迁时，随机性起主要作用；在跃迁之后的稳定期，目的性起主要作用。意识系统也和天气系统、金融股市系统、社会治安系统等动力学系统一样，当各个子系统的矛盾积累使整个动力学系统达到某一临界点或分歧点时，偶然性或随机性便开始起主导作用，尽管很小的偶然性因素也会导致该动力学系统发生必然的巨大变化。这就是说，从人的心理到整个人类社会都是一种尝试。在这个丰富多彩的世界上，每件事物的发展都有多种可能性，每种可能性都有变为现实的或然率，因之任何事物发展变化的结果都是或然的。凡是人能想出来的事情，无论多么荒诞怪谲，总有人会试着真地做出来。没有什么权威人士的话是不可违背的，没有什么神圣的教条是不可改变的。大至人类社会的发展、民族的兴衰、国家的前途，小至家庭的幸福、个人的命运、目标的达成，都有多种可能性，都受偶然因素的左右，都是人们在过激冲动下的一种尝试。

过激行为来自人的身心冲动，过激冲动就是尝试。尝试是偶然性的，无论是求生尝试、死亡尝试、爱的尝试、杀的尝试，各种偶然的尝试造就了人生，尝试本能是人类最基本的本能。尝试的动力来自于生命的张力，来自于死亡冲动（包括破坏冲动和侵犯冲动等）和生命冲动（包括性冲动和自卫冲动等）。人的生命都有一个不断的能量聚集和释放过程，压力的增强和消除过程，这就造成了各种随时随地随缘的尝试。

3. 人和人类社会的过激行为

首先，我们必须认清人类过激行为的本源是死亡冲动和生命冲动。人们从梦和各种异常心理状态中发现其精神的旋涡中心是死亡冲动，人必须正视来自死亡冲动的压力。然而生和死是密不可分的一体两面，死亡冲动在灵子场突触机制的激发下随时就可反跳为生命冲动，这又是一种从偶然到必然的不连续的随机爆发力。人的生命的起始点是虚无，是灵子场的真空振荡，死亡冲动是向无机物、向虚空回归的倾向，而生命冲动则是逃避虚空的倾向。死亡—生命冲动是人的过激行为的变速器，人的死亡焦虑使人们体悟到，人的生命是无常的，人总要情不自禁地做出一些过激行为。

其次，我们可以把人们的身心状态分为过激态、中和态、升华态三种类型。过激态是一种激情代替理智的身心状态，这时候救人与犯罪、自杀与杀人、行善与作恶系乎一念之间，个人的生命张力和心理压力接近临界点，死亡—生命冲动一触即发。当人的肾上腺皮质激素、肾上腺素、促卵泡激素、雄性促黄体激素分泌过盛，就会促使人做出一些偏激行为。中和态是人的身心被良知和伦理道德所规范的状态，其实人的良知和自觉遵守伦理规范、维护社会公德的品质也是人类长期进化的结果。人生不可能毫无欲望，也不可能不去追求快乐，但关键是要有适当的节制。人而能知节制，虽求乐而行险，止于中和之位，仍有吉无凶。升华态是将人的激情超越个人的私欲，向道的境界提升的状态。因为创造性本身也是来自人的过激冲动，凡天下成大事业者，有发明创造者，多是性情中人。

最后，我们再探讨人类社会的过激行为。人的群体根据其活动范围和波及的人群会周期性地出现过激行为，我们可以从宗教狂热、政治狂热、恐怖活动、商业狂热（如股市泡沫狂潮）、世界大战中找到例证。自降生后就与世隔绝的人是无有什么智慧的，人的智慧来源于他同周围环境的信息交换，也就是说，智慧是信息交换的产物。一个人在偶然的状况下不能自制，兽性发作，突然出现过激行为，这也是一种心灵返祖的现象。个人的野蛮本能，也能够受群体意识场的激发，共同产生过激冲动。当一个人受到处于过激冲动状态下的群体包围，就会接受多数人的心理暗示，使个人的智商降低，盲从群体的过激行为，这是原始人动物心理特征的重现。过激行为是一种人体积聚的性能量和心理压力的释放过程，包括通过革命或战争释放人们杀伤对方的心理欲望。政治家如果不懂得过激行为是人的一项基本生命活动，就不懂得人为什么会大吃大喝、嫖娼、赌博、吸毒、酗酒、竞技、犯罪、冒险乃至在战争中爆发牺牲精神，更不理解人类为什么需要宗教信仰，则不可能有修身、齐家、治国、平天下的本领，就不是真懂政治，就无法将这个躁动不安的社会引向和谐和有序。当今社会的许多行业（如烟、酒等）、体育运动、犯罪活动（如贩毒、开赌场等）、宗教和文化，实际上皆是为了平抑人的过激冲动而产生的。人类本来有死亡焦虑和相互残杀的兽性，有一种与生俱来的将善与恶、爱与恨交织在一起的俄狄浦斯情结。在当今全球一体化的心理氛围中，一旦这种野蛮凶恶的兽性被激发出来，全世界充满仇恨和凶杀的戾气，大家都疯狂地找理由摧毁对手，都认为非打仗非动用核武器不可，人类自我毁灭的浩劫就到来了。

第四节　性活动

性活动是人类最根本的生命活动，是性能量必然要释放的生物现象，又是人类过激冲动的基本形式。人虽有七情，一分为二不过是欲、恶两端。饮食、男女，是人生的基本要求，是人之"大欲"，故人人追求而喜好之。死亡、贫苦，是人们满足饥饿和性欲二种基本需求的障碍，抑制了生的欲望，是人之"大恶"，故人人厌恶之。

1.性与文化

人类的性活动是人类一切生命活动的基础，又是所有文化的核心，并牵涉到人类社会政治、经济的诸多要素。我们观察人类的所有宗教，都可以发现任何古老的宗教背后都隐含着性崇拜的影子，一切宗教的基础都是性。阴阳交合而万物成，男女媾精而人类生，有男女而有夫妻而有父子而有君臣上下，人类社会的政治结构和伦理观念皆是由男人和女人之间的性活动而来。人类文化的母体是宗教，宗教既以性为母题，则举凡哲学、科学、文学艺术、伦理观念等无不以性为母题。人体性能量激发、升华出的激情与智慧是哲学思维和科学创造的源泉，哲学和科学研究的成果大多带有性的意象，文学艺术作品中性意象就更普遍了。

人类在漫长的母系氏族公社时期性生活和婚姻制度都是比较自由和宽松的。人类文明的进步有赖于社会的生产活动，而生产活动则包括物质生活产品的生产和人本身的生产繁殖。大约在35万年以前的冰河时期，全世界人口不过50万，由于酷寒的生活条件迫使他们聚居在地中海沿岸的温暖地区，但远离此地的北京人却因发明了火并且在山洞中避寒，从而生存下来。旧石器时代的北京人大概是没有什么性禁忌的，人类最初的群体是以女人为中心形成的，他们以杂交的性活动繁衍人类。人类生产活动的第一次社会分工是男女之间的分工，第一次性禁忌是乱伦禁忌，从此人类创造了自己的文明，新石器时代在一万年前开始了。

新石器时代的三皇（伏羲、神农、黄帝）、五帝（少昊、颛顼、高辛、唐尧、虞舜）时期，亦为母系氏族公社的原始社会，三皇五帝皆无父，感天而生。相传华胥履大人迹而生伏羲；女登感神龙而生神农；附宝感北斗而生黄帝；女节感流星而生少昊；女枢感虹光而生颛顼；庆都感虹光而生尧；姜嫄履巨人迹而生后稷，皆只知其母不知其父。新石器时代母系氏族公社出现的第二个性禁忌，是月经禁忌，发现女人的经血和月亮的关系，月亮联系着女性血的"潮"和"信"。男人没有月经，仅有年轻而成熟的女人才有月经，有了月经的女人才可以做母亲。显然，这种女性崇拜或曰性崇拜文化，就是人类道学文化的肇端，道学文明本质上是一种女性文明。

在数十万年的旧石器时代及新石器时代的母系氏族公社时期，女性一直占据社会的中心位置，这是不争的事实，人类的文明本质上是由女性奠定的。在漫长的进化史上，人类创造出不同于灵长类动物的性活动模式，促进了人类文明的进步，其中女性起了关键作用。非人类的灵长动物性交姿势是雌性翘起臀部，雄性生殖器从后面插入，性交成为仅仅以生殖为目的的残暴行为。而人类的女性没有固定的发情期，可以和男性面对面地性交，女性的乳房、口舌、腹部等肌肉、神经末梢都有敏感的性反应，并能达到性高潮，这都是雌性灵长类动物根本办不到的。女人对爱情的专一，对性伴侣的体贴温柔，个人风度的美丽、文雅、善良、谦和，都是女性数十万年加速进化的结果，这无疑是对人类文明发展的巨大贡献。因此我们说，女人是天使，是比男人更高级的生命表现，是上帝最优美的创造物，这应是没错的。随着地球上洪水时期的到来，在治水的群体劳动中父权上升，男人终于知道了自己在生殖活动中的位置，于是母系氏族公社过渡到父系氏族公社，以父权崇拜、生殖崇拜、祖先崇拜为核心的礼教形成，即为儒学文明、基督教文明之滥觞。男人从内心里喜欢一夫多妻制的婚姻，因而一夫多妻制是全世界最盛行的婚姻类型，几乎在所有古老民族中都实行过。现代流行于西方欧美国家的一夫一妻制大多名不符实，因为没有几个欧美国家的男人在临终前敢于坦然地发誓，他一生除自己的妻子之外没有任何外遇！严格的一夫一妻制几乎在任何国家都没有真正实行过。男人的性活动没有专一性，很容易接受性刺激引发性冲动，甚至丧失理智做出性的过激行为，这是人类社会进化遗留下的后果，看来近一万年无论是社会进化或是生命进化都有不断加速的趋势。人类的社会进化磨去了女性的动物野性冲动，使女性对性刺激反应冷淡，性行为较克制，特别是男权社会对女性的压迫使女人能够屈从和取悦男人，重视自己性活动的贞洁，成为性伦理的自觉维护者。因之，性解放主要是女性的性伦理观念的解放，而只有人类性观念的解放才能从根本上促成整个社会伦理观念乃至政治观念的解放。世界上每一次大的政治革命和思想革命，都同时兴起一次伟大的妇女解放运动，都同时伴随着人们性伦理观念的转变。然而由于女人在进化中性生理和性心理的机制和男人不同，社会道德的水准仍然高于男性，女性的社会犯罪率也较男性为低。无论人们怎样提倡性自由，性的伦理规则还是必须有节制，而节制社会性活动的阀门控制在女性手里。如果某个国家的女人像男人一样毫无节制，性活动非常淫荡，那么整个社会的伦理规则和贞洁的美德将不复存在，这个国家就会变成一个大妓院了。

2. 性活动与性高潮

20世纪40年代，清教的禁欲主义尚在美国占据统治地位，而阿尔弗雷德·金赛博士的《金赛性学报告》却揭开美国社会道貌岸然的面纱，使各阶层的人们瞠目结舌。他发现自慰、梦遗、异性爱抚、异性性交合、同性性行为、与动物的性行为这六种可能的性能量释放途径，在美国男女中使用的比例高出人们的预料，冲垮了性伦理的道德界线。法不责于众，无论多么怪异的性对象、性行为或性释放频率，只要合于释放性能量的生理需要，并被相当数量的人群实际采用，都没有必要立法禁止它。包括同性恋、"反常性行为"、嫖娼、婚外情等，决非仅是社会上一小撮人所为，因此金赛博士向传统的性伦理提出挑战，他说："唯一不符合本性的性行为，就是不能完成的性行为。"

每个人的生命都来源于母亲，而爱情则是一种回归母体的欲望和避免孤独的尝试，它产生于幻想母爱的固恋情结。爱情在潜意识里也是重新征服母亲的尝试，它产生于一个寻求替身代替母亲的心理欲望。本来作用力与反作用力、善与恶、爱与恨都是共生共存的双向支配的要素，同样性压抑与过激冲动、性活动中的施虐和受虐、爱情中的嫉妒和怨恨也是共生共存的。情侣们都声称自己的爱情是高尚的和永恒的，然而爱情既然源于尝试且和妒恨共生，就总会带有某种不确定性和可变性。长久的爱情并非以激情为支柱，而是包含了对双方容貌、性格、才能的欣赏和敬重，包括了双方和谐互补的需求以及淡淡的友情和亲情。如果我们进一步说，恒定的爱情有赖于文化环境、道德氛围和经济条件，然而有这么多客观条件限制的爱情是真正的爱情吗？这些客观条件只能造成恒定的婚姻和家庭，而不是爱情。爱情的核心实质上是性。我们毋宁说性是爱的生理结构，爱是性的心理作用。

通过刺激性器官造成性唤起和性反应，是人们性活动成功的关键。一般说来女性刺激阴蒂、小阴唇以及阴道前庭的结合部，较容易出现性唤起，这是女性最敏感的性器官。此外会阴、肛门括约肌无论男女在接受性刺激后都会出现性反应。男子的性敏感区集中在阴茎，女性在抚摸男友阴茎时很快出现性反应。女子的阴道内壁、子宫颈、男女肛门内的直肠等部位缺少感觉神经，外科手术亦无疼痛感，一般说来较少性反应。男女的尿道口和尿道、男人的阴囊也不是性敏感区。乳房、口腔、耳、臀、大腿、脚趾、掌心、肚脐、腹股沟等，都可以接受性刺激引起性反应。一般说来，男人的阴茎勃起、女人的阴蒂充血且阴道分泌液增多，是性活动的前提，而男子阴茎的大小、女子阴道的宽窄，并不影响男女的性快感。性活动大多是男女双方互动的过程，其中一方的性反应也会激发另一方，这种相互激发的现象使双方都发生性反应，称作交感反应。人的性反应包括肌肉紧张、心率加快、血压升高、呼吸急速、毛细血管充血、生殖器分泌液增加、鼻口分泌物异常、感知能力减弱及全身的抽搐、痉挛运动，性敏感区出现肿胀和酥麻等快感，一直到性高潮的来临。

当性唤起时，人的视觉、听觉、嗅觉、味觉等感知能力降低，而性高潮来临时人的意识可能完全丧失，性反应迅速扩散到全身所有组织器官，这时神经—肌肉的紧张达到顶点状态，又骤然解除而放松下来。这种神经—肌肉紧张状态骤然解除的现象，称作性高潮（orgasm），或曰性极点（climax）。男子性高潮后产生射精、抽搐、痉挛等后续性反应，女子的性高潮甚至会出现气息微微的"僵死"状态，乃至真地发生"性窒息"。大多数人一生中性唤起的速度和方式、性反应的速度和方式、性高潮所能达到的水平，都有自己特异的固定模式。性高潮是人类性活动进化的结果，其它哺乳动物的性交方式不可能达到性高潮，仅有人类的性活动可以出现性高潮。这就是说，性高潮是人类特有的性反应，特别是女人特有的性反应。男子的性高潮仅能持续数秒种，而且高潮过后不能立即恢复，特别是射精则意味着性高潮结束，随之进入"不应期"。对女性性来说，性快感的出现意味着性高潮临近，这种性快感和性兴奋可以使女性身体的某些部位（面部、前胸、腹部、后背）出现短暂的、阵发性的血管扩张，可以使乳房和某些器官发生急速膨胀或缩小等变化，可以开发出身体潜能并唤醒人类早期的感觉—运动体验。性高潮期间人们忘乎所以，对性伙伴不再挑剔，这时的性伙伴具有可替换性。女子的性高潮可以持续数分钟，并能很快恢复，出现一次接一次的性高潮，因之可以说女性的性高潮几乎是无限的。

最后，我们还需要说明的是这里引用金赛博士的性学调查报告，仅是描述的社会上"一般人"的情况。在道教的房中术、密宗的无上瑜珈和内丹的铸剑、采药工夫中，完全可以超出一般人性活动的极限。

人出生之后，仅有对外来刺激做出反应不需要学习，其他都不是生而知之，而是学而知之。各种性活动的方式，包括多种性技巧，都只能从学习而来。丹道的性修炼应该纳入性学研究的范畴，因为性修炼不仅可以更深入地揭示性活动的奥秘，而且还应当作为人类生活的一种目标，性修炼无疑也是人类生命的正当权利。

3. 性心理的发展机制

新道学"返本复初"的原理恰似一把解剖刀，我们可以用它剖析出宇宙和人生的各种秘密，人类性活动的奥秘也不例外。根据道学"返本复初"的原理，人的某些行为或是出于回归虚空的欲望；或者是出于逃避虚空的欲望；或者是出于返回母体子宫的欲望；或者是向婴儿复归的本能。我们把性活动看作通过自我繁衍摆脱孤独、逃避虚空的欲望，把爱情看作是回归母体、幻想母爱的情结，把性高潮作为追求虚空振荡的体验，都是出于道学"返本复初"的原理，也符合方迪微精神分析学的结果。胎儿最初本来是雌雄同体的，由于子宫内液体的酸碱度、温度、钾离子和钙离子以及镁离子的浓度、母亲每年的性能量运行周期乃至饮食结构等因素促使性别分化，男女的性结合则是回归雌雄同体的欲望，因此性高潮则是二体合一的体验。这种性体验在性活动中会萌发急于进入对方体内的激情，出现全身被一股热浪卷入的觉受。由于每个人都有雌雄同体的生理结构，体内都同时有雌性激素和雄性激素的分泌，因之每个人都具有潜在的同性恋倾向，到老年期甚至出现男女的心理性别转换。死亡冲动是一种回归虚空的倾向，生命冲动则是逃避虚空的倾向，是死亡冲动的反弹。性冲动显然是生命冲动的一种形式，是性能量寻找宣泄途径的表现。母系氏族公社的婚姻形式是我国云南纳西族无父无夫的"阿注婚"，因之人类现代社会的婚姻形式也莫名其妙地向这种"阿注婚"的形式迈进。这些，都是道学返本复初的原理在暗暗起作用。

人的性能量的形成和积累，是从人在胎儿时期就潜伏下了。从胎儿期到口腔期、肛门期、生殖器期，性能量一直潜伏和积累，也同时相应地形成潜伏期的性心理。直到青春期，性能量开始寻找途径宣泄，出现各种性活动。而到老年期，性心理又出现向潜伏期复归的现象，即重新从生殖器期到肛门期、口腔期、胎儿期的反演。直至死亡前，性压抑会突然冲破一些虚伪的道德伦理限制寻找释放的途径，人们只要细心观察临终的人发生的性表现，其真实面目就会暴露无遗。某些多年受性压抑的人，则会以老年颠狂症的方式进行释放，因为疯狂更有利于毫无顾忌地撕开伦理道德的面纱！这里我们顺便说明，性活动对人的心理疾病乃至生理疾病都有治疗作用。

胎儿期又称初始期，父亲的精子和母亲的卵子中本身就含有先天的性能量，丹家称作真阴、真阳，即所谓先天真炁。胎儿在母亲的子宫里就以先天真炁为根基开始积累后天的性能量，这种后天性能量的心理凝聚体被弗洛伊德称之为"里比多"（libido 性本能）。胎儿期是"里比多"形成的初始期，在这一阶段母亲的性活动和性心理极大地影响着胎儿，实际上胎儿是以过激冲动的方式和母亲共同参加了各种性活动（包括她的自慰、同性恋及其他反常性活动）。人在胎儿期就开始接受和认同多种方式的性刺激，并开始完成雌雄两性的心理分化。

婴儿从出生到1岁左右称作口腔期，表现为婴儿总喜欢用口腔吸吮乳房及各种替代物。从初生到6个月，婴儿主要通过饮食、吸吮（吸吮乳房、手指、玩具等）取得性快感。口腔期的婴儿有触觉的需求，经常触摸婴儿的肉体或母子的身体接触有利于孩子健康成长。从6个月到1岁，出现咬乳房及吞噬物品的动作，开始形成过激的性冲动。乳房代表母亲，它开始成为婴儿爱的对象，继之成为恨的对象，最后成为爱与恨的对象。这种爱与恨的双重支配心理，它源自"本我"的死亡—生命冲动，在形成后潜伏下来，在肛门期表现为对父母一方的认同，到生殖器期甚至尝试与双亲的一方结合而取消另一方，随后再次形成结晶式的固定的性压抑潜伏下来。

儿童自1岁到3岁左右进入肛门期，这时儿童利用肛门括约肌的排便功能获得性快感，并感受到自己拥有了对事物的控制能力。他享受将粪便排出体外的快感或将粪便留在体内的自私，因爱而排便或因恨而留便都会对个人性格的形成产生影响。肛门期的婴儿开始表达自己的意志，发出命令、做出计划并坚持自己的意见。如果一个人处事有序、节俭、执著甚至于卖弄、吝啬、固执，则他的性格肯定是在肛门期形成并固化下来的。

儿童自 3 岁到 5 岁左右称作生殖器期，这期间男性和女性的儿童分别发觉自己生殖器的特征并产生性别认同。男童和女童皆根据自己生殖器的特点分别出现阉割威胁或阴茎渴望、乱伦幻想等阉割焦虑，出现程度不等的性压抑。生殖器期的儿童有嫉妒心理，并能产生攻击性的心理冲动。儿童自 6 岁之后，进入性压抑的潜伏期，同时接受父母、教师的社会教育。性压抑在社会教育的引导下可以使性能量升华，为造就优秀的社会人才打下基础。

人到 10 岁至 14 岁之间进入青春期，这时男女少年的性器官无论从心理上还是从生理上都趋向成熟，并在嗓音、形体、毛发、乳房诸方面显示性特征。青春期少年还往往以自恋或爱恋双亲之一的方式调整自己的性能量。少年在青春期会对男女的性别区分出现奇妙的觉受，开始对异性有爱情萌动或形成复杂的性心理。青春期既是少年的性冲动顶峰期，又是性心理的空虚贫乏期，也是容易出现性反常的时期。诸如施虐、受虐、窥阴癖、裸露癖、恋童癖、恋物癖、同性恋、穿异性服装癖等，都是在青春期萌生的。人的青春期和人的更年期是相互对应的，都是性能量调整的关节点，会有很多性心理的波动。

48 岁至 56 岁更年期的性心理是青春期性心理的倒影。更年期的人离婚率增高，患病率也增大，情绪易波动，是人生的一个关键时期。

人从 56 岁至 70 岁，进入前衰老期。前衰老期为性潜伏期。56 岁为人生的中点，性能量重新调整建立新的平衡，可以重新出现性压抑的升华现象，这促使一些人在 60 岁以上仍能做出科学的发明创造或伟大的文学艺术作品。

人到 70 岁以上为衰老期，这时人的性心理发生逆转，重新依次出现生殖器期、肛门期、口腔期乃至胎儿期的特征。衰老期的性能量为人生剩余性能量，由剩余性能量激发出的性冲动为剩余性冲动。衰老期的回复生殖器期，出现老年性嫉妒和防卫心理。老年肛门期则出现执拗的个性和孤独感，尿道的括约肌开始松弛。老年口腔期则产生肉体接触需求，特别喜欢和幼童接触。老年胎儿期热衷于感官的享乐功能，同时出现越来越多的性幻想。衰老期的性特征并不是发育阶段一系列性特征的简单重复，也不是倒退，而是会带来生理上和心理上的全新结构，甚至可能出现一些意想不到的性冲动。老年人的性要求和激情并不比成年人差，并能通过性活动调节自己的生理结构和心理结构，甚至能激发出一些婴儿期的原始反应。

4.性伦理的演变趋势

性伦理是法国哲学家米歇尔·福柯（Michel Foucault）所描述的那种话语的权力，这种权力将历史上关于性的观念编织成一种相互关涉的严密网络和伦理秩序强加给后人，两千年多年来压抑着人们的性活动，形成一种虚伪的、扭曲的道德观念。近世以来，西方社会的性伦理话语霸权受到冲击，被迫发生"转型"。中国的儒学礼教传统在西学东渐的冲击下发生"断裂"，特别是"改革开放"以来，青年一代彻底冲垮了传统的性禁锢状况，没什么人再有能力给年轻人套上性压抑的枷锁。当人们越来越明白性活动的真相的时候，每个人都有正当权利对性伦理作出独立的理性思考。

1977年一些天主教神学家提出一份《性文化纲领》，否定了梵蒂冈1976年宣布各种婚外性关系均属不道德的《性文化准则》，其基本要点如下。

（1）婚外性行为如果真的有创意而且"完满"，则在道德上应成为可以接受的正常行为。

（2）不应歧视离婚者的性生活。

（3）同性恋的稳定友谊比禁欲主义好。

（4）结扎应成为合法的节制生育方法。

（5）手淫只要不产生严重心理不良，就应该成为能接受的性行为。

（6）不应绝对排斥兽奸。只有那种有条件与异性性交而仍行兽奸的人，才有罪；若无法以异性为满足，而迫不得已兽交，则应谅解。

（7）一般色情刊物对于大多数成年人是"中性的"或"无关道德的"，并非那么危险。

（8）任何形式的性行为，只要是"自在的、让对方满意的、忠实的、有社会责任感的、愉悦的"，就是符合道德的性行为。

　　这份《性文化纲领》是西方社会 20 世纪 60 年代性解放运动以后伦理观念的进步，此后的性道德观建立在三个基本前提上：一是承认性是健康的，自然也是美好的，任何让身体觉得愉快而又不伤害他人的性行为都应该被接纳；二是性关系要平等，在性活动中男女两性均应有自由表达其需要并分摊责任的平等关系；三是家庭和婚姻制度应该具有弹性，不能强迫当事者服从某种固定的模式。

　　正如性活动和爱情是结构和功能的关系，家庭和婚姻也可以看作密切相连的内容和形式的关系。性和爱，皆发自人的自然本性，是从来就有的；而婚姻和家庭是社会发展的产物，是后天形成的。当代社会的发展给传统的婚姻和家庭带来巨大冲击，使没有爱情的婚姻难以维持下去。如何把性活动、爱情、婚姻、家庭四者统一起来，是当代社会的难题。根据道学"返本复初"的原理，我国云南纳西族"阿注婚"是母系氏族公社遗留下来的婚姻制度，人类现代社会的婚姻正在不由自主地向这种走访婚复归。婚姻不是从来就有的，是社会统治阶层话语霸权强加给人们的网络结构。互为阿注（性朋友）的男女过着一种暮合朝离的走访式偶居生活（又名"望门居"）。男阿注不承担亲生子女的养育义务或照顾女阿注的责任，子女由女阿注及其兄弟姊妹组成的母系氏族家庭照管。这种婚姻有性活动，有爱情，也有血缘家庭和母系家庭中的亲情，但父亲、丈夫的责任和义务被淡化。男子在这种母系家庭中对自己的姐妹及这些姐妹生的子女尽抚养的责任和义务，老年后由他的血缘姐妹及这些姐妹同氏族外男阿注生的子女尽义务赡养。现代社会出现的无婚姻、无子女的同居家庭，逃避婚姻法律责任的合同婚，似乎是向"阿注婚"的过渡形式。随着人们性观念的解放，当前社会性伦理发展的总趋势可以用四句话概括：和谐的性生活，无私的爱情，开放的婚姻，多元的家庭。

　　真正的爱情是无私的，而无私的爱情没有忌妒。忌妒绝非人的天性，而是后天的文化形态，例如爱斯基摩人、马克萨斯人、西非的罗比人、玻利维亚的西里亚诺人、印度的托塔人，就几乎不存在忌妒的心理。忌妒绝不是爱情的属性，而是不安全感和依赖性的反映，它恐惧失去爱情，却又破坏了爱情。真正的爱情不仅包括两性吸引的激情，还包括双方的相互尊重、欣赏和身心无碍的交流，这样爱情才会牢固。爱到极处，就会包容对方的全部，接受对方的全部优点和缺点，接受对方的成长过程和过去的历史，包括爱对方之所爱，甚至超越双方贫富等社会差距和年龄等生理差距，才能达到无私的爱情。无私的爱情不是占有对方，也不是归属对方，而是相互保持独立的个性和自由空间，不受束缚和禁忌的平等的爱，也是可以相互分享满足感的爱，更是一种轻松愉悦的爱。

如果说家庭是一种社会生活的经济单位，那么婚姻却是一种政治行为，是社会的法律和制度层面。在某种政治氛围下，无有性的婚姻、无有爱的婚姻、以金钱或权势换取的婚姻充斥整个社会，是政治腐败的反映。在性生活、爱情、婚姻、家庭四个要素中，婚姻是社会观念的晴雨表，现代社会不能没有家庭，却必须改革婚姻观念。新型的婚姻是一种开放的婚姻。在开放的婚姻中，夫妻双方都能确保自己的个性并能信任对方，双方可以在婚姻之外结识异性，并与之共享友情和乐趣。开放式婚姻夫妻双方的爱情如果是无私的，则这种婚姻关系应该是牢固的。

第五节 睡眠与梦

睡眠与梦是人类最基本的，也是人类最重要的生命活动。我们已经揭示了生、老、病、死、过激冲动、性活动的真实面目，睡眠与梦不但联系着人的生与死，还控制着人的衰老和疾病，并且能通过梦境调节人的过激冲动，释放性能量。人生即是一场梦，而死亡则是长眠。梦的指令决定着每个人的一切行动，人可以利用自己的睡眠与梦增强身心健康，乃至建功立业和创造奇迹，进而改变自己的命运。睡眠与梦是人类生命的伟大宝库，忽视睡眠与梦的人等于浪费了自己的生命资源。

1. 新道学的释梦原理

首先，新道学认为睡眠与梦来自宇宙阴阳交替的内在节律，并且是人类生命进化的产物。对人类生命节律影响最大的要素，仍然是太阳、地球、月球三者之间的运动节律。地球自转造成的白天和黑夜的阴阳交替现象，地球绕太阳转动造成一年四季的寒热交替现象，月球绕地球运动造成一月之间阴晴圆缺规律。人类的始祖数百万年以来一直过着"日出而作，日入而息"的生活，他们在漫长的进化史上形成白天活动、夜晚睡眠的生命节律是毫不奇怪的。

其次，人的生命和心灵，都源于道的无限创造力。人的梦境不仅载有远古时期人类进化史上的信息，还具有从灵子场虚空振荡到不断叠加、耦合形成生命波（气）和意识波的演变历程所曾有过的特征，因之人的梦境出现支离破碎、匪夷所思的场面是毫不足怪的，它仅是意识场振荡状态的反映而已。

再次，梦只有进入人的理性思维层次，才能被认识、理解，但在进入常意识的过程中必须经过"自我"（合逻辑的）和"超我"（合伦理观念的）的审查。因之梦为了进入人的理性思维层次，往往需要"变形"和"伪装"，人们能够记忆起来的梦境大多是变形的，其真实的寓意需要经过破译才能知道。

人在睡眠的过程中，常意识处于抑制状态，潜意识被激活，就会在潜意识中形成梦境，梦在潜意识中是以图像组成的。潜意识以人的本我为出发点，以情感和表象为媒介，不断进行自体能量的聚集和释放，而且不受时空节律的限制。潜意识是梦的发源地。

底层的"元意识"，丹家谓之"元神"，是以"意义"为单元的灵性思维层次。灵性思维是一种创发性思维，以直觉和灵感为特色，是人的"真我"的大机大用。人们通过梦的开发和修炼工程，可以将第八阿赖耶识转识成智，使"灵明性体"呈现，从而调动灵性思维在梦中完成科学发现或艺术创造。元意识还可凝炼为"阳神"，具备"心能转物"的神通力。

最后，还须说明，人类生命和心灵最初的单元是"反映"，即信息的输入、存储、输出的"刺激—反应"功能。人的梦和人的意识一样古老。人体全身的细胞都具备"刺激—反应"功能，都是"反映"单元，因而也都能做梦，从这个意义上说，梦就是生命。梦是潜意识的活动，做梦是调整潜意识中的过激冲动，达成各种欲望和释放性能量的生命活动。梦兆示着人类生命和心灵演化的记录，而生命和心灵都是可以遗传的，因而梦也具有遗传性。在释梦中人们不难发现这种案例，父子、祖孙几代人都曾做过相同梦境的噩梦。

2. 睡眠的机制

1937 年鲁米（A. Loomis）等人首次完成了睡眠的脑电图描写，1957 年克莱特曼（N. Kleitman）等人在对睡眠中的眼球运动（眼球电图）、肌肉运动（肌电图）、心脏跳动（心电图）、呼吸节律方面进行研究的基础上，提出了睡眠的五阶段理论。一般说来，每夜八小时的睡眠可以划分为三至四个周期，各周期之间有一次短暂的觉醒，可以翻身或改变姿势，但人们对这种觉醒无任何记忆。每个周期又可细分为五个阶段：第一阶段是半睡眠，约占整个睡眠时间的 5%，这阶段眼球和肌肉活动都很慢，脑电波低压高频没有突起的高峰。第二阶段是浅睡眠，约占整个睡眠时间的 45%，此时眼球活动停止，眼睑缓慢开合，大脑活动变慢，体温降低，呼吸很有规律，脑电波在低压背景上出现高峰。第三阶段和第四阶段统称为深睡眠，由此恢复精力消除疲劳。第三阶段约占整个睡眠时间的 10%，第四阶段约占整个睡眠时间的 20%。第三阶段属深睡眠的过渡阶段，脑电图含有 50% 的"慢波活性"，如果"慢波活性"超过 50%，则进入第四阶段深睡眠了。深睡眠呼吸缓慢均匀，心率变慢，身体放松。深睡眠阶段不易觉醒，如被强迫喊醒则仍会睡意朦胧，儿童甚至出现夜惊或梦游。第五阶段出现快速眼动，脑波亦加快，约占整个睡眠时间的 20%。快速眼动睡眠又称为"异相睡眠"，此时全身松弛，但呼吸和心率加快，体温上升，梦杂乱而长，有时候说梦话。这时如果被叫醒，多数人说正在做梦，并能记忆 70% 的梦境。异相睡眠在增进人的身心健康，恢复疲劳方面有重要作用。缺少异相睡眠会使人丧失记忆力，变得疲劳、易怒、精力不集中和烦躁不安。一般人无梦不仅会得病，而且会死亡。丹家所谓"无梦"是指虚空振荡的基态，是元神为主导的开悟状态，并不是平常人所能达到的。然而异相睡眠和做梦不能划等号，它不过使梦境较易渗透到常意识的层次且容易记忆而已。

正如人的躯体和心灵密不可分一样，睡眠和梦也密不可分。睡眠使人的躯体代谢掉因日间劳作积累过多的毒性老废物，解除脑贫血状态，并使人得以吸取天地真阴之气，以恢复疲劳；做梦使人的心灵得以释放多余的思想压抑，以松弛虚静的状态得天地真阳之气，以充沛精力。睡眠与梦既然是生命进化的产物，就必然有其在生理上和心理上必要存在的理由。在生理上，可以在睡眠中加速合成某些蛋白质和神经递质，以补充清醒状态时的消耗量。在心理上，可以通过睡眠与梦调整人的记忆功能，并清洗掉无意义的垃圾记忆。人之所以睡眠，主要是为了做梦，因为有梦才有生命，从这个意义上说，做梦比睡眠更重要。

1968 年到 1970 年，茹外 – 姆尼埃（M. Jouret）、佳尔玛（L. Garma）、德莱弗斯 – 布利扎克（C. D. Brisac）三位女学者实验证明幼猫、幼鼠、兔、猪、早产儿和新生儿都有"震颤睡眠"现象，这是一个了不起的发现。震颤睡眠是和异相睡眠不同的更基本的睡眠行为，自胎儿五个月成形时就存在，且昼夜不间断，胎儿全身出现大小不等的震颤，伴有很短的神经肌肉间歇和不连续的痉挛。震颤睡眠不受神经中枢控制，是在神经系统没形成前就有的胚胎的活动，是全身细胞的无序生物电现象，它以不断的身体活动和连续的脑电波运动为特征。据实验观察，对于 5 至 7 个月的早产儿，震颤睡眠昼夜不停，但可观察到占相当比例的异相睡眠和慢波睡眠。至年满一周岁，则出现快波睡眠和慢波睡眠的交替周期，震颤睡眠被掩盖了。实际上，震颤睡眠在人的一生都不会停止，它像宇宙背景辐射那样是快波睡眠和慢波睡眠的背景和根基，并对人体激素的分泌和睡眠的交替周期起着决定作用。震颤睡眠就是"胎眠"，其弥散性生物电现象就是"胎梦"，它不仅伴随着人的终生。胎眠是"本我"生物能量冲动的原初性表达，是产生梦、性活动、过激行为等生命活动的基础，而"胎梦"则是心灵形成的雏型。人能生存下来，是因为胎眠和胎梦伴你一生。从这个意义上说，人生就是睡了一大觉，而世事也不过是一场梦。

丹家将隐于酒而日在醉乡者，称为身入无何乡；将隐于色而因情忘我者，称作身入温柔乡；将隐于睡而忘情入梦者，称作身入黑甜乡。酒、色、睡三者，可将过激冲动、性活动、睡眠与梦引入人体修炼之途，向虚无空灵的道复归。

3. 梦的世界

首先，我们必须肯定地说，梦是潜意识的活动，梦的世界也就是潜意识的世界。发现在表层的常意识（理性思维）下面还隐藏着潜意识，是弗洛伊德和他的学生容格等人的天才贡献，下面我按他们的观点将潜意识再分为三个层次。一是弗洛伊德命名的"前意识"，是最接近理性思维的层次，相当于眼、耳、鼻、舌、身这"前五识"的感性思维。前意识的梦活动是"日有所思，夜有所梦"，基本上是白天的焦虑、欲望、过激冲动、性冲动的释放和愿望的达成，是浅层心灵能量的调剂。二是弗洛伊德发现的深层潜意识。深层潜意识中隐藏着人自胎儿期、婴儿期、少儿期就遗存下来的心灵印痕和一生中的心理创伤，本我的尝试本能和心理张力，以及早年被压抑的过激冲动和性冲动。深层潜意识的梦大多经过象征化、戏剧化、画面化、可理解化的变形呈现出来，但梦决不会骗人，任何离奇的支离片断的梦境都有自己真实的寓意。三是容格发现的"集体潜意识"，处于潜意识的最底层，这是一个民族乃至人类在漫长的进化史上遗存下的文化基因，是隐藏在人的"本我"心灵最深处的"原始意象"或心理原型。"集体潜意识"激发的梦境含有人类进化史上的遗传信息和"前世记忆"的"象"反映，特别是心理原型的激发会出现不同的原始意象乃至梦生身的飞翔、离体、失重、预知等心灵潜能。

其次，梦是通向潜意识的捷径，是潜意识这一深层记忆库向人的表层常意识诉说的声音，是人的"本我"以不同服装表演的彩排。人存在潜意识，则必然有梦，区别仅在于有的梦能记住，有的梦回忆不起来。梦不仅是人在童年期受到压抑的潜意识中的欲望经过伪装的实现，并且是来自人类进化史上受到压抑的潜意识欲望经过伪装的实现，同时还是"本我"被压抑的尝试本能、过激冲动、性冲动的个别欲望在潜意识中的实现。个别欲望是以本我的尝试本能为能量核心，通过表象和情感表达的有某种特定目的的愿望。人的个别欲望有些在现实社会中可以满足，有些不能满足，只能通过做梦来满足。这种个别欲望以被压抑的过激冲动和性冲动居多，梦通过一系列的心理活动和生理活动，转移或凝聚这些心理能量和冲动，使人的个别欲望得以满足。

再次，弗洛伊德和容格早就试图把梦境的真实寓意破译出来，他们发现潜意识里的梦为通过前意识和常意识中自我和超我的审查，都采取了某种伪装的造型手段，释梦的工作就是破译这些变形。这些变形略分四种：其一是象征化，即个别欲望中的复现表象和情感经过转移及凝聚，发生了类比性的变化，得到某种可类比的装饰通过检查进入记忆。其二是戏剧化，即个别欲望中的复现表象和情感经过转移及凝聚，获得某种戏剧性的梦境，从而通过前意识纳入记忆。其三是画面化，即个别欲望的复现表象和情感经过转移及凝聚，形成视觉的画面，被常意识所接受。其四为可理解化，即潜意识的派生物经过变形通过前意识进入常意识后，变化成为某种可理解的系列，这实际上是经过了两次转化和变形。人醒来后留在记忆中的梦境是梦的显意，潜意识中个别欲望及其与本我和象的关系是梦的隐意，释梦就是通过梦的显意暴露出梦的隐意。这样从潜意识中梦的隐意到梦的显意，是一个不断类比和联想的过程，特别是破译来自"集体潜意识"中梦的隐意，还要同本民族的神话、历史传说中的原始意象作类比和联想。个别欲望在梦中的实现是一个能量释放过程，除了转移机制和凝聚机制之外，它还通过可视图像将自己投影到梦境中，并利用形象、夸张、象征的技巧表达自己的隐意。这样，我们不难看出，梦的隐意实际上是一系列"象征系统"，这大概是在没有产生语言以前原始人的思维方式和表达方式。潜意识是人的心灵进化史上的重要阶段，而潜意识的"语言"即是象征，"象"是意识形成的"阈阈"，是人类前语言的交流手段和思维特征，人类就是通过不断对"象"的类比和联想才进化出今天的意识的。从这个意义上说，梦是人类进化史上在心灵成"象"到出现"语言"之间的阶段曾普遍采用过的认知方式，或像是没有学会说话的婴儿眼中的世界。

复次，梦作为心灵能量的调节机制，先将人类最原始的尝试本能、过激冲动、性冲动、回归虚空的内趋力等整合为个别欲望，并结合本人生活中积累的相对特殊的表象、情感、幻觉等进一步组织起来，通过第一检查机制投射到前意识中，再穿过第二检查机制进入常意识中。

梦境的形成一要决定于潜意识中个别欲望的能量大小；二要决定于检查机制的渗透功能；三要决定于前意识的容纳性及其心灵压力的忍耐程度；四要决定于睡眠中形成联想、记忆通路的效率。震颤睡眠编织成全身的生物电网，使梦中积累的能量负荷得到释放。人只有靠梦使身体的生理和心理系统得到更新、调节、恢复，才有精力从事觉醒状态的工作，人在睡眠中做梦是无间断的。如果人只剩下震颤睡眠和胎梦，躯体和心灵维持在惰性震级，则会进入冬眠状态。

噩梦大多源于胎儿期、童年期过激冲动、性冲动所造成的创伤以及难以忍受的心灵压力，这些潜意识中的巨大心灵能量冲过检查机制突然涌入常意识中，使人惊醒。噩梦发生在慢波睡眠阶段，没来得及转入快波睡眠就突然惊醒了，由于周围神经受到刺激和惊吓，会出现植物神经不适、心动过速、痉挛、抽搐、盗汗等痛苦症状。

最后，我们既然明白了梦的机制，明白了梦来源于潜意识及潜意识的特征，那么我们就可以自己释梦、控制梦、制作梦境，使常意识的自我和潜意识的本我对话，从而预知吉凶祸福，从梦中得到启示，寻找解决问题的方案，治疗疾病和增进身心健康，进而在哲学上寻求真理和在科学上做出创造发明。其实真正了解自己的成长过程、心灵经历、文化素养的人是你自己，你自己应该成为最优秀的梦境分析师，学会读懂自己梦境的真实寓意。我们要学会和自己的潜意识打交道，知道梦是通向潜意识的桥梁，要记住梦，给梦下达指令，将自己的焦虑和疑惑向潜意识请教，在梦的启示中找到解决困难的答案。我们还要学会控制梦境，制作梦境，导演自己的梦，这样梦就会变成清醒的梦，自己知道自己在做梦，从而开发梦的意识觉察力。

释梦、导梦、造梦等需要某些精神分析学知识，然而我们既然弄懂了梦的运行机制和潜意识的奥秘，就不难自己探索和掌握这些心灵技巧。我们还可以进一步开发自己的"梦生身"，从而得到脱体体验，丹家谓之"出阴神"。梦生身脱体后可以"看到"自己睡眠的房间，可以游历异次元的灵界帮你寻求困扰问题的答案，可以转化你的人生使你的心灵澄湛敏锐，可以使你享受天人合一的美感和快乐。

有许多科学家声称自己的发明创造是在梦的启示下完成的，比较著名的有凯库勒在梦的启示下发现了苯环的分子结构和门捷列夫在梦中完成了化学元素周期表。人的潜意识存储了取之不尽的发明创造的潜能，因为灵子场的虚空振荡本身就有无限的创造性。

4. 梦的修炼

丹道和密宗修炼要见到灵明性体，而灵明性体是人的本性，是"真我"。丹道要凝炼常意识，净化潜意识，开发元意识，就是将潜意识炼化为真意，充当勾引真阴真阳结合的媒婆，为炼丹发挥功用。

梦的修炼功夫以梦瑜伽最为殊胜，实即将幻身定的工夫运用于梦中，使日夜之修持连成一体。梦生身亦幻身，梦瑜伽即修梦幻定，其修持法诀云："白日似梦境，夜间识梦境，万象皆梦境。宇宙本是幻，我身亦是幻，他人无不幻。实相即真如，随心所示现，自性无幻变。"学者第一步须将白天的生活视作梦境，将白天所见之万象皆视为梦中所见之物，先在白天认知梦境，继之在夜里明悉梦境，且要梦中知梦，则梦不散失，自性亦不迷失，使梦境成为"清醒的梦"。第二步则要控制梦境、转变梦境、净化梦境，依心愿力、风息力、观想力断恶梦之恐怖，勘善梦为假相，认知梦皆是幻，随心而变，心可转梦、造梦、控制梦之幻变，以空性净化梦境。人在白天觉醒状态坚持清修，净化梦境，才能把日夜之修持工夫打成一片。第三步要认证梦境为幻变，人之一切见闻觉知，皆生死梦幻，无一实存，以此破除对梦的执著。同时，还须认知人之梦境以及这个森罗万象的世界，皆为真如之化现，真则不虚，如如不动；自性为一，本来自在。第四步则禅定于梦境中之真如实相，得眠空光明。学者须执持光明而眠，在梦中生起幻身（梦生身），并对梦境之显现，以平等住之见加以摄持，且了知一切所现，本无善无恶，皆无自性，依灵明性体之无分别智专一入定，趋入空明无别、乐空不二之大光明境，而得解脱。

学者于睡前先以拙火法将气融入中脉，生起睡光明，得到一种清彻之空性并伴之以大乐的觉受，此睡光明即结合法身而修；及梦生身显现光怪陆离的梦境，是结合报身而修；至醒时观想众生万象森罗之世界融入坛城，再融入空性，是结合化身而修。人生如大梦，人死即长眠，人之入睡到觉醒这段时间，也可视为死亡投生之间的中阴，称作"梦中阴"。在睡眠中，将气引入中脉，生起睡光明，使子光明和母光明混合，行之纯熟，到真正死亡时所遇中阴境况与梦中阴相似，故利用梦中阴的修持可有效地预先修成中阴得度法。在睡光明中竭力入定，称作与法身会合；从睡光明中生起幻身（梦生身），称作与报身会合；将梦中一切境界化为坛城，称作与化身会合。丹道以锁鼻术使行气之功昼夜不停，和梦瑜伽的修持方法可以互参。

第二十讲　出生入死（下）

第三章　人为什么活着

人活在世上，似乎也害怕把人生看得太透，如果每个人都把自己一生的命运和结局预先了如指掌，他是否还有勇气活下去也很难说。首先，我们讲人生是什么？人有哪些基本需要？接着，我们讲我是谁？我从何而来？我向何而去？我因而何而生？人生的价值是什么？以上问题，也是我多年深感困惑的问题，我仅能试着说出自己的体会，但不敢说是问题的最终答案，因为这些问题只有上帝才能解答。

第一节　人生不过是几句话

传说西方某国的国王命令臣僚组织学者们为自己写一部传记，一是要将自己的文治武功载入史册，二是要全国臣民都念念不忘自己的大政方针要延续几百年不变。这部传记写成后足有300万字，国王看了几个月才读完，他觉得传记人长会丧失读者，要求压缩到30万字再出版。然而臣僚们越修改字数越多，改了几年还没及出版国王就晏驾了。没想到新主继位后老王的威望一落千丈，臣僚们突然发现老国王原来不过是平庸的守成之主，他那些粉饰太平的文治武功也乏善可陈，这本传记连30万字都嫌太长了。修改了几年后连老国王的那些定为国策的大政方针都有了争议，使这本传记迟迟未能出版。几十年后某国又换了新的继承人，臣僚们早已把老国王的事迹忘得干干净净，能够记住得只有两句话：他曾当过国王，后来死掉了。

现在全世界都时兴给自己写传记。其实某些重大历史事件、外交档案根本没有多少秘密可以影响现代人的生活，某些总统或影视歌星，如果真能留下什么有价值的东西，用几句话来表述就足够了。人们仔细观察就会发现，某些政治家一生四处发表演说，逝世后都要出版多卷本的讲演集，但其中最能展示他本人风格和功业的也不过是几句话而已！

对人的道德伦理观念起决定作用的是教育，而对人影响最大的教育是社会教育。每个时代都有一种为多数人认可的社会制度，并由此形成一种起主导作用的社会风尚。好的社会制度和社会风尚可以把多数人引向道德自律的境界，并能把坏人变成好人。反之，在一种"上下交征利"的社会风尚下多数人很难抵挡住金钱和权力的诱惑，出现政治上结构性的腐败是必然的。因为政治不像文学、艺术、科学、哲学那样是属于少数学者的专业，政治不是仅属于政治家的，而是孙中山先生所说的那种众人之治的公共权力，所以政治腐败必然带来社会各个领域的腐败，就会诱使好人也变成坏人。

第二节　人生的需要和瞬间的觉受

美国心理学家马斯洛（A. H. Maslow）把人的基本需要由低到高分为五个层次，即生理需要，安全需要，归属与爱的需要，尊重的需要，自我实现的需要。生理需要是一种自然需要，例如我们的食、色、睡等生命活动皆属于生存所必须的需要，但由此而来的美食、美色、恋爱却同时也是自我实现的追求。安全、防御、衣食住行的消费也是人的生存需要，其中也有层次高低的不同。爱和归属、受到社会尊重都是人际交往的需要，这是人的社会需求。学习、研究、创造、贡献都是自我实现的需要，是人类心灵高层次的需求。

实际上，人生下来都有对"食、色、利、权、名"的欲望，这实际上就是五个层次的需要。不同社会阶层的人有不同的基本需要和生命欲望，低层的人为利，上层的人为名；有的为个人利益竞争，有的人为国家利益奋斗，也有人为天下全人类的事业作贡献。但从道学看来，还有一种最高的需要，就是学道、修道、悟道的需要。

近百年来由于中华民族传统文化发生断裂，整个中国的社会道德观念和价值观念也失去平衡性和稳定性，社会风尚急剧变化，老年人和青年人的思想观念出现明显的"代沟"。这就是说，不同年代出生的人各有自己的话语权，十年前还被人们奉为金科玉律的神圣话语，十年后则被新一代年轻人弃若敝屣。每个人都按照自己的期望做出终生的努力，但这些努力并不意味着必然的成功。人都可以期望自己在科学上获得诺贝尔奖，但不能都期望在政治上当总统，因为那些当总统的人是出于异数，不是寻常人努力所能做到。看到有人作高官、赚大钱，那也无足为奇，"各有因缘莫羡人"。儒家把成大功业者归之"天命"，孔子所谓"天命"实际上就是历史使命的意思。

马斯洛的"自我实现"也是一种生命的觉受，这才是人生真正有价值的东西。当你在一个风雪交加的夜晚经过长途跋涉回到家里拥炉而坐，呵呵浑身的寒气，喝上亲人端上来的一杯热茶，想到野外无家可归的夜行人，心中那种满足感油然而生，其实这种觉受就是人生的幸福。

幸福就在寻常的生活之中，而往往当时被视为寻常忽略过去，直到老年才回忆起来。人生的话剧，其精彩之处，其值得追忆之处，不过一瞬间而已。运动员在国际奥运会上拿到金牌的一瞬间，科学家获得诺贝尔奖的一瞬间，苦苦等待的恋人相互拥抱的一瞬间，烈士英勇就义的一瞬间，众生良心发现的一瞬间，学者悟道的一瞬间，仗势作恶者翻然悔悟的一瞬间，多年的努力获得成功的一瞬间，长篇著作历经数年夙兴夜寐最后脱稿的一瞬间，你将得到一种生命"自我实现"的喜悦和幸福的觉受，人生的价值也体现在这里。

第三节　人生之问

每个人自和母体分离降生到这个世界上，人的心灵便由整体分为局部，由连续变为间断，由先天落入后天，由混沌陷入差别。每个人都以为自己挺聪明，对人生看得很清楚，实际上人生还是有好多疑问，大家都活得很糊涂。人睁开眼睛初次见到这个世界，就会产生主、客之分，心、物之别，人、我之见，这就产生了"无明"，有了"法执"和"我执"，就有了贪、嗔、痴、慢、嫉，就不可能不糊涂。于是每个人都要对自己降生的这个世界产生疑惑，特别是那些智商甚高的聪明人，清夜醒来，扪心自问："我是谁？我从何而来？我向何而去？我因何而生？我如何才能得到永恒和圆满？"佛陀、老子、耶稣、穆罕默德为人们回答了这些问题，因之被尊为圣人。孔子年五十而不闻道，南行之沛见老子，老子为他解答了人生的疑惑，他惊叹地说："朝闻道，夕死可矣"，称见老子犹如见龙，因之他也达到圣人的境界，成了儒学的圣人。世界上的佛、道、耶、回、儒五大文化体系，都是对上述"人生五问"的探讨，都从不同角度对人生的这五个根本问题作出解答。

一、"我是谁？"

首先，我是由一系列社会关系组成的，诸如民族、国籍、城市、企事业单位或政府机关、父母、亲友、师长、同事等等，然而这些"社会关系"是我吗？其次，我是由学历、职称、社会地位和自我身份、荣誉、档案、各种证件、信用卡等一系列符号组成的，然而这一系列符号是我吗？再次，我又是由个人爱好、生活习惯、业务专长、思维方式、心理模式、语言特征、智力体力、道德品质、人生经历等具体特征组成的，然而这些"具体特征"是我吗？最后，还有人的音容笑貌、四肢发肤、此起彼伏的念头，皆是宇宙间信息、能量、物质依一定因缘的假合之物，是变动不居的，皆不是真我。此外，我所拥有的房产、钱财、权势、妻子儿女、恋人、事业，生前有得有失，临终只得撒手，更不是"真我"。婴儿生下来两手握固，总想要在这个世界上抓住点什么，人死后两手摊开，称作"撒手而去"，世上的东西什么也拿不走，可谓"赤条条来去无牵挂"！

我们一生都驻在同一个肉体之中，但肉体是不断变化的，其中化学物质的新陈代谢有条不紊地进行，包括骨骼在内每七年全身细胞都要换一遍，肉体要生长、成熟、衰老直至死亡，人的个性也会发生很大变化，但我们仍然相信自己是"同一个人"。这就是说，自我必须有记忆，既要有"知觉"，又要有"自觉"，要有连续性，才能保证自我的"同一性"。意识是一种学习和记忆的文化功能，可以独立对环境作出判断并改变自己的行为以利生存，它不但能适应变化了的环境，而且能改造环境。人生的早期没有连续的记忆，依赖父母而生存，大概到会说话时才形成自我和连续的记忆。青年时期人们由于生活的需要结束了童年的梦，开始思考问题，对现实提出疑问，开始以自己的思想方式和生活方式适应环境谋求生存。按照美国心理学家马斯洛的说法，人先开始有低层次的需要，逐步提升到高层次的需要。高级需要在进化史上发展较迟，且不如低级需要迫切，但高级需要一旦形成，就会压倒低级需要，并导致更伟大、更坚强、更真实的人格。人生的需要由低到高排列顺序是：生理需要、安全需要、爱的需要、尊重的需要、自我实现的需要。[①]中年时期的人们根据自己的需要层次选择了人生道路、生活目标和行为准则。在父母年老或去世，自己的后代降生，独立挑起生活重担的时候，人的性格会发生重大变化，青少年时代的梦想消失，人会感到成熟起来。再进一步发展，随着人生社会阅历的增加，心理冲突加剧，性格还会再次发生转变。老年时期人们的性格开始向异性趋同，这是由于男性体内的雌性激素和女性体内的雄性激素相对增加的缘故。另外，老年人的心理还有再次向童年的潜意识状态复归的趋势，青年人或中年人像初升的太阳和中午的太阳照亮别人，老年人却像西下的夕阳照亮自己。一些老年人奋斗一生毫无遗憾，晚年希望过平静的生活；而不少老年人生命能量没得到充分发挥，老年后还想寻求新的出路。实际上，人生最好的归宿是修道，修道或皈依宗教这种人生需要是老年人的强烈追求。宇宙是道的展开，人类社会是道的展开，人生也是道的展开，道学"返本复初"的原理是不可抗拒的。

我们说过，每个人在6周岁时就已经形成了"自我"的人格。然而人们为了适应社会环境，为了防御各种外来的伤害，为了获得食、

[①]　Maslow, A. H. Motivation and personality, 1954, Chap, 8.

色、利、权、名，不得不用坚硬的甲胄把"自我"包裹起来，不得不戴上各种面具掩护"自我"。人的社会身份越多，各种名誉、地位等符号越多，头上戴的面具就越多，人性异化得就越厉害，距离真实的"自我"就越远。当人的假面具戴得过多，使自己不堪重负，就会发生某些心理疾患，因之美国心理学家罗杰斯认为通过心理治疗可以促使人摒弃他在生活中常用的面具，促使患者去发现和体验隐藏在面具后面的自我。通过治疗，患者摘掉了面具，"开放地对待自己的机体经验；相信自己的机体是感知生活的最佳工具；承认自己有责任作一个有独自特点的人；最后，意识到自己的生命是一个不断流变的前进过程，并力图在这个经验的流程中不断发现自我的新内容。"① 这样，就成为一个具有真实自我的新人。

道学将学道、修道、悟道而达到道的境界的人称作"真人"，真人就是纯真无假的人，就是解除束缚和执著的人，就是与道相通的人。我是谁？包括弗洛伊德的自我、本我和超我，从本质上来说就是唯识学里的阿赖耶识，即含有历劫以来业力的轮回种子，是人生"去后来先作主公"的"业识"。然而阿赖耶识还不能算是"真我"，真我是人的灵明性体，是阿赖耶识的"净分"，是人永恒不坏的元神。人只有通过修道明心见性，才能最终知道"我是我"！

二、"我从何而来，向何而去？"

我们在剖析人死后有无续存的问题之前，首先要破除站在两个极端立场上相互对立的错误观念，一种是世俗的"鬼魂"说，一种是庸俗唯物主义的"断灭论"。按照世俗的鬼魂说，人活着是因为灵魂寄寓在身体里，人死后灵魂离开人体变成鬼，鬼魂到阴曹地府十殿阎君那里接受审判，根据生前的善恶表现被鬼吏牛头马面带去投胎，再世转生为人。如果这种鬼魂投胎转生说成立，那么在哲学上人们不免要问第一个投胎转世的人是谁？这种世俗的鬼魂说仅能视为一种戏剧性的解释，经不起哲学的推敲，且和佛学的生死轮回学说相左。佛学认为

---

① ［美］罗杰斯：《成为一个人意味着什么？》，载林方主编《人的潜能和价值——人本主义心理学译文集》，华夏出版社，1987年，第316页。

生死相续的轮回过程本性是空，并没有一个固定不变的鬼魂实受生死。其实庸俗唯物主义的断灭论是十分武断和背离科学态度的错误观点。直至今天，现代科学和哲学也没有给出人死后有无续存的明确答案，当然也没有任何一条现代科学理论可以真正否定人死后有续存的说法。

有趣的是，美国的心理治疗师布莱恩·魏斯（Brian L. weiss）医师是耶鲁大学的医学博士，曾任迈阿密大学精神药物研究部主任，发表过生物精神医学领域的科学论文 37 篇，是一个受过正规科学训练的专家。他现任西奈山医学中心精神科主任，在 1980 年接治了一个 27 岁的女士凯瑟琳。凯瑟琳在求诊魏斯医师时，患有严重的焦虑症候群与恐惧症，魏斯大夫先用传统的心理分析治疗了 18 个月，又服了抗焦虑药，但药石罔效。于是魏斯大夫决定采用催眠法，想按弗洛伊德的理论将她潜意识中"儿童期创伤"找出来，凯瑟琳果然说出了一些童年受伤害的经验，但病情没有任何改善的迹象。魏斯大夫以为催眠治疗深度还不够，就继续让她回到更早的人生阶段，没想到凯瑟琳竟然越过了"今生"，回忆到"前世"去了。在凯瑟琳的"前世"回忆中，她经过 12 个世代，至少活了 86 次。她在催眠下忆起自己是埃及时代的女奴、18 世纪殖民地的居民、西班牙殖民时代的妓女、石器时代的穴居女子；她曾是一个 18 岁女孩在市场里被洪水溺死，曾是一个荷兰男子被割喉谋杀，曾是威尼斯的水手在船上作业时受伤，曾是一个 18 世纪的男孩目睹父亲被执行死刑。凯瑟琳在清醒状态下并不明白她在催眠时所说的话，又没读过相关的书籍，不可能知道考古学家才清楚的古代社会环境。魏斯大夫很惊异，凯瑟琳的病症只能用佛教的生死轮回学说认为是前世的"业障"才能解释，经过数月的催眠治疗，她的焦虑症痊愈了。以后魏斯大夫又用同样的催眠疗法治疗过 50 多个病人，其中一个仅有 5 岁的小男孩在催眠中居然说他转世前在欧洲住了十年，能详细地说出城市、街道的名称，家中的私密，以及周遭人的职业，打电话证实他所言非虚，而这些事连他的父母也不知道。还有一个犹太家庭的主妇，在催眠下忆起耶稣死后不久，她在巴勒斯坦被一群罗马士兵强暴，还曾在日本度过惨淡的一生。另有一个餐馆老板，不敢开车过桥或经过隧道，催眠状态下他回忆起前世在近东地区被活埋过。魏斯医师花了四年才鼓足勇气，甘冒他的科学声誉被毁于一旦的风险透露了这些不正统的信息，并整理了他给凯瑟琳女士催眠治疗的录音。他说："我有种强烈的感觉：时候到了，我不该隐藏这些东西。我所得到的讯息本意就是要与人分享，而不是据为己有。从凯瑟琳而来的知识现在该藉由我传出去，最好的结果就是：让大家都了解我所知道的不朽和生命的真义。"[①] 布莱恩·魏斯的话反映了一个真正科学家的良知，科学本身就是一种不断打破常规的创新活动，因之不应以某些陈旧的世界观或被奉为金科玉律的意识形态来束缚科学家的头脑，而应鼓励他们敢于追寻和面对任何不可思议的奇异现象。

根据新道学的科学观，人的生命是道的展开，生命和意识源于灵子场的虚空振荡，必然复归于灵子场的虚空振荡。"我从何而来，向何而去？"答案只能是，我从虚空而来，我向虚空而去。佛道之修炼是在一个"虚"字上做工夫，所谓炼神还虚、炼虚合道，都是复归于虚无的意思。

三、"我因何而生？"

宇宙的生命都源于灵子场的叠加、耦合与结构化，从灵子场到生命场（生命波叠加的气场）再到意识场，是一个灵性不断提高的过程。从感性思维到理性思维再到灵性思维，也是一个灵性不断提高的过程。从低等动物到高等动物再到人，还是一个灵性不断提高的过程。人因何而生？就是为了不断提高自己的灵性，不断提高自己的德性，逐渐由人进化成仙。当代人类仍然处在进化的历史系列之中，这种进化是不断提高其灵性和德性的过程，人类进化的最终目标是仙，即由人类进化为仙类。人活在世上，就是要通过人生的磨难来不断砥砺自己的肉体和心灵，以提高自己的灵性和德性，最终悟道成仙。因之从广义上说，人生就是为了修道，为了最终向道复归。人会进化成仙，人类要进化为仙类，这就是"我因何而生"的答案。

---

① 布莱恩·魏斯：《前世今生——生命轮回的前世疗法》，谭智华译，中国台湾，张老师出版社，1992年。

四、"我如何才能得到永恒和圆满？"

答案是信道、学道、修道、悟道、证道和合道。宇宙和万类之生命，皆是道的展开，宇宙中只有道是永恒的和圆满的，舍道之外森罗万象皆是无常的和缺憾的，故人只有复归于道才能得到永恒和圆满。

当人类进入 21 世纪之门时，自然演化、生命进化、社会发展、科技进步、思想文化变革都突然进入前所未有的快车道，过去上千年上百年才能发生的变化，现在几十年就可以完成。一是因为全球人类的交通距离拉近了，信息传递加快了，社会交往增多了，经济联系增强了，这无疑会促进全球经济、政治、文化一体化的进程，人类成为这个地球村相互联系的共同体。二是 21 世纪的国际社会进入了一个全球化的"战国时代"，国家、政党这些曾在社会发展史上起过巨大历史作用的组织形式突然变成相互拼命的噬血怪物，它们控制着武装到牙齿的战争机器，阻碍着人类奔向大同社会。人们越来越觉悟到，21 世纪的地球很难想象如秦灭六国那样由某个超级大国靠核武器统一成一个国家，因为消灭了世界各国也就最终消灭了自己。中国毕竟是有着五千年历史的文明古国，中华民族文明的火种不会断绝，中国古代圣人"讲信修睦，万国咸宁""在德不在鼎"的政治思想一定会成为当今世界国际关系的行为准则。三是 21 世纪的人类越来越直觉到面临"自我毁灭"的威胁，宗教活动重新复兴，使各国的政治家措手不及，他们不得不面对一个灵修的世纪。宗教是文化的核心，宗教的复兴必然带来文化的复兴，使那些被压抑的传统思想由于社会的需要变成"有国际传染性的学术"，在全世界流行。

人生苦短，谁也无法将走错的人生之路或生活的缺陷再重新补偿回来，生命的有限性几乎是人们一切痛苦的根源。因之，人们在潜意识里都埋有一种根深蒂固的追求永恒和圆满的愿望。然而人如何才能达到永恒和圆满呢？人们终于发现，人的自然生命虽然有限，但是人的对象化生命却有永恒性。儒家学者以"立德、立功、立言"为"三不朽"，希望在精神生命中求得圆满的补偿。基督教徒想在死后灵魂升入幸福的天堂，由上帝赐给自己另一个世界的永恒和圆满。佛教却认为人乃四大假合，惟有佛性为真，只有明心见性，入于无余依涅槃的大寂灭海，才能证得无上正等正觉的佛陀境界。相比之下，内丹学的功法最精细，也最具科学性，是现代人修道的最优途径。

现代社会为人们创造了丰厚的物质条件，使人们敢于把修道作为人生的第一需要。在 21 世纪，修道不再是少数人的特立独行，而是日益普遍地进入人们的生活，人们可以在学道、悟道、修道中尽力追求人生的永恒和圆满。

第四节　人生的价值是什么

一、人类社会价值观的支点和社会契约

老子《道德经》云："故失道而后德，失德而后仁，失仁而后义，失义而后礼。"（38 章）老子在这里说的道、德、仁、义、礼，实际上都是每个时代社会价值观的支点。当人类社会以道和德为伦理价值观支点的时候，那就是圣人之治的大同社会，相当于中国的三皇时期。至于以仁和义为价值观支点的社会，是明王之治的母系氏族公社权力社会，相当于历史上的五帝时期。至于夏、商、周三代，母系氏族公社过渡到父系氏族公社，继而进入父权家长制的宗法社会，周代封建礼教形成，社会价值观就以"礼"为支点了。社会伦理价值观由道而德而仁而义而礼，是一个从高到低不断蜕变的过程，也是人类的社会伦理观念不断败落的过程。京剧《搜孤救孤》所表演的春秋时代的人为保护忠良的后代不惜牺牲自己生命的情景，现代人很难做到。这是因为当时的社会虽然伦理道德已很败坏，但社会上人们心目中仍将"义"作为价值观的支点，那些道德品质高尚的人为民族大义、国家大义作出牺牲而义无反顾。好在中华民族每到生死存亡的危难关头，就会有正义之士为救亡图存奋不顾身。在中国历史上，有替天行道的人，有积德行善的人，有舍生取义的人，有仁爱救人的人，有埋头苦干的人，有拼命硬干的人，有为民请命的人，有舍身求法的人，鲁迅先生称之为"中国的脊梁"。其实这是因为中华民族传统文化中高尚的伦理价值观的支点还没完全泯灭，数千年来仍然支持着这个古老的国家和民族的缘故。

当今社会是一种被各种"契约"（我们常见的商业合同、人事合同、出版合同、婚姻合同、房产合同等等）联系在一起的社会，每个人都肩负着对父母、夫妻、子女、亲友和社会的各种承诺，都有自己与生俱来的义务和责任。《圣经》里有《旧约》和《新约》，是上帝尚且和人类订立契约，由此看来，洛克、卢梭和康德所代表的传统的社会契约理论是有道理的。社会契约论既然是一种历史观念，那就决非西方文明所独有，中国孔、孟、程、朱的儒学文明更是一种完善的社会契约论。中国儒学要建构君仁、臣忠、父慈、子孝、夫义、妻从、兄友、弟恭的社会契约，其社会伦理的重点都放在对家族义务和责任的承诺上。这种"家国同构"的社会结构是自然进化的产物，也是中国社会历史发展的现实，它没有经过西方"文艺复兴"以来人文主义理性的审察，缺少西方哲人社会契约论思潮以自由、平等、博爱等社会正义观念的政治设计。中国人的社会观偏重其历史性，眼中有家庭繁衍而无个人和社会；西方的社会契约论高扬了人的理性和主体性，我们应该汲取社会契约论的成果，形成历史和逻辑相互统一的社会发展观。社会契约也是随人类社会发展的进程不断变化的，上帝在不同阶段会赋于人类不同的历史使命，21世纪的《圣经》不应再有"人类中心论"和"自我中心论"。我们需要建立一种有时代精神的最公正的社会契约，每个人只承诺自己最合理的责任，把无法承负的家族责任还给社会，这样才有望实现人的自由、平等、民主和幸福，从而完成中国社会的现代转型。人最根本的契约是社会契约，这种原初的契约就是自然法。每个人生活的公正原则被社会契约所保障，其一生的劳动成果也应该首先回报给社会！

二、社会伦理价值观不能以"钱"为支点

从失道而后德，失德而后仁，失仁而后义，失义而后礼，失礼而后利，一直到现代社会欧美资本主义的价值观涌进中国，国人的优秀民族传统发生断裂和迷失，社会伦理价值观的支点越来越具体化和物质化，连"何以利吾国"、"何以利吾家"、"何以利吾身"也不讲了，整个社会价值观的支点变成了"钱"。这些年媒体报道的诸多案例不胜枚举，有些贪官及权势者的子女携非法所得的巨款逃往海外，"何以利吾国"？有些企事业单位的财会人员、供销人员、基层官员为了个人拿回扣、谋私利为外商、骗子大开方便之门，将自己所在的单位或工厂搞垮，"何以利吾家"？有些贪官行贿受贿，有些歹徒用各种名目造假行骗坑人谋财，有些暴徒抢劫银行，有些人为钱财杀人害命，以致身陷法网，"何以利吾身"？实际上，钱可以改变一个人的社会身份，但改变不了人的道德品质。钱可以给人带来幸福，但同时也给人带来烦恼和灾祸。金钱买来权势买不来威信；买来婚姻买不来爱情；买来书籍买不来学问；买来享受买不来青春。人之一生眠不过一床，食不过满腹，活过百岁也消费不了一亿元，因之聚敛数十亿资产每日费尽心机经营不休，其实所起作用乃是为社会理财而已。货币之价值在于其流通之用，聚则必散，与其由别人散，不如自己散。因之全真道创始人王重阳祖师将家财散尽，以周济穷人，开创宗教文化事业，以天下之财为财。其实每个人都是属于社会的，都有自己独立的人生，父母应该把对成年子女的承诺还给社会，由他们长大成人后自己去创造生活和回报社会。据《澳大利亚人》报报道，该国铁矿石大王安德鲁·弗里斯特有个人资产80亿美元，为该国首富。弗里斯特说："我并不热心巨额财富，也不羡慕大富豪，我不想作为一个富人离开人世。我想要把财富都分发出去。"他还说："我有自己关于财富的哲学，我认识一些非常富有的人存活下来并且变成了好人，但也知道许多富人没能存活下来。"他同时引用了美国"钢铁大王"安德鲁·卡内基的一句话："带着巨富死去的人，死得耻辱。"弗里斯特2007年9月捐出了价值8000万美元的股票和期权给澳大利亚儿童基金会，还给土著居民捐赠了数千万美元。2008年6月，曾为全球首富的微软总裁比尔·盖茨宣布退休，同时将其580亿资产全部"裸捐"给其名下的慈善基金会。这种"巨富裸捐"的风潮反映了发达国家富豪人性的觉醒。① 对中国来说，振兴中华民族传统文化的事业是当务之急，也是最大的慈善事业，我们一定要在海内外企业家的有识之士中募集足够的善款，把老子文

---

① 引自《环球时报》2008年8月20日第4版，特约记者伊文《澳大利亚首富也要"裸捐"》。

化基金会创立和启动起来。

三、开发人生的创造潜能

我曾说过，"生命的价值在于创造，人生的道路重在拼搏"。人的生命源于灵子场的虚空振荡，生命本身是道的展开，因之每个人都蕴藏着巨大的创造潜能，没有任何人在一生中能够把自身的创造潜能全部发挥出来。创造活动是人的本性，也是人生的基本价值。在人生的道路上，只有奋力拼搏的人才能激发出更多的创造潜能。一个人遇到的对手越强，所从事的事业越伟大越艰险，他的能力也越高，也越有创造性。每个人身心之中都蕴藏着成为大英雄、大豪杰、大人物的内在潜能。人只有努力激发自己的创造力才是生活的艺术，也是人生的价值。

人们选择一条"重在拼搏"的人生道路，就不能不和人打交道，这样要迈出人生的第一步，关键在于"识人"。中国历朝历代人事体制的最大弊端，在于领导人识别和选拔人才的标准是对自己的"忠诚"，而不是才能。然而"识人"和"用人"又岂易言哉！我平生不惮于使用那些狡猾能干的人，却对那些表面忠厚老实、唯唯诺诺的人颇多提防。因为每个人都有正反两面的优缺点，只有同时摸清一个人的正反两面才谓"知人"，那些缺点明显的人可量才而用，那些没暴露缺点的人一旦背叛则危害甚大。鲁迅先生说："防被欺。自称盗贼的无须防，得其反倒是好人；自称正人君子的必须防，得其反则是盗贼。"（《而己集·小杂感》）鲁迅先生在激烈的斗争中颇多阅历，这段话看来应是他的经验之谈。《三国演义》载曹操生性多疑，但其用人则不疑。唯有"煮酒论英雄"一节被刘备瞒过，盖其视己尊而视人卑，"君子可欺以其方"。曹操对关羽也深信不疑，盖关羽为人有恒，是其可信之处。吕布则不然，王夫之《读通鉴论》评之曰："布之恶无他，无恒而已，人至于无恒而止矣。""故君子于无恒之人，远之唯恐不速，绝之唯恐不早，可诛之，则勿恤其小惠、小勇、小信、小忠之区区而必诛之，而后可以名不辱身不危。与无恒者处，有家而家毁，有身而身危，乃至父子、兄弟、夫妇之不能相保。论交者通此义以知择，三人行，亦必慎之哉！"以变应变，不若以恒应变。清雍正帝《朱批谕旨》载其在鄂尔泰奏折上的批语云："可信者人，而不可信者亦人，万不可信人之必不负于己也，不如此不足以言用人之能。""其不敢轻信一句，乃用人第一妙诀。朕从来不知疑人，亦不知信人。即经历几事，亦只可信其已往，犹当留意观其将来，万不可信其必不改移也。"

吾人在人生的道路上奋力拼搏，无论事业取得多么辉煌的成就，必有个散场的时候。老子《道德经》云："罪莫大于多欲，祸莫大于不知足，咎莫大于欲得。"许多人在人生之路上栽跟头，皆因当止而不知止，已足而不知足，欲得而反失，多欲而亡身。弗洛姆说："幸福是生活艺术达到完满化的标志，如果把它放在人本主义伦理学中观察，它也具有德行的标志。"①人生既能充分开发自己的创造潜能，又能知足常乐，则是得道的标志。

四、为人类社会做奉献是人生的应有之义

人生的价值还在于，为世界上绝大多数人谋利益，献身人类伟大理想的共同事业，走历史必由之路，为人类社会发展的必然目标而勤奋工作。人们的工作和职业选择大略可分为三个层次，而这些层次的高低并不在于其社会地位是否显赫，而取决于个人的思想和心理觉受。第一个层次是人们选择了某种职业而辛勤工作，仅是为了挣钱养家糊口，这种为谋生而工作的状况处于人生需要的较低层次。第二层次是人们选择的职业和工作恰恰是自己最感兴趣的职业和工作，从事这种工作时可以激发自己最大的爱心和热情，从而萌发自己人生的创造力。这样的职业使人们在工作中享受到人生的乐趣，实现了较高层次的人生需要。第三个层次是人们为了达成自己人格的完满和实现自己的人生理想而自觉选择了某种职业而辛勤工作，并且认定这项工作值得自己为之付出毕生精力甚至作出牺牲也在所不惜。为了达到人生的目标人们可以忍受艰苦的环境，可以付出高昂的代价，可以牺牲个人利益乃至自己宝贵的生命，从而实现自己生命的价值。当然这种人生目标应和人类社会发展的目标相一致，应是为人类绝大多数人谋利益的正义的伟大事业，而不是逆历史潮流而动的反人类的活动或为谋取个人

---

　① ［德］埃里希·弗洛姆：《寻找自我》，陈学明译，北京工人出版社，1988年，第246页。

私利的卑劣目的而行施的冒险行径。

在我们国家的每个历史时期，都有人在平凡的岗位上忘我工作，从而做出突出的贡献。他们是农民、清洁工、售货员、纺织工、搬运工、炊事员、司机、战士等普通劳动人民，大多从事着繁重的体力劳动，为了中华民族的崛起和国家的富强辛勤工作，工资报酬都很菲薄，却比当今社会的大款、大腕肯于付出更大的心血和精力。有的人生而残疾，却不向命运低头，为谋生存和赢得社会尊重刻苦努力，同样可以实现人生的价值。因此，一个人能否体现自己人生的价值，不在于从事什么职业，不在于社会地位的高低，不在于自己的容貌、身体等先天条件，而在于自己的思想境界。人类社会是由各行各业的人组成的，除了盗贼、骗子等专门危害社会的败类之外，凡是凭劳动吃饭的行业，都是社会所需要的，都能体现人生的价值。一个人无论出身多么高贵，天资如何聪颖，都不能脱离社会而生活，都需要和商店、饭店、邮局、银行、公交车、医院等各行各业的人打交道，而自己也要在一个社会职业里工作。因之生存绝不是个人能够自行解决的事，而是融合进社会的集体中大家共同承担的事，每一个人都有自己活着的意义，也都有自己的选择和追求，只要为人类的需要作出了自己或多或少的贡献，都没有虚度时光，都算是实现了人生的价值。有的人一生声名显赫，多数人一生默默无闻，但声名显赫的人并不意味着比普通人思想境界高，更不意味着他们实现了更多的人生价值，正如《红楼梦》里的曲子所说："问古来将相可还存？也只是虚名儿与后人钦敬！"

五、人生的价值在于提高自己的灵性

最后，我们还是把人生的价值归结到人的灵性提高上，即是说人生要走生命进化的必由之路，每个人在自己人生道路上自觉接受命运的磨难和天命的安排，从而使自己的灵性从人到仙逐步进化。一个人的人生无论如意不如意，通过人生的砥砺其心灵能否被开发，其思想境界是否提高，才是衡量人的生命价值的最终参数。

人活在世上，就不得不以个人的灵性经营着自己的人生，在人生的关键时刻作出抉择。我说"一个人的命运往往是他本人性格和智能的画卷在他一生所有机遇下的展开"，其中所谓"性格和智能"，本质上也是指人的灵性，只有灵性才能帮助人在最关键的时候作出正确的抉择。人们常说："一饮一啄，莫非前定"，这是一种世俗的宿命观，其实人生决非只有一种命定的版本，而是上帝为每个人的人生都安排了多种版本，给人们留下了自主选择的余地。人在紧要关头的抉择可以决定个人的命运；也可以决定一个企业的兴衰，使一大群人集体承担后果；还可以使整个国家陷入战争状态，从而牵连千千万万人的生命和财产，甚至动摇国本，灵性高低岂虚言哉！

人生的意义在于追求永恒和圆满，如果人生失去永恒性的背景，生命本身就失去意义，社会的伦理价值观也无由存在。按照丹道和密宗的理论，只有人修炼到明心见性，转识成智，去掉所有执著，才能中断轮回，证得三身四智，达到仙佛的境界。假如你生而为一个残疾人，这也无妨你借驻人体以提高自己的灵性。你只要认定人生世间只是借人体以提高自己灵识的灵性，身体既已残疾，这就迫使你比常人付出百倍的努力，经历更多的磨难才能成功，因之灵性提高更快。《阴符经》云："瞽者善听，聋者善视。绝利一源，用师十倍。三反昼夜，用师万倍。"人而残疾，用心专一，反而转祸为福，作出超常贡献者，并不少见。《庄子·德充符》中推崇的得道高人多是残疾人。铁拐李位列八仙，可知残疾人学道名列仙班者亦多有。仙佛皆由人修炼而成，人如果走上修道之途，其灵性的提高就更快了。按照佛教的生死轮回说，人的心识进入轮回出生为人，就等于进了一所学校，经过一生的砥砺增长智慧和道德，藉以提高自己的灵性。人在弥留期，心识里出现人生经历的"倒带"现象，重演一遍自己的人生之路，等于帮助心识下载这些人生资料和此世的学习心得，以便提高心识的灵性，带着这些学习成果和道德进步去往生。人就是在这样的世代轮回中不断学习，不断积累德行，不断提高自己的灵性，由人类向仙类进化，最终打破轮回，达到仙佛境界。地球上所有生命都有增长自己灵性的渴望，其中以人类的渴望最为强烈，故发展出高度的精神文明。每个人的一生都是为了完成一段生命的学习而来，都是为了提高自己的灵性而来，而学道、修道、悟道是最好的学习，是最快地提高灵性的方法。台湾物理学家陈国镇教授说："'出生'是生命的物质化，以拥有身体的生命状态出现在人间，为的是藉以接受考验。'死亡'是生命结束物质化，带走一生的经验离开人间。生死是生命学程的'入学'和'结业'，而来去人世间罢了。"① 既使你不相信佛教的生死轮回说，但也无法否定生命系列是一个灵性由低到高的进化过程，那末生命的价值在于提高自己灵性的论断也是成立的。

人对自我生命价值的体验，随着个人灵性的提高，在事情的开始和最终的结尾会有不同的觉受。佛陀为人类灵性之最高者，从初转法轮为大众说法四十九年，最后却讲不曾说过一字，直到在阿利罗跋提河边沙罗双树间，说《大涅槃经》后入无余依涅槃。小乘佛法先求自度，得阿罗汉果长揖世间，亦有偈曰："我生已尽，所做已办，梵行已立，不受后有。"由佛陀和老子这些圣人的生命历程中人们可以体验和领悟到一种真正永恒圆满的人生价值。

附录：要言四则

1. 学道者必"胸怀天下，爱我中华；敬师重道，不悖伦理；奉公守法，慈爱六亲；立身正直，奉献社会"，此八句为吾传道标准，并要求学道者严守丹家戒律，约束身心，自可授守丹道法诀。

2. 关于做功夫必须的三个条件，其一是必须修证菩提心，其二功夫必须连成片，其三需要突破生命界限。关于闭气，安全期是30秒，生命界限是5分钟。关于辟谷，安全期是7天。知常人不食超过7日会死，但真正做辟谷功夫的人，很容易突破7日的界限，而使尿酮体转化为阴性达到40天的境界。《圣经》记载耶稣在野外绝粒40天开发出人体潜能，常人辟谷40天也会精力倍增。《太平经》讲"绝粒十月乃通灵"，辟谷10个月是另一个关节点，人体会发生本质的变化。在辟谷期间，还可以进行静坐和站桩的修炼，也必须功夫连成片。静坐要每天3个小时，连续3个月不能间断，作到心息相依或逆式呼吸，才见效验。站桩每次20~40分钟，最好前脚掌翘足而立，能站胎儿桩

---

① 陈国镇：《又是人间走一回》，财团法人圆觉文教基金会，2003年，第13页。

就更好了。辟谷期还可同时辟水，辟水的安全期是4天，超过4天会出现许多生理上和心理上的反应，须自己切身体验。真正的见光证空往往在接近死亡的边缘才能见到，那就是证道了。

3. 5485卷《道藏》和众多的《藏外道书》，也不过是建立在一个"无"字上。这就是说，佛教和道教理论大厦的基础，只不过是"空"和"无"。西方现代科学和哲学研究的世界，是我们用五官和仪器经验到的现实世界，是形而下的器世界，佛教称之为"色界"。佛陀和老子都发现除了这个现实的"色界"之外，还有一个"虚、无、空、灵"的世界，称作"空界"或"灵界"，也就是形而上的"道"世界。爱因斯坦的相对论以光速为极限，显然光速为"色界"和"灵界"的分界线，"灵界"是超光速和超时空的。老子的"道"以"虚、无、空"为"体"，以"灵、明、觉"为"相"，以"生、化、现"为"用"。由此看来佛道二教追求的"仙"和"佛"，也不过是要人们通过修炼突破光速的界限，和异次元的宇宙相互交通，"出有入无"，进入"虚、无、空、灵"的世界，从而达到仙佛的境界。内丹家将"色界"通往"空界"或"灵界"的门户，称作"玄关一窍"，老子《道德经》称作"玄牝之门""众妙之门""天门"，佛法称为"总持之门"。然而人们要从现实的色界进入佛道的灵界，唯一的办法是修炼自己的心。

4. 内丹学乃是交通虚无空灵世界的学问，虚中有道，虚中有宝，虚中有药，虚中有丹，炼丹是向虚无空灵中盗夺天宝之术。从后天形而下之实有的器世界向先天形而上虚无的道世界探求金丹大药至宝，必须经过一个光速的隧道，丹家谓之"玄关一窍"。三家四派丹法之采药，皆须通过玄关。欲求玄关，当于恍惚中求之，当于杳冥中求之，当于神气交合处求之，求于双体合一处求之，当于"中"处求之，当于"无定位"处求之，当于无知无欲时求之，当于忘我忘法时求之，当于无中生有、似有若无时求之，当于澄湛无念时求之，是以元神呈现，先天一炁自虚无中来，玄关一窍必开启现象也。丹道修炼，形、气、神皆有其玄关，故谓之"玄之又玄"，乃神气交媾之灵光也。盖光速为后天实有世界之极限，色界与空界以光为分界线，丹家于静定之中必见灵光而玄关始启。李涵虚真人之"钻杳冥"，实即"钻玄关"

也，其云"玄牝"，其云"中字"，其云"两孔穴法"，其云"神息妙用"，皆指"玄关一窍"也。人之"初玄关"为形之玄关，其判据有四：一曰"既在身内，又不在身内"；二曰"黄庭一路皆玄关"（丹田、黄庭、炁穴皆有定位者，虚空现象时则无定位，彼家法之螺旋脉亦无定位）；三曰"只可以无心得，不可以有心求"；四曰"先天一炁自虚无中来"。盖人体穴位神气合一之灵光，既在身内，又不在身内（因体已虚），先天一炁自虚无中来，正采药炼丹之机也。吾今已将丹家千圣不传之秘密和盘托出，然玄关一窍，只可以无心得，不可以有心求，若执而求之，背道而行者矣。

主要参考文献

中孚子按语：余之著述，凡有引用古今学者书刊文章者，皆随文注出，读者自能参详，故书后从不列参考书目。本书即兴而谈，语言通俗，故不能像一般学术论文那样征引各家之原文。本书之参考资料有三类：其一是《道藏》《大藏经》等道、释、儒、医典籍及公开出版的丹经，数量繁杂，学者皆可检而得之，故不必列出。其二是我二十余年访道所得之丹道、密宗、武术、医药之手抄秘本，从未公开发表过，属于师传口授之范围，既云秘密，故不便列出。其三为近人公开发表的著述，吾文中有所参考和取舍，特别是我希望学者能在读此书时一并参考的著作，皆列为主要参考资料附后。

咦！古今丹家所传丹道经书多如山积，有几本是修炼成道后之仙人亲手所撰耶？吾廿六年所访之丹家，皆可谓之得诀之人，非谓之成道之人，吾亦自叹何如此之无福也，竟未见一个活神仙！吾撰此书之意无他，唯望读者因指见月，省出几十年和江湖术士辈纠缠的闲工夫，用之于学术研究，开创内丹学之一门新学术，愚愿足矣！夫百千法诀，同归方寸，河沙妙道，总在心源。一切戒定慧、止观、静坐、存思、调息、炼丹、还虚、神通变化，悉自具足，不离汝之身心。人与非人，性相平等，大道虚旷，绝思绝虑，汝但身心得大自在，任意纵横，坦荡无碍，行住坐卧，触目随缘，快乐无忧，即是得法，即名为仙，即名为佛，毫无欠缺矣！时大夜弥天，网蚊轰鸣，秋声将至，余在北京。

记于戊子年奥运会开幕之日

384

1. 陈健民:《曲肱斋全集》,北京:中国社会科学出版社,2002 年出版。

2.《米拉日巴大师集》,张澄基译,北京:民族出版社,2005 年出版。

3. 南怀瑾:《如何修证佛法》,北京:北京师范大学出版社,1993 年出版。

4. 第三世大宝法王著、堪布卡特仁波切主讲:《甚深内义》,宝鬘印经会,1998 年内部发行。

5.《堪布卡特仁波切演讲集·大手印》,内部发行。

6. 第十二世泰锡度仁波切:《唤醒沉睡的佛》,台北:台湾慧眼杂志社,2000 年出版。

7. 邱陵编撰:《藏密六成就法诠释》,北京:北京工业大学出版社,1994 年出版。

8. 牛实为:《人类自性问题》,北京:中国和平出版社,1997 年出版。

9. 傅伟勋:《死亡的尊严与生命的尊严》,北京:北京大学出版社,2006 年出版。

10. 王亚南:《中国官僚政治研究》,北京:中国社会科学出版社,1981 年出版。

11. 刘泽华:《中国的王权主义》,上海:上海人民出版社,2000 年出版。

12. 张荣明:《中国思想与信仰讲演录》,桂林:广西师范大学出版社,2008 年出版。

13. 袁焕仙:《维摩精舍丛书》,成都:成都维摩精舍刻经处,1944 年出版。

14. 陈国符:《中国外丹黄白法考》,上海:上海古籍出版社,1997 年出版。

15. 萧天石:《道家养生学概要》,台北:自由出版社,1983 年出版。

16. 萧天石:《世界伟人成功秘诀之分析》,台北:自由出版社,1998 年出版。

17. 王沐:《内丹养生功法指要》,北京:东方出版社,2008 年出版。

18. 王明:《王明集》,北京:中国社会科学出版社,2007 年出版。

19. 于永年:《大成拳站桩与求物》,太原:山西科学技术出版社,2005 年出版。

20. 曾广骅:《大成拳——科学站桩功》,太原:山西科学技术出版社,2006 年出版。

21. 叶峻、胡良贵等:《人天观初探》,成都:四川教育出版社,1989 年出版。

22. 李嗣涔、郑美玲:《难以置信 I:科学家探寻神秘信息场》,台北:张老师出版社,2000 年出版。

23. 李嗣涔、郑美玲:《难以置信 II:寻访诸神的网站》,台北:张老师出版社,2004 年出版。

24. 杨宪东:《异次元空间讲义》,台北:宇河文化出版有限公司,2001 年出版。

25. 陈国镇:《又是人间走一回》,台北:财团法人圆觉文教基金会,2003 年出版。

26. 涂元季、李明、顾吉环编:《钱学森书信》,北京:国防工业出版社,2007 年出版。

27. 上海交通大学编:《智慧的钥匙——钱学森论系统科学》,上海:上海交通大学出版社,2005 年出版。

28. 涂元季:《人民科学家钱学森》,上海:上海交通大学出版社,2003 年出版。

29. 王文华:《钱学森的情感世界》,成都:四川人民出版社,2002 年出版。

30. 黄裕生、宋继杰、吴国盛等编:《斯人在思——叶秀山先生七十华诞纪念文集》,南京:江苏人民出版社,2006 年出版。

31. 牟钟鉴、胡孚琛、王葆玹主编:《道教通论——兼论道家学说》,济南:齐鲁书社,1991 年出版。

32. 胡孚琛、陈耀庭、王卡、刘仲宇:《道教志》,上海:上海人民出版社,1998 年出版。

33. 胡孚琛:《魏晋神仙道教——抱朴子内篇研究》,北京:人民出版社,1991 年出版。

34. 胡孚琛:《道教与丹道》,北京:中央编译出版社,2008 年出版。

35. 胡孚琛:《道学通论》(修订版),北京:社会科学文献出版社,2009 年出版。

36. [俄] 鲍·米·凯德洛夫著,胡孚琛、王友玉译:《科学发现揭秘——以门捷列夫周期律为例》,北京:社会科学文献出版社,2002 年出版。

37. [美] 欧文·拉兹洛:《巨变》,北京:中信出版社,2002 年出版。

38. [美] 欧文·拉兹洛:《微漪之塘——宇宙进化的新图景》,北京:社会科学文献出版社,2001 年出版。

39. [瑞士]S·方迪:《微精神分析学》,尚衡译,北京:生活·读书·新知三联书店,1992 年出版。

40. [瑞士] 方迪:《精神分析学与微精神分析学实用词典》,尚衡译,北京:商务印书馆,1998 年出版。

41. [美] 马斯洛等著,林方主编:《人的潜能和价值——人本主义心理学译文集》,北京:华夏出版社,1987 年出版。

42. [美] 布莱森:《万物简史》,严维明、陈邕译,南宁:接力出版社,2005 年出版。

43. [美]N.R.霍曼、H.A.基亚克:《社会老年学——多学科展望》冯韵文、屠敏珠译,北京:社会科学文献出版社,1992 年出版。

44. [英] 史蒂芬·霍金:《时间简史——从大爆炸到黑洞》,许明贤、吴忠超译,长沙:湖南科学技术出版社,1999 年出版。

45. [英] 彼得·柯文尼、罗杰·海菲尔德:《时间之箭——揭开时间最大奥秘之科学旅程》,江涛、向宇平译,长沙:湖南科学技术出版社,1995 年出版。

46. [美]R.M.尼斯、G.C.威廉斯:《我们为什么会生病——达尔文医学的新科学》,易凡、禹宽平译,长沙:湖南科学技术出版社,1998 年出版。

47.［英］弗朗西斯·克里克:《惊人的假说——灵魂的科学探索》,汪云九等译,长沙:湖南科学技术出版社,1998年出版。

48.［英］保罗·戴维斯:《上帝与新物理学》,徐培译,长沙:湖南科学技术出版社,1995年出版。

49.［美］布莱恩·魏斯:《前世今生——生命轮回的前世疗法》,台北:张老师出版社,1992年出版。

50.［德］叔本华:《爱与生的苦恼》,金玲译,北京:华龄出版社,2001年出版。

51.［美］阿尔弗雷格·金赛:《金赛性学报告》,潘绥铭译,海口:海南出版社、三环出版社,2007年出版。

52.［美］约翰·罗尔斯:《正义论》,何怀宏、何包钢、廖申白译,北京:中国社会科学出版社,1988年出版。

附录一

老子其人其书考

胡孚琛

老子道学文化在中华大地上的复兴，已是可以预见的大趋势。20世纪，先是1973年湖南马王堆汉墓出土了帛书《老子》甲、乙本，引起海内外学术界的轰动。继而1993年湖北荆门郭店一号楚墓又出土了竹简《老子》甲、乙、丙三组。古人云："国之将兴，必有祥瑞"，中华民族优秀传统文化的复兴也是如此，《老子》古本的面世便是祥瑞。在世界文明史上，老子是和古希腊苏格拉底、柏拉图比肩的伟大哲学家，《道德经》中蕴藏着解决全人类发展问题的深邃智慧。一个真正的大国必须能在全世界传播本民族的文化，在人类的价值观上拥有影响和引导这个世界的文化力量。从这个意义上说，"和平崛起"首先应是"文化崛起"，经济起飞同时要有"文化起飞"。老子的道学文化是人类命运共同体的文化根基，集古今中外文明之精华，创立有时代精神的新道学，对增强我国的综合国力，促进世界和平和人类社会发展有着不可估量的现实意义。老子是中国的哲学之父，也是世界的哲学之父。老子不仅是中国的，也是属于全人类的。

关于老子其人其书的考据，历来聚讼纷纭，近世学者如梁启超、顾颉刚、冯友兰等皆疑《老子》晚出，最早不过战国末期。更有钱穆先生考定《老子》出于东汉，言之凿凿，《老子》汉墓帛书和郭店竹简本出，这些学者的考据不攻自破。先师王明教授曾撰《论老聃》载入1980年出版的《中国古代著名哲学家评传》。王明先生采用清人汪中的说法，认为孔丘问礼者为老聃，著《老子》者为太史儋，并随和梁启超以《史记·项羽本纪》之"上将军"之官职出于战国等史料论证之。他晚年却又反悔，发现"范蠡称上将军"载之《史记·越王勾践世家》，可知"上将军"之官名春秋时亦有之。司马迁既明言老子西出关，"著书上下篇，言道德之意五千余言而去"，何必多事归诸太史儋耶？不想先师王明先生1992年逝世后，郭店楚墓《老子》竹简本出，和今《老子》传世本文字相差甚多，饶宗颐先生认为竹简本乃儒生所记《老子》的节本，而一些学者则认为竹简本乃老聃所著《老子》初本，今本《老子》乃太史儋所著，反而更坐实了清人汪中的猜测。又有美籍学者何炳棣院士在2000年11月《燕京学报》撰《司马谈、迁与老子年代》，竟从司马谈、迁身世及所记老子后裔世谱入手，论证《老子》著于《孙子兵法》之后，老子即为太史儋。然而捼诸《史记》多篇史料，孔子问礼于老聃其言不虚，老聃、老莱子、太史儋本为三人，史料证据也非止一处。司马迁毕竟没有直书"太史儋之子名宗""太史儋著书上下篇"，何炳棣院士的考据巧则巧矣，眼下也不过似清人汪中的一种"推测"而已！

盖老子之道学，乃史官历代相传的学术，《道德经》中提到古之圣人，凡二十六见，"强梁者不得其死"，出自周庙金人铭辞。老子之思想，亦不难在《书经》《诗经》中找到类似语句。《说苑·敬慎篇》记载春秋时晋人叔向引用老聃之言，亦见于今本《老子》。《史记》之《孔子世家》《老庄申韩列传》《仲尼弟子列传》《汉书》《庄子》《吕氏春秋》《礼记·曾子问》等，多处记载孔子师事老子、问礼于老子之事，老子年长于孔子应无疑义。关于《道德经》的成书过程，决不会为晚于孔子的太史儋所著，而此书初本的始作俑者，当是《史记·周本纪》《国语·周语》《国语·郑语》里记载的西周史官伯阳甫（或曰"伯阳父"）。伯阳甫于周幽王时为太史，可以"登春台"、"享太牢"，《道德经》中的文字描述，以史实证之，如"朝甚除，田甚芜，仓甚虚"等，亦不晚于周幽王之时。《史记·周本纪》载："幽王二年，西周三川皆震。"伯阳甫曰："周将亡矣！夫天地之气，不失其序；若过其序，民乱之也。阳伏而不能出，阴迫而不能蒸，于是有地震。今三川实震，是阳失其所而填阴也。""夫国必依山川，山崩川竭，亡国之征也。川竭，必山崩，若国亡，不过十年，数之纪也。天之所弃，不过其纪。"这是中国文献中最早论及阴阳的文字，和《道德经》中"万物负阴而抱阳，中气以为和"相一致。《国语·郑语》又载史伯云："夫和实生物，同则不继。以他平他谓之和，故能丰长而物归之。若以同裨同，尽乃弃矣。故先王以土与金、木、水、火杂以成百物。是以和五味以调口，刚四支以卫体，和六律以聪耳。""声一无听，物一无文，味一无果，物一不讲。"郑桓公时史伯为周幽王之司徒，史伯即伯阳甫，又称"太史伯阳"，曾预言西周将亡，"祸成矣，无可奈何"，"凡周存亡.不三稔矣"，其睿智博学，必为《道德经》初本的著者。其实，《列仙传》《老子铭》《老子音义》皆谓老子"字伯阳"，《索隐》司马贞注"有本字伯阳"，"老子号伯阳父"，可见唐本《史记》有老子字伯阳号伯阳父之说。《史记·周本纪·集解》引唐固曰："伯阳甫，周柱下史老子也。"《吕氏春秋·重言》注云："老聃学于无为而贵道德，周史伯阳也，三川竭，知周将亡，孔子师之。"这样，我们就不难扫清老子其人其书上的疑云，原来《道德经》之初本，作于西周幽王时之太史伯阳甫，由史官承传下来，垂二百载至老聃形成道论，以道的高境界和大视野对史伯的德论重新解释和发挥，亦有注文窜入其中，而成今本《道德经》。是以《庄子·天下》曰："孔子行年五十有一而不闻道，乃南之沛见老聃。"《史记·仲尼弟子列传》又云："孔子所严事，于周则老子，于卫蘧伯玉，于齐晏平仲，于楚老莱子，于郑子产，于鲁孟公绰。"故可断定老子为孔子之师，姓李氏，名耳，字聃，春秋时周守藏室的史官。老莱子、太史儋盖亦传伯阳甫与老聃之学，故后世疑其为老子。司马迁本着"信则传信，疑则传疑"的原则，声称老子"或言二百余岁"，盖以伯阳甫的年龄计之也。

实际上，研究老子的文字史料，还有东汉边韶的《老子铭》和王阜的《老子圣母碑》，由这些资料看出，秦汉时老子已被神化，成为道的化身。当时人眼中的老子，已把老聃和西周的伯阳甫合为一人，但将伯阳甫的《德经》在先，老聃的《道经》在后，边韶为历史学家，曾编《东观汉记》，时任老子故里苦县的陈国之相，奉汉桓帝之诏撰《老子铭》，其史学价值不亚于二百年前司马迁的《老子传》。《老子铭》之序文云："老子，姓李，字伯阳，楚相人也。春秋之后，周分为二，称东西君。晋六卿专征，与齐楚并僭号为王，以大并小。相县虚荒，今属苦，故城犹在。在赖乡之东，涡水处其阳，其土地郁堙高敞，宜生有德君子焉。老子为周守藏室史。当幽王时，三川实震，以夏殷之季，阴阳之事，鉴喻时王。孔子以周灵王二十年生，到景王十年，年十有七，学礼于老聃。计其年纪，聃时已二百余岁，聃然老耄之貌也。"这样，就把汉代人眼中老子的出生地、年龄、生平交待得很清楚，班固等儒者尊孔子而贬老子，但终究无法掩盖老子自秦汉以来就被神化受人尊崇的事实。由此可知，《道德经》之初本以《德经》为主始作俑者为西周末太史伯阳甫，至老聃提出道论，西出关时完成通行本《道德经》五千余言，一直被历代史官流传，太史儋乃其一道学传人耳。

据我研究，孔子生于周灵王二十一年（公元前551年），老子比孔子年长50岁左右，约生于周定王七年、楚庄王十四年（公元前600年）左右。根据周代世卿世禄制度，老子的祖辈应为史官，通晓周代各国古文字，老子至周为守藏室之史，盖在楚子问鼎之后，楚共王之时。孔子适周，问礼于老子，盖周景王十四年、楚灵王十年之事。至周敬王四年（公元前516年），王子朝之乱，老子离周而去。孔子行年五十有一而未闻道，乃南之沛，往见老子，乃周敬王二十年、楚昭王十六年（公元前500年）之事。孔子归，谓弟子曰："鸟，吾知其能飞；鱼，吾知其能游；兽，吾知其能走。走者可以为网，游者可以为纶，飞者可以为矰；至于龙吾不能知，其乘风云而上天。吾今日见老子，其犹龙邪？"随之老子则乘牛西去，至散关（考定散关非函谷关）为关令尹喜著《道德经》上下篇五千言，西去不知所终。实则老子晚年曾居甘肃之临洮（古称狄道），孔子逝世后仍活了37年左右，故《史记》称老子百六十岁。据《史记·老子韩非列传》云："老子之子名宗，宗为魏将，封于段干。宗子注。注子宫。宫玄孙假。假仕于汉孝文帝。而假之子解，为胶西王邛太傅，因家于齐焉。"这里需要说明，老子的儿子李宗为魏将，封于段干。李宗为魏将，盖晋昭公之时，此时晋六卿强，公室卑，政在私门。魏绛之后，至魏献子，事晋昭公，自有封地，魏献子任用李宗为将，封于段干，盖段姓亦为老子之后也。《史记》记载老子二百余岁，盖自西周史官伯阳父始，《道德经》的《德经》应是伯阳父所著。后传到老子，又著《道经》，此为《道德经》著作之缘起。言老子百六十余岁，此即《道德经》成书之老子也。至于老子的后代李宫，李宫的"玄孙"李假，李假的儿子李解，在汉文帝时为胶西王邛的太傅。既云"玄孙"，必然相隔多代，这和李解在文帝时为胶西王邛的太傅在时间上绝无矛盾。这样看来，老子为孔子之师，《史记》等书有多处记载，言之凿凿，不容怀疑。其实范蠡、孙武子也是老子的学生，俱在老子之后。《史记》之《孔子世家》《老子韩非列传》《仲尼弟子列传》，《汉书》《庄子》《吕氏春秋》《礼记·曾子问》等，多处记载孔子师事老子、问礼于老子之事，老子年长于孔子应无疑义。由此可知，把《道德经》考据为孔子百年之后的太史儋所著，或把阴阳家太史儋当作道家的老子，只能是徒乱人意，此等谬论可以休矣！

晋代科学家葛洪曾云："今苟知推崇儒术，而不知成之者由道。""夫道者，其为也，善自修以成务；其居也，善取人所不争；其治也，善绝祸于未起；其施也，善济物而不得；其动也，善观民以用心；其静也，善居慎而无闷。此所以为百家之君长，仁义之祖宗也"。"儒者汲汲于名利，而道家抱一而独善。""道者，儒之本也；儒者，道之末也。"（《抱朴子内篇·明本》）"道者，万殊之源也；儒者，大淳之流也。三皇以往，道治也；帝王以来，儒教也。谈者咸知高世之敦朴，而薄季俗之浇散，何独重仲尼而轻老氏乎！"（《抱朴子内篇·塞难》）葛洪关于道本儒末、道源儒流的儒道关系的剖析，是两千多年来最经典最具科学性的论断。今天历史又出现惊人的重复，国人只知有孔子，不知有老子，仅将孔子的儒学文化当成中华文明的品牌。然而欧美等西方的政治家对老子《道德经》《孙子兵法》皆耳熟能详，而儒学君权专制主义的等级制度和忠臣、孝子、烈女、节妇的伦理观念却难以被民主宪政国家的人民所接受。在 2008 年河南鹿邑老子文化节的学术研讨会上，有人问我"为什么孔子又叫孔老二？"我没有讲孔父因孟皮残疾野合而生孔丘的话，而是径直回答："因为'老子天下第一'，当然孔子只能叫'孔老二'了！"老子的道是中华民族传统文化的核心，中国哲学本质上是道学，是以孙中山先生云："世界潮流，浩浩荡荡，顺之则昌，逆之则亡。"实际上，天下事皆有道则昌，无道则亡。

在21世纪，面对全世界风云变幻的形势，中华民族又面临新的转折关头，迫切需要我们涌现出一批有深厚国学根底，有世界眼光，有崇高目标和宽广胸怀的时代英雄，带领全国人民排除千难万险，为全人类的安全和幸福作出较大的贡献。在中华文明中，只有道学文化是属于全人类的，只有道学文明的恢宏气度才能培养出21世纪的时代英雄。道学是与时偕新的文化，集古今中外文明之精华，创立有时代精神的新道学，作为人类命运共同体的文化根基，是我们这一代学人的历史使命。只有创立起新道学，才能将意识形态的话语权掌揑在中国人手中，才能将引领人民前进的价值观念扎根到中华民族的土壤里，才能为中国青年一代的心灵寻找到精神回归的家园。新道学同时也是全人类价值观的文化根基，创新道学文化的使命是海内外学者共同的文化大业。

因此，老子生于公元前600年，原本《道德经》《德经》在前，《道经》在后，殆无疑义！

附录二

守一与心术

胡孚琛

　　人生在世间,无论是个人的穷通晦显,还是遭遇的悲欢离合,都取决于自己的心如何把握不同历史背景下的人生机遇。而人类的历史,无论是社会的历史或个人的历史,真正能起决定作用的,还是人们的心。

　　人生命运的主宰是自己的心,每个人所经历的人生现实本质上都是自己心灵画面的影印件。心无事则身无事,心健康则身健康,要战胜千军万马的强敌,首先要以心胜之!对一个人是如此,对一个国家是如此,对一个民族也是如此。

　　在中华文明的典籍中,特别是《道德经》《黄帝内经》《周易参同契》,西方的现代科学和哲学至今还没能达到这三本书的水平。此外,还有《易经》《伤寒杂病论》《孙子兵法》《鬼谷子》,都凝聚着中华民族的最高智慧,是祖先留给我们在世界东方重新崛起的文化资源。再加上佛教的《大方广华严经》,这八本书集中了中华民族文化的精华。老子的《道德经》为群经之首,在世界上翻译版本的数量仅次于《圣经》,老子的智慧是超时空的,必将会成为21世纪全人类家喻户晓的文化宝典。

　　人类近三千年来最伟大的智者,当首推佛陀和老子。《大藏经》5048卷,再加上藏传佛教的"甘珠尔"(经)和"丹珠尔"(论),这些多如山积的经典都不过是建立在"缘起性空"四个字上。"空"相当于老子的"无","缘起"实是老子的"道生一,一生二,二生三,三生万物"。至于"性空",正如邵康节所云"真性者,天命之性也。以其不落边际,故谓之中;以其真一无妄,故谓之诚"。《华严经》云"若人欲识佛境界,当净其意如虚空"。与此类似,5485 卷《道藏》和众多的《藏外道书》,也不过是建立在一个"无"字上。这就是说,佛教和道教理论大厦的基础,只不过是"空"和"无"。西方现代科学和哲学研究的世界,是我们用五官和仪器经验到的现实世界,是形而下的器世界,佛教称之为"色界"。佛陀和老子都发现除了这个现实的"色界"之外,还有一个"虚、无、空、灵"的世界,称作"空界"或"灵界",也就是形而上的"道"世界。爱因斯坦的相对论以光速为极限,显然光速为"色界"和"灵界"的分界线,"灵界"是超光速和超时空的。老子的"道"以"虚、无、空"为"体",以"灵、明、觉"为"相",以"生、化、通"为"用"。由此看来佛道二教追求的"仙"和"佛",也不过是要人们通过修炼突破光速的界限,和异次元的宇宙相互交通,"出有入无",进入"虚、无、空、灵"的世界,从而达到仙佛的境界。内丹家将"色界"通往"空界"或"灵界"的门户,称作"玄关一窍",老子《道德经》称作"玄牝之门""众妙之门""天门",佛法称为"总持之门"。然而人们要从现实的色界进入佛道的灵界,唯一的办法是修炼自己的心。《观心经》云"三界之中,以心为主。能观心者,究竟解脱;不能观者,毕竟沉沦。"邵康节云"先天之学,心也;后天之学,迹也。"朱熹亦云"清明在躬,志气如神"。实际上佛道所谓"先天",就是超越我们后天世界的"灵界"。超越的方法,就是"正心诚意"开发出人的心灵潜能,从而改造客观的后天世界,也叫"参赞天地之化育"。《大学》云:"惟天下至诚,为能尽其性;能尽其性,则能尽人之性;能尽人之性,则能尽物之性;能尽物之性,则可以赞天地之化育,可以赞天地之化育,则可以与天地参矣。""诚者,物之终始,不诚无物"。看来修心的要诀关键在一个"诚"字。我花费30 多年光阴调研丹道法诀,总想将道教的丹道也像佛教净土宗那样,找出一个极为简单的修法。后来我发现丹道的要诀就在《道德经》里,虽然不像净土宗念佛法门那样简单,但也将丹道要诀提炼出来。老子

《道德经》云"见小曰明，守柔曰强。用其光，复归其明，无遗身殃。是为袭常。"（51章）从丹道修炼的角度讲，通过"狠想山根（又名祖窍、性户）"集中意念刺激松果体产生光感，从而心息相依（"守柔"）达到虚无空明的境界，进一步从修炼心性入手见光证空，交通"灵界"，这也是佛陀"缘起性空"的真谛。

老子《道德经》中不仅有企业管理的方法，还有治国用兵、成家立业、为人处世的无穷智慧。梁代刘勰《灭惑论》云："道家立法，厥有三品：上标老子；次述神仙；下袭张陵。"这就是说，道学文化至少分三个层次，一是道家，即老庄哲学；二是丹道，即修道成仙的内丹学；三是道教，即道士们信奉的教典，斋醮科仪包括他们修习的各种方术。老子的《道德经》，我们也可以从这三个层面进行解读，从而剖析出其中鲜为人知的奥秘。例如《道德经》云："古之所以贵此道者何？不曰求以得，有罪以免邪？故为天下贵。"（62章）这段话译成现代口语："古人之所以把道看得这样珍贵，原因何在呢？不就是因为有了道，求什么就会得到什么，即使犯了罪也可以被赦免吗？所以这个道才是天下最珍贵的。"我敢这样翻译可能令读者大吃一惊，这是可能的吗？实际上这段话见于现存《道德经》竹简本、帛书本、傅奕本、景龙碑本和各种古老版本，应是老子的原意，而老子的智慧是毋庸置疑的！《诗经》上早就有"永言配命，自求多福"的话，是以连孔子也说"我欲仁，斯仁至矣"（《论语·述而》），孟子也讲"祸福无不自己求之者"（《孟子·公孙丑》），足见古哲皆知世事在心、求则得之。老子以自己高超的睿智发现宇宙间有一个"众妙之门"，可以接通异次元灵界的道。譬如你生到世上，肯定是"众妙之门"中你的生命之门打开了，继之你的财富之门也打开了，因为一点钱也没有你根本不可能活下来，当然还会打开你的婚姻之门、职官之门等。然而这些后天的人生际遇，都是可以用道学术数预测而知的事，真正的道学功夫是《黄帝阴符经》所云"宇宙在乎手，万化生乎身"，是"我命在我不在天"，也就是按自己的意愿开启自己的生命之门。这样，人们要所求必得，心想事成，就必须修习道学的"心术"，"心术"是打开"众妙之门"的钥匙。

据我对道学多年的研究，发现古代能扭转乾坤、创立伟业的政治家、军事家、谋略家如傅说、伊尹、姜子牙、张良、诸葛亮、李靖、刘伯温等，莫不精研道学，秘修心术，懂得调动心灵的巨大潜能。当世政治家、军事家毛泽东，在24岁时也写过一篇名为《心之力》的文章，意识到心的功能和奥妙。《文子》中借老子之口论定："万物之总，皆阅一孔。百事之根，皆出一门。"（《道原》）"精诚形乎内，而外喻于人心，此不传之道也。"（《精诚》）实际上，天下万人万事的成败得失全在"众妙之门"，而打开此一门一孔的方法在于"心术"，修习心术的途径是以"精诚"的心法作"守一"的功夫。《庄子·在宥》记载了广成子修习这套功夫的切身体验，他说："至道之精，窈窈冥冥；至道之极，昏昏默默。无视无听，抱神以静，形将自正。""我为汝遂与大明之上矣，至彼至阳之原也；为汝入于窈冥之门矣，至彼至阴之原也。天地有官，阴阳有藏，慎守汝身，物将自壮。我守其一，以处其和，故我修身千二百岁矣，吾形未尝衰。""得吾道者，上为皇而下为王；失吾道者，上见光而下为土。今夫百昌皆生于土而返于土。故余将去汝，入无穷之门，以游无极之野。"广成子将"众妙之门"也称作"窈冥之门"、"无穷之门"，并传授了一些"守一"的功法，描述了他自己深入的灵界体验到"至阳之原"和"至阴之原"的景象。实际上，人在后天的器世界（实界、色界、有界）里的意念是间断的，是受假我（色身）的欲望支配的，物质也是有限的、部分的，受三维时空限制的；而在先天的道世界（虚界、空界、无界、灵界）里的灵性是连续的，受真我（法身）的根本智所引导，能量和信息是无限的、整体的，是超越时间和空间的，因之广成子称其为"无穷之门""无极之野"。《管子》有《心术上》《心术下》《白心》《内业》四篇，是专门传授用"静因之道"修持心术的法门。《管子》云："洁其宫，开其门，去私毋言，神明若存。""是故有道之君，其处也若无知，其应物也若偶之，静因之道也。""心术者，无为而制窍者也。"（《心术上》）"正心在中，万物得度""执一不失，能君万物""得一之理，治心在于中"。"心全于中，形全于外，不逢天灾，不遇人害，谓之圣人。"（《内业》）更进一步说："心静气理，道乃可止"，"修心静音，道乃可得"（《内业》），"道者，一人用之，不闻有余；天下行之，不闻不足。""小取焉而小得福，大取焉而大得福，尽行之而天下服。"（《白心》）特别还提出修持心术的标准："专于意，一于心，耳目端，知远之证。能专乎？能一乎？能毋卜筮而知吉凶乎？能止乎？能已乎？能毋问于人而自得之于己乎？"（《心术下》）

老子《道德经》云："载营魄抱一，能无离乎？"（10 章）"圣人抱一而为天下式。"（22 章）"昔之得一者：天得一以清，地得一以宁，神得一以灵，谷得一以盈，万物得一以生，侯王得一以为天下贞。"（39 章）不仅老子力主守一以修心术，方仙道流传之《太平经》和葛洪《抱朴子内篇》亦多论守一之术。古仙认为"子欲长生，守一当明。思一至饥，一与之粮；思一至渴，一与之浆；守一存真，乃能通神。""道不可见，因心以明之；心不可常，得一以守之。""心为万物之宗，道为一心之体。""道者心之体，心者道之用，神者性之基，性者心之本。""体合于心，心合于气，气合于神，神合于无。""得一之原，以应无方，是谓神明。""人心若与天心合，颠倒阴阳只片刻。""执于一而万事毕，无心得而鬼神服。"这就是说，心是道的枢纽，谓之"道枢"，修道就是依守一法门修心术。一是心的核心，谓之"环中"，因之《庄子》断言"得其环中，以应无穷"，自然可以所求必得，心想事成了！其中奥妙，非片言所能尽，然极为重要的是要想自己"得福"，别忘了也企求他人"得福"。我于此有八字心法曰"诚信、宽容、忏悔、感恩"，有缘者自当心领而神会之。

古仙云"天心至爱，不绝人登云之路，著为经典训世，奈无真修励志之人。黄冠千万，学士万千，心虽爱慕，力不肯行，背违圣训，所以历劫少有得传者。"试举例明之，如今学者每月收入一万元，企业家每月收入十万元，大致人们想尽方法心里认为是能达到的。如果每月收入一百万呢？一千万呢？一个亿呢？这些学者和企业家心里就认为达不到了。其实你的心想要一万或一个亿，在灵界就有了一万或一个亿。然而从先天的灵界到后天的现实世界，需要一个心术的转换。灵界是没有时空和没有因果的，没有时空就没有大小，一万元和一亿元实际上是相等的。但要把它转化到现实世界，就有了时空的不同和因果律，现实世界里一万元和一亿元绝不相等，要想得到这些钱也要受因果律支配。首先是你自己的心，不会相信突然能得到一亿元，这就是你自己的心障碍着钱从灵界到现实世界的转换。大慧禅师云"但存心一处，无有不得者。"心术就是先从"守一"的功夫入手，以"爱国、孝亲、尊师、重友"八字为"立身之本"，以"诚信、宽容、忏悔、感恩"八字为"心法口诀"，则必能开发出心灵潜能，形成一个巨大的炁场，一切机遇和贵人就会应缘而至，使你心想事成，好梦成真。

老子《道德经》云："不出户，知天下；不窥牖，见天道。其出弥远，其知弥少。是以圣人不行而知，不见而名，不为而成。"（47章）这又提出了一个老子道学中更为核心的问题，究竟什么是"天道"，人在社会上怎样才能依天道行事？天道果真能像佛教善恶报应的因果律那样罚恶扬善吗？人们怎么做才可以不行而知，不见而名，不为而成呢？这使人想起英国经济学家亚当·斯密的《国富论》，商人把商品投入市场，希望卖出高价，购买商品又希望付出低价，亚当·斯密却发现市场本身有一只"看不见的手"自动调节商品价格，因此他主张自由贸易。其实那时亚当·斯密还写了一本《道德情操论》，是研究社会竞争中的道德问题的。因为人本身投入社会，也类似于商品投入市场，每个人都想在社会上升官发财创业成名，但亚当·斯密发现这种丛林规则里也有一个"公正的旁观者"用道德情操来对社会作调节。道德情操是源于人心的，人心又和天心相通，老子的"道"则"以百姓心为心。"（49章）《道德经》中关于"天道"的论述有："天之道，损有余而补不足"（77章）；"天道无亲，常与善人"（79章）；"功成、名遂、身退、天之道也"（9章）；"天之道，不争而善胜"（七十三章）；"天之道，利而不害；圣人之道，为而不争"（81章）。我们应该怎样使自己的心顺应老子的天道，操纵社会上那只"看不见的手"，从而建功立业，报效社会呢？在我对丹道和佛教密宗的研修中，总结出"诚信、宽容、忏悔、感恩"八字心法，这就是"心术"的核心。"心术"的关键功法是"守一"，"守一"是中国佛、道二教最要害的功夫，道法讲"执于一而万事毕，无心得而鬼神服"，佛法讲"置心一处，无事不办"，学者从"守一"入手，必能达到"心术"的最高境界。邱处机曰："世人拜祭以养身，即百计以昧心。心昧则性迷，性迷则神没九幽。此身之在世，不数十年，而神之迷悟，动经千劫。若真能见性，即垂死一刻，亦能破百千万劫幽暗。况五官清明，四肢强健时乎？"人出生到世间，只要有心灵和肉体，有生命，就等于上帝给了你一台万能计算机，你的心灵潜能开发出来，可以办很多惊天动地的事情。可惜常人没有运用这台上帝计算机，白白地衰老死去。有人千方百计养生健体，实际上事与愿违，搞得心昧性迷，糊里糊涂的走向轮回之路。奉劝得吾《丹道法诀十二讲》者，认真揣摩，急修丹道，悟透心术，则不枉人世间走一遭也！

附录三

从道学文化看中医药学的发展前景

胡孚琛

〔**摘要**〕道学文化作为一种"生道合一"的学说，将"生命"本身视为"道"的体现。基于这种"身国同构"理念，道学将"医身"与"医国"同一，因之中医药学本身就是道学。道学文化是全世界唯一保存下来的母系氏族公社时期的传统文化，最终将成为人类进入大同社会的普世文化。中国医药学是一种文化医学、社会医学、心身医药，是自然生态医学，是自我康复医学，是有机整体医学，是周天全息医学。用中国传统医药学的自然生态医学思想重构西方医药学，在中医生态理论的指导下促进中西医结合，是 21 世纪人类新的自然生态医学发展的方向。

〔**关键词**〕道学文化；中医药学；"生化原理"

道学文化将整个宇宙看作是一个生生不息的大生命，以道的"生化原理"来认识世界，认为宇宙是由道"生成"的，并处于不停的"变化"之中。道学是一种"生道合一"的学说，将爱护天下众生放在首位，认为"生命"本身就是道的体现，并将"养生"视作"修道"。因此，在道学中汇集了中华民族自古以来防病治病、养生益寿的医疗方术。实际上，中华民族的医药学就是由方仙道的巫史医学、早期道教的方士医学逐渐演化而来的。这就是说，原初的道教医药学是中国医药学的母体，中医药学的基本理论也是阴阳五行学说、天人感应原

401

理等取象比类的道家术数学。因此，我们可以论定中医药学理论应属于道学文化的范畴。盖道学原为"身国同构"之学，视医身与医国其道由一，因之中医药学本身就是道学。至于中国养生学属于道学的范畴，更是不言自明的。

中医药学之名，本是比照西医药学而来，上个世纪中国传统医药学在西方医药学的冲击下几无生存之地而日见式微。在现代社会，探讨中医药学的发展前景，创新中医药学文化，对于提高中国的综合国力和民族凝聚力，有着重大的现实意义。我们要揭示中国医药学的文化底蕴，首先，须考察中国传统医药养生学的本来面貌。考中华民族之道学文化，本肇始于纪元前七千年伏羲、神农、黄帝时期的母系原始公社文化，中医药学也是由神农首先发明，至黄帝时代发扬光大的。道学文化是全世界唯一保存下来的三皇时代母系氏族共产公社文化，中医药养生学也是全世界唯一保存下来最古老的氏族公社时代的医药养生学。由于三皇时代是中国氏族公社政体的共产社会，道学文化发轫奠基并日趋繁荣，中医药养生学也首先是一种文化医学，它是彻头彻尾属于道家思想体系的医药养生学。人们可以从《神农本草经》和《黄帝内经》等古医书中捕捉到中医药养生学传自远古的信息，并从中揭示它们的本来面貌及其文化底蕴。《帝王世纪》有神农尝百草开创医药学的记载。而今学术界考据古书，多头脑僵硬拘于文字之辈，缺少能与古人思想交流及对话之学养，所做出的定论多不可信。《黄帝内经》虽成书于战国百家言黄帝时，但其思想资料渊源甚古，盖同老子《道德经》属同一文化体系，为母系氏族原始公社时期之文化遗存殆无疑义。据《黄帝内经》，我们不难恢复中国传统医药养生学的真实面目。

中国道学的人体观是将人看作形、气、神三个层次的动态自组织系统，以精为基础，气为动力，神为主宰。道家的医药养生学，大致分健身术、医疗术、养生术三类方术，都是在形、气、神三个层次上用功夫。凡导引、按摩、武术、膳食、养形、禁忌等，多为形体层次上的健身术，但也用以对治多种疾病，如马王堆出土《导引图》上就有"引聋"、"引膝痛"等字样。凡针灸、砭石、汤药、祝由、祭祀、醴酒、毒熨、割皮解肌、湔洗肠胃、炼精易形、服饵、食疗等，皆属医疗术之范围，兼及形、气、神三个层次，用以攻治疾病。另有辟谷、行气、存思、守一、服气、胎息、美容、睡功、房中及四时饮食起居摄生之法，属养生学范围，为炼养精气神的方术。

中国古代之医药养生学，本健身术、医疗术、养生术并重，三者融为一体，并不像现代按西方文化观念分为三橛。古代食医、疾医、疡医、兽医并重，治疾时亦刀、针、砭、刺、蒸、灸、熨、洗诸法齐用，不专主于汤液一途。中医学自古内科、外科、妇科、小儿科、五官科、骨科、皮肤科、神经科俱全，道学文献《化书》《关尹子》中甚至有人体器官移植、人工制造生命器官的思想，扁鹊、仓公、华佗就有施行大型外科手术的记载。中医用药广取自然界天然物品，又最早以炼丹术制造化学药品。

古代中国医家论病施治的学问，大略也分验方、推理、调神三个层次。"验方"属中医学的经验层次，行医者必须有足够的经验积累，故俗有"医不三世，不服其药"的说法，马王堆出土《五十二病方》、葛洪《肘后备急方》等就是这种验方的经验积累。有经验的中医师正骨接肢，其巧如神，决非西医可望其项背。"推理"属中医学的理论层次，医家必对中医四诊八纲、五运六气、辩证施治的理论熟烂于胸，且有相当的道家文化学养，才能运用之妙，存乎一心。"调神"是中医学的道学境界，医家经多年医疗经验积累和理论探索，已悟出中医药学的精髓，能引医入道，直接同患者及其周围环境心灵沟通，便可以调神疗病。

《内经·灵枢》每言"得神者生，失神者死"，中医治病，贵在用神，医家施治于外，患者神应丁中，以天地正气却患者之邪气，能随精神升降往来，用药用针，手到病除。古医家源于巫史，并无现代体制的中医教育系统，但能通过修道正心诚意，从而神与道合，随手用药，巧夺天工，《史记·扁鹊列传》就有这种神医施治的病例。得道之人，法于阴阳，和于术数；饮食有节，起居有常；虚邪贼风，避之有时；恬淡虚无，真气从之；形与神俱，精神内守，故可以不病。偶得疾病者，邪亦不能深入，仅用移精变气，祭祀祝由等调神之法，即可治愈。顺此而下，病渐入里，则用"按摩导引"、"灸蒸毒熨"，乃至"砭石针刺"，非不得已才服用"汤液醪醴"等药剂，及施行外科手术。其药品也多为植物、动物、矿物等天然药，绝少化学丹药。中医特别重视防止误诊、误治及药物的副作用，重视调动患者的自愈能力。《汉志·方技略》云："有病不治，常得中医。"钱大昭《汉书辩疑》云："今吴人犹云不服药为中医。"由此可知，中医将非药物自然疗法放在首位，并强调"消未起之患，治未病之疾"。《黄帝内经·上古天真论》云："黄帝曰：余闻上古有真人者，提挈天地，把握阴阳，呼吸精气，独立守神，肌肉若一，故能寿敝天地，无有终时，此其道生。"这说明，中国医药养生学也直通仙道，古有"十道九医"之说，医术亦是道术，《上古天真论》被视为内丹家的经典著作，这一段话可抵一部丹经，中医药养生学在道学文化中的地位由此可见。

西方医药学和道学生成论的文化底蕴不同，它是以还原论思想为根基的，它在学科分类上先将健身术、养生学排除出去，仅以治疗疾病为医学范畴，且又分为脑科、心血管科、消化科、眼科、耳科等过细的学科。其诊断方法，先将人体分不同器官解剖之，观察之；检查化验出不同细菌，再分别以不同化学药品杀灭之。凡治疗有效的天然药物，必分析出其有效成份，再以化学方法人工合成之，服用之。甚而以现代医学对人体器官、细胞乃至人类基因进行人工改变，由此发展成克隆人的技术。然而，学科分类过细，会丧失医学的整体观。器官被解剖离开人体，则不具有人体器官的整体功能。现代医学既然无法克隆人的心灵，也就不能真正克隆人，克隆的其他动物也会退化，因为这些都违反道学自然界生态平衡的思想。用化学药品杀灭细菌和病毒，也会增加细菌和病毒的抗药性，乃至出现新的菌种。人工合成的化学药物包括营养品，不但难以被人体吸收和分解，且大多含有危害人体的副作用。

在2003年抗击"非典"（SARS）的战役中，西方医药学发挥了主导作用，其优缺点也暴露无遗。西医以注射激素的方法调动人体免疫力，同时采用呼吸机、气管切开手术解除危重病人窒息的危险，并化验出"冠状病毒"，且检测出其基因编码。然而还没等研制出有效杀灭冠状病毒的药物，这种病毒在短短的一个月时间就变异出新的毒种。相比之下，中国传统医药学则是一种集健身、医药、养生为一体的学说，其特点是健身养生为主，防病治病为辅；预防为主，治疗为辅；自我疗养为主，请医用药为辅；社会心理疗法为主，手术治疗为辅；非药物治疗为主，药物治疗为辅。要之，中国医药学是一种文化医学、社会医学、心身医药，是自然生态医学，是自我康复医学，是有机整体医学，是周天全息医学。在中医药学看来，导致"非典"的冠状病毒也是一种生命体，中医药学的治疗原则是寻找一种药物配方来改变人体的内环境，从而克制此类病毒使之不危害人类生命，而不是尽数杀灭它们。这样，中医药学是人类和病毒"双赢"的医药学。中药是全部来自自然界的天然物品，和宇宙周天全息对应，而且宇宙间万物又都符合"一物降一物"的五行生克制化的道学规律。因之，原则上人类每出现一种新的疾病或病毒，自然界中必有一种药方或生态环境能克制它。同样接触"非典"病毒，有人病轻，有人病重，有人根本不感染，这都证明中医药学理论的合理性。清代医学家叶天士单独以中医药学治疗瘟病的理论和实践，也为中医药学克制病毒感染提供了范例。中医理论以"风为百病之长"，繁体"風"字内涵"虫"字，就隐含了细菌和病毒的致病因素。近百年来，中医药学被"中医科学化"的刀斧肢解和阉割的残缺不全，已认不出其本来面目，现仅作为西医的附庸苟延残喘。在 2003 年全民抗击"非典"的战役中，中医初露生机，广东省总结出中西医结合的治疗经验，连多年西医化的香港也重新发现中医，这是个好兆头。

21 世纪的人类由于受西方工业社会造成的生态破坏之苦必然不断发生新的疫情，抢救和复兴中医药学可以为中华民族留下一种强身保种的医学文化。如果由此为中医药学走向世界铺平道路，使中华文明为人类做出更大的贡献，把坏事变为好事，我们就能转祸为福了。

道学是"双赢"的文化，它的生态智慧不提倡将细菌全部杀灭，而是重在激发人体自身的抗病能力和自愈能力，与细菌共存而互不伤害，注意协调人和环境的关系，促进人的心身健康。现代人的疾病大多与饮食、生活习惯、生态、环境、心理等因素有关，由心理紧张和贪吃纵欲造成疾病而服用化学药品，结果化学药品又导致新的疾病使人心情沮丧加重病情。这样以西医反复用药治病的死亡率，反而高于有病不治自然痊愈的死亡率。某些恶性肿瘤患者采用西医开刀、放射化疗，再开刀、再放射化疗的治疗程序，反而不如中医采用中草药、导引、行气等疗法的存活时间和生存质量。笔者相信人类有一天会认清化学药品的危害性，会像现在限制化学农药那样限制使用化学药品，至少对老年人和幼童要限制使用化学药品。何况西医的医疗费用恶性膨胀，也是我们 13 亿人口的中国无法承受的。20 世纪 80 年代，美国医疗费用占国民经济总产值的（GNP）1.2%，1990 年占 GNP 的 11.5%，1993 年占 14%，按此速度增长，预计 2010 年将高达 GNP 的 28%。经济学家估算如果一个国家的医疗费用达到 GNP 的 25%，便意味着整个社会医疗体制的崩溃。因此，美国近十年来大力引进我国的气功健身术、养生术和各种自然疗法，并由医生作为处方指导病人的康复。我国由于医疗制度不健全，有的医生为捞利给患者治感冒竟开数千元的药品，各种仪器检查不厌其烦，现在不少人每年的医疗费用远远超过自己的工资总额。我国的国民经济总产值比美国低得多，人口比美国多得多，却追随西方科学主义肢解中医、否定气功健身和传统养生学，岂非咄咄怪事！最近获悉，美国用气功、针灸、推拿、导引、中药、心理治疗等"替代医学"疗法的消费总额已超过西医的消费总额，神经免疫学、心身医学等新兴学科也迅猛发展，这都昭示了 21 世纪世界医学发展的方向。

现在中国医药养生学的原貌，依稀存在于道教医药养生学之中，我们要从道学文化中将原汁原味的中国医药养生学开发出来。新文化运动的巨大创造力往往蕴藏在它起始的源头之中，而孕育人类文化的母体就是氏族公社时期遗存的道学文化。真正的文化复兴和启蒙运动，如同欧洲 16 世纪的文化复兴那样，都需要到历史深处的母体中汲取力量。世界新文化的复兴在于新道学的创建，世界新的自然生态医学的创建却在于中国传统医药养生学的复兴。我们要将新道学文化传播到整个人类，必须首先将道学文化的中国医药养生学推向全世界，让全世界都了解中国的中医药养生学文化。

　　中国传统医药学既然是世界上唯一遗存下来的最古老的自然生态医药学，因而是世界各类医学发轫的初始形态的原点医药学。西方医药学在 21 世纪复兴的方向，不是取代中国传统医药学，而是应该向这种人类原初形态的中国医药学复归。笔者认为，用中国传统医药学的自然生态医学思想重构西方医药学，在中医生态理论的指导下促进中西医结合，这才是 21 世纪人类新的自然生态医学发展的方向。

　　　　（原刊载《辽宁医学院学报（社会科学版）》2007 年 3 期）

附录四

明师指路

——记原南开大学校长杨石先老师对我的教诲

　　中孚子按语：我是杨石先教授的学生，1964 年考入南开大学化学系，入校时在礼堂的开学典礼上听过他的报告。但真正见到杨校长是1965 年一个春光明媚的日子，我正在第一教学楼二楼楼梯口默记外文单词，杨老从三楼放射化学实验室陪客人下来，我向他敬礼，他顺便握了握我的手。谁知从那时算起至杨老 1985 年逝世，这个缘分竟使杨老二十年间为我倾注了无数心血，指导我走过了十年动乱以后坎坷不平的路。《明师指路》这篇文章是我于 1985 年清明节写成的，曾删节为《名师指路》的短文在《人民日报》1985 年 8 月 4 日教师节之际刊出。如今杨老离开我们 20 年了，清明节又将来临，面对《明师指路》这篇旧作，尽管我还可以补充进许多鲜为人知的情节，尽管我还可以从保存的杨老信件中摘引许多反映他精神风貌的事实，尽管我可以重写改变原作的"学生腔"，但我还是决定保留此文原貌献给母校的师长、学长和青年学生们。这篇文章的字句是以我的泪水和真情凝成的。人们可以从中看到我国老一辈教育家是怎样呕心沥血地为祖国的教育事业鞠躬尽瘁，怎样为中华民族的振兴培养人才的。我们要继承杨老的遗志，把满腔热忱献给青年人，让有志气的年轻人快快成长起来！

胡孚琛于 1997 年 12 月 5 日

清明时节雨纷纷，路上行人欲断魂……

路，人生的路。谁能预先知道自己的归宿，每迈一步都不用瞻前顾后，不用询问朋友和请教师长，那好像也是某种幸运吧。诗人李白固然有过"行路难"之叹，鲁迅先生更是围绕着"路"写过那么多发人深省的文字。但那是封建社会，那是半殖民地的旧中国，对我们这些号称"生在新社会，长在红旗下的毛泽东时代青年"，脚下早就有一条"金光大道"，我从没想到去走另外的邪路，所以在世间从迈出第一步起，一直到六十年代，还没有"行路难"的体会。

然而史无前例的"十年浩劫"开始，在紧跟指挥棒转得"头脑发胀，全身浮肿"之后，我迷路了。具体说，那是1968年，我对走过的路开始迷惑、怀疑、反省，甚至不知道以后的路要迈哪一步才对？那个时代的教育，使我自幼形成了将自己一腔热血献身革命的信念，可是面前那场旷日持久的"文化大革命"社会实验是"国共两党的阶级斗争"吗？"革命"真的就是这样？我常常在校园的"大中路"上徘徊。

这时我在路上遇到的，是我国教育界的一代名师、老化学家杨石先教授。我自从考入南开大学化学系之后，就一直对我们的老校长怀着崇敬之情。在那彷徨不定的日子里，我将心里话全告诉了自己的老校长。那时，"四人帮"诬陷的脏水也泼到了杨老身边，特别是所谓"工、军宣传队"进校后，提出了南开大学"叛徒成堆，特务成串"的耸人听闻的口号，把大批老教授、老干部关进"牛棚"，又残酷迫害青年学生。为了逼供诬陷杨老的材料，他们把杨老的学生、著名化学家陈天池教授迫害致死，还要砍掉学校的科研机构。杨老不畏强暴，奋起抗辩，由于敬爱的周恩来总理的保护才免遭毒手。进入1970年，政治风暴越来越紧，年逾古稀的杨老也搬到我们学生宿舍同住，一同开会学习。当"工宣队"领着一些人出去奔忙时，杨老常常在宿舍里和我谈上整个下午。我从这个比我年长半个世纪的老人那里懂得，眼前的混乱只是中华民族历史上的一个小插曲，是暂时的，一些政治上的风云人物只不过是匆匆的过客。杨老告诫我要利用这个机会，注意观察社会，总结规律和经验，同时不要丢掉业务，不然以后需要的时候，就拿不出来了。我牢牢记住了杨老的话。现在回忆起来，当时虽然不断有风云人物倒台，然而要对那场大家都跃跃欲试的动乱有这样精辟的分析，是需要多么深邃的历史眼光呵！同杨老接触，谁都会很快对他那高尚的品格、严肃的学风肃然起敬，他那种为民报国的激情强烈地感染着年轻人。"老师"二字在教育界是一个多么神圣的字眼，然而从这个词的真正含义来说，当之无愧的人是不多的。但是你和杨老接触不久，你就会知道真正遇到自己的老师了。杨老那时对"文革"的混乱耽误了大好时光深为惋惜，常说要争取时间在有生之年为党的教育事业再多做些工作。

离开母校后，我就到河北省海兴县一个荒僻的农场去"接受再教育"。在那里，我不断收到杨老的信，在我结婚时，他还将一部身边珍藏多年的善本《战国策》和郑板桥的《范县诗抄》寄赠我作为贺礼。农场劳动结束后，我被留在当地工作。那里对党的知识分子政策视同儿戏，大学毕业生普遍用非所学。八年的时间，我从公社到县委，又到地区行政公署，从事过农村、医疗卫生、财务、行政、工业几个行当，深刻地见识了中国的基层社会。那时候，我不时把地方的情况和自己的苦恼写信告诉杨老，杨老每次都很快回信。离校十五年来，年迈的老人给我寄信件和书籍就有四十多次。1973年，杨老给我寄来几本英语广播讲座的小册子，来信叮嘱我不要丢掉外语。1974年，县委一个曾在我校工作过的领导同志去津，顺便替我带信探望杨老，杨老对县委领导同志反映我在当地的表现和群众威信很满意，捎信来要求我注意谦虚谨慎，联系群众，申请加入中国共产党。1975年初，杨老给我寄来一封热情洋溢的信，那是他老人家去北京出席了四届人大，周恩来总理作为天津的代表，在人民大会堂的休息室里同杨老进行了亲切谈话。那一年，各行各业开始了整顿，各地的工作都有了起色。杨老被安排了南开大学革委会副主任的职务，为党的教育事业辛勤工作，然而"四人帮"的干扰使老人非常苦恼。记得那时他和我见面后曾抱怨说，南开大学化学系历来对化学实验的操作和基本训练要求非常严格，培养出的学生在国外也有很好的影响，而这几年一些人只强调"上、管、改"，不懂教学，误人子弟，"很是糟糕！"

1976年初，周恩来总理的逝世使杨老万分悲痛，他想去北京同周总理的遗体告别，但被"四人帮"在天津的爪牙阻止了，他们还粗暴干涉南开大学（周恩来的母校）对周总理的悼念活动，并无理销毁数万册载有周总理照片和悼念文章的校刊。而后毛泽东主席的逝世，唐山大地震，都一次次地震撼着老人的心。打倒"四人帮"后，杨老在给我的信中说："他们恶贯满盈，我料到他们将被清算的日子很快就到……你知道我是不大喝酒的。好消息传来，不禁为此连饮三杯！"

1977年，杨老在给我的一封信中谈到他被邓小平同志邀请到北京参加座谈会的消息，并寄来了两张照片，一张是他在写作《国外农药进展》一书时的工作照，另一张是他在黄山参加全国农药会议时在迎客松前的留影。看到老人那慈祥的面容，我的心情极为激动。想到当时地方上极"左"路线仍很严重，党风不正，知识分子政策不能落实的现状，心里很焦急。于是我回寄给杨老两张照片，并在其中一张较大的照片背面写了一首"长短句"，委婉地请求杨老出面帮助我解决学非所用、专业对口的问题。那首"长短句"原文如下：

漫步大中路。抄小径，过图书馆，绕马蹄湖。拜师访友回南开，严冬过尽时候。误辰光此情谁诉？几番呼春春不回，看玄都观里桃千树。仰天啸，春且住！

沽水滔滔入海处，问当年周公去后，有人来否？大浪淘沙东流急，总有英雄起伏。继大业江山有主。志士举笔绘宏图，叩险关莫问难与苦。操旧业，奔征途。（调寄《贺新郎》）

杨老收到信后，很理解我的心情，便亲自就落实知识分子政策的问题写信给河北省委书记刘子厚要求调动我的职业，还出面对沧州地委的领导同志做工作，甚至在家中接见海兴县县委书记周荣彰同志介绍我的情况，并请天津医科大学的朱宪彝校长给他和地委组织部门的领导诊病，使我较早地解决了专业归口的问题，调到沧州地区行政公署化工局从事化工技术工作。

在全国科学大会召开的时候，师母因病去世，杨老忍受着失去亲人的悲痛，不顾八旬高龄，为振兴祖国的科学事业，为恢复南开大学的教学秩序和培训教师队伍而日夜操劳，每天要连续工作十几个小时。由于那几年他每次来信都说"时间非常之紧"，因此我不敢轻易写信打扰他。在全国拨乱反正、百废待兴的时候，杨老重新担负起南开大学校长的重任，学校里落实政策、人事调整和争议最多的"评工资"、"分房子"、职称待遇不公平等事务工作也牵涉他的精力。有一天上午我在他家中，正碰上一个不认识的人为这类事愤愤不平地闯进门来找他。我在一旁见到都很性急，想插嘴把来人推走，但杨老却和颜悦色地跟对方解释，一直送到门外。这样繁重的工作量和因政策不配套纠纷百出的琐事，连我们这些干过基层工作的年轻人都难以承受，但年过八旬的杨老却连学校安排的大小会议都准时参加。有一次他留我和他全家一起用餐，在饭桌上杨老还和家人谈论学校的工作，我听他特别谈到"文革"过后教师们急着补习业务课，南大一个教师因劳累过度猝死，由此很担心中年教师因突击业务搞垮身体。年迈的老人挂念着学校中青年教师的身体健康，而他自己的身体后来迅速恶化，怎能说和那几年极端繁忙、操劳过度没关系呢！只有亲身接触过杨老的人才能体会到南开大学师生对杨老"严于律己，身体力行，作风民主，克己奉公"的称誉，都包含着多么丰富的具体内容。

全国恢复招考研究生的制度后，杨老告诉我他已向方毅同志提出要把一些老专家、教学和科研骨干重新抽调回南开大学。我本来以为报考本校导师的研究生比较容易录取，杨老却分析了我的特长和实际情况，不主张我匆忙报考母校化学系。他根据我文理兼杂的知识结构，建议我投考自然科学和社会科学交叉的边缘学科如自然科学史、科学方法论、科学管理学方面的专业。按照他的意见，我于1979年考取了广州中山大学副校长、老物理学家黄友谋教授的研究生。后来，当我在科研上迈出自己的步伐的时候，我才深深体会到杨老这个建议是多么远见卓识。

一个人在社会上如何走向成功之路，靠什么在科学的道路上不断攀登？在我看来，最需要的是志气、毅力和方法。志气当然离不开远大的理想、抱负和奋斗的目标；毅力就是要具有不达目标永不休止的精神。要做学问，要进行科学研究，最重要的还必须掌握"方法"。干什么事情，只有自己掌握了方法，才"会干"，才可以运用自如，有主动权，从而增长自己的能力和才干。对于"方法"的认识，我特别得益于杨老的教诲。1975年我见到杨老后，曾向他抱怨因为"文革"中断了我的学业，问他说还能回校再学习一段时间吗？杨老询问了我在下面自学的情况，严肃地说："大学生嘛，要紧的是掌握一套学习的方法。你在大学阶段受过一段基本训练，南开化学系讲究的就是这个基本功。掌握了基本的学习方法，不用老师教，自己就能把该知道的学完，自学能力强的学生才会有造就。"杨老的话，及时给我敲响了警钟，我正是由于那时听了他老人家的话，不但自学完了大学化学系的全部课程，还自学了文科几个系的教材。这样，才能在打倒"四人帮"后，我虽然改行近十年之久，还可以顺利考取研究生。在广州读研究生的时候，我仍然牢牢记住杨石先老师的教诲，如饥似渴地学习新知识。也许是由于经过学业荒废的人才更感到重新得来的学习时间的宝贵。那时我每学期要比同学多修两门课，还自学了许多课外知识。1981年初，我到天津，一见到杨老师，就滔滔不绝地把自己两年来学习的收获向他汇报。正谈得高兴，杨老却不以为然。老人根据我这些年学习的情况，语重心长地说："你现在是研究生了，重要的是学会怎样研究。你要跟导师学会研究学问的方法，培养自己的创造性，在科研上早出成果。"正是杨老的话打开了我心灵的窗户，我回校后便将这些话告诉了导师黄友谋教授。从此，我在老教育家黄友谋教授的指导下，注意培养自己的创造性思维，在自然科学和社会科学交叉的领域进行了大胆的探索。写毕业论文时，由于杨老和黄老的关怀和介绍，我得到了本专业几乎所有知名专家的热心指导。当杨老得知我的硕士论文顺利通过，得到国内外有关专家的肯定和著名科学家钱学森教授的鼓励时，特意来信祝贺。我知道，当我在学术上迈出幼稚的一步时，其中包含着杨老和我的导师们，包含着国内多少学术界老前辈的心血呵！

1984年5月13日，我来到杨老家中，老人正坐在书桌旁忙碌着，在那盏使用多年的旧式台灯下，排着厚厚的英文资料和信件，窗台上

413

摆着他喜爱的花卉。我知道，杨老在 1980 年主动辞去十六个职务时，身体还好，目的只为甘当人梯，培养中青年力量。师母去世后，繁重的工作使杨老的身体越来越差，而后老人患了两脚神经痛和脑血管供血不足的病，还一边积极医治一边坚持工作。那天老人很高兴，告诉我近些日子身体恢复很好，并详细询问了我的近况。我告诉他中国社会科学院王明教授要招考道家与道教专业的博士研究生，钱学森教授建议我改行研究这个课题，不知合适不合适？杨老详细听取了我的汇报，又说起天津大学陈国符教授也是学化学的，后来改行研究道教，国内外知名，两年前杨老还曾嘱其长子杨启勋先生领我求教过陈国符教授。这次他肯定了这个研究方向，同意我报考。我又说按规定须两个专家推荐才能报名，过两个月就考试。杨老笑着说："那你就抓紧时间准备再考一次，攻取博士学位，北京离这里近，学术条件也好些。"并随手从抽屉里拿出纸和信封，给我签名写了推荐书，还兴致勃勃地谈起他从前同汤用彤先生（王明先生在西南联大时的导师之一）交往的旧事。望着老人那慈祥的面孔，看着老人那苍劲的笔迹，听着老人那准确中肯的谈吐，想起老人二十来年对我培养、教育，我心情格外激动。当迎着傍晚的夕阳同老恩师握手告别的时候，我万万没想到那一天竟是和我生活道路上每个转折关头敬之如父的指路人，我国教育界一代名师杨石先教授的永诀。

杨老的为人为学，高风亮节，慎思明辨，事事处处都能为人师表，一行一动都经得起万人评说。他对人宽厚公道，对自己要求严格，习惯于一种严谨而有秩序的工作和生活作风，从治学到待人接物都体现了我国古老民族的传统美德。杨老对周恩来总理感情很深，经常以周总理的事迹教育我，我也常常从杨老身上看到周总理的形象。杨老是一个甚重气节的人，他终年八十九岁，历经晚清、民国、新中国三个历史时期，在许多历史转折关头和重大事件面前都表现出一个正直的知识分子的气节。我觉得他在 1945 年任西南联大教务长时书赠西南联大法学院的题词："青松在东园，众草没其姿，凝霜珍异类，卓然见高枝"，实是他本人高尚气节的确切写照。杨老又是一个有长者风度的人，我觉得刊登在天津《科学与生活》1982 年 4 期封面上的照片，最能反映他晚年的音容笑貌。而对杨老一生人格的最好概括，我觉得莫过于中国化学会给杨石先理事长的赠词："高风雅望，博学景行。"

杨老作为化学界的老前辈，历任中国化学会理事长、中国科学院学部委员、全国科协副主席，在有机化学、药物化学、农药化学、元素有机化学和植物激素化学领域都有杰出的贡献；作为教育界的老前辈，他历任南开大学校长和西南联大教务长，以毕生精力从事教育事业六十二年，从未间断，为我国化学界培育了三代人才，国内外许多专家学者沐其教泽，这在我国都应该是屈指可数的吧！他纯粹以自己推甘就苦、呕心沥血的劳动，以严谨治学、因材施教的实践赢得了全国千万师生由衷的尊敬和爱戴，这在教育史上也是罕见的吧！新中国成立后，杨老为我国科技的规划和发展竭智尽力，功在国家。记得有一次我和杨老闲话，谈到我国古来对那些帝王将相、才子佳人史不绝书，而对一些科学家和发明家却记载很少，并问是否有人给他写本传记，以激励后人。杨老却对我谈起旧社会知识分子倍受艰辛，还谈到西方科学史上凯卜勒等学者为科学献身的事，教育我珍惜党对知识分子的关怀和信任，树立起献身于科技文化事业的思想。现在杨老逝世了，丧事从简，不送花圈，不开追悼会，他老人家静静地安息在他奋斗了一生的地方。

我很后悔，当时出于怕过多打扰他的矛盾心情，没有在去北京应试的路上再去见他老人家一面。当我和他的家人，在杨老那间我熟悉的书房里，站在他老人家的遗像前默哀之后，杨老哲嗣杨启勋先生告诉我，各地给杨老的来信都是他念给父亲听的，而我春节前写给杨老的信却是杨老自己拆看的。杨老得知我已被中国社会科学院录取为博士研究生的消息，非常高兴，和全家人谈起这件事，可是没过几天，一九八五年二月十九日，他就因病离开了我们，而我写的那封信，还摆在他生前伏案工作的桌子右角上……

尊敬的杨老，我的恩师，当我含着泪水写完自己的回忆，我深深地感到"老师"这个字眼有多么重大的含义了。是杨老这样的老师把我引上学术之路，而在我国今天真正称得起杨老学生的人，大多是誉满全球的专家，全国科学界知名的骨干、学术部门的领导和学部委员

（院士），像我们这一代青年人是排不上号的。然而对于一个青年学生，杨老竟花费如此大的心血，他老人家的形象能够终生牢牢地铭记在我们这一代人的心中，这也正是我国教育界一代名师，老科学家杨石先教授的过人之处吧。

（写于 1985 年清明节）

附录五

时代的骄子　民族的精英

——为钱学森院士百年诞辰而作

胡孚琛

在中国这块古老的土地上，
　一颗科学巨星陨落了，
但"钱学森星"仍在浩瀚无垠的太空回旋。
　在中华民族与时俱进的紧要关头，
　一颗英明睿智的头脑停止了思想，
　但钱学森的科学精神将薪火相传。
　这是一种何等高尚的人格，
　这是一种何等伟大的智慧？
他必将载入历史，并赢得众望所归！

一

　2009年10月31日上午8时6分，钱学森院士溘然离世，三个小时后，新华社发布了新闻："我国科学巨星钱学森今天在北京逝世，享年98岁。"当时我正在筹备"首届国际老子道学文化高层论坛"，而钱学森的人体科学思想恰是这次国际论坛的三大议题之一，定于11月5日上午9时在北京人民大会堂举行隆重开幕式，没想到仅差四天钱老就离开了我们。为钱老逝世感到无比悲痛的不仅是我国航天事业的科学家和军人，不仅是中国科学界的研究员和教授，不仅是学术界、教育界的专家、学者和高等院校的大学生们，还有城市里的市民、乡村的农民和各级政府公务员等不同职业的人们。11月1日，北京市下了自1987年以来最早的一场初雪，这场不期而至的鹅毛大雪使京城大地一片洁白，更寄托了国人对这位老科学家的悼念和哀思。当我赶到京西阜成路航天大院钱老家中，发现自发前来吊唁钱老的首都各界群众络绎不绝，连附近工地的农民工也寻路赶来吊唁。钱老的家住在8号院一幢单元房里，这套房比起现在北京社会上层人物居住的豪宅和别墅显得如此窄小和陈旧，钱老却在这里居住了四十多年不肯搬家。他说过："我是一名科技人员，不是什么大官，那些官的待遇，我一样也不想要。"灵堂设在楼下一层一间小房间里，我面对钱老的遗像默哀之后，将新出版的《丹道法诀十二讲》《道学通论》（2009年修订版）送给钱老的秘书和家人，发现楼边搭起的棚子里摆满了花圈、挽联和数不清的鲜花。11月6日早晨6时，我去八宝山殡仪馆向钱老的遗体告别，发现上海交通大学的师生已排队等候了。先是见到中央首长的专车疾驶而来，接着两院院士和一批军人进入告别厅。我和手持讣告的钱老生前友好80余人接着进入告别厅，同行的有钱学敏、伍绍祖等人，告别结束后我拿到一份六千多字的《钱学森同志生平》，看到前来八宝山送别钱老的各界人士已将殡仪馆挤得水泄不通，在哀乐声中静候的群众队伍一直排到长安街上。半个多世纪以来，钱学森是中国科学的偶像，是中华民族奋发图强的标志，是中国知识分子在那个火红年代的杰出典范，他理所当然地活在中国绝大多数人的心中。人民怀念钱学森，钱老对"人民科学家"的称号是当之无愧的。

在中国，钱学森的名字为什么能牵动千千万万人的心？实际上，对于1949年中华人民共和国成立以前出生的人来说，钱学森代表着一个时代，这是一个千千万万人为雪百年国耻，为中华民族在东方崛起义无反顾地献身祖国的时代。如今钱老走了，这个时代也逝去了，然而在中国有千千万万人怀念这个时代，呼唤再出现钱学森这样的科学领军人物，早日实现祖国的现代化。

对我们这批20世纪40年代出生的人来说，耳闻目睹了新中国成立后的历次政治运动，亲自感受了那个时代的气息，现在年过花甲从工作岗位上退下来，对那个时代的追忆真是"别有一番滋味在心头"！我最早听到钱学森的名字，是 1958 年在河北省泊头市读中学的时候。特别是在泊头一中读高中时，教师备课的教研室里挂有科学家的画像。化学组的墙壁上挂有罗蒙诺索夫、门捷列夫、杨石先、侯德榜的画像。数学组有华罗庚教授的画像。物理组教研室挂有钱学森的照片，而三钱（钱学森、钱三强、钱伟长）的名字在中学里是人所共知的。1964年我在南开大学化学系读书时，学校正对青年学生进行"又红又专"的教育，我们读到一段钱学森的讲话，那是钱老入党后的感言。南开大学校长、先师杨石先教授也是那个年代加入中国共产党的，他们都成了我们大学生学习的"又红又专"的榜样。当年在南开大学图书馆里，高悬着一帧条幅，上写"树雄心，立壮志，攀登世界科学技术高峰"。那几年国家刚从困难时期恢复过来，随着导弹部队击落美制 U–2 高空侦察机，第一颗原子弹爆炸成功，极大地鼓舞了国人的士气，重点大学的理工科学生拼命读书，立志学好本领报效祖国。那个年代人们有一种信念，就是国家的利益是高于个人生命的，只要祖国需要，再艰苦的条件你都要冲上去，直至作出牺牲也无悔。那是一个令青年人热血沸腾的年代，不懂得这个时代，就没法理解为什么那么多的青年男女离开城市为祖国找石油，在荒野里开发出大庆油田，就不明白那个时代为什么出现铁人王进喜、焦裕禄等模范人物。

一个国家，一个民族，一个政党，乃至一个人物，都会在人类历史的进程中不由自主地承担一种使命。青年人要建功立业，需要在一定历史条件下产生激情，时代的激情可以塑造人生。对一个国家和民族来说，无论历史上经过多少挫折和反复，只要其青年一代没有醉生梦死地堕落下去，只要其民族精英还存在奋发向上的激情，这个国家和民族就是有希望的，也是不可侮的！自 1840 年鸦片战争以来，满清政府的丧权辱国，八国联军进北京火烧圆明园，军阀混战乃至日本强盗在中国的烧杀抢掠、奸淫妇女，中华民族受尽了列强的欺凌。在中华民族几近亡国灭种的时候，人们才切身体验到当亡国奴的滋味不好受，国亡了不行，国弱了也不行，于是"救亡图存"成了时代的主旋律。在中华民族"士、农、工、商"的传统社会里，"士"就是民族精英，是中华传统文化的载体，也是民族命运的承担者。近代百年耻辱的国史，激励着许多革命志士为改造社会而流血牺牲，激励着许多青年学生漂洋过海到西方求学，力图报效祖国。近代百多年来中华民族受尽屈辱的历史，铸就了中国一代代青年为国献身的悲愤情结，也铸就了那个时代知识分子的"强国梦"！近代中国的革命志士，青年知识分子，有政治觉悟的劳动人民，汇成了一股革命洪流，承担了中国传统社会"士"阶层的历史使命。他们以时代的激情改造中国社会，用自己的全部生命为国图强，为中华民族争气，为祖国争光。钱学森无疑是那个时代知识分子的代表，是为国图强的志士。钱学森的夫人蒋英就这样表述他："他是一位把祖国、民族利益和荣誉看得高于一切的人，说得上是一位精忠报国、富有民族气节的中国人。"显然，钱学森的人格是时代铸就的，也是中华民族精神的结晶。钱老是时代的骄子，是民族的精英，用钱老自己的话说："中华儿女雄千古！"

钱学森的人格不仅是中华民族一百五十年来奋发图强的知识分子精神的结晶，而且是中国那个时代人心的诉求，同时他又召唤着中华民族未来的千千万万年轻人。著名的"钱学森之问"就是他对中国教育制度的拷问，钱学森断言现行教育制度很难培养出"帅才"，因此在培养政治、经济、科技领域的领军人才模式上需要改革和创新，这是中国"科学巨星"对中华民族未来国家栋梁之材的精神寄托。钱学森不仅日日夜夜关心和企盼着中华民族青年一代创新人才的成长，而且还时时刻刻注视着国家和人民的安危。在美国的隐形飞机研制阶段，他敏锐地发现一场现代军事革命开始了，提醒我国军事战略要走向天空和海洋。在中华大地城市化高潮即将到来之际，他又及时地提出山水城市的构想。为了中华民族的安全，钱学森这个耄耋之年的睿智老人是多么不可取代呵！

钱老逝世后，我在前往钱老家中吊唁时曾将一副挽联交给钱老的秘书，这幅挽联写着：

学子归也，百年国耻得雪，君其雄哉！
哲人逝矣，万民仰望星空，继者谁乎？

二

1982年，钱学森院士年至古稀，辞去了国防科研一线的领导职务，步入了金色的晚年。人们知道，"两弹一星"是党的第一代领导人组织千万科研人员具体实施的国防系统工程，它是按苏联航空技术的"总体设计部"模式进行管理的。钱学森教授早在美国加州理工学院工作期间就著有《工程控制论》，显然是系统科学的开创者之一。他学识渊博，思想活跃，无疑是我国航天工程总设计师的不二人选，成为我国"两弹一星"事业的元勋。钱老退居二线后，最重要的科研活动是力图把系统科学的理论推广到军事指挥系统、国民经济系统、社会管理系统、人体生命系统、人脑思维系统、科学分类系统、地理生态系统等学术研究的领域，从而开创研究开放的复杂巨系统的系统学。在科学史上，信息论、控制论、运筹学、混沌学、协同学、耗散结构理论等系统科学的创立是划时代的大事。如果创立起系统学，解决开放的复杂巨系统问题，其科学贡献当然可以和相对论、量子力学的出现相比拟。由于系统都是由多种元素组成的，系统学的研究必然涉及到传统科学分类的多种学科，因之钱老的这一科学活动使他在军事运筹学、系统工程、科学学、政治学、人体科学、思维科学、治沙产业、中华传统文化、马克思主义哲学、未来学等五花八门的学科都作出学术贡献。人们可以从钱老晚年的文集和《钱学森书信》中领略他这些闪光的思想。钱老在创立系统学方面迈出了探索性的步伐，那就是1992年提出了从定性到定量的综合集成法，即用计算机系统构成的综合集成研讨厅的方法，并实际应用到解决农产品财政补贴的国民经济决策中取得成功。与此同时，钱老在1991年3月8日曾向党中央提出设立"总体设计部"的建议，试图解决政治体制改革中各级政府部门利益分割、权力寻租，以消除腐败和保证政治决策的科学性和民主性。1995年1月，钱老又组织有关专家写出《我们应该研究如何迎接21世纪》的论文，送中央领导同志参阅。

我与钱学森教授的交往，是从1982年开始的，也就是钱老刚刚退居二线的时候，因之对钱老晚年的科学活动感触颇深。我那时正在广州中山大学读书，仅是一个还没取得硕士学位的学生。直至钱老逝世28年过去，我自己也办了退休手续，才知道人世间的聚散离合，各有缘分。我们"文革"前读大学的这代知识分子对钱学森开创中国航天事业的壮举心仪已久，因之我在1964年选报高考志愿时就把钱学森教授执教的中国科学技术大学应用力学系填为"第一志愿"，然而却被"第四志愿"的南开大学化学系录取。入学以后我才越来越体验到命运之神的安排是何等巧妙，因为在南开大学遇到了我一生敬之如父的恩师杨石先教授，1981年夏天，就是杨老指引我请教钱学森教授的。杨石先是这所周恩来总理的母校初建时期最年轻的教授之一，曾任西南联大教务长，中国化学会理事长，南开大学校长。正是因为遇到了杨校长，我感谢高考被南开大学化学系录取。如果人生可以重复一次，我还会选择南开大学。"文革"结束后，杨校长推荐我到广州中山大学去读研究生，导师是广东省人大副主任、中山大学副校长、物理学家黄友谋教授。黄老毕业于日本京都大学物理系，和诺贝尔奖得主汤川秀澍是很熟识的校友。在黄友谋教授的指导下，我不仅努力学习他讲授的"现代科学前沿"的课程，还在数学系和电子系选修了控制论、概率论、信息论的课程。1980年，我在研究玻尔兹曼的热力学第二定律的熵公式和申农的信息论公式时发现了一个物理常数，推导出信息和可用能的关系式，进而导出信息和能量转化和守恒定律的数学关系式。这项研究成果得到黄友谋教授和物理系关洪教授的支持，写成《信息论和热力学结合的思考》一文，1981年夏天带给了杨石先校长。杨校长说这个题目拿不准，须找一流的专家确认一下再发表，他建议寄给钱学森教授去审阅。当时中国科学技术协会刚刚恢复，周培源当选中国科协主席，杨石先和钱学森都任副主席。1982年春，我接到北京师范大学方福康教授的信，告诉我钱学森教授把论文转给了他，委托他给我回信。几个月后，钱老又审阅了我的《中国科学史上的〈周易参同契〉》一文，亲自给我回信，并在成立中国人体科学筹委会的讲话中鼓励我进行内丹学的研究，中山大学在我毕业离校前播放了钱老讲话的录音。从此，钱学森院士和我保持了28年的交往，我也从广州到济南到北京，从硕士到博士到博士生导师，走过了一段艰苦卓绝的人生历程。特别是1985年初杨石先老师逝世后，我来到北京，钱老在我的人生中接替杨老成了我前进道路上的指路人，他不仅关注着我的学业，甚至我研究课题选定、科研成果的取得，乃至评职晋级和遇到困难，钱老都倾注了不少心血。随着我的学术影响不断扩大，每月都接到不少国内外学者来信而无暇回复，这才体验到钱学森教授人格的伟大，他作为中国科技界的领军人物能看着一个名不见经传的青年学生成长起来，这需要何等的胸襟啊！

钱老晚年，一直密切注视着我们民族的兴衰和国家的未来，以他博学睿智的大脑一刻不停地思考着世界科技发展的趋势和中国人民的前途，特别是关注着我们国家的安全。我们的时代，实际上是处在一个"全球化的战国时代"，有国家利益存在，就有竞争，就有战争，帝国主义亡我之心不死，我们的国家和民族就存在安全问题。在当今世界，国与国之间不仅存在军事竞争，还存在政治领域、意识形态领域、文化领域、经济领域和科技、人才、市场、金融、资源诸多领域的竞争或战争。他在1992年曾说："从国家之间的竞争来看，我们知道，人类社会从一开始就有矛盾，解决矛盾的最终办法是战争。先是冷兵器战，后来发展到热兵器战，到第二次世界大战结束时出现了核武器。二战以后，核武器和火箭技术结合，出现了所谓战略核导弹，由于它的破坏力极大，谁也不敢轻易使用，所以变成了核威慑，而真正打的不是核武器，而是常规高技术兵器的局部战争。所以战争这个手段正在衰落。但这并不是说，世界各国之间的矛盾和斗争也在减少。相反，矛盾和斗争还是相当激烈的，只是斗争的方式主要变为市场经济战，这是当今的'世界大战'。我们今天该研究世界规模的市场经济战，研究怎么打胜这场战争，不然社会主义在世界上就站不住脚。我看，当前我们在世界市场经济战争中，很缺乏斗争的艺术和经验，办了许多傻事，吃亏上当。"[1] 为此，钱老早就提醒有关专家研究金融问题，后来发生的世界范围的金融危机，证实了钱老系统学的先见之明。

---

[1] 钱学森：《创建系统学》，太原：山西科学技术出版社，2001，第81页。

钱老认为国家也是一个"开放的特殊复杂的巨系统",分为经济、政治、意识三个社会形态,包括经济制度、政治制度和思想文化体系。为了国家的长治久安,我们不仅要进行物质文明、精神文明的建设,特别要重视政治文明的建设。他在 1989 年 5 月著文说:"在我们国家社会主义建设的前期,我们是比较重视社会主义精神文明建设的,但忽视了物质文明、政治文明的建设。所以这一时期,虽然精神文明表现得比较好,但政治不文明、不民主,造成了许多决策上的失误,特别是造成了阶级斗争扩大化,以及大跃进、人民公社化的失误。就是精神文明建设,也是由于受过'左'的思想的影响,对传统文化及西方资本主义文化的片面批判,而使科学文化发展不快,这就造成所谓贫穷的社会主义,不民主的社会主义的原因。而改革开放以后,我们许多人重视了物质文明建设,但又忽视了精神文明建设,政治文明建设也还没有真正抓起来。""斯大林严重破坏社会主义法制,毛泽东同志就曾经认识到,但没有认真从制度上解决,从而导致 10 年'文化大革命'的错误。这个教训暴露后,我们更深刻地认识到这一点,但仍没有从制度上解决好""政治不文明是我们决策失误和工作失误的一个重要原因,而且许多腐败现象本身就是政治不文明的产物。"[①] 钱老在自己的著述和讲话中为了国家和人民的利益不断总结经验教训,敢于仗义直言,皆能切中时弊。钱老晚年留下的这些著述、讲话、书信是党和人民的宝贵财富,值得一切关心国家和民族命运的人士认真一读。

钱学森院士是一个有胆有识、头顶青天脚踏实地的政治家,又是一个知行合一、视野开阔、逻辑缜密的思想家。然而他首先是一个真正的科学家,是一个正直的知识分子,他一生的所言所行都发自一个科学家的良知和情怀,为人胸怀坦荡,勇于担当,从不文过饰非,这是钱老为人的本色处。钱老在入党后,是一位忠诚的中国共产党党员,他时时以一个普通党员的标准要求自己,遵守《党章》规定的纪律,过党的组织生活,接受同志的批评,照例检查思想。他忠于和追随毛

---

① 钱学森:《社会主义文明的协调发展需要社会主义政治文明建设》,载《政治学研究》1989 年第 5 期。

泽东、周恩来等创业建国的领袖，对党的四代领导人都衷心拥护，做到与党中央保持一致，在党顺利时、遇到挫折时、乃至在"大跃进"、"文化大革命"犯了错误时，他都同党一起前进，一起总结经验教训，一起承担责任，对党的事业忠心耿耿、勤勤恳恳、推甘就苦、忍辱负重，这是钱老为人的本分处。钱老立身处世，不依附特权阶层，不委身既得利益集团，不谋家族的私利，始终站在人民大众的立场上说话。老百姓只要睁眼看一看在物欲横流的商品大潮中，某些贵族伸手国家经济命脉"多捞多得"，利用子女和亲属经商攫取巨额财富，而钱学森一家却清廉自守，并把所得数额最大的一笔"何梁何利奖金"捐献给甘肃的治沙产业。相比之下，其人格的高低自会泾渭分明！钱老为人正直有节是其本色，虚而能受是其本分。1989 年，钱学森教授得到友人赠送一帧"咏竹"的条幅，上写："未出土时先有节，待到凌云更虚心"，这两句话实是钱老一生品格的写照。

三

在我们这个数千年儒学教化、王权崇拜的古老国度里，凡赤胆忠心为民报国之士往往在上下交错的社会关系网中寸步难行，甚至被社会绞杀。是以武术家王芗斋先生在《大成拳论》中说："大凡从来独抱绝学，为人类谋福利者，与极忠诚之士和聪明绝顶者，社会从来鲜有谅解。"我们只要回忆一下，在日本军队侵华烧杀抢掠之际，中华民族的好男儿为抗日救亡慷慨赴死，然而在我们国家却出了那么多卖国求荣的汉奸和数百万以屠杀自己同胞谋生的伪军。这样，我们对要办一件利国利民的事业首先受到本国黑恶势力的伤害就不难理解了！

钱学森院士无疑是对国家和民族的极忠诚之士，他曾交给我两项科研任务。其一是自 1982 年开始，他建议我调研道教和佛教有关人体修持的法诀，从而揭开内丹学和密宗之谜，为他倡导的人体科学做出贡献。其二是自 1989 年开始，钱老不断来信要求我提取中国传统思想的精华来丰富和发展马克思主义，把我们民族的优秀智慧融汇到马克思主义哲学中去。钱老给我的信件有些已在《钱学森书信》中公开出版了，他有关人体科学、大成智慧学、科学分类系统、发展马克思主义、中医、中国哲学和传统文化等方面的指导和建议，几乎决定了我在中国社会科学院这些年的科研方向，也使我和他共同经历了这么多年的风风雨雨，见证了他晚年的这段历史。

我自南开大学化学系毕业后，在地方上的医疗卫生部门工作 6 年，又干过行政和化工技术工作。1980 年 10 月，我在广州中山大学读研究生期间，经黄友谋教授介绍，因病求医于内丹学家无忧子老师，得丹道法诀之传。当时全国气功大潮刚刚兴起，还无人知道内丹学的底细，那时我尚不知世上有《道藏》经书，更遑论号称"万古丹经王"的《周易参同契》。由于无忧子所授丹诀在《参同契》里，杨石先老师介绍我找天津大学的陈国符教授学习《道藏》，写出《中国科学史上的〈周易参同契〉》一文，这一研究成果得到钱学森教授的肯定。他于 1982 年 10 月 18 日来信说："您学过自然科学的化学，又当过中医，还干过行政工作，这样的经历对研究《周易参同契》是有帮助的。如果您毕业后还有可能继续研究下去，我的建议是：利用现代化学知识把《参同契》中有关古化学，即外丹部分标出分开，这样就突出了内丹，即人体科学部分。为了人体科学，内丹部分才是珍贵的研究材料，可以给我们启发。"后来这篇论文发表在山东大学《文史哲》1983 年第 6 期上，中国社会科学院哲学研究所的王明研究员读后来信询问了我的治学情况，得知我曾就学于陈国符教授很高兴，邀我报考他 1984 年的博士研究生。钱老也认为"研究古代道家思想和道教问题是门大学问"，"您在过去十几年中既然走上此途，在马克思主义哲学、辩证唯物主义、历史唯物主义指导下研究道家思想和道教，是今后工作的一种可能选择！更何况这又与人体科学有关？"在征得杨石先老师同意后，我考取了王明教授的博士生，从自然科学改行到中国社会科学院工作，成长为道学文化研究领域的学者。现在看来，这条路是走对了！我当时虽已开始研究道教和内丹学，却没有真正理解其学术价值，也没想到这项研究会给我的人生带来辉煌，而钱老却以他渊博的知识和科学洞察力，替我做出了人生的抉择。

我先是按陈国符教授的建议花费三年时间通读了 5485 卷《道藏》

和《藏外道书》，组织海内外学者共同编撰了 546 万字的《中华道教大辞典》。钱老一直关注着这项学术工程，认为是件大事。他在 1995 年 11 月 24 日来信说："今天接到您送来的《中华道教大辞典》，真高兴极了——我自接您前次来信后，一直盼着！真是件大事，可喜可贺"，"但只高兴是不够的，对我来说是将《辞典》置于案头，随时查阅学习。对您来说则是作为中国共产党党员，中国的科学家，要完成我们在以前书信交往中讨论过的任务！"

钱老交给我揭开内丹之秘和以中国传统思想的精华发展马克思主义的两项科研任务，本质上都是对中华民族传统文化的研究。前者借鉴古代丹道和密宗的修持实践，揭示人体和心灵的奥秘，属于科学研究。后者汲取人类智慧的精华，重铸我们迈进 21 世纪的最高指导思想，属于哲学探索。学术研究是探索未知世界的科学活动，既然中医几千年来治疗疾病有疗效，气功对人体有保健作用，在气功大潮中发现一些人体和心灵潜能现象现代科学理论范式解释不了，钱老将中医、气功、人体潜能作为人体科学研究的内容就是顺理成章、无可厚非的事。人们知道，俄罗斯宇航之父齐奥科夫斯基曾旗帜鲜明地支持"特异功能"的研究，他说；"归根结底这种现象是自然存在，所以那种以这是'非科学的超自然现象'的口实为理由，将它排斥在科学领域之外的做法才真正是非科学的。"在苏联解体前俄罗斯也是一个共产党执政的国家，那里也不乏怀疑"特异功能"的"马列权威"，但从没听说有哪个"马列权威"因此去侮辱他们"宇航之父"的人格。然而在中国，高端媒体在长达二三十年的时间里把人体科学的争议炒得震天价响，将高层政坛和社会底层最阴暗最龌龊的幽灵都召唤出来围剿人体科学，成为令世界各国有识之上侧目的"有中国特色的"政治奇观。这是由于我们党和国家的特殊历史原因造成的。自建国以来"革命大批判"的政治运动不断，从批判胡风、反右派，还有胡适、梁思成、周谷城、冯友兰、马寅初、梁漱溟、谈家桢等一大批学界精英遭到批判。直到"文化大革命"，一些号称"左派"的政治流氓、文痞掌握国家舆论大权，使许多正义之士遭到政治迫害，一批靠大批判起家的阴谋家爬上高位，疯狂践踏人权，在党内形成一股专门整人的黑恶势力。毛泽东主席在"文革"中痛斥那些"假马克思主义的政治骗子",并断言"我党真懂马列的不多"。然而这股黑恶势力的头面人物偏偏恬不知耻地自封为"马列权威""老左派""自然辩证法家",他们效法罗马教皇设立"宗教裁判所"的伎俩在全国设立"科学裁判所",利用高端媒体的党羽把几个政治流氓炒作成"反伪斗士",在全国导演了一场沸沸扬扬的"反伪科学"闹剧,不仅歪曲和丑化了"人体科学"的形象,而且扼杀了许多原创性的科学活动,给中国科学事业的发展造成不可弥补的损失。更有甚者,这几个丑类为了彻底否定钱老的人体科学,竟然叫嚣"中医也是伪科学""百分之八十是糟粕",并且虾兵蟹将一齐出动,在互联网上签名胁迫党中央取缔中医,公然同党的十七大报告唱反调,简直是丧心病狂!

道教内丹学在学术界号称"千古绝学",是数千年来古代丹家、高僧、高道前仆后继进行人体和心灵修炼的经验总结,是一种靠修持法诀师徒秘传的学问,是古代人体科学的实验记录。我为完成钱老交代的科研任务,跋涉江湖、遍迹山林、亲赴康藏、出入禅密,自1980年10月得丹道法诀算起,历时26年,耗资13万元,终于在2006年完成丹道和禅密修持法诀的调研任务,接着还要以现代科学和哲学破解内丹之秘,探索其中人体和心灵的奥秘。如此浩大的学术工程不仅没有得到国家一分钱科研经费的资助,还受到政界和学界那股黑恶势力的多方打压。特别是这项研究将丹道、禅宗、藏传佛教密宗的修持法诀从江湖文化、宗教文化推向学术的殿堂,客观上对那些年鱼龙混杂的气功大潮起到拨乱反正、正本清源的作用,触到了那些江湖丹师、伪气功师、邪教道首和黑社会组织的痛处,惹起他们在某杂志和互联网上持续多年的叫骂和诅咒。这些黑恶势力的夹击、无中生有的诽谤和伤害,使我的身体和精神备受摧残,且累及我的家人。在我深感困惑的时候,接到钱老1994年10月30日来信:"正如您自己在信中说的,离目标,还有距离!我看可能有以下的原因:(一)您是个活人,有家室,要考虑到许多现实生活问题。要提级就得有块工作阵地,要归属一行,并做个头目。这就难了!您现已是道学家,能突破这个框框吗?但不突破又怎能干我给您的任务?""(二)我敢干,这是因为我是已退休的人，无牵无挂。您与我处境不同。但话又说回来，您现在是 50 岁，我 50 岁时是 1961 年，那时我就敢接受导弹任务，也是不怕死呵！"我是一个没有任何背景的科研人员，所幸自青年时代起就得到杨石先、黄友谋、陈国符、钱学森、王明、张岱年等师长的调教，而这些师长是在 19 世纪末、20 世纪初国家危亡之际出生的，给我灌输了浓重的对国家和民族的忧患意识。我生性傲骨嶙峋，是一个不肯向黑恶势力低头的人，自幼将身许国，总想在有生之年为祖国和人民做点有益的事情。这次因选择了人体科学的研究课题遭遇意想不到的社会压力，使我的人生和社会历练增添了新的篇章。我自 2000 年开始将调研的材料著成《丹道法诀十二讲》，断断续续写了 8 年，至 2008 年 8 月 25 日下午才将此书的电脑打印稿交到钱学森院士手上。2009 年 9 月，三卷本 80 万字的《丹道法诀十二讲》由社会科学文献出版社正式出版，算来这一学术工程整整耗去了我一生 30 年的光阴。这是一个学者出于自己的历史使命感和民族责任心、节衣缩食、自筹资金、殚精竭虑、耗尽心血独立完成的学术成果，我坚信历史终究会作出公正的评价。令人稍感欣慰的是，我以自己艰苦卓绝的劳动为中华民族保存下一份人类"非物质文化遗产"，这项调研活动因老丹师的去世别人无法重复了！这套书的扉页以中英文写着；"谨以此书献给中国'两弹一星'元勋钱学森院士"，钱老倡导的人体科学总算有了一项经得住世人评说、可向国内外展示的科研成果，他该说的话在此书中全说了，我也对钱老的知遇之恩有了一个具体的交待。2009 年 11 月 5 日在北京人民大会堂召开的"首届国际老子道学文化高层论坛"开幕式上，北京大学汤一介教授主持了《丹道法诀十二讲》的首发式，来自海外 23 个国家的140 余位知名学者和国内 600 位与会代表面向钱老的遗像默哀，还有近200 位人体科学的专家也参加了北京"中国大饭店"的会议，这次前所未有的近 800 人的学术活动足以告慰钱老在天之灵。

毋庸讳言，人体科学是钱老晚年牵涉精力最大的一项科研活动，也是一项备受争议的社会事业。人们不仅要问，钱学森院士作为一个有社会责任感的科学家，是什么原因使他在黑恶势力掀起的恶风浊浪中几十年坚持倡导人体科学毫不动摇？钱老有关人体科学的哲学意境和科学情怀应该怎样理解？我们应该看到，钱学森院士是一位学贯中西、文理兼通的哲人，其思想境界接近《庄子·天下》篇中"古之博大真人"的境界。凡哲人晚年都会不断寻找自己心灵的归宿，都会关注本民族的传统文化，都会把"人"和"道"作为自己灵魂的寄托。冯友兰教授研究了一辈子哲学，历经"文革"的劫难，他最后认定哲学就是"人学"，把自己的灵魂寄托在"人"上，这通常是一种理性思想家的归宿。我以为哲学可以"人行道"三字概括，"人"是"人学"；"道"是形而上的最高宇宙本体，是人的理性思维、灵性思维和信仰的共同归宿；"行"是"实践"，当然也包括修道的实践。人的一生，往往都在用自己的智慧观察和研究客观世界，晚年智慧达到高峰，就会用智慧反观自身，研究"人"的问题。古希腊德尔斐神庙的门楣上有一句警句："人，要认识你自己。"西方哲人苏格拉底和马克思都以自己的智慧体悟到这点。其实人类最高的学问不在别处，就在自己身上，揭开人体生命和心灵的奥秘就是最高学问，因之马克思在《1844年经济学——哲学手稿》中预言未来人类的各门学科将统一成为一门学科，即"关于人的科学"。老子教人修道，佛陀来到世间的"一大事因缘"，就是告诉世人"人人皆有佛性""人人皆有道性"，这也是道法和佛法的"正法眼"。人人皆可成仙，人人本身是佛，直心即道场，人身是道场，这就是钱学森院士人体科学的真谛。钱老人体科学的境界，就是哲学之父老子的境界，就是释迦牟尼佛祖的境界，就是古希腊圣哲的境界，也是马克思的境界。我们对钱学森院士人体科学的评价，应作如是观。

四

钱学森教授晚年有一个重要的悬念，就是以中国传统思想的精华丰富、发展马克思主义哲学。他在1989年12月28日的来信中说："我们都知道：人类到今天的实践证明了只有马克思列宁主义是真理，是人类智慧的最高概括，但真理也没有止境，还要发展变化。马克思、恩格斯、列宁对中国古代思想不可能了解很多；是毛泽东同志在他的著述中倒常见有中国古代思想的闪光。所以我想此建议是件大事。"并说："北京大学张岱年教授同意这个建议，您以为如何？"1993年11月26日钱老又来信说："我总想：您的最大最重要任务，是从道家和道教论述中提取可以用来丰富、发展并深化马克思主义哲学的东西。比之于这一任务，其他都渺小了。当然，难！但看来您是不怕难的！"

张岱年教授和我是同乡，又是先师王明教授的好友，参加过我的博士论文答辩，1992年王明老师去世后，他实际上代替王明成了我的导师。张岱年老师和钱老是北师大附中的同学，他说钱老中学时代就很聪明，当时就全校知名。他同意钱老的建议，说马克思在伦敦图书馆读书破万卷，恩格斯和列宁也声言马克思主义哲学集中了全人类知识的精华。但他们那个时代没有相对论和量子力学，没有导弹核武器，没有电脑和互联网，因此马列主义要发展。马克思、恩格斯、列宁都不懂中文，没研究过《易经》《道德经》和《论语》，不懂道教和佛教，因此马列主义要丰富。我们应将中华民族的传统文化特别是佛道二教的精华融汇到马克思主义哲学中去，使之具有毛泽东同志倡导的那种中国特色、中国作风、中国气派，成为中国老百姓喜闻乐见的新鲜活泼、简单明了的哲学。这样我们才能将意识形态的话语权立足于本民族的文化氛围之中，充分发挥哲学解决时代问题并给人民大众以人文关怀的作用。

我为此重新通读了一遍《马克思恩格斯选集》四卷本和有关马列原著，并了解了中国社会科学院和高等院校马列主义研究的状况。我发现马克思主义远不是一种书斋里的哲学，而是源于时代的召唤和人民大众社会诉求的理论回应。根据马克思《关于费尔巴哈的提纲》来理解，哲学不仅要对自然界、人类历史、人类社会、人本身提供解释的理论，还要提供前瞻性的理念改造社会从而创建一个新世界。马克思说："理论只要说服人，就能掌握群众；而理论只要彻底，就能说服人。所谓彻底，就是抓住事物的根本。但是人的根本就是人本身。"[1]这

---

[1] 《马克思恩格斯全集》第1卷，北京：人民出版社，1995年，第9页。

就是说，马克思哲学不仅关注人的外部世界，还要关注人内在的心灵世界，关注人本身，不仅要研究人类社会历史的经济、政治、文化规律，还要以批判的、革命的、实践的理念和价值观给全人类提供新时代的蓝图。由此看来，钱学森院士确实是当代中国真正的马克思主义者，他有关人体科学、人天科学、人天观的论述和 1995 年 1 月送中央领导同志的文章《我们应该研究如何迎接 21 世纪》是当代伟大的马克思主义文献，在此文献中给中国人民提供了 21 世纪社会发展的蓝图。我们建党初期的红色政权叫"苏维埃"，就是俄文里的 Совет（议会），受斯大林"第三国际"的领导，新中国成立时照搬了苏联的社会主义政治模式，将马列主义写入《党章》和《宪法》作为全党全民的指导思想。苏联共产党以这种社会主义模式执政 75 年，一直向人民灌输马列主义，一旦垮台人民群众却十分冷漠且缺少同情。这是因为马克思主义是指导人民群众批判不合理的社会制度自身求解放闹革命的学说，苏联那种自上而下的金字塔式的社会政治结构和权力运作方式，经过多年的"制度疲劳"，一旦堕落为既得利益集团的僵化官僚机构，那就脱离了人民群众并丧失了革命性，也就不再是真正的马克思主义，必然被历史所唾弃。马克思哲学的核心是探讨资本对社会的控制和对人的异化，他既肯定了资本创造巨大生产力的积极作用，也批判了资本通过劳动控制人从而泯灭人性的消极作用。当今中国实行权力与资本相结合共同控制社会的运作方式，在取得几十年经济高速增长的同时，也出现了屡禁不止的腐败现象。钱老痛切地指出："现在中国最大的问题是贪官污吏太多，所以需要治理环境，整顿秩序。"[①] 马克思一直把哲学当作为人类谋幸福的事业而不是个人谋生的职业，因之他一生追求真理而甘守清贫。马克思的价值理想是追求人类的真正解放和"自由个性"的实现，即在实践上实现人的生命自由和"人的全面发展"，并为人类展示了共产主义的社会蓝图。我国的马列主义哲学基本上是一种职业，由这个人数最多的专业毕业的学生除了当教授、研究员从事教学和科研工作以外，大多走上各级政府和企事业单位的领导岗位。

---

① 钱学森:《创建系统学》，太原：山西科学技术出版社，2001，第 54 页。

因此，在这个哲学领域里就难免出现疏离现实、落后时代、宏大叙事、冷漠群众、攀附权贵、曲学阿世等学风，而缺少马克思当年为哲学的献身精神和共产主义的远大理想。钱学森院士对中国马克思主义哲学的关注和建言无非是出于对党的真诚热爱，出于一种忧国忧民而且忧党的忧患情结，实际上这也是真正关乎党的命运的大事。

张岱年老师对钱老的建议经过认真地思考，邀我到他家商量怎样完成这项任务。他认为我敢参与钱老人体科学课题已很不容易了，虽然招来许多伤害，但丹道的研究有独特的学术价值，也许能给钱老的人体科学划一个阶段性的句号。丰富和发展马克思主义哲学的课题就不同，这不是一个人可以完成的任务，而且会被纠缠进政治的漩涡。当时正有几个自称"马列权威"的政客以恩格斯《自然辩证法》这本书的教条抨击钱老所倡导的人体科学，这使我记起中山大学物理系关洪教授在 1983 年《中山大学学报》第四期上发表的论文《关于"运动的量度"》。关洪老师曾让大家把恩格斯《自然辩证法》中《运动的量度——功》所批判的达兰贝尔、亥姆霍兹、汤姆生（即凯尔文勋爵）、台特等科学家以多种语言写的原始文献都找到并翻译出来，发现恩格斯的批判大多是对这些科学家文献的误读（如将亥姆霍兹关于力和速度的反比关系误读为正比关系）。这说明严肃的学者不应该把恩格斯这本生前未完成的手稿和札记当作已经他自己审定正式发表的结论，而中国的假马克思主义政治骗子却把《自然辩证法》的每一句话都当成金科玉律来审判人体科学！这几个自称"马列权威"的政客一直把马列主义当成他们的世袭领地，"马列"成了他们整人的棒子，历次"大批判"制造的冤案都是他们打着"马列"的旗号干出来的。因此张岱年教授劝我尽量避免招惹这股黑恶势力，应把自己的科研活动严格控制在学术研究的范围之内，做自己力所能及的事！张岱年老师把取传统思想的精华丰富发展马克思哲学的课题拆解成两部分：其一是提取中国传统思想的精华，这是本课题的难点也是重点，却在我的专业范围之内，是我力所能及的。其二是用之丰富发展马克思主义哲学，由于我国马列专业人才济济，其中不乏有识之士，其实"马列主义中国化"的课题已经有专门研究马列的学者在做了。因此，张岱年老师决定要我在马克思主义指导下，集古今中外优秀思想之精华，对中国哲学特别是道家、道教进行"综合创新"，从而创建有时代精神的新道学。他说新儒学的研究已承传了四代，新道学还没有创立起来，这个课题的学术价值是可以载入史册的，建议我为此申请国家社会科学基金资助，集中精力去专心研究这个课题。

1998 年，我开始把首批研究成果汇成《道学通论》一书出版，张岱年教授亲自题写书名，这本书很快成为多所高等院校研究生选用的教材。我把第一本样书寄给钱老，收到他于 1998 年 12 月 31 日寄来的贺年片，上写："我要向您拜年！祝在新的一年里，您的研究工作出众多的成果！" 2002 年，这项研究课题被批准为国家社会科学基金资助的重点项目，2004 年我继续深入研究出版了《道学通论》的增订版。随之我进入创立新道学的研究，发现主流的西方文明有两大弊端：其一是唯物至上、科技至上，此即佛陀所斥责的"法执"；其二是自我中心、人类中心，此亦佛陀教人断除的"我执"。哲学家存有法执和我执，是不可能达到哲学的最高境界的。德国的思想家，如康德、黑格尔、海德格尔，其精思睿智较东方文明有独到之处，但马克思却批评德国哲学太重思辩而不通俗易懂。哲学的最高境界就是道，我发觉西方文明和东方佛学、儒学乃至伊斯兰教经典的精华，无一不和老子的道学相通，新道学完全可以成为钱老倡导的大成智慧学。老子的道学文化不仅是中华民族的核心价值观，也必将成为全人类的核心价值观，取古今中外文明之精华创立有时代精神的新道学是切实可行的，这个科研方向选对了。2009 年 8 月，我的《道学通论》修订版由社会科学文献出版社正式出版，《新道学引论》也将脱稿，总算给钱老有了一个交待。

钱学森院士在《我们应该如何迎接 21 世纪》中，把中华人民共和国成立看作第一次社会革命，改革开放是中国第二次社会革命。在 21 世纪，由于电脑互联网等信息产业革命、现代生物技术产业革命、人体科学带来人体功能提高、系统学引发的组织管理革命，必将促发中国的第三次社会革命。这次新的社会革命包括产业革命、政治革命和文化革命，在文化革命中大成教育的兴起和大成智慧学的产生，将大大丰富我们的思想。① 我们知道，一个真正的大国必须能在全世界传播本民族的文化，在人类价值观上拥有引导这个世界的文化力量。新道学文化的创立，就是要融汇全世界各异质文化的精髓，回归人类起始点的大道，将黄色的东方高原农业文明和蓝色的西方海洋工业文明融汇成绿色的自然生态文明，即新道学文明。在这个拥挤的星球上，全人类只能有一种未来，因而统一有序的全球性普世文明的出现就有历史的必然性。钱学森院士是坚定的共产主义者，他断言当今全球已进入一个"世界社会形态"，除了经济一体化，还会迈向政治一体化，最终进入世界大同的共产主义社会。新道学的创立，是钱老预言的中国第三次社会革命中的文化革命，也为全球文化一体化作准备，在保留世界文化多样性的同时在价值观上形成普世的文明。

　　钱老的思想博大精深，他是《庄子·逍遥游》中抱道图南的大鹏，而那些诽谤人体科学的政客只不过是一群目光短浅的燕雀而已。钱学森院士一生的经历和成就，在我们的国家史和民族史上，永远留下了时代的光辉。正如美国火箭专家克拉克（P.S.Clark）所说："中共的归国学人当中，无人重要性能出钱学森其右。"他晚年开启的创建系统学等事业，还需要后人继续做下去。2006 年我有一首"贺钱老九五华诞"的诗，被书法家刘启林先生和一笔轮廓书法家徐启文先生分别书赠钱老：

　　　　燕雀落处起鲲鹏，抱道图南振雄风。

　　　　宗师耄期仍不倦，广开民智奔大同。

2010 年 7 月 28 日

---

① 钱学森:《创建系统学》，太原：山西科学技术出版社，2001，第 280~298 页。

附录六

七旬闻道休言迟

——胡孚琛研究员求学、治学、探索的人生

简　历

　　胡孚琛，字中孚，号中孚子，1945 年生于河北省沧州市吴桥县朱庄村。1958年考入河北省泊头市第二中学，1961年考入泊头市第一中学，1964 年考入天津南开大学化学系，1969 年毕业。"文革"期间，在河北省海兴县高湾乡、海兴县卫生局、海兴县文教卫生办公室任职。"文革"后在南开大学杨石先校长干预下归口到沧州地区行政公署化工局。1979 年考入广东省人大副主任、中山大学副校长、物理学家黄友谋教授的研究生，1982 年获得硕士学位。随之到山东大学文史哲研究所任教，所长是李庆臻教授。1984 年胡孚琛由杨石先校长亲笔签名推荐报考中国社会科学院研究生院王明研究员的博士研究生，1985 年初入学，任研究生院 84 级博士生班班长，哲学系主任是叶秀山研究员。1988 年初取得博士学位，留哲学所中国哲学研究室任职，1993 年享受国务院特殊津贴。现为哲学所二级研究员，研究生院教授，博士生导师。

家世与门风

　　胡孚琛祖上胡法胜（音）为武术世家，设有镖局，当地民间多有他的传说。胡法胜有五子，按仁、义、礼、智、信排列，分五个堂号。先祖名胡守礼，乃胡法胜纳妾带来的养子，居三房"永忍堂"。胡守礼

为人至孝，但父亲去世后仍遭兄弟排斥，终生以一个"忍"字为家训传家，其子胡占元考中清朝科举，为他争了口气。然胡占元之子胡丕国吸食鸦片，嗜赌成性，家业败光，仅活了 24 岁。至祖父胡玉起，人善良，性懦弱，美姿容，虽隐忍而有个性，36 岁因佣工被岳父责打，得"夹气伤寒"亡故。祖母范汝梅乃明末东阁大学士范景文之后，范景文有《宝剑行》书法传世，亦喜《参同》《悟真》丹道之学，陈寅恪称之为"范吴桥"。祖父去世后，祖母含辛茹苦带着年仅 4 岁的父亲和两个姑母艰难度日，几十年不知忍受了多少辛酸泪。吴桥县号称"杂技之乡"，其民风根本不同情弱者，老实人反遭歧视。好在这种江湖文化中还隐藏着一股根深蒂固的侠义之风，这是由走南闯北的杂技艺人祖祖辈辈沿袭成俗的。我少年时见到旧家具上都有"胡记永忍堂"的字样，屋里还挂着先祖占元公所题"忍为高"的条幅。我生无媚骨，一生挺直腰板做人，从未向邪恶势力低头，故从农村一路走到北京，终生拼搏，多与人争斗。纳兰容若《嵇叔夜言志》诗云："予生实懒漫，傲物性使然。涉世违世用，矫俗连俗欢。"实是我坎坷人生的写照。直至年近七十，才悟出吾家先祖以一个"忍"字应世的奥秘，逐渐磨炼出能忍人所不能忍，有一种"无可无不可"的心境。

求学与治学

我的名字是家乡小学时期的郭荣祥老师给取的，当时由于生在早晨，父母以为"辰时"，故名"福辰"。郭荣祥老师对我期许甚高，改名"孚琛"。直到广州拜师丹道高人"无忧子"，他算定我是"癸卯日，乙卯时"生，认为"孚琛"的名字 28 画一生不安宁，刚得安定就平地起波，不如以"中孚"为名好，故我以"中孚子"为号。吾之求学与治学一生最重要的是志气、毅力、方法、兴趣、功力五者。志气是要意识到自己一生对社会和历史的责任，从而树立起时代的理想和抱负，找到一个值得为之终生奋斗乃至牺牲的大目标；毅力则是一种自强不息、不屈不挠，不达目标永不休止的精神。我家乡小学时期的郭荣祥老师和中学时期教导主任徐天佑老师正是培养我立定志向和持有毅力的长者。我忘不了郭荣祥老师苦口婆心地对我讲的那些古今志士奋发图强、创业报国的小故事，也时常回忆起徐天佑老师以孟子所云"故天将降大任于斯人也，必先苦其心志，劳其筋骨，饿其体肤，空乏其身，行拂乱其所为。所以动心忍性，增益其所不能"这段话的激励。

后来我在南开大学化学系读书时，又有幸得到教育界德高望重的一代名师杨石先教授的教诲。杨石先教授是原西南联大教务长、全国化学会理事长、南开大学校长。杨石先老师主要教会了我治学的"方法"，使我毕业多年又靠自学考上了研究生。在读研期间，杨石先老师又一再叮嘱我向导师学习研究问题的"方法"，使我在科研的道路上逐渐迈开自己的步子。

我在广州中山大学攻读硕士学位时，导师黄友谋教授是个老物理学家，他是中山大学副校长、原毕业于日本京都大学物理系。他有句名言："兴趣是最好的老师。"他将"书山有路勤为径，学海无涯苦作舟"改为"学海无涯乐作舟"，放手让学生在自己感兴趣的科学领域尽情驰骋。正是由于黄老师这套教学思想，使我在最能发挥自己特长的研究领域不断深入，一些学术成果得到我国"两弹一星"元勋钱学森教授的赞赏。

一个不知名的青年学者得到社会承认，学界前辈的扶掖和提携是必不可少的。国际航空大师西奥多·冯·卡门教授在逝世前两个半月去领美国"国家科学勋章"，当这位年迈的科学家步履蹒跚地走下台阶时，年轻的肯尼迪总统去搀扶他，冯·卡门教授诙谐地说："下坡而行的老人毋需搀扶，那些举足攀登的年轻人却恰恰需要扶一把。"人们知道，钱学森教授曾是冯·卡门的学生，那时却正是钱学森老师扶植了我。钱老在1982年的一次讲话中肯定了我的科研成果，使我的学术论文得以发表并引起有关专家重视，中国社会科学院的王明研究员就是读到我的学术论文才鼓励我报考他的博士研究生的。来北京后，钱老为了指导我的学业花费了很多心血，使我在自己的研究领域取得领先地位。

王明老师早年师承胡适、陈寅恪、汤用彤，做学问不务虚名，最讲"功力"，我在他的指导下，打下了扎实的国学功底。陈国符教授是我研究《道藏》的入门导师，他师承王国维，在国内外久负盛名。此外还有张岱年老师、汤一介老师、黄心川老师、叶秀山老师都使我获益良多。当我为陈国符老师完成《道藏源流考》（新修订版）时，我对自己的功力已差强人意了。

探索之路

其一是胡孚琛自 1980 年 10 月得丹道法诀之传，遂接受钱学森院士的嘱托，跋涉江湖、遍迹山林、亲赴康藏、出入禅密，完成了丹道和佛教禅宗、密宗的调研，在钱老生前历时 30 年出版了三卷本《丹道法诀十二讲》。而后对此书不断增补，于 2018 年终于完成八卷珍藏本《丹道法诀十二讲》（增订版），为中华民族保存下一份非物质文化遗产。八卷珍藏版是中华民族的千古绝学，耗费了 38 年的时光，这项调研活动因老丹师的去世别人无法重复了！

其二是按照钱学森院士"总体设计部"的系统工程思想，组织了《中华道教大辞典》的编撰，同时出版了《道教志》。2008 年又按系统工程的思想创立了全国老子道学文化研究会，2009 年在北京人民大会堂和中国大饭店召开了"首届国际老子道学文化高层论坛"，来自 23 个国家的学者参加了这次盛会。

其三是集古今中外文明之精华，创立有时代精神的新道学。吾为此著多种版本《道学通论》，发表《老子其人其书考》《21 世纪的新道学文化战略》《道学文化的新科学观》，译〔俄〕凯德洛夫《科学发现揭秘——以门捷列夫周期律为例》，即将出版《新道学引论》。其四是从研读《太公六韬》《孙子兵法》《鬼谷子》《管子》等文献，姜子牙、老子、诸葛亮、管仲、乐毅等人物中发现了"心术"的奥秘，发表了《守一与心术》一文。这是一个呕待开发的研究课题，其学术价值不可估量。

闻　道

王安石有词云：

"伊吕两衰翁，遍历穷通，一为钓叟一耕佣。倘使当年身不遇，老

了英雄！汤文偶相逢，风虎云龙，兴亡只在笑谈中。直至如今千载后，谁与争功？"

得道高人伊尹与姜子牙（吕尚），年过古稀而辅商汤、周文王，风云际会，成不世之功，此天命也。什么是天道？什么是天命？人如何才能掌握自己的命运，这都是"心术"要揭示的问题。我一生都在磨练自己的心性，都不忘对道的追求。年至古稀，出版的著述包括546万字的《中华道教大辞典》都超过一千万字了。我有意挟"心术"重新走一遍人生之路，以弥补此生留下的诸多缺憾。2014 年作《重阳谣》记之云：

> 熬过酷暑觉秋凉，顺应天时频换裳。
> 少年励志求进取，每恨蹉跎日月长。
> 中年拼搏叹时艰，如牛负重亦彷徨。
> 老来日似下坡车，倏忽难留好时光。
> 春风未遇已入伏，空调刚闭又秋霜。
> 读书不觉瑞雪至，春节满街鞭炮响。
> 往事得失掌握沙，人生五味俱品尝。
> 前尘历历心何甘，仍执吴钩盼辉煌！
> 千万文字留作梦，梦中依稀少年郎。
> 七旬闻道休言迟，重回青春走一场！
> 莫惜寒风摧落叶，严冬过后尽春光。
> 夕阳无限待从头，携手飘入希夷乡！

2019 年 7 月 4 日

后　　叙

　　人世间的每一项事业，大致要经过三个阶段，首有开创之功，中有改革复兴之力，后有功德圆满之役。自1980年至今，我对佛教密宗、禅宗和道教内丹学的调研与《丹道法诀十二讲》的撰写，跋涉江湖，遍迹山林，亲赴康藏，出入禅密，不知不觉走过了38年的历程。1980年我开始走上丹道调研之路，荜路蓝缕，举步维艰，多蒙钱学森老师一直把此当作开创人体生命科学的一大任务，不断来信鼓励，终于督促我完成了调研任务。《丹道法诀十二讲》实际上为中华民族保存下一份重要的非物质文化遗产，也是钱学森院士关于建构人体生命科学使命的一大心愿，更是我毕生呕心沥血的劳动成果。这套书经过多年锤炼，殚精竭虑，反复了三次终成正果，《阴符经》云"三反昼夜，用师十倍"，岂虚言哉！

　　我们发现世上万物万象都是心的化现，众生在究竟上都是善良完美的，只有皈依佛法和道教才能找到人生的价值，人的心灵和智慧终究可以洞察世界的本质，出离了一切有限便可超越时空的限制开发出无限的心灵潜能。只要我们沿着佛道的目标不断了悟，弃恶扬善，离苦得乐，发起俱生智慧和俱生喜悦，我们的人生就是幸福的。

　　在中国的儒、释、道三教文化中，儒学为"世间法"，佛学为"出世间法"，道学则介于"世间法"与"出世间法"之间，出处两得。道学之精要，上可治国安邦，伐兵伐谋，运天下大势于掌中；中可修仙悟道，天人合一，开发人体生命和心灵潜能；下可功成名遂，燕处超然，于世间"往而不害，安、平、太"！方今世界进入一个"全球化的战国时代"，乃大争之世，亟须杰出人才。

我经过三十余年对丹道的悟解，发现丹道除了性命双修的传统程序之外，还有一条古人行之有效的入世之路。世上若有龙蟠凤逸之士，有忠心报国之大志，得吾此书昼夜苦读，细心揣摩，契合天心，由"守一"入手修炼人格和智慧，证悟"心术"，则必能成为人中龙凤、世之高人，姜尚、张良、诸葛武侯在当世是完全可以复制的。更有一些丹道爱好者不惜重价购得此书，读到能与我心灵相通，我劝其以"爱国、孝亲、尊师、重友"八字为立身之本，以"诚信、宽容、忏悔、感恩"八字为处世心法，此心法即心术要诀。凡由"守一"修"八字心法"到精诚极致，诚则灵，信则神，心至"无差别相"，包容一切，消尽业力，感恩通灵，则必能开发出心灵潜能，形成一个巨大的炁场，一切机遇和贵人皆应缘而至，无论务工、治学、从政、经商，定能进退自如，所愿皆遂，心想事成。

眼见我的同龄人退休之后对世事十分淡漠和超脱，他们或周游世界逍遥于山水之间，或含饴弄孙享受天伦之乐，或频繁参加各种聚会和互联网上呼朋引类，大都活的非常轻松。我一生都在沿着自己设定的目标奋力拼搏活得很累。老子《道德经》云："众人皆有余，而我独若遗。我愚人之心也哉！"（20 章）

现在全世界离美国科学家欧文·拉兹洛（Ervin Laszlo）预言"巨变"（macroshift）的临界点越来越近，上帝留给人类选择的时间已经不多了。未来十年也是创立钱学森院士所倡导的政治文明的关键时期，这决定着中华民族的命运。这一切都在召唤雄才大略的人材和高超的智慧，以打破学术界集体失语和学者苟且偷生的局面。《素书》云："贤人君子，明于盛衰之道，通乎成败之数，审乎治乱之势，达乎去就之理。"我自幼将身许国，未尝一日懈怠，而今 80 岁垂垂老矣，"知其不可奈何而安之若命"，坐拥书城审世待时，凡事只有"随缘"而已！大概上帝对每个人的生命之路及其应遇到的人和事早有安排，我所期望的事情岂不是正在因缘聚会逐步实现吗！在《丹道法诀二十讲》临近付梓之时，我感恩为此书出版尽心尽力的朋友们，感谢广大道学爱好者和丹道修持者，感谢此书的读者朋友，感谢为此书题写书名的饶宗颐教授和撰写序言的丁煌教授。"久罹灾病叹途穷，平生荣辱一笑空"，此书的出版使我了却了一大心愿。最后，我吟成七律一首以《述怀》，为寻求知音并示同好：

八旬梦醒月如霜，
彼美人兮在远方。
顾念前尘心痛悔，
推知后事意昂扬。
中州仗势皆狐鼠，
四海争雄俱虎狼。
但觅知音同问道，
临风把酒述情长。

胡孚琛
2024 年谷雨节识于中国社会科学院

附记：《丹道法诀十二讲》有两种版本，一是三卷本，82 万字，2009 年初版，2018 年修订版；二是八卷本，2013 年初版（132 万字），2018 年增订版（145 万字）。这两个版本都是篇幅大、文字多，通读一遍颇为不易。为了方便普通读者对内丹学的研读，特将旧稿，钩玄提要，删繁就简，并作增补，重新厘定篇章，得此 40 万字之精华版，定名为《丹道法诀二十讲》。读者一册在手，既节约阅读时间，亦轻易抓住纲领，能够比较全面地掌握内丹学全貌。若不满足于本书所提供的信息量，可以再阅读《丹道法诀十二讲》三卷本和八卷本可矣。盛克琦君参与了本稿的整理和修订工作，用功颇巨，特表感谢！